本书得到 2014 年度国家社会科学基金项目的立项资助，

项目编号：14BZJ035

广东民间信仰
及治理研究

贺璋瑢＿＿著

上海三联书店

目　录

序一 ……………………………………………………………… 001
序二 ……………………………………………………………… 001

绪论 ……………………………………………………………… 001
　一、民间信仰的研究概念与范畴 ………………………………… 002
　二、民间信仰与民间宗教 ………………………………………… 007
　三、民间信仰研究的现状 ………………………………………… 007
　四、欧美学界对中国民间信仰研究的趋向 ……………………… 012
　五、本课题研究的意义、路径与方法 …………………………… 015

第一章　广东民间信仰的源流 …………………………………… 018
　第一节　广东民间信仰的两大基本元素 ………………………… 020
　　一、粤地"好巫尚鬼"的原始信仰传统 ……………………… 020
　　二、移民移神与当地信仰传统的融合 ………………………… 022
　第二节　广东民间信仰的神祇崇拜类别 ………………………… 030
　　一、自然崇拜 …………………………………………………… 031
　　二、水神崇拜 …………………………………………………… 041
　　三、佛教和道教的俗神崇拜 …………………………………… 045
　　四、祖先与行业祖师神祇崇拜 ………………………………… 050

五、功臣圣贤崇拜 ······························· 058

第三节 广东民间信仰神祇崇拜的主要特点 ············· 062

一、广东水神多 ······························· 063

二、广东女神多 ······························· 063

三、广东的外来神多 ··························· 065

第二章 广东民间信仰的当代状况 ··················· 070

第一节 广东地区民间信仰场所分布与信徒构成现状 ····· 070

一、民间信仰场所的数量与分布 ················· 070

二、广东民间信仰的信众 ······················· 078

三、大众的信仰习惯与心理 ····················· 088

第二节 广东民间信仰的主要仪式传统 ··············· 100

一、家庭的日常敬拜 ··························· 100

二、平常日子中的入庙敬香 ····················· 101

三、特殊日子中的游神赛会 ····················· 102

四、巫觋传统 ······························· 118

第三章 广东民间信仰的当代功能之考察 ··············· 133

第一节 信仰的地方表达与实践 ··················· 133

一、民间信仰是具有地方特色的文化名片 ··········· 133

二、民间信仰与当地非物质文化遗产的关系 ········· 137

三、民间信仰与地方的公益与慈善活动 ············· 145

四、民间信仰与地方的经济发展 ················· 153

五、民间信仰潜移默化的道德教化与心理调适功能 ····· 155

第二节 与港澳台和东南亚民间信仰的同源性与紧密联系 ··· 162

一、民间信仰与港澳台和东南亚的民间信仰的同源性 ··· 162

二、民间信仰与港澳台和东南亚的民间信仰的紧密联系 ··· 165

第三节 民间信仰与自然生态和宗教生态之间的平衡关系 ··· 174

一、民间信仰与自然生态或环境保护之间的关系 ······· 174

二、民间信仰与宗教生态平衡的关系 ··············· 177

第四章 广东民间信仰事务的管理现状 ···················· 182

　　第一节 广东民间信仰事务的管理历史 ·············· 183

　　　　一、民国以前历代朝廷对广东民间信仰事务的管理概略 ···· 183

　　　　二、民国时期广东民间信仰开始受到外来冲击(1912—1949 年) ··· 195

　　　　三、1949 年后——改革开放前(1949—1979 年) ········ 199

　　第二节 广东民间信仰事务的管理现状 ·············· 201

　　　　一、已纳入政府有关机构管理的民间信仰场所 ········ 201

　　　　二、由村委会或街道居委会管理的民间信仰场所 ······ 203

　　　　三、自发性由村里老人小组或老委会管理的民间信仰场所 ······· 205

　　　　四、多层的管理格局 ························ 208

　　　　五、由公司或企业实行管理的民间信仰场所 ········ 209

　　　　六、承包给个人或某个组织实行管理的民间信仰场所 ···· 214

　　　　七、港澳人士投资或经营的民间信仰场所 ·········· 214

　　　　八、无人管理的民间信仰场所 ················ 216

　　第三节 民间信仰场所管理的问题与隐患 ············ 217

　　　　一、不少民间信仰活动场所的内部管理制度不完善 ···· 217

　　　　二、民间庙宇普遍存在消防隐患问题 ············ 218

　　　　三、庙宇的财务管理存在诸多问题 ·············· 220

　　　　四、借民间巫术活动而敛财的现象 ·············· 221

　　　　五、违章乱建及滥建庙宇的现象 ··············· 222

　　　　六、民间信仰活动中的攀比现象 ··············· 223

　　　　七、因利益纷争而产生的隐患 ················ 224

　　　　八、借民间信仰拉帮结伙,搞宗族势力甚至非法活动 ······· 226

　　第四节 广东各级地方政府在民间信仰事务管理上的探索 ·········· 227

　　　　一、广州市在民间信仰事务管理上的探索 ·········· 227

　　　　二、中山市在民间信仰事务管理上的探索 ·········· 231

　　　　三、佛山市在民间信仰事务管理上的探索 ·········· 232

　　　　四、其他城市在民间信仰事务管理上的探索 ········ 232

　　　　五、一些城市对民间信仰庙宇的"收编式"的管理探索 ········ 234

第五章 福建与港澳台的民间信仰事务之管窥 ············· 249

　　第一节 福建民间信仰事务的管理现状 ·············· 249

　　　　一、福建与广东的民间信仰神祇渊源 ············ 249

二、福建在民间信仰事务管理上所做的尝试 …………………… 250

第二节 香港的民间信仰事务及其管理现状 ……………… 252

一、香港与广东的历史渊源 …………………………………… 252

二、香港的民间信仰 …………………………………………… 253

三、香港的民间信仰事务管理 ………………………………… 254

第三节 澳门的民间信仰事务及其管理现状 ……………… 256

一、澳门与广东的历史渊源 …………………………………… 256

二、澳门的民间信仰 …………………………………………… 257

三、澳门的民间信仰事务管理 ………………………………… 259

第四节 台湾的民间信仰事务管理现状 …………………… 260

一、台湾民间信仰的大致情形 ………………………………… 260

二、台湾的民间信仰事务管理 ………………………………… 261

第六章 广东民间信仰治理的治理刍议 …………………… 263

第一节 关于民间信仰属性的探讨 ………………………… 263

一、民间信仰的"宗教属性" …………………………………… 263

二、民间信仰的"民俗属性" …………………………………… 264

三、民间信仰的"生活属性" …………………………………… 265

第二节 为什么民间信仰事务需要的是"治理"而不是管理 ………… 267

一、管理与治理的区别 ………………………………………… 267

二、"管理"到"治理"的观念改变 ……………………………… 268

第三节 民间信仰治理的具体对策与建议 ………………… 271

一、主动改变和创新民间信仰的管理观念及其模式 ………… 271

二、完善现有管理（治理）模式 ………………………………… 272

三、促进各地民间庙宇的自我管理 …………………………… 276

余论 ………………………………………………………… 278

附录一："中山市民间信仰现状及治理对策"调研报告 ……… 282

附录二：潮汕民间信仰的历史、现状与管理探略 …………… 309

附录三：粤东梅州客家人民间信仰初探 …………………… 322

参考文献 …………………………………………………… 335

后记 ………………………………………………………… 344

序 一

　　中国的民间信仰,贯古通今,无所不在,对此作系统学术研究者却人数不多。民俗学各个门类中,民间信仰研究相对而言是个冷门,究其原因,是不可能引起轰动效应,更容易吃力不讨好,其研究难点,至少有三:首先是民间信仰范畴委实不易科学界定。从国家政策层面上说,民间信仰是区别于宗教管理范围之外的社会行为,两者属不同范畴;在老百姓心目中,却近乎不加区分,外国学者就有谓中国民间信仰包括宗教信仰的。社会现实中,民间信仰与宗教间多有融汇,很难分割,从本书设目"佛教和道教的俗神信仰"的提法可见一斑。皆因民间求神拜佛,总带着直接的功利动机,俗谓"有求必应""心诚则灵",一是有求,二是心诚,何必分辨何方神佛,拘泥于某一种宗教,反过来,还赋予神佛满足各种需求的功能。其次,民间信仰现象极具广泛性与复杂性。民间信仰对象难以胜数,一个人物、一段木头、一棵大树、一段河道,乃至一个土堆,一种气象,都可能被顶礼膜拜。民间信仰还因地域、历史不同,不断消长演变,其流播多靠口口相传。千头万绪,给务求条分缕析的准确研究带来了矛盾和困难。再次,民间与官方在民间信仰上有着博奕的微妙关系,调研、揭示起来颇有难度。民间信仰未必是官方管控的产物,但其发展与流播,从价值意识、传播手段到存在空间,却充分体现了历朝历代官方意志的主流倾向。两者之间的互动,即如南海神由朝祀走向民间,与天后从民间走向朝祀,异曲同工。对此作深入研究,将会涉及许多更深层次的或许不合时宜之论。

　　基于上述认识,贺璋瑢教授治学的选择和努力就很值得敬佩。她长期不懈地从事民间信仰研究,勤于著作,是这方面颇有影响力的专家。对于非广东籍及求学不在广东的她来说,完成广东民间信仰研究这样一个课题,必须经历对广东地理历史、风土人情一番深入了解,无疑比本土专家付出更多精力。此前,已经出版的大著《岭南信仰研究》,标志着她的成功;本书的著成,又标志着她迈出新的一步。

本书的结构反映了著者清晰的研究思路,呈现出科学完整的体系性。全书由三大部分构成。第一部分为开头一章,既具体阐释了广东民间信仰的两大基本元素即粤地"好巫尚鬼"的原始信仰传统及移民移神与当地信仰传统的融合;又立足于岭南文化的实际,大刀阔斧地阐析广东民间信仰的类型,并从整个广东地区视野下归纳出广东民间信仰的主要特点、社会历史作用与影响,由分散现象集中抽象,把握宏观基本特征,避免认识的碎片化。第二部分为第二至三章,集中专述了当代广东民间信仰的状况及社会功能,既体现了重在当代的研究观,又为治理探策提供了坚实的现实基础。本书第三部分设三章,从设置上显示了其为本书研究的重点,在前两部分系统研究的基础上,借鉴外地的经验,特别是福建与港澳台地区不同模式的做法,进而提出治理之策。治理之议,是建立在民间信仰是中国的信仰传统、民间信仰需要"善治"而不是管理的立论上,成一家之言,从而拓展了研究视野,使研究成果走出学术殿堂与服务社会有机接轨。对广东民间信仰在中华民族的地域文化之林中,岭南文化具有独树一帜的特征,本书既注意到广东地区的共性特征和规律,又不忽略这一地域文化内不同板块的个性特征和范例,从大量的田野调查个案,更可见著者的辛劳和治学之扎实。当今之时,民间信仰与社会一样正发生着剧变,因其对传统文化顽强的继承性、民间传播的广泛性和鲜明的价值观倾向性,对当代社会人们的思想和行为,直接间接地发生着重大影响和作用,值得科学审视和认真对应,本书在论述上立论清晰,结构严谨,环环相扣,层层深入,其策论具有针对性及可操作性,因此具有立足于学术价值上的现实意义。

对于广东民间信仰的研究,或许还有很多空间值得深入,在本书中有意犹未尽的感觉。例如在广府社会占突出地位的财神信仰,本书虽设有"普遍的财神崇拜"一目,但未及展开述论。民间信仰在当代社会的作用与影响,具有积极与消极作用两面性,未直接点出论述。对民间信仰背景中的官方作用,论述嫌少。当然,民间信仰包罗万象,恐非有限的篇幅能够囊括透彻,何况这些问题并不影响此书具有此一领域重大学术价值的评价。作为第一读者,罔顾孤陋寡闻,写下点滴感受,衷心祝贺,权充为序。

陈泽泓 乙亥深秋于羊城壁半斋

序　二

　　民间信仰在西方社会也被称作"通俗信仰"（Popular Cult），它是一种与官方正统宗教或精英信仰相对应并普遍存在于下层民间社会当中的崇拜习俗的统称。历史上民间信仰的存在形式尽管五花八门，却仍然呈现出一定的共同性和规律性。其一，民间信仰大多是自下而上发展起来的。罗马帝国时代典型的民间信仰如厄琉西斯秘仪、狄奥尼索斯—巴库斯秘仪、俄耳甫斯秘仪、伊希斯崇拜、密特拉教等等，最早都是流行于下层民众当中，后来才慢慢地渗透到包括元老贵族在内的上流社会。早期基督教当中的通俗信仰如圣徒崇拜、圣物崇拜、圣母崇拜和天使崇拜等，其贬义词也是底层的普通信徒大众，以后才受到教会当局的认可。中国的妈祖崇拜、关帝君崇拜、冼夫人崇拜及华佗先师崇拜等，也无不先是发端于民间，而后繁盛于四方，最后才迫使朝廷加以敕封而演变为"正祀"的。其二，民间信仰一般具有明显的功利性。中世纪的基督徒之所以要崇拜圣徒和圣物，主要的目的还是为了疗伤治病，因为西方中世纪社会尚未建立起科学有效的世俗医疗体系。中国民众信仰诸神，至少存在着三大诉求：一是求财，因而就有了对赵公明、关羽、比干及范蠡等的崇拜；二是求子，因而就有了对九子圣母、七圣仙娘、慈航圣母、金花夫人、何仙姑及黄道姑等的崇拜；三是求平安，因而就有了对妈祖、三山国王、城隍、门神公、土地爷及保生大帝等的崇拜。民间信仰的功利性还表现在诉求对象的不固定上，人们不会也不可能只崇拜某个单一的神祇，只要能够达到现实目的，任何神祇都是值得去祈求和崇拜的。就如中世纪的基督徒到耶路撒冷圣墓去朝圣之后，可以继续前往罗马的彼得圣祠或西班牙的圣雅各教堂去朝圣;中国的信众在拜完佛教的观音菩萨之后,也能够接着去祭拜道教的黄大仙。这种功利性的崇拜心理直接导致了信仰上的所谓"包容",亦即诸神之间和谐相处,嫉妒心不强。其三,民间信仰夹杂着较多的迷信成分。由于民间信仰立足于现实诉求,它的实践目的主要不在于来世天国而在于当下的急迫需要,因此它所使用的表达方式,便具有了与相应的神祇进行利益交换的性质。如此一来,许愿和还愿就成了人与神之间的主要口头协议及其具体履行,燃烛、烧香、贡献食物和用品等献祭,就成了人神沟通的最重要的手段,与此相伴随的当然就是驱鬼邪、看风水、算命、扶乩占卦及求签等辅助手段。虽然民间信仰具有浓厚的迷信色彩,可是如果它一经固化成一种民俗,那它的信仰严肃性就会逐渐退化,而日益演变成为万众参与的节庆娱乐活动(西方人叫"嘉年华"),于是人们就无权对它表面上的荒诞不经说三道四了。

俗话说:一方水土养一方人。我们也可以说,不同的水土孕育出不同的神。广东的民间信仰之所以有别于内地,主要仍是取决于广东自身独特的自然环境和人文环境。例如,广东的海神和水神崇拜特别发达,这是由于这个地方濒临南海,水道纵横交错,河运和海运均十分方便,从事此类运输行业的人们,需要某种超自然力量的庇护,因此各式各样的海神和水神便应运而生。湛江人崇拜雷神,那是因为雷州半岛是强对流气候最为频发的地方,人们对经常性的电闪雷鸣由畏惧发展为崇拜,是自然而然的过程。广东人对财神情有独钟,这也是有历史渊源的。早在司马迁的时代,作为岭南地区中心的广州,就是商贾云集和万物辐辏的营商场所,商人们把自身的求财欲望上升为对各类财神的崇拜,也是合情合理的。广东腹地大多由丘陵所构成,居住在这些地区的人民必然就有崇拜山神的习惯,这就解释了三山国王除了为世居山地的客家人所崇拜,还被与山丘发生关系的部分潮汕人所信仰。至于广东为何有那么多的外来神,那更应当从历史中寻找原因。广东是历史上多次发生的中原移民运动的最终落脚点,每一次的内地移民必然会顺便带来他们所崇拜的神祇及其崇拜习俗,中原地区原有的崇拜习俗反倒因原住民的离去而荒废了,这不仅造成了广东民间信仰的多元化,而且形成了所谓"礼失而求诸野"的有趣态势。

以上诸议,在很大程度上是从贺璋瑢教授的新作《广东民间信仰及治理研究》一书中推衍而来的。作为贺教授多年共事的老朋友,我对她这部巨著的成功问世深感高兴。据了解,贺教授为了做成这一项目,耗费了多年的心血。她多次亲自带领自己的弟子,跑遍了南粤大地的山山水水,走访了各市、县、镇、乡的相关政府管理部门,勘察了全省绝大多数有关的民间崇拜场所,查阅和钻研了许多相关的文献及档案资料。这种勤奋再加上她所特有的智慧，奠定了这部作品扎实的学术基础，保证了其不可低估的学术水平。贺教授的某些见解可谓新意盎然。例如，在她看来，人们过去对民间信仰的认识是浅表性的和碎片化的，甚至是感性化的。因为人们总是从西方语境中的"宗教"视角和西方文化的"宏大叙事"的角度去审视中国社会固有的传统信仰，结果对自身的传统文化产生了"自贬"，这正是一种在西方文化面前缺乏文化自信和自重的表现。因此她通过自己的慎密研究之后得出结论说："今天人们应当能够理直气壮地坚持这样一种观点——民间信仰是中国具有三重特征的一种特殊的传统信仰形态，所谓三重特征是指其具有'宗教性''民俗性'和'生活性'。"这一见解我是非常赞同的。

更加难能可贵的是，贺教授不仅揭示了广东民间信仰的历史与现状，而且还就政府相关管理部门的政策措施提出了自己的具体意见和建议。她就像一名充满爱心的临床医生，除了精确地诊断出患者的疾病及病根之外，还开出了颇有针对性的治病良方，这是许多单纯的历史学者所无法做到的。

我本人虽然曾经做过早期西方通俗信仰方面的调查，平常也喜爱阅读比较宗教学方面的书文；不过坦率地说，我并不是一名中国传统宗教研究的行家里手，对于广东的民间信仰，则更是知之甚少，需要补课的地方实在太多。故本作品的问世，无异于雪中送炭，我从中获益良多。如今，我郑重地向读者们推荐该作品，期待大家通过对它的阅读，得以各取所需地找到有益于自身的精神养分。

林中泽

2019 年 11 月 2 日

谨识于广州华南寓镜园

绪 论

本国家课题原名称为"华南地区民间信仰的现状、功能及管理研究",本想以华南地区的民间信仰作为主要的考察与研究对象。但宏观意义上的"华南地区",应包括广东、广西、海南、福建及港澳等地区,若要对这些地方做全面深入的田野考察与研究,远不是三年、四年甚至更长的课题规划时间与课题经费所能承担的,也远非是本人的能力所能胜任的。经过反复思考以及在田野调查中实实在在的体悟,笔者最终将研究范围限定在广东,所以加了一个副标题"以广东为例",课题结项名称因而正式定为"华南地区民间信仰的现状、功能及治理研究——以广东为例"。清楚自己的研究应该"限定"在什么地方,不是出于"聪明",而实实在在是出于"无奈"。而课题原名称的"管理"一词之所以变更为"治理",是因为"管理"从字面意义上似乎比较强调上对下的"管";而"治理"一词从字面意义上似乎更强调了多方面多层次的"协调""互动""调控"与"引导"等特征,更能有利于达成"社会和谐"的目标。在课题结项通过,即将出版之际,出于"简洁"的考虑,笔者又将书名定为《广东民间信仰及治理研究》。

但话说回来,从前华南地区也常被称为"岭南",广东是华南地区的重要组成部分,也是岭南文化的代表区域,因此也常被指称为岭南之地。正如陈泽泓所说:"广东地区向来是岭南地区的政治、经济、文化中心,广东地区的文化,最为集中、最具代表性地反映了岭南文化的特征。"[①]因此,广东的民间信仰无疑也能代

---

① 陈泽泓:《岭南文化概说》,广东人民出版社,2013年,第3页。

表"华南"特色,因而亦能在较大程度上反映原课题的名称"华南地区民间信仰"的特征。诚然,广东民间信仰的现状、功能和管理与现在广西、海南、福建及港澳等地区可能会有所不同,尤其与香港澳门在民间信仰的管理方面,有较大的不同,本文因而会另辟一章就毗邻粤东的福建以及香港澳门的民间信仰的现状、功能与管理等方面作些简单的介绍、比较与分析。

一、民间信仰的研究概念与范畴

随着中国改革开放进程的不断深入,中国社会无论是在政治经济层面,还是在社会文化层面,均发生了翻天覆地的变化。其中,民间信仰的复兴和迅速发展无疑是一个正日益引起学界、政界及宗教界广泛关注的"变化"之一。

在学术研究中,概念或范畴的共许或默认无疑是学术讨论最重要的基础。但"民间信仰"作为一个被各学科反复建构的学术范畴,并非是"一个静止性或已经约定俗成的概念,其内涵与外延充满着不确定性,因而也富有开放性。英文中的 Folk Religion、Folk Belief、Popular Cult、Popular Religion、Communal Religion 等,都可能指涉所谓的'民间信仰'。该术语最早见于 1892 年的西方学术期刊。"①

"民间信仰"一词的翻译是日本的舶来物。1897 年日本东京帝国大学设立宗教学专业时,该专业的首位教授姊崎正治(1873—1949)在《哲学杂志》第 130 期上发表了《中奥的民间信仰》一文,"民间信仰"这一术语在该文中首次出现,日后"民间信仰"这一术语便被日本学者渐渐采用开来。所以现在中国的学者们大都同意"民间信仰"这一术语就是直接从日本传入的。在 20 世纪 20 和 30 年代,"民间的信仰""民众信仰"与"民间宗教"等常见于中国学者的著述中,并渐渐成为一个相对稳定的术语了。②

"民间信仰"一词独具中国历史文化特点,是扎根于草根、社会底层或基层大众的一种文化现象,且早已成为中国传统文化的组成部分。民间信仰虽然从来没有进入中国信仰形态的主流,但它在中国社会存在的历史要远远长于基督教、

---

① 陈进国:《中国民间信仰研究述评——以大陆地区为中心》,载路遥等著:《中国民间信仰研究述评》,上海人民出版社,2012 年,第 41 页。

② 参见朱海滨:《民间信仰——中国最重要的宗教传统》,上海复旦大学"中国民间信仰:历史学研究的方法与立场"学术研讨会,2008 年 4 月。

佛教、道教、伊斯兰教这些公认的制度性的宗教①，其对中国广大民众尤其是处于社会基层或乡间民众思想生活的影响远比制度性的宗教更为深远，也可以说其独具中国草根文化传统的特点，很多人因之也将其视为"民俗信仰"，按照钟敬文的解释，民俗信仰即是指"在民众中自发产生的一套神灵崇拜观念、行为习惯和相应的仪式制度。"②

遗憾的是，在古代中国的文化传统中，"民间信仰"甚至不是一个独立门类的信仰。古人常说中国有三教即儒、释、道。儒即"儒家（儒教）"、释即"佛教"、道即"道教"，"三教"为士大夫、官宦和皇帝尊奉，各自称家，各家有学，且学问深厚广博。而"民间信仰"常常被读书人归为"愚夫愚妇"之盲从，读书人即便偶有涉猎，一般都以"怪、力、乱、神"的态度贬斥之，或论说简略；或作为奇异之事在风俗志、地理志或地方志中轻描淡写地予以寥寥记载。

国人将民间信仰作为一种具有现代学术性质的研究始于 20 世纪初。这种研究出现的机缘并不"学术"，主要因为当时科学主义的兴起及开启民智的需要。当时的知识分子普遍将民间信仰视为"迷信"，视其为导致近代中国落后于欧美的原因之一，而为了进行无神论的宣传，有部分学者对民间信仰做了一些研究与批判，这种研究的政治目标不言自明。1904 年 9 月 11 日的《安徽俗话报》第 11期发表了《续无鬼论演义》一文，这篇文章或许算是最早将民间信仰与迷信划上等号的。

部分民俗学及社会学的学者则对民间信仰展开了实地调查和研究，并取得了相当成果。其中常为人称道的就是顾颉刚先生于 20 世纪 20 年代对福建泉州的铺境、广东东莞的城隍庙、北京的妙峰山香会、东岳庙等所作的研究，但显然顾不是从宗教的角度来对其进行研究的。他本人说得很清楚，他研究民间文化的目的是："很愿意把各地方的社会和仪式的目的弄明白了，把春秋以来的社祀的历史也弄清楚了，使得二者可以衔接起来。"③

当时不少关于社会风俗与民俗的著作中均有涉及民间信仰。如商务印书馆

---

① 杨庆堃先生曾把中国宗教分成两大类型，一类是教义和教会组织完备的"制度型宗教"，如佛教、道教；另一类是缺乏统一教义和组织系统的民间巫术、信仰等，它扩散到世俗生活中并与世俗生活结合，杨把它称为"扩散型宗教"。C. K. Yang, *Religon in Chinese Society: A Study of Contemporary Social Function of Religion and some of their Historical Factors*, Berkeley CA: University of California Press, 1961, pp. 294. 现在大陆通常将天主教、基督教、佛教、道教与伊斯兰教视为五大制度型的宗教。

② 钟敬文:《民俗学概论》，上海文艺出版社，1998 年，第 18 页。

③ 顾颉刚:《顾颉刚古史论文集》第一册，中华书局，1988 年版，第 71 页。

1911 年出版的张亮采编著的《中国风俗史》，上海广益书局 1923 年出版的胡朴安主编的《中华全国风俗志》等。值得一提的是，20 世纪 30 年代初，著名的社会学家李景汉曾经在今河北定县作过一次社会调查，后来出版了名为《定县社会概况调查》①一书（这是中国第一次以县为单位的系统的社会学意义上的实地调查），在该著作第九章的《乡村的风俗与习惯》中，李叙述了当年农村信卜筮、请大仙、讲禁忌、拜鬼神的情形。在第十章《信仰》中，作者又对流行于定县平民中的普遍信仰做了具体介绍。文中指出在该县明确参加某个宗教组织，如佛教、道教、天主教、基督教、伊斯兰教等的信徒并不占多数，大多数人其实没有明确的宗教信仰，他们崇拜偶像，几乎无所不信。如在关帝庙、老母庙等庙宇里，人们常在那里祭拜祈禳、烧香请愿、参加庙会等，他们的信仰与崇拜活动完全是出于自己的生活中的匮乏和急难问题，只要能解决生活中的匮乏和急难问题，去庙里烧香拜菩萨，去教堂听道拜耶稣，请道士做法事等都具有同等意义。八十多年过去了，李景汉所描述的现象依然在包括广东在内的许多地方存在着、重复着，至于为什么会有如此之现象，这种现象究竟是否属于宗教现象，和佛教、基督教等又有什么不同，作者并未进一步深究下去。显然，学界虽历来都有研究"三教"即儒教、佛教与道教的传统，却忽视了民间信仰是中国多元化的宗教传统的重要组成部分，缺乏对其的研究。

总体而言，1949 年前学者对民间信仰的研究从研究视野与方法上来看，大致可以分为三类：一是传统历史学的研究思路，其特点就是重视文献，从文献和具体史料中来具体考察或梳理出某种信仰或仪式的来龙去脉；二是将民间信仰的研究与其他学科如人类学、社会学等做一定程度的结合，尤其是注重做田野调查，注重田野考察与学术探讨的结合；三是在民俗学的视域下对民间信仰进行具体考察。而宗教学②本身是一门在 19 世纪末才产生的新学科，当时急需寻求救亡图存途径的国人对其理论和方法了解得并不多，所以并未像日本学者那样将

---

① 该书被称为我国近代爱国知识分子以西方社会学方法与技术进行的以县为单位的社会调查的一个代表作。全书分为 17 章，分别从地理、历史、县政府及其他社会团体、人口、教育、健康与卫生、农民生活费、乡村娱乐、乡村的风俗与习惯、信仰等 17 个方面对定县的基本社会概况进行了全面描绘，涉及面非常广泛，资料极为丰富。当时学术界称之为一部中国农村社会生活的百科全书，对当代社会学考察的理论与方法具有重要的参考价值。

② 宗教学（英文：The Study of Religion），以宗教和宗教发展史为研究对象的现代科学门类。宗教学旨在通过对宗教现象、宗教、演化、性质、规律与作用等的研究，揭示人类社会文化发展规律。19 世纪下半叶，西方宗教学者首先建立了这门学科。一般以麦克斯·缪勒（Max Muller，1823—1900）于 1873 年出版的《宗教学导论》一书率先使用了"宗教学"一词为其开端。

其视为宗教形态而展开系统的科学研究,所以从宗教学或比较宗教学的视野与角度对民间信仰进行研究的学术成果较难见到尚能理解。

1949 年后,由于意识形态因素的影响,民间信仰作为"封建迷信"和"四旧"(旧思想、旧文化、旧风俗、旧习惯)在老百姓的生活中予以大清除,与之相关的人类学、社会学等学科在大陆地区渐渐遭到了冷遇甚至完全被砍掉,民间信仰的专门研究更是被打入冷宫,只是在中文系的民俗学研究中依稀能见到一些模糊的身影。

自 20 世纪 70、80 年代的改革开放以来,随着宗教信仰自由政策的恢复及大陆地区民间信仰的逐渐复苏,上述状况才逐渐有所改变。尤其是近些年来,民间信仰的研究随着民间信仰在各地的复苏也越来越受到了学界的重视,除宗教学外,历史学、社会学、民俗学、人类学等学科的学者们均从各自的领域出发对民间信仰进行个案的、区域的、综合的各类研究,研究队伍越来越壮大,尤其是注重田野调查的社会学、人类学、民俗学的民间信仰研究成就斐然,出版了一大批专著以及译著,区域性民间信仰研究的论文数量也蔚为大观。民间信仰正日益成为多学科交叉研究的一个焦点。随着中外学术交流环境的日益频繁,都给当下和未来的"民间信仰"研究开启了越来越广阔的空间。

学者们渐渐也取得共识:在中国大陆、港澳或台湾地区,"民间信仰"是具有双重特征的信仰形态。所谓双重特征是指其既具有"宗教性"又具有"民俗性",它与那些带有较强的建制性特征的宗教信仰形态(如佛教、道教、伊斯兰教、基督教、新兴宗教或教派)相区别开来,它既非具有内在一致性或信奉一神的宗教,也非某种由先知启示或具有体系性的教义与仪式以及有类似于佛经、《圣经》《古兰经》那样的神圣经典的宗教。陈进国在《中国民间信仰研究述评——以大陆地区为中心》一文中指出:"从发生学的视角看,民间信仰一方面传承了各民族或族群的自然性宗教(自为生成)的传统,另一方面也传承了制度化性宗教(有为建构)的传统,带有村社(村落和社区)或跨地方之混合宗教的典型特征。堪称'原生性'和'创生性'双性共存的复杂的信仰形态。"[①]1985年,乌丙安在《中国民俗学》中提出民间信仰和宗教的十大区别,具体地撇清了民间信仰与成型宗教的联系,强调民间信仰的自发性和民俗性,这一定义其后被学界广泛征引。因此,民间信仰可以被视为各种宗教形态的混合体,其既有

---

① 陈进国:《中国民间信仰研究述评——以大陆地区为中心》,载路遥等著:《中国民间信仰研究述评》,
  上海人民出版社,2012 年,第 41 页。

历史的连续性,也有时代的变异性。换言之,"所谓民间信仰就是指与制度化宗教相比,没有系统的仪式、经典、组织与领导,以草根性为其基本特征,同时又有着内在体系性与自身运作逻辑的一种信仰形态"。① 笔者对上述见解深以为然。

笔者比较赞同中国学者赵世瑜对民间信仰的一个简明扼要的界定,即"所谓'民间信仰',则指普通百姓所具有的神灵信仰,包括围绕这些信仰而建立的各种仪式活动。它们往往没有组织系统、教义和特定的戒律,既是一种集体的心理活动和外在的行为表现,也是人们日常生活的一个组成部分"。② 综合上述国内学者和国外学者对中国民间信仰的讨论以及笔者几年来的田野调查实践,笔者在本课题的结项中,对民间信仰属性的定义是:"民间信仰"是中国具有三重特征的一种特殊的传统信仰形态,所谓三重特征是指其具有"宗教性""民俗性"和"生活性",是民间的非制度化的信仰现象,当然也是我国传统文化的有机组成部分和重要载体。

笔者认为,对民间信仰或许可有两种理解:一种是"融合式"的理解,即民间信仰如同一个大容器,它把所有中国人所能知道的所有建制性宗教和非建制性宗教的神祇(只要认为它是灵验的,不管是佛是道是鬼是神,用老百姓的话来讲,就是"见啥拜啥")都囊括在内。国外学者在谈论中国的民间信仰时基本上也是从这种视角出发的;另一种则是"游离式"的理解,即民间信仰是除建制性宗教外的所有民间社会所信仰的神祇的大集合。

总之,人们过去对民间信仰的认识是浅表性的、碎片化的以及过于感性化的。人们总是从西方语境中的"宗教"之视角、西方宗教的"宏大叙事"来审视中国社会固有的信仰传统,结果对自身的信仰传统产生了"自贬",这正是一种在西方文化面前缺乏文化自信或自重的表现。今天人们或许能理直气壮地坚持这样一种观点:民间信仰其实就是中国老百姓的一种特殊的传统信仰形态,是一个长期以来被忽视,但却是中国,尤其是中国社会基层和乡间社会自发流传的非制度化的信仰现象。而对目前还没有正式纳入管理的老百姓自发的拜神行为与实践、仪式、活动及背后的组织与运作等等,恰恰又是我们在建设和谐社会的过程中最需要了解的。

---

① 参见中华文史网,http://www.qinghisto.com。
② 赵世瑜:《狂欢与日常:明清以来的庙会与民间社会》,三联书店(北京),2002年,第13页。

二、民间信仰与民间宗教

民间信仰与民间宗教能否画上等号,学界对此依然有不同见解。有人认为两者其实就是一回事,也有人认为两者之间还是有区别的,第三种观点则认为,"民间信仰"是可以涵括在"民间宗教"的范畴内的,即民间宗教应该包括两个方面:一是为某种教派所信仰的宗教,如白莲教①、一贯道②等,这些教派是有组织的;另一是流传于民间的,为老百姓所信仰和在老百姓自己的生活中去自觉奉行的民间的仪式、戒律等信念。但据笔者的田野调查经历,笔者还是同意第二种观点,即民间信仰不能与民间宗教完全画等号,它们之间还是有所区别。在这方面的讨论似乎一时还不会有定论,但这种"没有定论"的讨论仍然有意义,它会使得学界对民间信仰的认识渐趋深入及完整,更接近民间信仰的真实境况。

三、民间信仰研究的现状

如前所言,随着民间信仰在全国范围内的复苏,民间信仰的研究在历史学、人类学、社会学、民俗学、宗教学等学科领域内有渐成为"显学"之趋势。如自2008 年始,由中国社科院世界宗教研究所的金泽、邱永辉主编的中国宗教蓝皮书、即《中国宗教报告》中就开始将"民间信仰报告"与其他的制度性宗教并列作为一个单独的"报告"序列。

学界对民间信仰的研究,近些年来已取得令人瞩目的进展,相关的研究成果主要集中在以下几个方面:一是关于民间信仰究竟是怎样的一种信仰的讨论如复旦文史院编著的《民间何在,谁之信仰》《中国传统社会民间信仰之考察》《关于民间信仰概念的思考》等,分别阐述了"民间信仰"的"民间"涵义、"民间信仰"的概念以及民间信仰与中国传统社会的关系,还有乌丙安的《中国民间信仰》(上海人民出版社,1996 年出版);二是关于民间信仰究竟是不是宗教的讨论如《中国的民间信仰是不是宗教?》《民间信仰的性质及特点》《中国民间信仰研究刍议》等

① 中国历史上最复杂最神秘的宗教,源于南宋佛教的一个支系,崇奉弥勒佛,元明清三代在民间流行,后逐渐演化为民间社群组织白莲教。
② 为中国民间秘密宗教之一。起源于明朝中叶,盛行于明末清代。最初称为罗教,之后分化各种不同教派,如先天道、天理教等,一贯道是清末才兴起的一支,以儒家为中心,主张三教合一。进入民国后,则又加入了基督教与伊斯兰教,变成五教合一说。

论著均涉及到本问题。其中分析"民间信仰"究竟是不是宗教,民间信仰与民间宗教是否是一回事,由此涉及到对"宗教"概念本身的审视;三是关于民间信仰的现代价值与现代功能的讨论。如《当民间信仰成为一种文化遗产》《作为非物质文化遗产研究课题的民间信仰》《中国民间信仰对全球化时代文明共生的价值》等,其分别就民间信仰与非物质文化遗产的关系、民间信仰的现代价值等进行探讨;四是地区性的民间信仰研究。如《传统民间文化与新农村建设——以华北梨去庙会为例》《简论当代福建地区的民间信仰》《论客家民间多神信仰及其文化源头》等,多是就某一方的民间信仰进行研究,从而显示了民间信仰的"地域"特征;五是关于民间信仰的具体神祇研究。如《民间信仰的正统化取向——明清广东金花夫人形象的演变》《宋元以来社会变迁过程中的神灵塑造——以增城何仙姑为例》《明清以来广东民间"天后"女神崇拜与社会经济的发展》等;六是有关民间信仰活动场所的调研报告。如《福建省民间信仰活动场所试点管理情况调研》《浙江民间信仰现状及其调研述略》《武汉市民间信仰活动的调查报告》,主要是针对全国各地的民间信仰的现状与管理所进行的调研。

笔者以为,目前中国大陆学界关于民间信仰的研究从学者所在地域而言形成了几个重要的学术重镇,并涌现出一批卓有成就和有影响力的学者。为了行文的方便,笔者在此作些简要介绍。囿于学力和知识水平,笔者在此很有可能挂一漏万。

其一是以北京为中心的北方地区,尤其是中国社会科学院世界宗教研究所的金泽、陈进国、叶涛以及北京大学的张志刚、赵世瑜等,金泽、陈进国主编的《宗教人类学》(以书代刊)中不乏民间信仰研究的精品文章,金泽著有《中国民间信仰》(浙江教育出版社,1990年出版,1995年再版),他对中国民间信仰的性质及其在社会文化系统中的地位,以及民间信仰的"聚散"特征所进行的理论的反思,给人许多启迪。陈进国作为中青年学人的代表,更是在《宗教人类学》《中国宗教报告》(蓝皮书)上发表了一系列有影响力的相关论文。叶涛著有《民间俗信与科学文化》(合著,山东教育出版社,2002年),《中国民俗》(中国社会出版社,2006年),《泰山石敢当》(浙江人民出版社,2007年)等,他对澳门的民间信仰也作了深入的田野考察,著有《澳门地区民间信仰管窥》一文(见邱永辉、陈进国编著的《澳门宗教报告》,社会科学文献出版社2015年),其对民间信仰的当代价值等都有深入阐述。张志刚则对民间信仰研究的方法论问题有深入阐述,且提出民间信仰是最普遍、最真实、最基本的中国宗教文化传统,是"原生态的宗教文化现象群"的主张。赵世瑜著有《明清时期华北庙会研究》(载《历史研究》,1992年第5

期),《论中国传统庙会的狂欢精神》(载《中国社会科学》,1996 年第 1 期)等重要论文。另外,中国社会科学院文学研究所的安德明著有《重返故园——一个民俗学者的家乡历程》(广西人民出版社,2004 年),《天人之际的非常对话——甘肃天水地区的农事禳灾研究》(《中国社会科学博士论文文库》,中国社会科学出版社,2003 年),他从民俗学的进路来进行民间信仰的讨论,也颇有深度。北京师范大学文学院的岳永逸,著有《田野逐梦:走在华北乡村庙会的现场》(广西人民出版社,2007 年),《灵验·磕头·传说:民众信仰的阴面与阳面》(生活·读书·新知三联书店,2010 年),《行好:乡土的逻辑与庙会》(浙江大学出版社,2014 年)等,并主编《中国节日志·妙峰山庙会》(光明日报出版社,2014 年),他从日常生活和信众实践来研究中国当代的乡土宗教与乡村庙会别具一格。

其二是以上海为中心的华东地区,复旦大学社会学系的范丽珠多年来致力于中国民间宗教信仰的历史与民族志的研究,并涉足于宗教社会学理论的探讨以及民间宗教信仰在中国现代社会发展趋向的研究,著有《当代中国人宗教信仰的变迁:深圳民间宗教信徒的田野研究》(台北:韦伯文化,2005 年)。她和同是复旦大学教授的陈纳共同提出应从文化的角度、从社会发展和变迁的角度、从社会政策的角度、从倡导现代社会文化多元主义的角度、以及民间信仰的现代化形式——如何走向制度化,更多地参与社会慈善与公益的角度来关注当代的民间信仰。华东师范大学社会发展学院社会学系的李向平则承担国家社科基金重大项目"中国民间信仰研究",并有成果《祖宗的神灵》出版(广西人民出版社,1989 年)。

其三是以福建、广东两地为中心的一批华南学者,这两地都算是民间信仰的大省,民间信仰的近几十年的复兴与逐渐隆盛在这两地的表现是有目共睹的。就福建民间信仰研究而言,已经出现了一批有深入研究且有影响力的专著与论文,如福建社会科学院历史研究所徐晓望的《福建民间信仰源流》(福建教育出版社,1993 年),同年出版的还有林国平和彭文宇的《福建民间信仰》(福建人民出版社,1993 年),汪毅夫的《客家民间信仰》(福建教育出版社,1995 年),刘大可的《传统与变迁——福建民众的信仰世界》(社会科学文献出版社,2011 年)和林国平的《闽台民间信仰源流》(福建人民出版社,2003 年)。郑振满的《乡族与国家——多元视野中的闽台传统社会》(生活·读书·新知三联书店,2009 年),他还主编了《民间信仰与社会空间》(福建人民出版社,2003 年);范正义的《基督教与中国民间信仰——以福建为研究中心》《拒斥与接纳——基督教在华传播与中国民间信仰关系的文化透视》等文,对基督教在华传播与中国民间信仰的关系进行了深入探讨。张禹东著有《宗教与社会——华侨华人宗教、民间信仰与区域宗教文化》（社会科学文献出版社，2008年）等，他对海外华人社会、尤其是东南亚华侨华人社会与中国传统宗教的关系进行了深入探讨。

如果将学术视野收回到广东的视域内，也能明显看到广东民间信仰的研究近些年来也取得了不少成就，中山大学历史学系及厦门大学历史学系中以陈春声、刘志伟、郑振满等为代表的一大批学者"取经"于人类学方法，借助"历史人类学"学科视野和研究方法对广东的民间信仰多有涉猎，且成果颇丰。如陈春声的《信仰空间与社区历史的演变——以樟林的神庙系统为例》《社神崇拜与社区地域关系——樟林三山国王研究》与《正统性、地方性与文化的创制——潮州民间神信仰的象征与历史意义》等论文。① 他通过对明清时期潮州樟林三山国王和双忠公信仰及其确立的研究，在爬梳来自中原的"国家"神祇进入潮州这个地处偏远南方的有待"开化"与"教化"的地方进程时，表明了当地人并不只是一味单纯地接纳来自中原的"国家"神祇，而是在这个过程中有所加工和重塑，而这个加工和重塑"国家"神祇的过程也正好与潮州地区乡村社会在明清以来融入"国家"的体制过程是一致的，或者可以说是重合的，从而从民间信仰的角度展示了国家秩序在地方社区进程中所体现出的政治与社会文化意义。刘志伟的《神明的正统性与地方化——关于珠江三角洲北帝崇拜的一个解释》《大族阴影下的民间神祭祀——沙湾的北帝崇拜》与《大洲岛的神庙与社区体系》等文②，则是通过对珠江三角洲以沙湾为代表的北帝祭祀的研究，揭示了地方宗族的祭祖仪式与神祇的祭祀仪式之间所体现出的内在关联。刘志伟进一步指出祭祀仪式或民间信仰，对揭示地方人群的文化创造具有至关重要的作用。刘志伟还通过一个具体个案，即对粤东沿海的大洲岛的乡村庙宇、祭祀习惯与村落关系等的实地考察，论证了当地"以两座天后宫作为祭祀中心整合起来的十三个村落，以各村的主神庙作为中心的村落，还有围绕着各村中其他小庙形成的邻里角落，构成了不同层级的社区单位系统。"③正是透过这些正在整合过程中的社区人们不难看出民间

---

① 陈春声：《信仰空间与社会历史的演变——以樟林的神庙系统为例》，《清史研究》1992年第3期；《社神崇拜与社区地域关系——樟林三山国王研究》，《中山大学史学集刊（第2辑）》，1994年。

② 刘志伟：《神明的正统性与地方化——关于珠江三角洲北帝崇拜的一个解释》，《中山大学史学集刊（第2辑）》，1994年；《大族阴影下的民间神祭祀——沙湾的北帝崇拜》，载汉学研究中心编《寺庙与民间文化研讨会论文集》，1995年；《大洲岛的神庙与社区体系》，中国社会史学会1998年苏州年会论文，苏州大学历史系，1998年；陈、刘等人的相关文章已辑入郑振满、陈春声主编：《民间信仰与社会空间》（福建人民出版社2003年版）一书中。

③ 王健：《近年来民间信仰问题研究的回顾与思考：社会史角度的考察》，《史学月刊》2005年第1期。

信仰的神庙和祭祀中心在其中所发挥出的作用与影响。

　　需要加以说明的是,华南学派的上述功力深厚并颇有造诣的学者,其学术兴趣点和着力点并不在于作为一种"特殊的信仰形态"的民间信仰自身,而是在于民间信仰所赖以生存的社会空间和历史语境方面,他们的目的仍是要透过"民间信仰"这一媒介或民间信仰活动这一"历史现场"来研究社区背后的历史脉络和历史的社会网络,即民间信仰或地域崇拜体系只是作为一个分析符号或文化工具而用以诠释变动的"大历史""大社会"或"国家的在场"。因此,"民间信仰"的双重特征中的"宗教性"并不是他们最为关注的研究对象。

　　此外,广州大学历史系王元林的《国家祭祀与海上丝路遗迹:广州南海神庙研究》(中华书局,2006 年)涉及到南方海洋文化的神祇崇拜与地方社会的关联。王元林、陈玉霜的《论岭南龙母信仰的地域扩展》(《中国历史地理论丛》,2009 年04 期),叶春生的《民间信仰的升华与超越——冼夫人信仰透析》(《广西民族研究》,2001 年)、《从龙母传说看西江文化》(《西江大学学报》,1998 年04 期)、《广东水神溯源》(《民俗研究》,1992 年01 期),中山大学人类学系蒋明智的《悦城龙母文化探秘》(广东旅游出版社,2008 年)、《中国南海民俗风情文化辨(岭南沿海篇)》(广东省出版集团、广东经济出版有限公司,2013 年),刘昭瑞的《考古发现与早期道教研究》(文物出版社,2007 年),中山大学中文系刘晓春的《风水生存》(广西人民出版社,2007 年)、《番禺民俗》(中山大学出版社、2017 年),王霄冰的《仪式与信仰》(民族出版社,2008 年),中山大学哲学系吴重庆的《孙村的路——后革命时代的人鬼神》(法律出版社,2014 年),广东省博物馆肖海明的《真武图像研究》(文物出版社,2007 年)与《中枢与象征——佛山祖庙的历史、艺术与社会》(文物出版社,2009 年)等广东省内学者从人类学的仪式与信仰的角度、神祇研究的角度、非物质文化遗产的角度、民俗学的角度等对广东民间信仰做的一系列研究,对广东民间信仰的向前推进都有诸多贡献。广东省民族与宗教研究院的陈晓毅与中国社科院世界宗教研究所陈进国合写的《民间信仰的自主治理之道——以广东省为例》(载邱永辉主编:《中国宗教报告(2016 年)》),是不多见的对当代广东民间信仰管理有较为全面论述的论文。凡此种种,这里不再一一赘述。不过,与邻省福建作相关比较的话,广东关于当代民间信仰的研究则显得相对薄弱与有所欠缺。

　　陈进国的《中国大陆民间信仰研究的学术取向》一文将中国大陆当代民间信仰研究的学术取向概括为三种,即一是民俗学的研究取向,二是人类学的研究取向,三是中华教——作为被建构的中国民间信仰研究取向,并逐一对这三种研究取向作了详细分析,而这应该就是对大陆当代学界关于民间信仰研究的较为详细的总结和概括。

四、欧美学界对中国民间信仰研究的趋向

欧美学界"对于中国的宗教和民间宗教最早进行深入研究的学者,是荷兰的汉学家高延(Jan Jakob Mariade Groot)。早在晚清时期,他便开始了对中国包括民间信仰在内的宗教生活进行了研究"。在他之前,"没有人对中国人实际上奉行的仪式、典礼、惯例和规矩进行过总体的勾勒,也尚未有人对这些观念和教义进行过精确细致的描绘"。①而高延的研究,即使对今天的×××研究仍具有启发和借鉴意义。到了 20 世纪 20、30 年代,以沙畹(Emmanuel-èdouard Chavannes)、伯希和(Paul Pelliot)为代表的法国汉学家已把中国宗教作为其研究的重要领域并取得了令人瞩目的研究成果。其后法国的葛兰言(Marcel Granet)延续了高延的研究方向,他运用社会学理论及分析方法研究中国古代的社会、文化、宗教和礼俗,著有《中国古代的节庆与歌谣》《中国宗教》等,再其后还有马伯乐、戴密微、康德谟等,他们均在中国宗教研究中留下了重要的成果。

20 世纪 60 年代以后,国外学界,尤其是美国学界,也越来越关注中国民间信仰的研究。如在《1971—2006 年美国清史论著目录》这本书中,全书 24 个板块中有两个板块是介绍中国民间宗教与民间信仰,民间信仰这一原本乏人问津的领域正受到越来越多的美国汉学家的关注。美国加利福尼亚大学出版社于 1961 年出版了华裔学者杨庆堃所著《中国社会中的宗教:宗教的现代社会功能与其历史因素之研究》。时至今日,这部著作在中国学界依旧有相当的影响,这部著作的中译本已成为如今做中国宗教研究的学者们的必读书之一,该书从社会学的角度既探讨了信仰与家庭的关系,也从宏阔的层面探讨了信仰与国家、信仰与社会等层面的关系,书中有关中国民间信仰的形式、分类、根源与功能等经常受到广泛引用。1974 年,斯坦福大学出版社出版武雅士(Arthur P. Wolf)主编的《中国社会中的宗教与仪式》,该书收集了研究中国"民间宗教和仪式"的报告和论文,集中讨论了包括"汉人民间宗教"的信仰系统及其社会功能与文化意义等。1981 年,剑桥大学出版社出版芮马丁(Emily Martin Ahern)的《中国仪式

---

① 芮传明写的"译者序",载[荷兰]高延著:《中国的宗教系统及其古代形式、变迁、历史及现状》,花城出版社,2018 年。

与政治》，这本著作集中探讨了中国民间信仰中拜祭神祇仪式的特点，以及其所蕴含的政治与社会意义。

随着研究的深入，有学者提出"民间信仰"是中国传统文化在儒、释、道之外的"第四种传统"，属于"小传统"。"在传统中国社会中，有四种宗教传统，前三种是儒、释、道，它们具有组织化宗教的一般特征：创始人（真实的或虚构的），职业宗教领袖，清规戒律，成文经典，礼仪习俗等等，它们是宗教文化的'大传统'。第四种是民间宗教，即民间信仰，它是儒、释、道三家折中混合的产物，它构成传统宗教文化的'小传统'。"①为中国学者所熟知的弗里德曼（Maurice Freedman）就是这种观点的代表。这即是说，国外学界逐渐开始把中国的民间信仰当作与佛教、道教、儒教享有共同基础的，与三教相并列的，并且是其中最为重要的，构成中国传统社会的第四种传统。逐渐摒弃了把民间信仰只单纯地视作是庶民信仰、草根信仰的做法，而倾向于将其视为中国社会的精神信仰。

弗里德曼在《中国宗教的社会学研究》一文中提出："中国人的宗教观点和实践不是一些偶然因素的巧合……在表面的多样性背后，中国（民间）宗教有其秩序。在观念的层面，中国人的信仰、表象、分类原则等等表现出一定的系统化特征；在实践和组织的层面，他们的仪式、聚会、等级等等也具有系统性。所以我们可以说有一个中国宗教体系存在。"②伦敦卢特来兹出版社于 1992 年出版了王斯福（Stephan David Raphael Feuchtwan）的《帝国的隐喻：中国民间宗教》，该书探讨了国家象征的地方化、民间化，并提出了"大传统"对"小传统"的影响与后者对前者的改造。该书译成中文后在学界影响较大，常被学者们所引用。

哥伦比亚大学的韩明士（Robert Hymes）于 2002 年出版了《道与庶道：宋代以来的道教、民间信仰和神灵模式》，通过对宋代华盖山这一道教天心派圣地的研究，提出了中国民间诸神是否为现实官僚的投影的问题。毕业于美国耶鲁大学、现任职于台湾中央研究院的康豹（Katz Paul）的《厉鬼与送船：中华帝国晚期浙江的温元帅信仰》一书，对浙江和台湾地区的神灵信仰进行了概括和说明，系统地介绍了温元帅信仰兴起的背景，并在论述中大胆推断台湾的王爷信仰与温元帅信仰存在某种联系，这种新的寻找不同地域信仰神祇内在联系的视角，为审视民间信仰的传播性提供了一个广阔的平台。还有桑高仁（P. Steven Sangren）对地域崇拜中社区宗教仪式的功能分析等等，不一而足。近几十年美国汉学界

① ［美］克里斯蒂安·乔基姆，王平等译：《中国的宗教精神》，中国华侨出版公司，1991 年，第 8 页。
② 转引自范正义：《民间信仰研究的理论反思》，《东南学术》2007 年第 3 期。

研究中国民间信仰的论文也有不少,有一些有分量的论文与杜赞奇(Prasenjit Duara)的论文都被收入韦思谛编、陈仲丹译的《中国大众宗教》①中。总的来说,海外学者对中国的民间信仰或民间宗教的仪式实践、组织结构、象征体系、运作模式、社会功能以及民间信仰与仪式背后的中国历史与社会的变化等都有比较深入细致和比较整体的考察与探讨。

大量欧美汉学家的研究表明,古代中国并不缺乏宗教传统,以文献形式得以流传下来的一些历史上的思想家们对民间信仰采取的某种程度上的轻蔑或轻视态度,并不能真实反映出中国古代老百姓乃至包括某些上层社会精英人士在内的宗教信仰和仪式实践的真实情形。中国文化的许多领域或层面甚或是政治——意识形态的层面,若是离开了对民间信仰或仪式实践的研究就较难作出接近真实与令人信服的解释。以被中国学界所熟悉的《帝国隐喻:中国民间宗教》的作者王斯福的研究为例,据王铭铭介绍:"王氏试图从政治——意识形态的角度探讨中国民间宗教,认为汉人的民间宗教隐含着历史上帝王统治的影子,但在地方上民间仪式的时间具有地域性。民间仪式往往与中华帝国时代的政治空间模式有关。但是民间山神与祭仪所表达的是不同的观念。官方的仪式通过宇宙仪式化,在象征上创造帝国的政治格局,对民间而言,这种格局成了仪式上的傀儡,操演它的是地域化的社区与民间权力代表人,如道士、士绅与民众。"②

曾任教于香港中文大学宗教学与文化研究系的法国学者劳格文(John Lagerwey)教授,多年以来一直从事中国民间信仰的调查。不过,他强调自己考察的重心是1949年之前的民间信仰,对于当代的民间信仰情况知之甚少。劳格文曾在一次采访中谈到"学者喜欢讲儒、道、佛,可是老百姓既不是信佛也不是信儒、信道,他们什么都信。儒教的忠孝之类的道德观念,很多中国人都接受;佛教的业、因缘,很多中国人也都接受,老百姓可以说信儒教也可以说信佛教"。③ 他还说:"民间信仰不能说是一种宗教,而是把来自各方面的多种因素融合在一起,指导老百姓的日常生活和行为。老百姓和三大宗教的传统都有关联,什么时候用哪一个,每个地方都有他们自己的习俗。任何乡村都有这三个教,还有第四个教——巫教,我也叫无名之教。这些民间信仰和佛儒道巫多少有点关系。民间信仰还要把对空间、时间的理解加上。"④笔者对民间信仰的田野考察经历证明

---

① 该书的中译本已经由江苏人民出版社于2006年7月出版。
② 参见王铭铭:《中国民间宗教:国外人类学研究综述》,《世界宗教研究》1996年第2期。
③ 参见《劳格文谈中国的民间信仰》,2010年6月20日的《东方早报》,http://blog.sina.com。
④ 参见《劳格文谈中国的民间信仰》,2010年6月20日的《东方早报》,http://blog.sina.com。

了劳格文所言不虚,且笔者很赞同,这些话在今天依然是既现实又真实。

再有就是著名汉学家欧大年(Daniel L. Overmyer),他擅长以比较宗教学的理论与方法来研究中国的宗教形态,在他的"中国民间宗教"一词中,当然也包括民间信仰。他于1976年发表其成名作:《中国民间宗教教派研究》。据张志刚对其生平与思想的研究:"1996至1998年,欧大年应邀到香港中文大学任教,他在此期间进行了一次英文讲演,题为'The Order and Inner Logic of Chinese Popular Religion',试图从整体上来反省中国民间宗教研究。他尖锐地指出,长期以来,东西方学者都对本土文化中的民间宗教活动抱有轻视态度。其实,中国民间宗教是中国传统文化不可分割的一部分,其信仰基础是'以阴阳五行为核心的宇宙观',这种宇宙观也反映了中国哲学、医药、绘画、音乐等方面。因此,抨击民间宗教,无异于否定中国传统文化。"①

五、本课题研究的意义、路径与方法

学界对广东民间信仰的现状、功能、当代价值及其治理作全面考察和研究的还不多见,更谈不上深入研究。但随着改革开放程度的不断加深,这种研究的迫切性却摆在了各级政府的相关机构和学界的面前,成为不能回避且要下大力气去做的事。

以广东为例,其民间信仰活动场所数量之多,分布之广,几乎无法准确统计。无论是民间信仰活动场所的数量还是信众的数量,都远远超过佛教、道教、基督教、天主教与伊斯兰教即五大制度性宗教的活动场所及其信众之和。长期以来,民间信仰事务的管理既处于宗教学术研究的边缘地带,也是政府的宗教事务管理部门"管理"的薄弱环节,在有的地方甚至貌似处于"不管"地带。直至现在,民间信仰的管理到底可否纳入政府的管理?抑或若不像制度性的宗教那样纳入政府的宗教事务管理部门的管理范围又该由谁来管理,也一直是学界、政界和宗教界的人士所讨论和关注的问题。

尤其是中国共产党的十八大三中全会及十九大以来,依法治国及社会治理等概念更加深入人心,那么民间信仰是否需要"治理",又怎么"治理"?这也已成为一个亟待解决的问题。另外,广东的民间信仰虽然一方面也渐渐发挥出强大

---

① 参见张志刚:《中国民间信仰研究的"他山之石"——以欧大年的理论探索为例》,《世界宗教文化》2016年第5期。

的积极的正面的社会功能与影响,但也正日益凸显出一些值得重视的问题。首先,广东各地的民间信仰活动场所共有多少处,其场所的组织形式、权属和管理人员情况等问题,大部分地市的相关管理部门并不清楚。其次,某些场所的管理较为混乱,民间信仰场所的财务管理普遍不够规范等;违章乱建现象的时有发生;某些大型活动期间,更是存在大量安全隐患,"神汉神婆"在庙宇或周边占卜、跳大神和做法事等。凡此种种,都需要学者本着求真求实的态度,对民间信仰进行深入的调研,同时运用宗教学、人类学、社会学、历史学、心理学等多学科交叉的理论与方法对民间信仰进行较为客观和真实并有说服力的研究。

本课题研究的理论意义及社会意义主要体现在五个方面:其一,民间信仰已有数千年的传承历史,是中国文化和价值体系的重要组成部分,若不能理解这一有悠久历史的信仰传承,人们便无法真正理解中国的历史传统和文化传统。如前所述,对民间信仰的研究并没有形成一套较为系统完整并有说服力的理论框架,政界、学界和民间对其也没有形成一个各方都能接受的,比较清晰的界定,更别说有一个统一的认知与共识了。

其二,研究本课题,可以在理解与认识的基础上,引导民间信仰从关注个人心理诉求向凝聚社会力量、发挥其正能量转变,使其成为建构现代社会公共文化生活、和谐社区与和谐社会的重要文化与精神资源。

其三,研究本课题,可以深化对民间信仰在当代社会的功能与价值的认识和理解。

其四,研究本课题,可为民间信仰活动场所在现代社会中正常有序的生存与发展,为相关部门关于民间信仰的治理等方面提供咨询和建议,这也是创新社会治理体制的一个重要领域。自民间信仰在广东各地的逐渐复苏以来,民间信仰的活动场所及其有关人员就在努力寻求一种合法身份,以求其日常活动得到官方的认可与支持,而官方也想将民间信仰像其他的制度性宗教一样纳入到自己的"管理"或"治理"范围。但因为广东省内民间信仰的活动场所太多,对其的"管理"或"治理"的工作量太大,各级民宗局的有关人员对民间信仰的认识很模糊,因而对这种"管理"或"治理"究竟要达到什么样的工作目标同样也很模糊,官方也就无从开始其管理,只好听之任之。

其五,从世界文明的角度而言,世界上每个地区或国家都有自己的民间信仰与文化传统,这种信仰与传统常被视为是"活态的化石",学者们研究本国的"活态化石"对于了解中华文明几千年而来的历史文化传统,加强自己的文化自信和文化自觉也很重要。

就研究路径而言,一是对广东地区民间信仰的现状开展田野考察并与相关政府部门沟通,以得到其支持与协助,对当下广东地区民间信仰所崇拜的主要神祇、活动场所、活动与仪式等现状做一整体把握与认识。在田野调研中,着重了解民间信仰与当地的历史、社会传统与社会经济发展之间的关系,民间信仰升温的物质条件、心理因素以及所产生的一系列现实问题等;二是针对目前普遍存在的对其管理工作的"探索"状态,本着实事求是、客观公正的态度,基于田野调查的实际情况,根据现有的法律法规并参考其它省市的管理经验,对民间信仰的管理提出相应的对策性的建议,探讨将民间信仰活动场所纳入行政管理或治理范畴的可行性,使民间信仰在可控及可调的范畴内健康运转。

就研究方法而言,主要有:第一,田野考察方法。本课题的人员将直接去到现场,采取问卷式、访问式、座谈式、参与式、体验式等方法进行调研;第二,历史研究方法。本课题将充分利用各种文献档案、地方志、相关报刊史料等,运用分析和综合、归纳与演绎、历史和逻辑尽可能相一致的方法,系统梳理广东地区民间信仰的历史发展脉络;第三,比较研究方法。本课题将对民间信仰在广东的不同地方如在广府地区、客家地区、潮汕地区与粤西地区等的表现形态进行比较研究,以期明晰广东不同地方的民间信仰的共性和特性;第四,跨学科研究方法。本课题将综合运用宗教学、历史学、人类学、管理学、社会学、文化学的研究方法和基本理论,形成学科交叉的优势。

第一章

广东民间信仰的源流

本课题的题眼虽是落在"现状"二字上,但"现状"皆是从"历史"而来,所以本章主要是对广东民间信仰作一番"源流"方面的考察,以便于更加理解生活在这一方水土的人们的信仰世界。同时也就广东民间信仰的神祇崇拜与主要特点作一大致的梳理。

广东省简称粤,地处南海之滨,《广东省商务概览》和《广东省情库》等网站都有介绍,广东"东邻福建,北接江西、湖南,西连广西,毗邻港澳,西南与海南省隔海相望,是华南地区、东南亚经济圈的中心地带",[①]广东有祖国"南大门"之称。一般而言,若要了解一个地方的人文历史与传统信仰,首先就必须了解其所处的地理位置与环境。广东陆地面积约 17.98 万平方公里;大陆海岸线总长约3368.1 公里,优良港湾众多,海运发达。沿海大小岛屿面积在 500 平方米以上的约 759 个;海区面积 40 多万平方公里。[②] 广东的海洋资源在国内可以说是名列前茅,种类丰富,以热带暖水性海洋生物为主。此外,广东境内丘陵广大,丘陵面积大约占了广东全省面积的三分之二,人们常把广东丘陵与广西丘陵并称为两广丘陵。广东省内有享誉全国的罗浮、西樵、鼎湖及丹霞四大名山,南部沿海地带有珠江三角洲和韩江三角洲等平原地区,粤北为南岭,珠江水系三源即西江、北江及东江,以西江为主,因而珠江三角洲内河网稠密,自古河运就相当

---

① 参见《广东省商务概览》,http://xxhs.mofcom.gov.cn。
② 参见《广东省商务概览》,http://xxhs.mofcom.gov.cn。

发达。

　　广东的自然地理环境比较优越,地处亚热带,可谓是冬无严寒,夏无酷暑,是中国水资源、光资源与热能最为丰富的地区之一,四季常青,土地复种指数高,加之地势北高南低,海陆兼备,比较适合多元化经营。全广东又地处低纬度地区,最北端仅为北纬25°31'。"北回归线横贯省境大陆,大致是南澳岛——从化——封开一线。如此的地理位置,使广东全年太阳高度角大,所得的太阳辐射多,热量充足,是中国太阳能蕴藏最丰富的地区之一。万物生长靠太阳,因而广东是全国植物生长量最大的地区之一。"①

　　其次,《吕氏春秋》称广东地区为"百越之地",《史记》称"南越",《汉书》称"南粤"。古音中的"越"与"粤"通,简称"粤",泛指岭南一带的地方。据考古成果发现,今广东韶关一带曾出现距今约12.9万年以前的马坝人及生活遗址。早在中国历史早期的商朝与西周时代,此地先民便与中原地区的商王朝、周王朝有着或直接或间接的经济文化联系。到了春秋战国时期,岭南与吴国、越国和楚国等国关系逐渐密切、交往也渐渐频繁起来。《国语·楚语上》有"抚征南海"的记载,由此可见,当时岭南地区曾与楚国有军事、政治方面的联系。公元前214年,秦朝发兵打到岭南,结束广东境内土邦各自为政一盘散沙的自治状态,并设置南海郡,治番禺(今广州),建番禺城,为广州发展成为华南沿海地区的政治、经济与文化中心奠定了基础。唐朝开元年间,即公元741年时,唐王朝在此设岭南东道,宋代时广东大部分属于广南东路,"广东"一名由此而来。元代时广东又分属两个省,即江西行省和湖广行省,公元1376年(即明朝洪武九年)时,明朝中央政府将"省"改称布政司,并设广东布政司,清代时又改称广东省②,沿用至今。

　　广东北倚南岭(南岭又称五岭,横亘粤北和湘、赣之间以及广西东北部,岭南指的就是南岭以南的区域③),南临浩瀚的南海,因而是一个相对开放又比较独立的地理单元。而且广东"面向东南亚,恰处太平洋、印度洋及大西洋这三大洋航运的枢纽位置上,是中国的海上交通要冲、沟通海外的通道和主要对外通商口岸之一。历史上,广东是中原人士南下出海的必经之地,被誉为海上的'丝绸之路'"。④

---

① 参见《广东省情库:地理位置》,http://www.gd-info.gov.cn/shtml/guangdong/gdgl/dlgk/2011/08/29/48316.shtml。

② 参考《广东省情》,http://wenku.baidu.com。

③ 陈泽泓:《广府文化》,广东人民出版社,2012年,第23页。

④ 参见《广东省情库:地理位置》,http://www.gd-info.gov.cn/shtml/guangdong/gdgl/dlgk/2011/08/29/48316.shtml。

"一方水土养一方人，一方人信仰一方神"，这种既相对独立又相对开放的独特的自然地理环境使得广东的民间信仰既自成体系，又接受了从中原和海外而来的许多影响，同时又将这种影响辐射到了或影响到了港澳与东南亚一带。

值得注意的是，广东境内由于自然及历史的种种因素，历来又被分成几个独立的区域，即人们常说的三大民系①：广府、客家与潮汕。此外，以高州、茂名、湛江一带为中心的粤西地区，既受上述广府民系文化、客家民系文化以及潮汕民系文化的影响，也受黎语民系文化的影响，还受许多当地古代俚族僚族等土著文化的遗存影响，因此，独具自己的特征。

第一节　广东民间信仰的两大基本元素

一、粤地"好巫尚鬼"的原始信仰传统

广东省面积最大的平原就是珠江三角洲，但珠江三角洲冲积平原晚至明代才逐渐形成。因而秦汉时期，珠江三角洲的大部分区域还是汪洋大海。在珠三角境内，历史学家通过考古挖掘发现最原始的本土居民为越人（所谓"百越"只是"越"这一民族群的统称或简称，百越民族在历史上主要居住和活动于今广东、广西、福建、海南以及今天长江下游江、浙、皖一带，以至越南北部等地，是由一系列具有共同文化特征却又非常多样化的原住民族群所组成的民族集团）。

就广东而言，稍微靠东面的是瓯越与闽越，靠西边的接近今广西的是骆越，而分布在珠三角今广府中心地区的主要为南越人，学者普遍认为他们就是广府人的源头之一。从前人们往往认为中华民族的远古文明与黄河长江水系密切相关，但随着越来越多的考古发现，人们越来越认同中华文明的多源头说。其实珠江流域也算是中华文明的起源区域之一。

---

① 依照通常的说法，所谓民系，亦即民族内部的分支，在人类学上又称为族群，民系形成的两个最基本的要素，即共同的语言、风俗文化以及建立在文化相互认同基础上的共同形态意识。而方言的不同是广府、客家、潮汕三大族群最大的差别。广府人使用以广州方言为标准音的粤方言，客家人使用以梅县方言为标准音的客家话，潮汕人的方言则是闽南话的一个支系，简称"潮语"，潮汕人的方言原来以潮州方言为标准音，20世纪60年代以后改为以汕头方言为标准音。

梅州地区最早的居民也是越人,其中又主要是闽越人,后汉三国时称山越人,后来生活在当地的古越人也分化为不同支系。秦汉以前,潮汕当地的土著居民主要也为闽越人,而粤西地区的先民则是先秦时的西瓯越与骆越人。

由此可见,广东的先民,无论是珠江三角洲的南越人,还是梅州和潮汕的闽越人、以及粤西的西瓯越与骆越人,都属"百越"族,或都可以称为古越人。正如《汉书·地理志》载:"自交趾至会稽七八千里,百越杂处,各有种姓。"①《说文解字·虫部》载:"蛮,南蛮,蛇种;闽,东南越,蛇种。"百越民族共同的文化特征有几何印纹陶、干栏式居所、无穴或浅穴高葬(土墩墓、崖葬等),善于用舟、稻作农业和渔捞经济,"断发文身""雕题黑齿"的风俗,蛇图腾崇拜和巫鬼信仰,以及操侗台语族(壮侗语族)语言等。②

由上可见,广东先民对巫鬼信仰的崇拜由来已久且广为人知。古越人相信万物有灵。以万物有灵为基础的原始信仰虽然具有普遍性,但因为地理位置的关系,岭南河网密布,越人先民维持生存的手段一般是捕鱼拾贝,因为水下世界的神秘莫测,所以他们相信下水时在身上若纹上鳞片等图案,就能让水里面的怪兽以为自己为同类而不加以攻击,进而能平安而返回地面,这或许是越人"断发文身"之缘由。

此外,巫鬼信仰是基于万物有灵而来的原始信仰,这亦是越人土著的原始信仰之一,当然也是粤地民间信仰的源头。由于岭南独特的地理位置,在中原开发后相当长的一段时间里,古越人还是处于原始的部落状态,少有受到外来文化的影响。

先秦时期,越地几乎不见于文献记载,汉代开始才有了零星记载。由于本地民众的生活方式和信仰习俗与中原地区迥异,因而越地被中原政权与民众视为"蛮夷之邦",常可见诸如"越人跣行""越人被发""越王勾践,剪发文身"之类带有鄙夷意味的史料记载。越人"断发文身"的史料反映出彼时越地尚存蛇和鳄鱼等图腾崇拜等原始宗教的传统。

---

① 《汉书》,卷二八《地理志》,中华书局,1987年。
② 参见吴绵吉:《江南几何印纹陶"文化"应是古代越人的文化》,载百越民族史研究会编:《百越民族史论集》,中国社会科学出版社,1982年,第47—61页;吴春明:《"自交趾至会稽"——百越的历史、文化与变迁》,载车越乔、颜越虎编:《越文化实勘研究论文集》,科学出版社,2008年,第28—32页;韦庆稳:《试论百越民族的语言》,载百越民族史研究会编:《百越民族史论集》,中国社会科学出版社,1982年,第289—304页;郑张尚芳:《古吴越地名中的侗台语成分》,载《郑张尚芳语言学论文集》,中华书局,2012年,第635—640页。又在广府地区的主体方言——白话中,至今还保留有不少与其他侗台语族语言相似的语法现象和底层词汇,如副词修饰动词时动词在前,如"死快""食多""走先"等——笔者注。

无论是哪一支系的百越人，他们的原始宗教传统都有共同之处，即"好巫尚鬼"、崇拜"鸡卜"。① 因而《史记》和《汉书》等汉代文献上对他们的记载也是通用的。在西汉武帝时，越人的巫鬼信仰甚至还被纳入了汉廷官方的祭祀体系之中。据《史记·封禅书》载："是时（汉武帝）既灭两越（闽越和南越），越人勇之乃言'越人俗鬼，而其祠皆见鬼，数有效。昔东瓯王敬鬼，寿百六十岁。后世怠慢，故衰耗'。乃令越巫立越祝祠，安台无坛，亦祠天神上帝百鬼，而以鸡卜。上信之，越祠鸡卜始用。"② 对古越人的崇拜蛇、鸟图腾行为，《汉书·地理志》载：越人"信鬼神、重淫祀"。③ 刘向的《说苑·奉使》说越人"劗发文身，灿烂成章，以像龙子者，将避水神也"。

好巫鬼淫祀、崇拜蛇及"鸡卜"的原始宗教传统在广东可谓历史悠久、影响深远，至今粤地民风依然如此。清代黄钊《石窟一征·礼俗》卷四中记载当时梅州人流行的卜式之一还是"鸡卵卜"和"鸡卜"，如："俗以鸡卵占病，不仅巫觋间有村妇以术行医，皆用此法……今俗生卵剖开，其内有点与否，以断病之轻重，法虽不同，其术则一也。"

二、移民移神与当地信仰传统的融合

民间信仰在广东的发展与中原移民的历史是紧密交织在一起的。也可以说，正是历史上由于各种原因而引起的汉人南迁，南下移民所带来的民间信仰与当地"好巫尚鬼"的原始宗教传统之间的融合，才有了后世人们所见到的广东民间信仰之样貌。

就广府地区而言，外来信仰的传入是随着中原的四次规模较大的移民而发生的。第一次是秦朝时期屠睢带领的50万将士及后期任嚣、赵佗所带领的士兵和被流放而来的犯人，这是岭南地区汉越之间的第一次文化交流与碰撞，移民中所带来的信仰也多是中原人自己的原始信仰，如火神祝融于此时来到岭南。《吕氏春秋·四月》有注云："祝融，颛顼氏后，老童之子吴回也，为高辛氏火正，死为火官之神。"如社神，早在《诗经》中就有社祭的记载："以我齐明，与我牺羊，以社以方。"

---

① "鸡卜"的具体占卜方法主要是将竹签插入鸡腿骨，根据鸡骨龟裂的纹理走向以判断所卜事物之吉凶。
② 《史记》，卷二八《封禅书第六》，中华书局，1987年。
③ 《汉书》，卷二八《地理志》，中华书局，1987年版。

　　第二次大规模的中原移民发生在汉代，汉武帝平定了南越国①后，在广信②设置岭南的行政中心，大批的移民也随之涌入"广信"地区。此时汉朝的文明已经是相对比较成熟的中原文明，北方的"石敢当"③、北方之太乙真神（即真武、北帝）等民间信仰随移民一同南下。南下移民带来的信仰在来到岭南后又渐渐发生了一些变化，例如北帝④在来到南方后成了水神，火神祝融在进入岭南后也成了水神，这样的例子在民间信仰的神灵中不胜枚举。正是在汉朝后，越人信仰的主导地位渐渐减弱，越人的原始信仰也渐渐地与外来信仰相结合，逐渐演变为新的具有岭南地区特色的信仰。

　　因避战祸，自汉末至两晋时期出现了中原人南移的第三次高潮。明嘉靖黄佐的《广东通志》说："自汉末建安至于东晋永嘉之际，中国之人，避地者多入岭表。"⑤《广东通志》还援引《交广记》："江、扬二州经石冰、陈敏之乱，民多流入广州，诏加存恤。"⑥在这次移民潮中，移民以"衣冠望族"为主体，且多以家族为单位，举族迁移。北人南移，无疑加快了北方社会风俗及信仰的南迁，这使得岭南地区的社会风俗逐渐向中原地区看齐。如以孝悌和贞节为基本内容的封建伦理道德，逐渐影响岭南，"其流风遗韵，衣冠习气，熏陶渐染，故习渐变，而俗庶几中州"⑦。

　　外来信仰进入广府地区的方式除了北人南下移民外，还有外来宗教（如佛教）的传入以及本土宗教（如道教）的传播。自东汉三国之交佛教传入交州后，进入粤地的外国僧人渐多。东汉桓帝建和元年（147年），中国佛教史上第一位佛经翻译家安世高经海路到广州再北上后，外国的高僧陆续到广州传播佛教。东晋时期，在番禺、佛山、东官郡的青山（今香港九龙）都有番僧活动。东晋隆安年间，有罽宾（今喀什米尔）人昙摩耶舍，亦称法明，在广州译出《差摩

---

① 公元前207年，南海郡尉赵佗趁秦亡之际，封关、绝道；三年后，兼并岭南的桂林郡、象郡；于公元前204年正式建立南越国，自号"南越武王"，国都定于番禺。南越国从开国君主赵佗至亡国君主赵建德，历经五王，享国九十三年（公元前204年至前112年）。公元前112年夏季，汉朝第七任皇帝刘彻出兵10万发动对南越国的战争，并于公元前112年冬季灭亡南越国。

② 汉武帝平定南越王国吕嘉之乱后，下令将岭南之地划分为南海、苍梧、郁林、合浦、交趾等九郡，辖地包括今之两广。元封五年（前106年），武帝将交趾刺史部移治苍梧郡广信县，统辖岭南的苍梧等九郡，广信成为"岭南要地"和岭南首府。

③ ［西汉］史游《急就篇》："师猛虎，石敢当，所不侵，龙未央。"

④ 北帝又称为真武大帝、玄天上帝、玄武大帝等。

⑤ 嘉靖《广东通志》，卷四《事纪二》，嘉靖四十年刻本。

⑥ 嘉靖《广东通志》，卷四《事纪二》，嘉靖四十年刻本。

⑦ 道光《广东通志》，卷九二《舆地略十·风俗》，道光二年刻本。

经》一卷。①

南朝时期,到番禺的外国名僧更多,今天广州的六榕寺和光孝寺均修建于南朝时期。除了修建佛寺,外国僧人更主要的是从事佛经翻译,这些宗教活动都对当地民众的信仰有很大影响。佛教的传入,在很大程度上改变了中国的信仰结构,特别是当地的民间信仰。自佛教传入以来,佛教中的神祇纷纷进入到老百姓的日常生活中,老百姓还结合自己的理解对佛教神祇的形象加以改造,并对其功能加以选择和扩大,形成了一系列的民间信仰神祇,其中观音信仰在民间信仰中的改变尤其突出。观音在佛教经典中本为男相,后在南北朝时期逐渐变成女相,而后更是兼具了生育、求子等多种多样的功能。观音信仰在岭南有着极其广泛的信众,是广府民间信仰中信众数量最多的神祇之一。佛教诸神中除了观音,还有十八罗汉、四大金刚等神祇进入到民间信仰神祇的队伍中来,在广府民间信仰中占据着重要的地位。

道教对当地民间信仰的影响也很大,道教历来从汉族民间的神话传说以及民间名人中吸收神祇,同样的道教神祇也在民间信仰中被民众供奉、崇拜,这是一个双向的互动。"西晋至唐代,有一批中原的专职神灵,如五帝(五岳神)、五谷神(五仙)、禾谷夫人、西王母、花王父母等神、仙落户岭南。"②在道教的影响下,广府地区出现了许多男神和女神,如葛洪和葛洪的妻子、女针灸家——鲍姑和罗浮山的主管长寿的女仙——麻姑等。两晋至隋唐时期,随着中原男神女神的传入以及岭南地方神的产生,岭南民间信仰中神祇的数量大大增加,神祇的职能也出现了专门化的趋势:或治痘、催生如西王母③,或治病如鲍姑,或保佑农事如禾谷夫人④。两晋至隋唐时期广府地区的民间信仰逐渐趋同于中原地区。

唐宋元时期可谓是广府民间信仰的大发展时期,各路神灵陆续涌现出来,这一时期广府地区的神谱出现了扩大的态势,一方面是外来神继续传入与逐渐地方化,如天后(妈祖)、康公等;另一方面则是本地神的不断涌现,如道教八仙之一的何仙姑,生育女神金花夫人,绣工神卢眉娘,铁匠神涌铁夫人等。

与此同时,许多民间神灵被纳入王朝祀典并加以祭祀。如广府地区著名的

---

① 参见梁·释慧皎:《高僧传初集》卷一。
② 何方耀、胡巧利:《岭南古代民间信仰初探》,《广东社会科学》2002年第6期,第22页。
③ 西王母是古代神话传说中的女神,后逐渐演化为道教主神之一。[清]屈大均的《广东新语》卷六"神语·西王母"记载:"广州多有祠祀西王母。左右有夫人。两送子者。两催生者。两治痘疹者。凡六位。盖西王母弟子。"参见(清)屈大均:《广东新语》,中华书局,1985年,第214页。
④ 参见[清]屈大均:《广东新语》,卷六"神语·禾谷夫人",中华书局,1985年,第210页。

水神南海神从隋开皇年间起就受到朝廷敕封,在唐代被封为"广利王",南宋绍兴年间的封号更是有十次之多——"南海广利洪圣昭顺威显王"。随着南海神崇拜的日盛,其夫人也蒙荫受封,于宋仁宗皇祐五年(1053年)被敕封为"明顺夫人","明顺者,王之夫人,皇祐所封号也"。[①]

第四次移民潮则出现在南宋时期,此时珠玑巷[②]聚集的前中原移民更进一步迁移到珠江三角洲,初步奠定了广府地区的文化基础。民间信仰神灵队伍在宋代以后不断壮大,数量众多的历史名人或是贤明圣哲进入到民间神祇的行列,百姓为其立祠祭祀,纪念其给后人留下的深远影响。

就以梅州为中心的客家地区而言,三国至唐宋元时期,是中原汉人移民的大量进入粤东的时期。随之而来的还有中原汉人的固有信仰。东晋南朝以后,进入岭南的移民日益增多,尤其是唐代粤北的大庾关开通后,客家先民入居粤北南雄、曲江一带,再后来梅州和惠州一带成为客家人在广东的大本营。因而也有学者认为,客家民系形成于宋元时期。[③]

客家人的祖先早先大多是在中原地区,亦有部分在黄河流域和长江流域的群落,先后经过几次大迁徙,才到粤、闽、赣三地山区的三角地带落脚的,而宋末元初南迁客民主要是来自江淮、两湖和江西。"原先与客家先民共存于粤东的畲族在宋元及其后陆续他迁,向闽南、闽东、闽北等地转移……这就使得客家先民有可能反客为主,发展成一个独立民系。"[④]粤东客家人有独特的生活习俗、独特的文化和语言,有强烈的自我认同意识。他们为了保护自我,往往聚族而居,并营建富有中原特色的建筑形式,即客家大屋或围龙屋,自成一方区域社会,自操一种方言(客家话)。当然,客家人把自己的民间信仰也带到了粤东。

佛教传入梅州是在魏晋南北朝时期,当时有大量外邦僧人在广东从事传教活动。梁武帝时,佛教被钦定为"国教"。因此,佛教在南方得到迅速发展,寺院林立,僧尼激增。在程乡县的大觉寺即在此时建造。佛教的传入对梅州地区产

---

① 参见[清]屈大均:《广东新语》,中华书局,1985年,第206页。

② 位于广东省南雄市区北部偏东,该巷南起驷马桥,北至凤凰桥,全长1.5公里,是古代五岭南北梅关古道的必经之路。珠玑巷的兴衰与唐玄宗时开挖的梅关古道密切相关。宰相张九龄奉唐玄宗之命,开凿大庾岭梅关,把一条崎岖难行的山径开通为能通车马的大道。从那时起,梅关道由此沟通了长江与珠江两大水系,使南北交通顿时通畅,成为岭南最重要的通道,而依据梅关道的珠玑巷也夹道成镇,古代称沙水镇,成为南来北往旅客的歇息地,上升为大庾道上最重要的驿站。

③ 参见司徒尚纪:《岭南历史人文地理——广府、客家、福佬民系比较研究》,中山大学出版社,2001年,第30页。

④ 司徒尚纪:《岭南历史人文地理——广府、客家、福佬民系比较研究》,中山大学出版社,2001年,第32—33页。

生了较大影响。佛教在闽、粤、赣边区客家住地,初传于晋代,初盛于唐代,唐代以后,遂渐与道教合流,与当地的民间信仰融合,①如对佛教高僧和"肉身菩萨"的信仰。唐宋时期梅州信仰的"肉身菩萨"。一是伏虎佛②(或称伏虎禅师),伏虎佛本为闽西的名僧惠宽,后来成为闽、粤、赣边区客家人共同的神祇,惠宽佛被当地人称为"伏虎禅师"并奉为祈雨之神。二是定光古佛③,其主要事迹有驯兽、祷雨和活泉(即让已经干涸了的泉池重新清水流溢)、治水、护航、送子、佑民等。有学者说:"定光古佛是客家人为适应山区农耕社会之种种需求(风调雨顺、水源充沛、劳力充足、无灾无祸)而创造出来的不僧不俗、亦僧亦俗、不佛不神、亦佛亦神的崇拜对象,所以定光古佛崇拜盛行于山区,尤其是客家山区。"④三是惭愧祖师,他也是福建人,他能"祈雨救灾、御敌弭寇、助佑学业和灵签降示等"⑤,被视为客家人的乡土神祇。

在此时期,除北方汉人移居此地外,苗族的分支——畲族和瑶族也移居此地。虽然他们的大部分都已融入汉人群体中,但他们的信仰传统也部分的流传了下来。如畲族崇拜盘瓠,崇拜狗图腾。据光绪《嘉应州志·祠祀》卷十七载:"盘古圣王宫在(梅县西阳)樟坑口。"⑥这表明,直至清朝,梅州地区还保留着对蛇与盘瓠的崇拜。

---

① 胡希张、莫日芬等著:《客家风华》,广东人民出版社,1997年,第320页。
② 伏虎禅师(? ~962),北宋时佛教高僧,本姓叶,法名惠宽,福建宁化人。在汀州开元寺出家为僧,遍游诸方丛林,访师学道,领悟佛家要旨,然后返汀。时境内虎豹出没为害,据说他以解脱慈悲力驯服虎豹,于是众称之"伏虎"禅师。南唐保大三年(945年),伏虎禅师途经平原山,见左右有龟峰狮石,便在此创建护庵。庵侧有一吊军岭,山高无水,行人苦渴。据传他在磐石上,用锡杖叩击出水。保大七年(949年)汀地苦旱,官府请他祈雨救旱。建隆三年(962年)农历九月十三日示寂,徒众塑其像于庵。熙宁三年(1070年)庵赐名"寿圣精舍",乾道三年(1168年),改赐名"广福院"。惠宽经四次皇帝封号为"威济灵应普惠妙显大师"。
③ 定光古佛的来源有很多种说法,流传最普遍的是:其化身是唐末宋初的高僧,俗家姓郑,名自严。父曾任同安令,故为同安人。他年仅十一岁时就出家了,投汀州契缘法师席下,得道后在汀州地区传法。曾经为莲城诸地方除蛟患,在武平县南安崖(现称狮岩)隐居时,又收服了山中的猛虎和蛟湖恶蛟,乡民非常尊敬他,建庵供他居住。他在八十二岁时坐逝。多年以后,汀州城遭寇贼围攻,相传他显灵退敌,使全城转危为安。朝廷于是颁赐匾额,将他住过的庵寺命名为"定光院",他也因而被尊为"定光佛",与伏虎禅师并列为汀州二佛,成为闽西汀州的守护神之一。
④ 汪毅夫:《客家民间信仰》,福建教育出版社,1995年,第162页。
⑤ 周大鸣、黄平芳:《梅州地区惭愧祖师的神格形态——以阴那山为中心的考察》,《文化遗产》2012年第1期。
⑥ 盘古是盘瓠之讹,盘古传说是由盘瓠崇拜演变而来,这是学术界的共识。盘古与盘瓠的关系,历来是史家争论的问题。清初修《康熙字典》最初将盘古氏释为天地万物之祖,又引晋干宝《搜神记》释云:犬名。高辛氏有犬,其文五彩,名盘瓠。清末民初北京大学图书馆馆长夏曾佑在《古代史》一书中说,"今按盘古之名,古籍不见,疑非汉族旧有之说,或盘古盘瓠音近。盘瓠为南蛮之祖",认为是汉民族把南方少数民族神话人物盘瓠误为已有,造出了盘古。其后顾颉刚、范文澜等均采此说。

就以潮州为中心的潮汕①地区而言,汉代时,潮汕之地还是一处未经开发的海滨荒芜之地。直到东晋时期该地才开始受到朝廷的重视。"东晋南朝大量进入福建的北方移民有一部分从海陆两个方向进入潮汕地区,成为继秦汉以来人数较多的一批移民。"②唐天宝元年(742年)设潮州郡,这是潮州开始渐渐繁荣的重要起点。古代潮州本就包括粤东和闽西、闽南地区,福建的漳州就是唐朝时从潮州分出来的。潮州过去曾有一句广泛流行的话,"潮州人,福建祖",这六个字说明了潮汕与福建本是"闽潮一家"的紧密关系。

从汉至宋,潮汕地区有四次具有重要意义的移民潮:即西汉初期、晋永嘉之乱之后、唐后期及北宋靖康之难后。当然,除这四个时期外,其他时期如元明清时期陆续有移民进入该地区,但移民的数量与规模并不能与这四个时期相比。尤其是唐宋时期的移民潮才使得潮汕地区的面貌有了较大的变化。

随着唐末宋元时期汉族移民的大量迁入,潮汕地区的民间信仰逐渐定型。大量闽南移民的到来无疑推动了闽地民间信仰的传入,其成为潮汕神明的一大来源;地方建制国家化与官方化一方面带来政府力量的支持,另一方面国家政权力量亦成为创造神明与推广神明的重要力量,而这一过程又和当地土著人汉化的过程相结合,这就为"造神运动"提供了有利条件,当然,土著人汉化的过程亦为民间信仰得以传播的过程。

考察潮汕之地民间信仰主要神祇的来源,不外乎两方面:

其一,外来引进。潮汕地区的移民大多来自福建地区,福建本是民间信仰的繁盛之地。北宋时,福建地区的大量居民迫于人口压力开始向周边扩散,并带动闽地文化的扩散与传播,潮汕便是其主要文化辐射地之一。潮汕地区民间信仰中的神祇很多是自宋代开始从福建传入的,如妈祖信仰、陈元光信仰③等。这些

① "潮汕"一词的本义,是潮州与汕头的合称,该词是从1858年汕头开埠后才渐渐开始并用的。古时主要称此地为"潮州"(隋朝时就有"潮州"之称,作为州府一级的地方行政单位,该名称一直沿用到1911年清朝的统治结束)。"潮汕"一词本身不是一行政概念,而是一文化概念,泛指受潮汕文化影响的人文地理区域。在行政区划上,它涵盖了今天潮州市、汕头市、揭阳市和汕尾市的部分地区。其文化辐射圈则包括了揭阳、潮阳、潮安、饶平、惠来、澄海、普宁、揭西、海丰、陆丰、潮州、汕头、南澳及惠东、丰顺、大埔三县的部分地区。

② 司徒尚纪:《岭南历史人文地理——广府、客家、福佬民系比较研究》,中山大学出版社,2001年,第36页。

③ 陈元光(657—711年),字廷炬,号龙湖,漳州首任刺史。陈元光将军自未弱冠之年即随父率众南下,直至殉职,始终坚守在闽戍地,长达四十二年;治闽有方,开科选才,任用贤士,招抚流亡,烧荒屯垦,兴办学校,劝民读书。还在州内设36个堡,立行台于四境,作为军事绥靖和政治教人的据点。对山越人以招抚为主,德威并重,和亲通婚,娶山越女子为夫人。对叛唐的人施以武力,对愿归顺者,划地居住,自己管理自己,称"唐化里",亦称"九龙里"。号称"蛮荒"之地的闽南,经济文化得到了迅速发展。陈元光成为促进中原文化与闽越文化融合的奠基者。陈元光去世后,被后世尊奉为"开漳圣王"。他是闽台地区重要的民间信仰之一。

都是福建地区土生土长的神灵,且都有人物原型,他们的祖庙现在福建地区依然保存着,香火兴盛,如"妈祖祖庙是福建省莆田县湄州天后宫,开彰圣王(陈元光)祖庙是福建省诏安南闽内将军庙"。[1]

除福建地区土生土长的神灵外,宋代的福建移民还带来已在福建扎根的全国性神祇崇拜如保生大帝信仰、注生娘娘信仰、佛教俗神(观音、如来等),道教诸神(财神信仰、城隍、玄天上帝、九天玄女、玉皇大帝、王母娘娘等),汉族的天地日月风雨雷电崇拜、文化神(文星、魁星)等,为该地民间信仰的形成提供了丰富的民间文化素材。

其二,本土造神。因为潮汕地区长期为土著越人的势力范围,其土著色彩浓厚。"本地土著在隋唐仍以十分强劲的力量与中原移民对抗,而且直到宋元时期,汉文化已经成为潮汕地区主流文化,土著民族也还有相当大的势力。"[2]在此情况下,为了推广汉族的主流儒家文化,仕潮官师就成了潮汕地区早期的造神推动力量。在这过程中,仕潮官师特别有意识地神化祠祀当地(或有功于当地的)部分英贤,如韩愈的"被神化"就是这方面的最典型例子。正是因为唐代以后潮人尊孔敬韩,儒学在当地影响渐深,潮汕地区渐渐有了"海滨邹鲁"之美誉。

在以高州茂名与雷州半岛为中心的粤西而言,粤西的发展总比粤东慢几拍。如前所述,粤西的先民是先秦时的西瓯越与骆越人,还有汉代的乌浒、南越人。魏晋南北朝以后,越人后裔多被称为"俚"人、"僚"人。到南朝末年乃至隋朝初年时,文献中已经鲜见广东境内越人的记载,而有关俚人、僚人的记载则大大增多了。俚人分布较广,其汉化的时间有早有晚,而高凉[3]一地,因位置稍偏,"俚僚猥杂,皆楼居山险,不肯宾服"。[4]

南北朝以后关于粤西的民间信仰首先要提到的莫过于令人眼花缭乱的冼夫人(在粤西人们亲切地称之为"冼太")信仰了,关于她的故事和传说至今在粤西一带仍是如雷贯耳及广为流传。冼夫人(约512—590年),真名为冼英,是南朝梁、陈至隋初高凉(今茂名一带)俚人。她是六世纪我国南方百越民族中杰出的女政治家和军事家,她不仅以"巾帼英雄"的形象、更是以神灵偶像的形象留存于粤西和海南岛民间社会里。

---

① 林国平:《闽台民间信仰源流》,福建人民出版社,2003年,第250页。

② 黄挺、陈占山:《潮汕史》,广东人民出版社,2001年,第77页。

③ 高凉,是古代岭南一个极为重要的古郡县。它是汉武帝元鼎六年(公元前111年)开设合浦郡时所置,今之粤西的恩平、阳江、阳春、电白、茂名、高州、化州、吴川皆其属地。

④ 《南齐书·州郡上》卷一四。

总结冼夫人的功绩,不外乎如下几方面:一是坚持民族团结,促进汉人与俚人的融合。岭南冼氏原是拥有十几万户的俚人部族首领,雄踞于广东粤西一带山区,主要是高州一带。冼夫人原是高凉(今茂名一带)的俚人首领,而其家族在当地汉化程度较一般百姓要深。冼夫人冲破俚人世俗的禁锢,与高凉太守汉人冯宝联姻,此举无疑对加速俚人的汉化产生了深远的社会影响。婚后,她协助丈夫处理政事,"约诫本宗,使从闽礼""首领有犯法者,随时亲族,无所舍纵。"①二是多次配合朝廷平定叛乱,打击地方分裂势力,反对割据。三是积极转变俚人社会风气。力行清除俚人"掠人为奴隶,贩卖人口"的陋俗、陋风,引导俚人从之以礼,造就文明礼仪的社会风气。在俚人地区推广汉语汉字,普及汉族文化和儒家的伦理道德,并积极推广汉族的生产技术,俚人社群的社会面貌因之产生了根本性变化。俚人之名渐成历史遗迹。

雷州半岛因雷而得名,此地信仰雷神,古已有之。雷州半岛流传着许多围绕雷神的传说或故事,在雷祖的祭祀活动中,俚汉文化观念逐渐合二而一。俚人本来就信仰天雷,汉人的道教信仰中也有"九天应元雷声普化天尊"之称的雷神;在俚人的天雷信仰中一直就延续了先人上供铜鼓的传统,在汉人的道教仪式上也有供猪牛羊牺牲品的习俗;如此一来,"汉人念念有词,顶礼膜拜,俚人呼天唤地,击鼓铿铿。最初的祭祀理念是既祭雷祖,又祭雷神,也祭天雷,但随着陈文玉的神化,以及各种各样的雷传说,雷祖、雷神与天雷已浑然一体,祭祀活动渐渐简称为'祭雷'"。②

南北朝后,尤其是唐宋以后,随着广府人、客家人、潮汕人及闽人的到来,粤西的民间信仰开始有了浓郁的外来民间信仰的印记,如唐宋时期闽人迁入此地后,又带来"石敢当"及"八卦"之类驱邪镇魔的信仰形式,与雷州石狗信仰文化相结合,赋予雷州石狗"守护神"的新内涵。石狗原先只是安置在河口、路口、村口、

---

① 《隋书·烈女·谯国夫人传》。
② 参见《雷州半岛—百度百科》,http://baike.baidu.com。

庙门口等处,为人守田地、守坟地、守山坡、守江河等,保境安民。但凡人们觉得有凶象和不吉利之地,就安置石狗以驱邪镇魔。后来人们又将其安置在祠堂门口、学堂门口、衙门前,其职能也从驱邪镇魔扩展为赐财富、添丁寿、司风雨(当遭遇久旱无雨灾荒之年时,人们就抬着石狗游街串巷,用荆条抽打石狗,使劲吆喝,似苛责石狗未尽己责。据说石狗就会向天狗汇报地上的旱情,天狗则会向雷神如实禀报,雷神也就会动恻隐之心,于是天降甘霖,滋润禾苗万物,以保丰年)、主正义、主功名等。

唐宋时延续到明清时期,因各种原因从福建等地来的汉人大量移居雷州,而俚人的后裔黎族、壮族则渐渐远走广西及海南等地,雷州也就渐渐成了以汉人为主的地方,但祭拜雷神的传统一直延续了下来。明清时粤西地区业已与国内市场乃至海外市场发生了密切的联系。尤其到了清朝,随着各地商人们的到来,广府、客家、潮汕以及闽南的民间信仰也开始在粤西兴盛起来。从神庙便可窥其一斑,雷州各地存有大量真武(北帝)庙、龙王庙等,粤西沿海居民不少来自福建莆田及漳泉地区,因而宋明以后妈祖信仰自然也渐入粤西,天后庙也随之矗立起来。据清朝乾隆、道光及光绪年间分别重修天后庙的记载来看,重修的地方除了广府、顺德、潮府这些地方外,还有海口、海安、徐闻等粤西之地。在高州沿海,人们崇拜的妈祖有时与本地广受尊崇的冼夫人混为一体而难分彼此,再如湛江市南郊太平区通明村的宣封庙,始建于明万历十四年(1586年)。其庙址临河,并深入到遂溪、海康县内,此地是明代商贾云集的商埠和渔港,还是防范倭寇的要地。妈祖与冼夫人皆获朝廷封赠,故庙名"宣封",人们同时祭拜两位女神。

由上可见,移民所带来的民间信仰的神祇与崇拜仪式深刻影响到了广东这块土地上的民间信仰的原有样貌,开始了此地原有的原始宗教传统与移民所带来的民间信仰之融合的过程,但是这种"融合"并不是一蹴而就的,而是在漫长的时段内一个徐徐渐进的过程。而原有的原始宗教传统与移民所带来的神祇与崇拜仪式就构成了广东民间信仰最为重要的两种基本底色或两种基本要素。

第二节　广东民间信仰的神祇崇拜类别

本节主要就广东民间信仰的神祇崇拜类别作一大致的梳理。显然,在第一节叙述了移民与广东民间信仰之关系的基础上,人们对广东民间信仰的神祇来源就会有进一步的了解与加深印象。但广东地区神祇的数量庞大,笔者在此不可能一网打尽,挂一漏万的情形自是不可避免;以笔者的精力与能力,就广府、客家、潮汕与粤西四个不同地方的某一地的神祇做全面研究也无可能。因此只能将三大民系和粤西的主要神祇在此尽可能大致地呈现出来。

广东民间信仰的神祇崇拜的类别大致有如下方面:

一、自然崇拜

"自然崇拜是指将自然物、自然现象、自然力当作有生命、有意志而且有某种超自然力的对象加以崇拜的信仰活动。"[①]广东的自然崇拜与其他地方的自然崇拜有共同性,如对天地、日月星辰、风雨雷电,山川水火的崇拜;同时由于受到岭南的自然条件与社会历史等方面的影响,广东的自然崇拜因而也有自己的"地方印记",这种"地方印记"特别表现在如下方面:

其一是对天地与日月星辰的崇拜。这是华夏大地上最为悠久的自然崇拜,广东也不例外。有意思的是,广东虽也有太阳神、月亮神(又称太阴娘、月娘)、斗母元君(北斗众星之母)、白虎星君(煞神,广东各地都有祭祀白虎星君之俗,而香港尤为崇信)等,但他们似乎并不那么每每得到人们大张旗鼓的崇拜,倒是土地爷(包括土地婆)却得到了人们广泛的崇信。

土地崇拜是原始宗教中自然崇拜的重要组成部分,《白虎通义》云:"地载万物者,释地所以得神之由也。"地载万物,取材于地,土地神属于民间信仰中的地方保护神,是财神与福神,据说其还有使五谷丰收,接引新去世人之亡魂的功能,相当于城市里城隍神的角色。在中国的传统中,祭祀土地神即是感谢大地的生养万物之恩,当然,如今人们祭祀土地神或许与古代有所不同,更多有祈福、求财、保平安等等之意。人们对土地神的信仰反映了中国自古就是一个农业社会,人们靠土地吃饭的事实,也反映了中国人对天地的尊崇,对自然的尊重。

土地神在广东是与百姓最亲近的神祇,其品级虽低,但却最具亲和力,因而广为大众崇拜。土地神在广东有着各种称谓,包括土地公、土地爷、社神、社公、社官、伯公、土地伯公、大伯公、福德公等,是广东各大民系普遍祭拜的信仰对象。

---

① 林国平:《闽台民间信仰源流》,人民出版社,2013年,第28页。

清人张渠的《粤东闻见录》曰:"各乡俱有社坛,盖村民祷赛之所。族大者自为社,或一村共之。其制,砌砖石,方可数尺。高供奉一石,朝夕追虔。亦有靠树为坛者。"①一般来说,土地神是基层的神明,不仅有其土地与农作物之间的自然属性,还兼有一方守护神的职能,护佑乡里安宁平顺,祭祀土地神也就成了维系一方乡民的重要方式。在近代以前,祭祀土地神的民间组织进而演变为民间地方基层单位,即里社。里社的头领即是率领一方乡民祭祀土地神的头人。因为土地神还有兼管阴阳两界事物的职能,旧时家里死了人,都要去土地庙"报庙",即为死人灵魂向土地神报阴间户口。按照"县官不如现管"的逻辑,广东人大凡建屋、挖井、开沟、修路等动土之事,皆要向土地神事先报告、祈祷行礼。

在广东各地,有的土地神旁还伴有土地神的夫人,称为土地婆、伯婆、伯姆等。土地庙因神格不高,且为基层信仰,多半造型简单,简陋者于树下或路旁,以两块石头为壁,一块为顶,即可成为土地庙。较大规模的神庙里的土地神像大都是一个和蔼慈祥的老人,通常也配祀有同样和蔼慈祥的土地奶奶。可以说,大大小小的土地庙遍布广东村落街道、城乡各地,有上盖的叫做土地庙,露天的就叫社坛。那些"无遮"的村口或地头的"土地公""社公"更是无计其数。在广东,土地神庙或土地公社坛,其数量之多,可谓诸神之冠。在珠江三角洲一带以及广州的普通人家中,至今仍旧可见到他们在门口或门厅墙上设龛土地神位或设有简易的香炉,每日供以香火。

因为对土地神的祭拜多为民间自发建立的小型建筑,属于分布最广的祭拜建筑,广东各地的乡村均有分布。与人们的生活最为接近,民众往往在香坛上敬献几柱香以示敬拜,这种敬拜形式简单,亦较为便宜,有利于社公神坛的广布。因而广东民间对土地神的认同感较强,人们在生活上遇到任何问题,都会去找深入民间的土地公,祈求丰收、生意兴隆,就连治病、升官、转职也会求他帮忙。

笔者在广东中山调研时,当地人向笔者一行诉说道:

> 社头公是一个小官,管辖范围很小。原来都是村以社为单位,社公就管那么点地方。一般都是村里德高望重的老人过世后被封为社公。社公一心为村民着想,非常保护村民,但只保护那一方村民,超出范围的事他不管,所以上天就给他一个惩罚:村民拜祭社头公的地方不能有盖,所以社头公的场所都是没盖的,露天的,这是上天给

---

① [清]张渠著,程明校点:《粤东闻见录》,广东高等教育出版社,1990年,第71页。

他的不公平的待遇。因为社头公太保护村民了,给村民一些小小的惩罚,社头公也不让,所以社头公是没盖的,但那是以前的一个做法。村民觉得他太可怜了,没有遮,现在重修的就是会盖一个小房子的东西。这是我们本地的社头文化。珠三角基本上都是这个文化,特别是番禺、中山、顺德。社头公的职能很广,有人出生要告诉他,结婚要告诉他,去世了要从他那里出发去出葬,即使村里有大庙,也一定要经过他,因为他是父母官。在现代社会,他就像派出所,生、死、结婚都要经过他。社头公有点像土地公,但他的职能范围比土地公更广。我们这边很少有土地公,土地公是出现在庙里的,他是专门保卫这座庙的,社头公是保卫一个村、一条街、一个社区。在我们这里,社头公是派出所,土地公就是保安,专门保卫庙的。

要说明的是,土地神属社神,五谷神为稷神,土地神与五谷神合在一起为社稷,即土地和粮食合在一起才是国计民生最根本的基石,所以"社稷"才成为国家的象征和代称。因而在广东也有形形色色的谷神崇拜,岭南地区最著名的五谷神,莫过于广州的五羊仙,这里有众所周知的美丽传说,这也是广州又名"穗城""羊城"①的来历,广州"五羊仙观"中原有的五仙五羊像,被人们当作"谷神"奉祀。而珠江三角洲的地域谷神多为女性,如中山(旧称香山)的很多村庄多祀禾谷夫人(传说她是后稷之母姜嫄)。

其二是风雨雷电与雨神崇拜。风神亦称风伯,电神亦称电母。台风之神,也称为飓母。因为地理位置的关系,雷州半岛与海南岛受风害尤甚,此两处皆建有飓风祠以祀飓母。从前当地官府在端午节之日会隆重举行祭献之礼,这也是台风季节即将到来时,心怀畏惧的人们,先敬风神三分。

在对风雨雷电与雨这五种自然现象的崇拜中,无疑雷神与雨神有更突出的地位。雷神崇拜在雷州半岛最为著名,古代的雷州半岛生存环境尤为恶劣,直至唐代这里还被视为蛮夷瘴疠之乡。"雷州地处热带,日照猛烈且时间长;雷州半岛地形呈龟背型,三面海风都很容易吹刮至半岛的腹地;雷州地表覆盖着颜色偏深的玄武岩和砖红壤,更容易吸收太阳辐射,有助于产生强烈的空气对流,形成雷击。"②尤其春夏两季多有暴风骤雨,电闪雷鸣。唐李肇《国史补》曰:"雷州春

---

① 相传周夷王时,有五位仙人,著五色衣,骑五色羊,手里各拿一串谷穗,飞至楚庭(广州古称)。五位仙人将谷穗赠与州人,并"愿祝此地再无饥荒"。仙人言毕冉冉升空而去,座下之羊则化为石。

② 官景辉:《雷州文化是广东四大区域文化生态区之一》,http://bbs.southcn.com。

日无日无雷。"雷雨风云的变化及所引发的自然灾害,自然令当地的先民们惊悚畏惧,因而在雷州半岛,对雷与风的崇拜尤甚,按清人屈大均所云:"天地之神莫大乎雷、风……事雷之神,所以事日;事风之神,所以事月。而雷之神在雷州,风之神在琼州,以二州南之极也。南之极,其地最下,雷生于地之最下而风从之,故雷雨风之神在焉。"①雷州半岛因雷而得名,此地信仰雷神,古已有之。

雷州半岛的先民最早是在山岗的石头前设石炉祭拜雷神,后来逐渐建立雷神庙宇。在全国各地的雷神庙中,没有哪个雷神庙能与雷州雷神庙的规模相提并论。雷州最为著名的雷祖祠位于雷州市雷城西南 2.5 公里的英榜山,始建于公元 642 年(即唐贞观十六年),该祠为纪念唐朝雷州首任刺史陈文玉而建,纪念祠雄峙英山,占地一万多平方米,其建筑坐北朝南,居高临下,肃穆庄严,雄伟壮观,气势不凡。历代名流显宦在此留下不少与雷祖有关的诗文,流传至今,这里的许多碑刻、石刻是研究地方史的珍贵文物资料。

至于雨神崇拜,最著名的就是潮汕的雨仙信仰了。潮汕之地历来雨水多且不匀,偶有旱情。因而保佑风调雨顺的风雨之神在潮汕人的神祇崇拜中必然占有一席之地。"除了具普遍性的风神雨伯之类的神仙,以及官方祈风雨坛之类的常规祭祀之外,潮人又创造出独有的风雨圣者(俗称'雨仙爷')作为解旱求雨的偶像。"②风雨圣者的祖庙在今天的揭东县登岗镇孙畔村,此处有风雨圣者庙和雨仙塔③。据当地传说,南宋淳熙十一年(公元 1183 年)潮州大旱灾,赤地千里,禾苗枯焦。孙畔村出了一个年仅 12 岁(也有说是 13 岁)的能预知风云晴雨的神童,人称孙道者,他施法显圣,呼风唤雨为地方解除旱患。次年,此神童于宝峰山上牧牛时忽然不见,人们认为其已遁仙而去。为感其救难布雨消灾的恩泽,乡民便在他飞升的山上建了一座砖塔,又在他降世的地方立庙祭拜,塑了一尊头戴竹笠、肩荷锄头、赤足卷裤筒的圣童偶像,奉为"灵感风雨圣者爷"。

据说风雨圣者很灵验,人们只要向其祈祷就能消灾解厄。尤其是每逢大旱之年,人们就会恭请雨仙并设坛求雨。潮州各地的雨仙庙或雨仙祠陆续建于宋、元、明三代,至今犹存的则多为清代所建。明清以来的《潮州府志》《揭阳县志》《韩江闻见录》以及《潮州志·丛谈志》等对上述说法均作轶事异事予以记载。据说,这个风雨圣者庙的"雨仙"信仰与现在广州三元宫祀称为"羽化孙真人"的孙

① 屈大均:《广东新语》卷六"神语·雷神",中华书局,1985 年,第 202 页。
② 陈泽泓:《潮汕文化概说》,广东人民出版社,2013 年第 2 版,第 426—427 页。
③ 现存的雨仙塔于 2012 年时由孙畔村村民孙灿炎出资翻建并命名雨仙塔。

道者(亦为一个牧童的形象)也有某种关联①。

其三是山丘神祇崇拜,如以梅州为中心的客家地区位于广东省的内陆山区,民众对自然界的万物特别是天地山川敬畏有加,形成了客家地区比较独特的以三山国王为代表的自然神崇拜。三山国王本是指现广东揭阳市揭西县河婆镇北面的三座山——独山、明山、巾山的三山之山神,这是粤东百越先民创造出来一种"山神"神祇,"因屡屡显灵,护国庇民,隋、唐、宋、元、明、清历代朝廷迭有赐封"②,为粤东客家人和潮汕人广为信奉。三山国王信仰最初起源于揭西县的河婆镇,而河婆镇在历史上隶属于潮州府揭阳县霖田都,故三山祖庙又称"霖田祖庙"。三山国王信仰逐渐传播并扩大到周邻的客家地区,可能因客家人是"逢山必住客"的山民族群,他们自然会崇拜山神。与潮州比邻的客家人普遍接受了三山国王信仰。在明代,三山国王庙宇已在粤东地区相当普遍。在三山国王信仰的传布过程中,其神佑之职也在不断扩大,凡有水旱疾疫等灾难求解者,无不应验,并从最初意义上的山神、乡土地域神,逐渐扩展成世俗神和族群神,并成为粤东客家地区的管辖范围最广、权力最大的公王与福神。

其四是植物神崇拜。树神崇拜是广东植物神崇拜中的典型代表。笔者在广东各地进行田野调查时,对广东的树神崇拜尤其印象深刻。广东的树神,以榕树、木棉树最多,这两种树随处可见。古人对此早有观察,如《宋史·胡颖列传》云:"有古榕处,土人辄筑小庙其下,云以奉树之神。信庄子所称社栎以不材全齐天年者也。"在广东民间,人们常将这两种树的树神同社神视为一体,等量齐观。人们认为,某些古老的树木,尤其是上百年的树木具备神性和灵性,因而对之敬若神明。人们常在那些生长于街头巷尾、村中屋背的古榕树或古木棉树前摆有香炉,虔诚地祭拜。人们称树神为"树爷""树头公"等。在一些村落里,人们常把自己所求的写在一条红丝带上,然后将其系到树上,往往一棵老树上系了好多好多的红丝带。百姓们常对树神祈安求福、求治病或保丰收等。这些古树,不准攀折也不准砍伐,小孩子不能在老树前撒尿,人们也不得在老树前吵架打架,更不允许男女在此野合,否则冒犯了树神,会有灾祸降临。

---

① 乾隆年间的大诗人袁枚在其《续子不语》卷八中有《仙童行雨》一则记其事,说当时粤东亢旱,制军孙公祷雨无验。时恰逢他来潮州,途中见有人聚集在山坡前,说是在"看仙童"(求雨),孙制军便与群官徒步去看,果见空中有一童子,背挂青篮,腰插牛鞭,便对空中仙童说:"如你果真是仙,能使老天爷在三天内下雨,以救庄稼,当建祠祀你。"只见仙童点头。顷刻,天上出现浮云,接着大雨滂沱,数日之内,广东全境迭报降雨。孙制军便命人绘像,在广州建起了三元宫,题曰:"羽化孙真人。"
② 《论客家民间多神信仰及其文化源头》,http://blog.sina.com.cn。

在不少客家人的村落中,不少村庄都有一棵伴随着无数代人成长的巨大的古树,被乡亲们亲切地称为"伯公树"。伯公树就是古人所说的社树,常见的有"樟树"伯公、"榕树"伯公等。伯公树长得愈是高大茂盛,便愈是象征当地欣欣向荣,发达昌盛。尤其是巨大的"榕树"伯公更是随处可见,伯公树经常位于村里的老庙前,老人们常在伯公树下聊天唠嗑,孩子们经常在树下嬉戏玩耍,有的树下还有人们供奉的零散供品。村里有老庙老树,这是全村人引以为豪的。笔者在广东调研考察古村落时,常见的现象就是:古村必有古树,古树必在古庙旁,古树古庙相依相伴。人们常在伯公树下祈福和还福。在客家地区还有不得砍伐风水林、水口树、"伯公树""社官树"等的禁忌。这条禁忌在潮汕及粤西等地亦同样存在。

图一

潮州村寨周边多栽种有榕树、龙眼树、松柏等树。有的地方,乡里头乡里尾都种有榕树,这是各村必种的风水树。宗族祠堂讲究"前竹后榕",期望前人种德,后代成功。当榕树达到百年以上的树龄后,就被认为有树之"灵",是树神了,尊称为"树爷公",禁止伤损,禁止砍伐。初一、十五还会有村里的老人妇人祭拜"树爷公"。不止榕树,一些生长在村头巷尾的古树,人们均会对其敬若神明。人们认为这些树越老越显灵,要么是有了树魂,要么是有别的神明"住"在其中。人们为了慎重和讨好这些树,还在树下筑庙建宇,称其为"树爷宫"。每年祭神祀鬼之时,按惯例都得到"树爷宫"里祭祀一番,甚至在宫前搭戏台,演戏给树神看。

对这些古树,不准有人攀折,更不准砍伐。否则,会导致全村遭殃。①

在广东的许多乡村,老庙与老树相得益彰,成了当地村庄历史悠久的见证与象征。人们对这种老树敬若神明,绝不冒犯,因为村民普遍认为这些老树也是"神树",能保佑村子平安和子孙长寿。它的繁茂被视为本村人畜兴旺的象征,它的损折也会被村民们视为不祥之兆。

其五是石头崇拜,也称为灵石崇拜。"容肇祖考证说,粤俗随地有泰山石敢当之石刻。大抵其地由于鬼物为祟,或堪舆家以为其形势弗利居民,借此当煞气耳。"②如在潮阳海门莲花峰旁有三块巨石,气势雄伟,分别被封为"定海将军石""镇海将军石"和"宁海将军石"。潮阳东山有一巨石被命为"石部父母",石边的古树则被命为"槐荫娘娘"。梅州客家地区最著名的石头崇拜就属石古大王(或称石固公王)了,石古大王也称石固大王、石猛助威、石猛大王。据南宋王象之《舆地纪胜》所载:"神光西循蹬而入,石洞陡绝,各溪一山作渴骥奔泉之势,县人以此筑祀石谷神……九月九日赛会者万计。"过去,兴宁城每年的九月初九都会举行石古大王出游仪式,每十年还举行一次醮仪。王象之的记载便描绘了当时石古大王出巡的盛况。有关石古大王的传说至今仍是众说纷纭。③ 石古大王在梅州地区有不少坛庙,最为有名的就是现兴宁县神光山的石固大王庙。因为石古大王一般没有神像,常只摆放着一块石头或石碑,因而也有学者认为其当属民间灵石崇拜的一种。

其六是动物神崇拜。在广东的动物崇拜中,最具有地方特征的莫过于蛇、狗等原始宗教图腾崇拜的遗存。"蛇崇拜可谓是古越人最重要的文化特征之一……透过闽越族的后裔疍民的崇蛇习俗,可窥视一斑……疍民主要分布在闽江口和珠江口。"④现今学术界较主流的观点认为疍民主要源于古代的百越,罗香林、傅衣凌等人就认为,疍民乃是居水的越人遗民,与畲族同源。疍民将蛇尊为蛇神。

---

① 陈卓坤、王伟深:《潮汕时节与崇拜》,(香港)公元出版有限公司,2005年,第139页。

② 沈丽华、邵一飞主编:《广东神源初探》,大众文艺出版社,2007年,第149页。

③ 一说他是护国义元帅,相传北宋末,时有姓石、姓古的二人,为收复河山,组织义军,抗击入侵中原的金人,他俩后不幸在战斗中牺牲,人们为纪念这两位英雄,在神观山设牌位供奉。明太祖朱元璋曾封他们为"敕封护国义大元帅";另一说则是来自远古时代一个名叫石护国的孩子;还有一说是有一姓李的商人在经商时,得知当地设有石古大王神位,于是常去烧香请福。当年李姓商人果然赚了大钱,成为富商,于是当其衣锦回乡时便把石古大王之神恭请回兴宁,并在现神坛所在地安位、奉香;另有宋修《临汀志》记载,说他是由厉鬼升格的神明。

④ 林国平:《闽台民间信仰源流》,人民出版社,2013年,第31页。

有学者认为,闽粤地区有蛇崇拜的久远历史,广东各地的蛇神崇拜,尤以潮州为盛。举例而言,潮州崇拜安济圣王的庙又被称为青龙古庙:传说从前常见青蛇蜿蜒出没于庙,不伤于人而来去无踪,因而人们对青蛇敬畏,认为它是称为青龙的神祇,所以为其建庙称青龙庙,又名青龙古庙。早在宋朝时,潮人便有祭蛇之俗,直到清代,祭拜青蛇之风尤盛。

图二　2019 年 2 月青龙庙会盛况

东汉许慎的《说文解字》释"闽"称:"闽,东南越,蛇种也。"这说明了古闽越族以蛇为图腾,且对蛇抱有尊崇、亲切的感情。祭蛇有追念祖先的意义。潮汕人大多是从福建(闽)迁移而来,保留有蛇崇拜的习俗。"潮州著名的英歌舞,领舞之人手中挥舞着用以开路的武器,在傩文化时原是绳索,后来改为蛇。不过潮人所敬祭的蛇只是对青蛇而言的,其它蛇则不在奉祀之列。"[1]

在潮汕民间所奉祀的诸神中,安济圣王占有非常显赫的地位,潮州城的"营大老爷"也自然以正月青龙庙的"安济圣王"最是隆重。关于安济圣王的由来有不同的说法,但主要的说法是:相传三国时代的蜀汉太守王伉,在一次保卫城池的战斗中战死。到了明初时,潮州人谢少苍任云南永昌府官时,有一年,当地发生旱灾,为了赈灾,他未经朝廷应允便私自打开仓库,施济饥民。朝廷得知此事后,对之处以曝晒七天的刑罚,就在降罚之时,谢少苍头顶上空骤然有乌云遮日。正在疑惑中,他梦见有一神明前来庇护。赦罪后,他才知道梦中的神明竟与附近"王伉庙"中的王伉像一模一样。后来他将庙中的王伉及大夫人、二夫人偶像带

---

① 陈卓坤、王伟深:《潮汕时节与崇拜》,(香港)公元出版有限公司,2005 年,第 137 页。

回潮州。恰恰此时韩江发大水,王伉便将他的偶像供置在江沿的"青龙古庙",洪水解除后,古城安然无恙。① 明万历十七年(1589 年),为镇水患,潮州海防同知施所学重修青龙古庙,将王伉神像奉入庙内,号安济灵王,王伉于是就成了安济圣王,自此后就得到了潮州人的虔诚膜拜。

图三 2019 年 2 月的青龙庙会盛况

现今潮州的青龙庙可谓是潮地众多神庙中最具人气及香火最旺的庙宇,青龙古庙列为潮州市海上丝绸之路的地理坐标,青龙庙会也在省级非物质文化遗产名录上。安济圣王信仰反映了中国民间信仰一个带有规律性的演变轨迹,即偶像形象最初是动物图腾,然后上升为英雄人物,然后又从英雄人物上升为神灵,其崇祀功能从本是保一方平安,到后来为政者将其提升为宣扬忠君爱国、安民济世,到社会各界、人间上下的万事皆有求必应。

动物神崇拜中比较突出的还有对狗的崇拜。如广东畲族与瑶族的图腾崇拜有盘瓠图腾,也即是狗图腾。盘瓠据说是畲族与瑶族的祖先。据《后汉书·南蛮传》、晋干宝《搜神记》等书记载,远古帝喾(高辛氏)时,有老妇得耳疾,挑之,得物大如茧。妇人盛于瓠中,覆之以盘,顷化为龙犬,其文五色,因名盘瓠。神话传说中讲盘瓠助帝喾取犬戎吴将军头,帝喾以少女妻之。盘瓠后与妻子走入南山,生六男六女,自相配偶,其后子孙繁衍。禁吃狗肉也成为畲族与瑶族的主要禁忌。

自汉朝末年至五代时期,因为中原地区战乱仍频,所以大量福建人在唐宋时期迁入雷州,当地的瑶族人与汉族人也渐渐融合,对狗的图腾崇拜愈演愈烈。人们根据现实生活中的狗能"'看家守门'的特点,而把'石狗'神化为'守护神',安

---

① 《潮州百事通—潮州风情》,http://cz768.net/czf。

放在村口、门口，用以'镇邪避灾'，并一直沿袭下来"。①"有一首雷州民歌，唱的就是石狗崇拜。'力大拿你作比试，乞雨罢了还抽它，扶正祛邪有份量，巷中河沿年过年。'"②

在雷州半岛的农村，几乎每条村皆有石雕蹲状的狗，数量不一。它们被置于村口、树下、门前、天井等处。大者高近1米，小者仅20厘米，特别以雌狗为多。村民们除初一、十五祭拜石狗外，平时有为难之处也以香烛拜祭，若有灵验，又前来答谢石狗。直到现在，雷州农村一些急切地想抱孙子的老人家，仍会向石狗上香求拜，尤其每逢农历初一、十五时，他们常常会将三碗番薯汤或三碗饭与一块猪肉供奉在自己求拜的石狗前，他们相信，石狗作为一种神物，是会接受自己的供奉，从而满足自己的心愿的。

雷州石狗素有"南方兵马俑"之称，雷州石狗雕刻艺术冠天下，在全国绝无仅有，它是一份独具地方特色的珍贵文化艺术遗产。近年来随着人们对于非物质文化遗产保护意识的渐渐增强，雷州市委与雷州市政府为此采取了许多措施，如建立雷州石狗文化陈列馆，现在仅雷州、湛江等地博物馆收集到的石狗就有一千多只。"它们大小不等，有的咧嘴而笑，有的憨态可掬，有的面目狰狞，有的鼻大耳肥，它们或坐、或蹲、或伏，形态各异。"③应该说，雷州石狗信仰与崇拜是古代粤西多民族的民俗文化融合的产物，这种信仰与崇拜经历了从"图腾崇拜"到"守护神"的演变，并形成、发展为独具特色的石狗文化，是雷州的一张独具地方特色的历史文化名片。

图四

① 参见《南方的"兵马俑"——粤西雷州石狗》，http://culture.gansu.com。
② 参见《南方的"兵马俑"——粤西雷州石狗》，http://culture.gansu.com。
③ 参见《南方的"兵马俑"——粤西雷州石狗》，http://culture.gansu.com。

二、水神崇拜

笔者之所以将水神崇拜从"自然崇拜"中抽出来,是因为如前所述,广东地处南海之滨,有漫长的海岸线,大陆海岸线总长约 3368.1 公里。因为临水之缘故,广东的各大民系与粤西的民众历来有崇拜水神的传统。水神包括了海神、江神、河神、湖神、甚至潭神等,水神崇拜可谓是广东的自然神崇拜中最为耀眼的崇拜了,且被拟人化,需要浓彩重抹地在此加以叙述,因为它最为典型地体现了广东民间信仰的特色。水神中既有男性水神,也有女性水神。水神中有从火神或星辰崇拜中转化而来的,如火神祝融转化为南海神;有从星宿崇拜演化为玄武神、又由玄武神演化而来的北帝;也有由人而转化为神的,如天后(妈祖)、龙母等。

"在广府地区的水神体系中,北帝、南海神、伏波神及海龙王等均为男性水神,而且香火鼎盛,信众众多。与这些男性水神相比,女性水神信仰毫不逊色,其中以海神天后与水神龙母尤为典型。"[①]在广府地区流行的主要水神如下:

一是天后信仰,她可谓是中国东南沿海地区最受欢迎的女神。早在宋代,福建与广东间的海上贸易就很兴旺,天后信仰随之传入广东等地。由于广府地区的河网密布,人们饱受各种水文灾害之苦,因而妈祖信仰在广府地区深深地扎下了根。南宋任职广府的刘克庄最早记载:"广人事妃,无异于莆(田),盖妃之威灵远矣。"[②]从北宋到清代,天后信仰在珠江三角洲一带广泛流行。据有关方志记载,广州、佛山、中山、花县、顺德、江门、开平等地都有数量不等的天后庙。凡打鱼为生的人们在每次出海前都得到天后庙里拜祭一番,如此心里才感到踏实。

二是南海神(祝融、洪圣公)信仰。南海神是广府地区最受尊崇的主神之一,最迟应从隋代就流行于珠江三角洲地区。隋开皇十四年(594 年),隋文帝下诏在广州城东南建南海神祠,就近祭南海神,南海神庙由此得以建立,南海神庙是岭南最大的官方祭祀南海神的地方,以后历代官方祭拜南海神的活动都在此举行。唐天宝年间唐玄宗封南海神为"广利王",这是帝王对南海神封号之始,后历朝统治者给南海神加封了大量封号。宋仁宗将南海神敕封为"洪圣广利王",故南海神庙又称为洪圣庙。南海神的庙宇在珠江三角洲地区分布甚广。据地方志

---

① 贺璋瑢、蔡彭冲:《广府民间信仰中的女神信仰探略》,《世界宗教研究》2016 年第 8 期。
② 〔宋〕刘克庄:《到任谒诸庙·谒圣妃庙》。

书记载,明清时期,南海神的庙宇遍布城乡。最著名的就是广州黄埔的南海神庙(又称波罗庙),广府地区有"第一娶老婆,第二游波罗"之谚,这说明了南海神职能的演化,它不仅保佑人们的航海安全,还兼保佑嫁娶与生殖之职能。自唐宋以后,每年农历二月中旬南海神庙都有庙会举行。每年的农历二月十三日为正诞日,俗称波罗诞,至今已有一千多年的历史。明清时期的地方志书中对波罗庙诞的盛况有较为详细的记载。

三是北帝信仰。北帝又称为真武、玄天上帝、玄武、北方真武玄天上帝、黑帝等,而在广州、佛山、中山、珠海等珠江三角洲地区多称其为"北帝"。位于佛山禅城的北帝祖庙为广东最著名的民间信仰的庙宇之一。一般认为,北帝信仰由玄武神以及玄武神话演化而来,而玄武神又来源于古代的星宿崇拜,作为星宿崇拜的玄武,最初是代表北方的神灵,属性为水。北帝这位本是北方的神在岭南却香火鼎盛。对此,屈大均在《广东新语》中解释道:"粤人祀赤帝,并祀黑帝,盖以黑帝位居北极而司命南溟,南溟之水生于北极,北极为源而南溟为委,祀赤帝者以其治水之委,祀黑帝者以其司水之源也。"①《佑圣咒》载其"太阴化生,水位之精。虚危上应,龟蛇合形。周行六合,威慑万灵",故北帝有司水之责,主风雨。司水且主风雨的北帝在广府地区广受崇拜。"北帝崇拜,是明清时期珠江三角洲地区最主要的民间信仰之一,不仅供奉北帝的祠庙遍及各乡,而且村民的家中也普遍供奉着北帝的神位。"②而"明清以来,佛山祖庙因其'惟我独尊'的最高地位成为一个集政权、族权和神权于一体的官祀庙宇"。③

其四是龙母信仰。龙母俗称德庆龙母、悦城龙母、温媪、护国通天惠济显德龙母娘娘等。龙母信仰来自远古岭南百越族的龙(蛇)崇拜,一个通行的观点认为龙母的原型来自以龙为图腾的"西呕越族"的一位女首领"译吁宋"④(头人、君长之意)。"广东民间传说,龙母原为周秦时期广西藤县一弃婴,后被广东德庆县悦城镇温姓渔民收养,随父姓温,捕鱼为生。某日拾一巨卵,归置器中,有五龙孵化飞升。龙母死后,五龙子呼风唤雨,葬母于西江北岸,后人设庙致祭。"⑤

关于龙母的传说大概形成于汉晋(这比天后妈祖信仰的历史要悠久得多),

---

① [清]屈大均:《广东新语》卷六"神语·真武",中华书局,1985年,第208页。
② 普世社会科学研究网:《明清北帝祀典及其对民间信仰的影响》,http://www.pacilution.com。
③ 申小红:《北帝崇拜的文化情结》,《中国文化报》,2007年8月23日。
④ 参见陆发圆:《岭南古越人酋长称谓语源考》,《贵州民族研究》2002年第2期,第150—152页。
⑤ 沈丽华、邵一飞主编:《广东神源初探》,大众文艺出版社,2007年,第150页。

汉朝敕封龙母为"程溪夫人"，唐朝敕封"永安郡夫人"，后封"永宁夫人"，唐代刘恂的《岭表录异》被学界认为是较早比较详细记载了龙母事迹的文献。自唐代起，龙母得到朝廷历代敕封，约从宋代起，龙母信仰已成为西江流域一带最重要的信仰，并逐渐扩散开去，成为不仅包括整个西江流域，乃至珠江三角洲地区都很盛行的民间信仰。龙母信仰在明代时更是得到朝廷的推崇，龙母被封为"护国通天惠济显德龙母娘娘"，得到很高规格的待遇。朱元璋下诏，"世世遣官致祭，亿万斯年，与国无疆"，不久又将悦城龙母庙周围山林田地赐予祭祀之用。由明至清，龙母日渐成为广府文化圈内的主要神祇之一。研究龙母信仰的论文大多提到，明清时龙母庙已遍及广州府、肇庆府、高州府、韶州府等地。其影响除了广东广西以外，还远及香港、澳门、福建、江西等地，在许多有关前人留下来的笔记、见闻之类的记载中，如刘后麟的《南汉春秋》、屈大均的《广东新语》、范瑞昂的《粤中见闻》、李调元的《粤东笔记》等均对龙母信仰的盛行不吝笔墨。

位于德庆悦城镇的龙母祖庙，现为广东省级重点文物保护单位。每逢农历的正月初一至十五、五月初一至初十（五月初八为龙母诞）和八月十四至十六日（八月十五为龙母的升仙日），是悦城龙母庙最热闹的日子。这时广东各地与香港澳门等地的游客都会前来拜祭，香客络绎不绝，此时龙母庙会通宵达旦开放，善男信女争先恐后来上香、摸龙床、照龙母镜、用龙母梳、喝龙母茶等，希望能以此给自己的生活带来好运。

梅州境内，水路纵横，河运发达，因而地方水神崇拜也随处可见。乾隆《嘉应州志·杂记部·寺庙》："安济候庙，梅溪岸上，俗名梅溪公，祀梅水之神。"房学嘉先生认为，梅溪公王的角色会根据民众的需要而变，就传统梅州来说，公王是具有特色的地方水神或山神。

除了梅溪公王、五显公王、龙源公王等都是水神外，还有天后信仰。天后信仰于明清时传入梅州，在粤东的五华及兴宁等地都有天后庙，客家人相信天后不仅能护佑城池、驱邪治病，还能守护妇女儿童。因此，无论家里的大小事情，诸如升学求职、婚丧嫁娶等，都要求天后护佑。不过，梅州客家地区的天后庙并不像在潮汕地区那样兴盛。此外，还有仙人叔婆①、水打伯公（船头伯公）等。仙人叔婆的神坛建在各条河口的岸边，每年农历七月十五日，凡行驶在这条河的船家，

---

① 有学者认为，仙人叔婆神灵的原型是蛇。仙人叔婆信仰是南方原始图腾龙、青龙信仰的遗俗。仙人叔婆的信众初为渔民船家，功能主要是庇护渔民与航运的安全；后来信众逐渐扩大到附近村民，并增加了财神的功能。尔后，仙人叔婆的信仰圈进一步扩大变为社区神。仙人叔婆的神诞日是农历七月十三，是日当地民众都要举行祭拜仪式。

都要集中祭拜仙人叔婆。五华、兴宁、平原等地以及梅县的松口镇、蕉岭县新浦镇一带都有对仙人叔婆的信仰。如蕉岭县的新埔镇，"郭仙宫"便是奉祀仙人叔婆的地方。在当地民众的心中，是仙人叔婆保护了新铺墟的安全和兴旺。最后是水口伯公，水口伯公坛一般位于村口。有的因位于江河溪流岸边，故行船的人特别重视。如丰顺县隍镇溪北村的村民，当新船下水时，一定要拜水口伯公，祈求保佑行船安全无事。其祭拜步骤大致是：首先到船头焚香拜"船头爷"（或称船头伯公），摆上鸡、鱼、猪头三牲祭品，然后再上岸拜水口伯公，仪式与船头相同，等焚香烧纸，放了鞭炮之后再开船。行船的人认为拜了水口伯公，放排就会顺利平安。

在临海的潮汕地区，妈祖（也称天后或天妃）受到广泛崇奉，妈祖宫遍布潮汕地区的每个地级市、镇区与村落，潮汕地区的妈祖信仰比起广府地区可谓是有过之而无不及。潮汕人早在妈祖开始出名的宋朝时期，就从湄洲庙请来妈祖的香火，在南澳岛（地处宋代著名的外贸港口泉州往广州航线的中转点）兴建了天后庙。最早建庙祭祀妈祖的信众就是从事海外贸易的商人。元明以后，妈祖的信仰圈不断扩大，其信众由海商、渔民、船工扩展到官员、军队，再扩展到整个社会。明万历四十八年，南澳镇付总兵何斌臣重新拓建放鸡山（今汕头港出海口的妈屿岛）天妃宫。在何总兵亲自落笔写成的《放鸡山天妃宫碑记》中，他提到了有三类人最信天妃，一是"网罟者"，即渔民；二是"戈铤者"，即守卫海疆的水兵；三是"探奇赢者"，即海商。这三类人都在海上讨生活，相信妈祖能帮他们解脱灾难[1]。其实还有一类在海上讨生活的人也最信妈祖，即海盗。清代时潮汕的妈祖庙，更是远超前朝，天后宫的建造格局也更加气势恢宏，如澄海樟林南社外的新围天后宫，揭阳县南关外天后庙等。至今修建或重建的妈祖庙在潮汕有数百座之多，仅南澳岛一处就有二十多座。

另外，潮汕地区还有水父水母崇拜和水仙爷[2]崇拜。水父水母神诞俗称"水父水母生"，是潮汕沿海居民崇祀的潮水神诞辰。农历九月初三和十月初四，是潮汕沿海江河潮水涨得最高的日子，潮俗以此为水父水母诞辰。有潮水涨落的地方的居民，常备三牲粿品到江河岸边祭拜。潮俗沿海有水仙爷宫，始建于明代惠来神泉水仙宫，祀夏禹王。禹王庙，黄河长江流域甚多，民间尊为水仙圣王，也叫水仙王，神诞在十月初十。而澄海永新村的水仙爷宫，水仙爷的神诞却提前了

---

① 参见黄挺、陈利江：《潮州商帮》，暨南大学出版社，2011年，第131页。

② 水仙爷即是上古时代治水有功的大禹，传说中与尧、舜齐名的贤圣帝王。禹王庙，黄河长江流域甚多，民间尊为水仙尊王，也叫水仙王。

一个月零六天,在九月初三,这一天恰好与水父水母的神诞同日,笔者私下猜测,或许有可能是合二神为一神之误吧。在潮汕之地人们也常把水仙爷神像与妈祖神像放在一起,一同祭拜。

中国上古时代帮助大禹治水有功的治水大功臣伯益的庙宇在潮汕也有不少。依当地人的说法,伯益因主持开山劈路而平服了老虎之患,于是就有了"伯公无点头,老虎唔敢食人"的说法。潮汕各地祭伯益的庙并不称为伯益庙,有的称感天大帝庙,有的称伯爷公庙或威灵古庙。不知何故,潮汕的这类庙比水神庙要多,也就是说,祭伯益比祭大禹多。这种特殊的社会人文现象,值得探讨。潮汕还有湖神崇拜,韩愈在潮阳留有祭大湖神之历史记载,并写下了《祭大湖神文》。近潮阳海门镇湖边乡有大湖神庙,庙前左侧之碑上刻有韩愈为祭大湖神所写的三篇祭文。

前文提到,广府人、客家人与潮汕人先后来到粤西,参与了对粤西地区的开发,这三大族群也将各自信仰的神祇带到了此地。三大民系中的水神,如真武帝、伏波神及龙王等在粤西地区亦备受崇敬,水神信仰在粤西如同在广东的其他地方一样,占有重要地位。在诸水神中,天后(妈祖)信仰无疑最为突出。粤西一带的天后宫,据说以阳江最早,始建于宋代,因而该地的天后庙被称为"祖创宫"。天后信仰也随着大量福建移民而传入雷州,雷州县城南门外天后宫的宫门上刻有的楹联云:"闽海思波流粤土,雷阳德泽接莆田。"这楹联就是雷州天后信仰与福建莆田之间存在关联的最重要证据。明朝以后,天后信仰在雷州更为普遍,大凡出海的渔船都供奉着天后的牌位,出海前到天后庙祈求平安,回航后则到天后庙谢恩。供奉天后的庙宇既有妈祖、招宝、青惠合敬的"天后宫",也有独尊妈祖的"天妃庙",还有妈祖与众神圣合一的"列圣宫",不一而足。在高州沿海,人们崇拜的妈祖有时与本地广受尊崇的冼太夫人混为一体而难分彼此。

三、佛教和道教的俗神崇拜

"佛教俗神崇拜是指以世俗化的菩萨或具有某些'法力'或'灵异'的僧尼为崇拜对象的民间信仰"[1],在广东影响颇大的佛教俗神主要有观音、伏虎佛、定光佛、大颠和尚、大峰祖师等。

广府地区供奉的佛教俗神有弥勒佛、阿弥陀佛、观音菩萨、释迦牟尼、弥勒

---

① 林国平:《闽台民间信仰源流》,人民出版社,2013年,第133页。

佛、十八罗汉、四大金刚等,而被供奉最多的是观音菩萨。在广府地区,民间对观音的崇拜已经渗透到各家各户,普通广府人家中供奉的神龛上,除本家的祖先外,有的还会有观音菩萨的塑像。要是家中因为各种原因不能继续供奉,人们就会把观音塑像请到附近的庙宇或者民间信仰场所去继续供奉。据笔者的田野调研所得,现在珠海市11座比较有影响力的民间信仰场所中,观音庙就占到了7座,可见观音在人们心目中的重要地位。人们相信观音具有祛病除灾、招财送子及招正驱邪的能力,是一个万能的神明。观音原为男相,后来在民间流传中逐渐演变成了女相,女相的观音在广府比任何佛教中的男相神灵更受欢迎,在粤语中亦常用"观音"来形容女子长得漂亮和心地善良。

近三十多年来,观音信仰在广东再度兴起,各地的观音庙宇重获修缮,一些风景区更是大造观音塑像以吸引游客,尤以佛山市南海区西樵山风景区的南海观音像为最具代表者。西樵山景区有一尊高达61.9米的,号称世界第一的观音座像,耸立在西樵山的第二高峰——大仙峰上,观音苑景区一直是西樵山最热闹的地方。这里每年都会举办观音文化节,期间有"樵韵梵音"音乐会、千僧祈福盛典、佛化婚礼、千叟宴、万人斋宴……观音文化节已成为西樵镇的品牌节庆活动。

尤其值得一提的是观音信仰在广府民俗文化上的具体体现是"生菜会"和"观音开库"两大民俗活动。生菜会,起源于明末清初,寓意"生财",距今已有三百多年的历史。因为"生"在粤语中的意思为"生育""生发"及"生猛"等,而"菜"则在粤语中与"财"谐音,意味着"钱财""财运""财势"等。起初是为了"迎生气"。据《广州府志》记载,"迎春日……啖生菜、春饼,以迎生气"。随着时间的推移,生菜会演变成求财求子的盛会。

农历正月廿六日,则是一年一度的"观音开库"之日。传说观音大士修道期间,五百护法罗汉化身和尚,下凡为考验观音之修行,到观音庙化缘讨饭,观音于农历正月廿六大开仓库,给和尚们享用各种精美斋菜,其余食物留给到访参拜的善信享用。由此民间传说成为约定俗成,简化为善信按是日到观音庙酬神、借库之宗教活动,同时也会举行生菜会。而后每年的这一天,千千万万的信徒,都会涌到观音庙祈福及借库,希望借库后财运亨通。后来,生菜会与观音信仰联系在一起,活动举行的时间一般是在观音诞(有一点小小的区别,即有的地方是农历正月二十五,有的地方是农历正月二十六)时举行,但有时也分开进行。举办地点当然是在观音庙附近,活动内容还包括听戏曲,广东各地历来有"演戏酬神"的传统,当然最重要的活动就是朝拜观音以及摸螺求子等,而大家坐在一起吃生菜包①也是免不了的活动之一。有谚云："正月生菜会,五月龙母诞。"

明清时期,观音信仰也深入到梅州客家地区的千家万户,以供奉观音为主的寺、庙、庵、堂等,不可胜数。据同治《石窟一征》记载,粤东的梅州地区,"妇女以正月初八日赴观音庵结大人缘。按《白衣经》,是日,南无华严正义甘露苦王观世音菩萨示现,故妇女皆相约赴会"。"梅州观音信仰区别其他地方的最大特点是在专奉血缘性祖宗神灵的神圣空间的民宅宗祠内,同时专门建有观音坛或庙用以祭祀观音菩萨。有的人家还在自己住屋正堂安设观音神位,以方便自身经常叩拜。"②

梅州客家地区佛教的俗神有伏虎佛和定光佛。据说他们本为闽西的名僧惠宽和定光二人,后来成为闽、粤、赣边区客家人共同的神祇。客家民间还流传有伏虎佛和定光佛"法力无边"的其它种种传说。惠宽佛被当地客家人称为"伏虎阵师",并奉他为祈雨之神。定光古佛的主要事迹有驯兽、祷雨、活泉(即让已经干涸了的泉池重新清水流溢)、治水、护航、送子、佑民等。有学者说:"定光古佛是客家人为适应山区农耕社会之种种需求(风调雨顺、水源充沛、劳力充足、无灾无祸)而创造出来的不僧不俗、亦僧亦俗,不佛不神、亦佛亦神的崇拜对象,所以定光古佛崇拜盛行于山区,尤其是客家山区。"③

初唐时期,潮州已有崇佛之风。自北宋至清代时,潮汕佛寺大为增加。"佛教诸神中,最受潮人信奉的除如来佛祖、观音菩萨外,莫过于唐宋时期的潮阳的两位高僧——大颠和大峰。"④大颠是唐朝的著名高僧,俗名陈宝通(一说姓杨)。唐开元二十年 732 年出生于今广东省汕头市潮阳区。唐长庆十四年 824 年圆寂,终年 93 岁。据说其幼年好学聪慧,博览经传,过目不忘。唐大历八年 773年,陈宝通到南岳衡山拜石头希迁和尚为师,后经师父介绍,陈宝通到龙川瀑布岩寺任住持僧。几年后,大颠由龙川瀑布岩寺回到潮阳,翌年创建白牛岩寺(今潮阳东岩卓锡寺)。回到潮汕地区不久,大颠便云游来到幽岭(今属潮阳铜盂镇),萌发了在此地建新寺的念头,几经努力,终于建成潮州府内第二大寺院灵山寺。大颠在此弘扬曹溪六世禅风,讲授佛学,成为岭南一带著名高僧。唐穆宗时曾赐封灵山寺为"护国禅寺"。潮汕民间流传着不少关于大颠和尚的传说与故

---

① 所谓"生菜包"是用洗干净的生菜叶,包裹着已经炒熟的蚬肉、粉丝、虾米、咸酸菜和白饭等馅料,加上辣椒酱等调味料,就成了独特的生菜包。生菜包里面的每一样材料都含有寓意,如生菜寓生财,粉丝象征长寿,酸菜表示子孙,蚬肉表示显贵发达,韭菜表示长长久久。吃过生菜包则寓意人财两旺,长寿幸福。

② 房学嘉、肖文评、钟晋兰:《客家梅州》,华南理工大学出版社,2009 年,第 144 页。

③ 汪毅夫:《客家民间信仰》,福建教育出版社,1995 年,第 162 页。

④ 《潮汕民俗》,http://wenku.baidu.com。

事,大颠祖师和韩愈的友谊也是潮汕地区流传至今的一段佳话。

大峰祖师则是北宋时期由福建来到潮汕地区的僧人。据明隆庆《潮阳县志》及清乾隆《潮州府志》记载:大峰祖师俗姓林,名灵噩,字通叟,生于北宋宝元二年(1039 年),其早年学儒,有渊博的学识。50 岁中进士,任会稽(即今浙江绍兴)县令,后因不忍朝政腐败,弃官从僧,法号大峰。北宋宣和二年(1120 年),时年 81 岁的大峰禅师游缘至潮邑蠔坪(今和平)一带时,适逢天降大旱,饿殍遍野,瘟疫流行。大峰在此地营建灵泉寺,并设坛于大峰石祈祷,同时以其精湛医术为百姓施医赠药。后见练江波流湍急,两岸相隔,难通往来,禅师又发愿建桥,经数年募集,终在练江上修筑了一座大桥,即今天的和平古桥。

大峰禅师 89 岁圆寂后,潮汕乡民为报答其功德,将其安葬于桥尾山北麓狮山(今大峰风景区内)。据说有士绅自愿腾让书斋建为"报德堂",以酬祭大峰禅师。这所"报德堂"于是成为潮汕第一所善堂,成为潮汕人善堂的"鼻祖"。历经多朝后,民众逐渐将大峰禅师升格为能"消灾纳福"的善神,并尊其为祖师,虔诚祭拜。自清代以来,大峰和尚的声名随潮人移民远播到海外,并随之兴起建庙祭祀敬拜,渐渐就形成了以大峰祖师为号召的民间祭祀圈与善堂组织,而善堂也因供奉大峰祖师而善信如云。潮汕慈善文化始于大峰禅师,和平古桥是大峰禅师慈悲博爱精神的真实物态见证,宋大峰墓是维系海内外潮人的重要精神纽带,报德古堂乃潮汕即海外善堂文化的发端,而大峰禅师就是潮汕善堂所拜神祇的鼻祖。受移民影响,粤西的佛教俗神与其它三大民系的佛教俗神没有大的区别。

"道教俗神主要由具有神仙色彩的历史人物、传说人物和具有'法术'的方士、道士构成。"①在广东影响颇大的道教俗神主要有四类,一为自然神,如风神、雨神、雷神、电母、山神、水神、树神、花神等;二为明显带有人间特征的文化神或英雄神,如玉皇大帝、太上老君、文昌君、三官大帝(即天官、地官和水官之合称,又称"三元大帝")、葛洪、鲍姑、何仙姑、吕洞宾、关帝、黄大仙等;三为守护神,如门神、灶神、城隍、土地公等;四为具有特定职能的行业神和功能神,如华佗、鲍姑、财神、华光大帝、药王等。

需要说明的是,广东各地都很盛行关于玉皇大帝、太上老君、文昌帝君②、三

---

① 林国平:《闽台民间信仰源流》,人民出版社,2013 年,第 133 页。
② "文昌帝君",本为星名,又名"文曲星"。古代对魁星之上六星的总称,魁星又名奎星。最早见于汉代纬书《孝经援神契》有"奎主文章"之载。其后被道教尊为主宰功名禄位之神。因传该神掌管文章兴衰,故旧时读书人多往文昌宫、庙、祠拜祀,以求文运亨通。

官大帝等道教俗神的信仰，民间庙宇内常可见到他们的神像，对于城隍①的崇拜在广东各地也很盛行，同样盛行的还有对关帝的崇拜。五月十三日是关圣帝君的诞辰日。客家地区修建关帝庙的现象较为普遍。有的村落还有将成长不顺、体弱多病的男孩契给关帝为子的习俗，即将男孩带到关帝庙，向关帝许愿，将小孩契与关帝为子，祈求关帝保佑孩子平安成长，并给孩子取名为"关某某"，日后再来酬谢官帝的保佑之恩②。文昌君虽是广东民间的普遍信仰，但对客家人来说，意义尤其重大。客家人历来重视耕读，不管出身何种家庭，通过读书来出人头地、光宗耀祖乃是第一要务。哪怕穷苦之家，为了能供出一个读书人，节衣缩食，砸锅卖铁及倾全家之力也心甘情愿。所以，在客家人居住的地区，普遍建有文昌庙。

"三官"大帝源于中国古代汉族先民对天地水的自然崇拜，属于早期道教尊奉的三位天神。一说是尧舜禹，指天官、地官和水官。天官为唐尧，地官为虞舜，水官为大禹。广东民间多将天官、地官和水官合并奉祀。天地水三官以农历正月十五日（上元节）、七月十五日（中元节）和十月十五日（下元节）为神诞之日，三官的诞辰日即为三元日。客家人聚居的地区尤为崇拜"三官"，乡村小庙也多见三官神像，香火较旺。民宅门墙上常贴有"天官赐福、地官赦罪、水官解厄"的祝语，客家人也常把天官、地官和水官作为门神祭拜。逢上元节、中元节和下元节这三日，人们都要进庙烧香奉祀以祈福消灾。

潮人敬奉上述道教系统中的诸神，但他们更加看重玄天上帝（真武帝）、道教八仙中的吕洞宾（吕祖仙师）与韩湘子③、张天师④等。"除上述道教本系诸神仙外，人们最热衷的是与日常生活较有直接关联的俗神，主要有城隍神、财神、福禄寿三星、天后、保生大帝、龙尾爷虱母仙、雨仙爷、公婆神、注生娘娘、珍珠媳娘以及各行各业的行业神。"⑤

在潮人信奉的仙道人物神中，有两个影响最广的仙人，一个是前文所述的雨

---

① 明朝开国皇帝朱元璋特别重视城隍的作用，他把城隍祭典列入国家祀典，城隍的监察职能也大大强化。城隍作为冥冥之中的一方神灵，不仅有着固定的管理区域，掌管着监察地方官吏和百姓命运的大权，还能防旱布雨，卫道护善，管领冥籍，司掌功名，镇邪驱魔，惩治凶顽，荐福消灾等职能。

② 参见宋德剑：《梅县桃尧镇大美村宗族社会与神明崇拜》，载谭伟伦主编：《粤东三洲的地方与社会之宗族、民间信仰与民俗（下）》，国际客家学会、海外华人资料研究中心、法国远东学院出版，2002 年，第341 页。

③ 韩湘子，字清夫，是民间故事道教"八仙"之一，拜吕洞宾为师学道。生性放荡不拘，不好读书，只好饮酒，世传其学道成仙。道教音乐《天花引》，相传为韩湘子所作。后人认为韩湘子就是唐代文学家韩愈的侄孙韩湘，但亦有学者在考证过后，认为这只是后人把两件本来互不相关的事件张冠李戴而已。

④ 即东汉时期的张道陵，道教的第一代天师。

⑤ 参见《道教诸神及民间俗神》，http://www.msjldf.com。

仙爷孙道者,另一个名为"虱母仙何野云仙师"。潮人称其为虱母仙、邋遢道士,其人形骸放荡。民间尊称其为何野云仙师、龙尾圣王、龙尾爷、龙爷等。围绕他有许多传说,清光绪年间的《潮阳县志》卷十三有简要记载:"明初有虱母仙者,精于青鸟之术,至潮为人择地,而多不插穴,听人自得之。矢口成忏后,吉凶皆如券。每遇其蹲处则多吉地,故人往往阴识之,以为验。或曰何野云也,世从陈友谅而败,佯狂来此,然终不得而详。居止无定,多在凤港卢家。其乡外有冢垒,然传为所葬处。"有人推断,虱母仙何野云可能是元朝末年与朱元璋争夺天下的陈友谅的军师,陈友谅兵败后,他化名何野云潜来潮阳等地,为人建寨立墓过活,死后被尊为仙。他在潮汕的许多庙多被称为龙尾爷庙,主要分布在揭阳、潮阳、普宁一带。

粤西道教的俗神信仰受移民影响,太上老君、玉皇大帝、关帝、张飞、土地公、土地婆等的崇拜均比较普遍,还有由人晋升为神的伏波将军马援①。

四、祖先与行业祖师神祇崇拜

关于祖先崇拜,学界一般把汉人的民间信仰分成神、祖先、鬼三大类。顾名思义,祖先神是由祖先演变而来的神明。祖先是中国宗法制度的产物,生动具体地体现在民间的族谱、"神主"牌、墓碑、祭祀活动以及人们的思想观念与各种禁忌中。要成为祖先神,得具备两个先决条件,即一是本宗族的男性及其配偶,中国千百年来的宗法制度是以男性为中心的,因此,本宗族的男性在过世以后受到族人崇拜不难理解。在宗族制度比较发达的广东,祖先信仰有着深厚的土壤。屈大均的《广东新语》云:"岭南之著姓右族。于广州为盛……其大小宗祖祢皆有祠,代为堂构,以壮丽相高。"②二是还必须有后代。因为在中国的文化传统中,"不孝有三,无后为大",既是为了传宗接代的需要,也是为了使人死后能够得到祭祀,即"延续香火"的需求。即便本家并无亲生儿子,怎么地都要设法去找一个继子,以免死后香火中断。一旦成了祖先神,也就兼有了祖先和神明两种功能,祖先神有荫庇后人的功能,子孙们则有敬拜祖先神的义务。祖先神祭拜这种情形在三大民系和粤西皆然。

许多土生土长的广东人家里都有神龛,神龛上放着已过世的先人的照片或

---

① 伏波将军亦称伏波神,传说汉代的两个武将统帅路博德和马援征讨南越诸地有功,二人被敕封,并合称"伏波将军"。因为他们征讨乱地安民有功,百姓立庙祀之,但民间偏爱马援,崇信对象逐渐集中在马援身上,后人一般以马援为伏波神。

② 〔清〕屈大均:《广东新语》,中华书局,1985年,第464页。

牌位,照片或牌位前一年四季都摆有应季的几样水果贡品。每当祖先的生忌或者死忌都要备供品,求祖先的保佑。当然,民间信仰中有时还将祖先和神祇混在一起,或合在一处,其所祭拜的偶像既可谓是自己的先人,也可谓是某个神祇。换句话说,供奉在庙里的神祇也可以是自己的祖先神。因而祖先崇拜和神祇信仰有时颇难两分,广东的瑶族人祭拜盘古王,畲族人祭拜祖公图,西江流域的民众祭拜龙母,粤西人祭拜雷神、冼太等,都是带有祖先崇拜性质的民间神祇崇拜。又如笔者去过的江门鹤山市古劳镇的"吕氏家庙",供奉的是吕氏先祖及道教传说中的八仙之一吕纯阳;古劳镇麦水村的"力庙",供奉任氏十三世祖任光。在深圳的宝安区凤凰社区(即从前的岭南福永岭下村),存有文天祥信仰。据传文天祥的曾孙文应麟兵败逃到岭南福永岭下村,在凤凰山开山拓寺,迄今已有六百余年的历史了。当地居民说,这里的香火一直较旺,除了近处的居民,也常有远道而来的游客,都喜欢来这里烧香祭拜祈福。

有的不同姓氏的祖先神还能合拜,如江门开平市赤坎镇石子冈村的"关帝庙"与江门开平市水口镇红花村的"龙冈古庙",供奉刘备、关羽、张飞、赵云,这两处庙宇是专为附近或各地刘姓、关姓、张姓、赵姓的宗亲,为纪念"祖上"的"三国"名将而建。

关于行业祖师崇拜,既然行业众多,行业神自然也多,其中不乏真实的历史人物,也有虚构的人物,既有人格神,也有自然神等。仅举几类主要的行业祖师神祇崇拜为例:

其一是财神崇拜。财神崇拜与水神崇拜、土地公与土地婆崇拜同为广东各大民系的共同崇拜。中国古代的传统观念是重农轻商,或说贵农贱商,但在广东地区却不是如此。广东经济生活的一个重要特色就是重商。广东地处南海之滨,海上贸易自隋唐起,尤其宋元以后就比较发达。不仅有官家的海上贸易,还有因潮汕一带地少人多而常有发生的匪商贸易。因此,广东地区早就有了"农不如商"的观念。

笔者认为,岭南地区民间信仰的功利性与实用性最集中的体现就是重商的倾向,这种重商倾向尤其表现在广东人普遍的财神信仰上,为了能让财神施惠于不同的行业,人们还创造出了一个财神系列,因而财神的名目五花八门,各有特色。如正财神赵公明①(也被看作武财神),文财神比干②和范蠡,武财神赵公明

---

① 他是《封神演义》中的神话人物,为纣王的元帅,神诞日为三月十五日。
② 比干为商纣王时期的忠臣,后被其杀害。

和关公①,理财神陶朱公②和南海财神龙五爷等,作为财神的赵公明和关公最受粤人爱戴。在梅州客家地区,有时五显公王也被视为财神。但上述分别在粤人的心中并不重要,只要冠以财神爷的名号,拜就好了。许多人家的家中,正堂之中供奉的大多是财神赵公明、关公和福禄寿神,这充分反映了广东民风中那种浓郁的重商倾向和以追求功利为目的的世俗化倾向,人们还发明了财神诞(广州地区为农历七月二十二日)、招财童子③诞(正月十二)、财帛星君④诞等节日。如广府地区有传统的新年接福习俗,大年三十晚上等门"接财神"。客家人祭财神的传统不仅仅在年初四半夜或年初五凌晨,更早在新年来临之际"出行"与祭祀中便有开门迎接喜神、财神的仪式,如兴宁客家在年初一零点即齐备三牲、果饼、香烛敬"赵公元帅",大放鞭炮接"财神"。从年初一到年初五,每天早晨的"敬神"仪式,都要特别地祭拜财神。每当新年来临之际,广东城乡各地的许多超市、商场、餐馆等营业场所一遍遍地放着《财神到》的贺年歌,财神是新年人们最诚恳祭拜的神明之一。

在广东,土地公也被视为财神,因为人们普遍相信"有土斯有财",因此,在广东的许多人家,不管城里还是乡下,供奉在大门外的"门口土地财神"的牌位,可谓是司空见惯。"门口土地财神"不仅具有财神功能,而且具有安宅护家的庇佑功能。珠江三角洲的人们还赋予了大慈大悲的观音菩萨以"财神"的职能。所以,每年"观音开库"(正月二十六)的日子尤其隆重。据说每年此日的子时至亥时,观音必大开金库,借钱于百姓,助善信致富。善男信女们则于此时赶紧向观音敬香借钱,若是这年真是发了财,来年此日要带"烧猪"来向观音谢恩。广东境内最灵验的是顺德观音庙,始建于南宋年间,历代不断修茸,千年来香火旺盛。直到现在,随便走进广东各处的茶餐厅、餐馆、酒楼、甚至西餐厅等地方,无论这些地方的规模大小,总会见到供奉着关帝、财神等神祇的神龛,而且神龛上大都用上了与时俱进地改用蜡烛形的小电灯了。

---

① 关公即关羽,商贾敬仰关公的忠诚和信义,将其奉为庇护商贾招财进宝的神祇。

② 陶朱公即是范蠡,他是春秋末著名的政治家、军事家、经济学家和道家学者。曾献策扶助越王勾践复国。他是中国早期的商业理论家,功成名就之后急流勇退,三次经商成巨富,又三散家财。后定居于宋国陶丘(今山东省菏泽市定陶区南),自号陶朱公。后代许多生意人皆供奉他的塑像,称之财神。

③ 招财童子源于观音菩萨的"金童玉女"中的金童,福生城长者最小的儿子,出生时,各种财宝自然涌出,故名招财。手托宝盘或宝、如意等,有求必应,十分灵验。招财童子是幸运符,有招财,开运,纳福,缘起,必胜,高中,平安之意。招财童子住在元宝宫殿。

④ 传说他是天上的太白星,属于金神,其天职为"都天致富财帛星君",专管天庭和人间的金银财帛,因此成为民间众多求财信众供奉的神灵。财帛星君常与福、禄、寿三星级喜神并列,合称为"五福",即福、禄、寿、财、喜。

其二是生殖神崇拜。广州的金花夫人,亦称金华夫人、金花娘娘、惠福夫人、金花圣母、送子娘娘等,是广府神话传说中的生育女神。金花夫人的传说有别于我国包括广东在内的许多地方传统公认的"送子观音",可堪称为广州以至广东特有的"送子娘娘"。据《广东新语》载,"广州多有金华夫人祠,夫人字金华。少为女巫不嫁,善能调媚鬼神,其后溺死湖中,数日不坏,有异香。即有一黄沉女像容貌绝类夫人者浮出,人以为水仙,取祠之,因名其地曰仙湖,祈子往往有验。妇女有谣云,祈子金华,多得白花,三年两朵,离离成果"。①

金花夫人的故事缘起于广州,今广州北京路文化核心区内的惠福巷、惠福路以及仙湖街的得名与金花夫人的传说不无关系。金花夫人的信仰起于何时虽至今尚无定论,但据学者考证,"元大德《南海志》编修之前,金花夫人信仰已在民间流行,并引起士人注意。因为民间信仰只有达到一定规模及影响,才会引起士人不惜笔墨予以记录。因此,宋元广州已出现金花信仰应毋庸置疑"。② 金花夫人信仰的成型与地方官员的推动不无关系。明成化年间,广东的巡抚都御史陈濂不仅重建了金花庙,还将金花夫人正式定名为"金花普主惠福夫人",从而将金花夫人的民间信仰推向了高潮,也为金花夫人信仰披上了一层官方色彩,使得其信仰的合法性最终得以确认。在文人们的诗文传颂下,金花娘娘成为广为人知的女神。到清代时金花娘娘庙已遍及广东各地,清代梁绍壬《两般秋雨庵随笔》载:"广东金花夫人庙最多。"③金花夫人诞为农历四月十七,从前每逢金花夫人的诞会,四乡信徒,必到庙中祭拜。从清晨开始,各乡狮子队接踵而来,争先恐后涌入庙中,善男信女,轮流跪拜。要求生男育女者,祈求生育平安者,最为虔诚。庙堂中挂个大灯笼,四周悬挂着红白两色彩带或花朵,供求子者采摘,求男摘白花,求女摘红花。人们一边参拜,一边祈祷,口中念念有词。晚上则多演粤剧酬神。另外,人们在平时如遇小孩有病,家宅不宁等烦心事,亦常到金花庙烧香。

据史载,旧时广州城以"河南"(粤语方言,即现今广州海珠区一带)金花庙规模最大,内供有金花夫人及十二奶娘像,气势宏大,香火旺盛。在金花夫人庙中,常以十二奶娘像作为陪祀,"十二奶娘是指十二位专司生育等职的女神,分工细致,从投胎、怀胎、定男女、保胎,直到分娩、养育,乃至吃、喝、梳洗、行走、祛病等无所不包"。④ 在最鼎盛时,这里曾供奉着80多尊神和12位奶娘。

---

① [清]屈大均:《广东新语》卷六"神语·金华夫人",中华书局,1985年,第215页。
② 顾书娟:《明清广东民间信仰研究——以地方志为中心》,南方日报出版社,2015年,第169页。
③ [清]梁绍壬:《两般秋雨庵随笔》,新疆人民出版社,1995年,第214页。
④ 贺璋瑢、蔡彭冲:《广府民间信仰中的女神信仰探略》,《世界宗教研究》2016年第8期。

创立位于广州黄埔长洲岛的金花古庙

珠江三角洲很多地方也都建有金花娘娘庙,中山、江门、东莞、佛山等地现在仍有许多供有金花夫人与十二奶娘的庙。现今广州黄埔区长洲岛还保存有金花古庙,该庙的大门为花岗石砌筑而成,上刻"金花古庙"四字,其落款处标明它建于清代中期,这是广州现今唯一保存完整的金花庙。庙内仍保留着四块碑,最早一块出自1829年(即清道光九年),最晚一块出自1876年(即清光绪二年)。2002年,长洲金花古庙被公布为广州市登记文物保护单位。2007年初,村民集资重修金花古庙,次年古庙开光,被定为广州市文物保护单位。2009年6月,"金花娘娘的传说"被列为广州市第二批非物质文化遗产名录。

2009年5月12日,随着祭祀的声音响起,广州中断上百年的"金花诞"在黄埔区长洲岛百年金花古庙得以重现。"粤民圣母,金花娘娘,端坐长洲下庄……"此外,每逢初一及十五,长洲岛上的妇女都会前来金花庙祭拜,祈求母子平安、儿女孝顺,特别在生产前后更要来金花古庙"请金花",以保佑生产顺利。

其实,除了金花夫人,广东的大部分女神,无论是龙母、还是天后、观音等,同时也是生育保佑神。她们都具有送子、助产和护幼的功能。

粤东客家地区著名的妇幼保护神是临水夫人,她又被称为陈夫人、大奶夫人及顺懿夫人等。临水夫人本名陈靖姑,福建人,相传唐贞元六年(790年),福州大旱,陈靖姑脱胎祈雨,不幸身亡,终年24岁。临终前曾发誓死后要作保产之神,以"扶胎救产"。据说她能降妖伏魔,扶危济难,且扶胎救产,是妇幼保护神,也被称为"救产护胎佑民女神"。宋代时,朝廷赐匾"顺懿",敕封"崇福昭惠慈济夫人"。元、明、清三代也对她多有敕封。自宋代受封后,临水夫人的影响日渐扩大,传说她还与林九娘、李三娘义结金兰,并一起赴闾山学法,师承许旌阳真人。

三姊妹得道后,合称三奶夫人,三奶夫人为助产保赤的妇婴保护神。梅州客家地区的三奶娘庵就是祭拜她们的。在粤东河源客家地区,人们把临水夫人称作"奶娘",供奉她的宫观一般都在天后宫。但在河源的紫金、龙川、和平、东源等地的"三奶娘"的组成与上述略有不同,当地许多天后宫的主神龛都是妈祖居中,左边为李三娘,右边为陈靖姑,合称为"三奶娘"。此外,河源、龙川等地也有一些"天后宫",则主要是祭拜陈靖姑、李三娘而不是妈祖。但在惠东的一些地方,三奶夫人又被供在"阿婆庙"而不是天后宫,人们由此可见临水夫人、三奶夫人与妈祖信仰传到当地后不像在原产地福建那样区分得比较清楚,或可见其所发生变化的一些端倪。

拥有九子的女神"九子圣母"也受到客家人的青睐和崇拜,人们通过建造九子圣母庙来表达崇敬之情。时至今日,九子圣母庙还是梅州兴宁颇多信众光顾的地方。为求子求福、多子安康,她们隔三差五总是忘不了在此烧香祈福,以获得圣母庇佑。兴宁县宁中镇宁江河堤旁的九子圣母庙颇具规模,庙中除九子圣母主神像外,还供奉着财神、花公花母、玉皇、观音等神像。每年农历二月初六为"作福日",十一月初八为"拜满圆",逢这两日,当地及周边的信众会携带香烛贡品来此进行祭祀,以求得圣母保佑。

在客家地区,以"七"打头的女神祠庙颇多,如"七仙庙""七姑庙""七圣仙娘庙""七姑婆太庙"等,似可统称为"七仙信仰"。有的地方并未建庙,但设有七仙信仰神坛。如丰顺县径门乡的一些自然村落,就设有"七圣仙娘神坛",祀奉七圣仙娘。她们的职能也是专司护佑妇女儿童之职。

其三是文昌帝君与魁星崇拜。无疑这是主宰功名禄位之神,不管过去考秀才、中举人还是现在的学子们中考、高考等,都是要到文昌庙、文昌阁等民间宫庙去祭拜的。在许多民间庙宇中,天后、关帝、观音与文昌帝君常常并列供奉。而每每高考发榜后,许多民间的庙宇里还常张贴有许多红色的纸条,这都是学子们或其父母为感谢、感恩考出了好成绩,考上了好大学所为。人们在考试的这一年就要到庙里去许愿,而一旦考试成功就要到庙里去还愿,这时也是庙里的香火钱进账比较多的时候。

其四是医药神崇拜。广府最为著名的医神是中国医学史上第一位女针灸学家鲍姑(约公元309—363年)。鲍姑之父鲍靓是广东南海太守,其夫是晋代最为著名的道士和医家葛洪(夫妇同为医神)。鲍姑以专治赘瘤和赘疣而闻名,她以艾线灸人身之赘瘤,有"中国医学史上第一女针灸家"之称。她医术精湛,足迹所到之处,皆有县志、府志及通史记载。人们视她为女仙,或亲切地称之为鲍仙姑,其所制作的艾也被称为"神艾"。鲍姑仙逝后人们为纪念她而凿井修祠,鲍姑井和鲍姑祠都在今广州位于中山纪念堂后面应元路北侧的三元宫内。

广府地区常见的另几位医灵神是药王神孙思邈、华佗、谭公①(也称谭仙)等。中山、顺德一带许多民间信仰的庙宇里就有医灵神华佗的画像,他主要是作为北帝及康公的陪祀神,但在一些地方,如顺德龙江镇麦朗村的医灵庙,主神即是华佗。广东无论哪个民系都有拜华佗的。华佗在民间常被称为"先师",所以其庙宇就叫"先师庙"。医灵神谭公主要流行于惠州、东莞、佛山、深圳与香港等地,相传谭公修仙后曾经由惠阳取道龙岗前往香港悬壶济世。佛山市禅城区大富村的谭仙观,始建于道光二十八年(1849 年)。据说 1949 年前该村有多间庙宇,以谭仙观最大,香火最兴旺。如今重修后的谭仙观是村民们日常休闲的好去处。每逢节诞,尤其是农历的六月二十六谭公诞,这里更是祈福者众,香火鼎盛,并且每年此时村里一般都要请戏班子来唱粤剧。

梅州的医神主要有两种来源,一是中原传入的医神,如华佗;二是客家人从福建输入的医神,如保生大帝。保生大帝本为北宋时的福建泉州府同安县白礁人,本名吴夲(979—1036 年),其生前学医并杂以巫术,著有《吴夲本草》一书。据说,其医术高明,医德高尚,死后百姓感其恩德,纷纷奉祀他,并奉之为医神。南宋时,吴夲的名声与影响迅速扩大,历代朝廷对其普济众生之感人事迹,亦深为嘉许,相继御赐"大道公""普济真人"等二十多个封号。至 1425 年,明仁宗赐封其为"昊天御史医灵真君万寿无极保生大帝",赐龙袍建宫殿。自此,保生大帝法号愈发家喻户晓,吴夲原名却变得鲜为人知。

明清以后,保生大帝来到了粤东之地。笔者曾去过的梅州大埔县湖寮镇黎家坪村的广福宫就祀奉保生大帝,据说是清嘉庆元年 1796 年时有村民把保生大帝神像从福建省同安白礁山祖地恭请回来,建庙祭祀。"迄今两百余年,广大善信对保生大帝无限敬仰,影响深远。每年正月祈福,三月半大帝诞辰,九月半作大福,都异常热闹。"②保生大帝本为医药行业神,后来又增加了逢大旱降雨、平

---

① 据民间传说,他原是元朝时广东惠东地区的牧童。他自幼天生异禀,十二岁得道,成年之后在惠州九龙山修行,死后多次显灵都化身为小童,帮助渔家治病和预测天气,故被奉为渔家的保护神和医神。《惠州府志》卷四十四《人物篇·仙释》有关于他的记载。每年四月八日(农历)为纪念他的节日(见谭公诞)。传说谭公炼成了"长生不老之术",所以即便到了七八十岁,外貌仍然像个孩子。因此,人们设庙供奉他时,仍将他的样貌雕塑成小孩一样。另外在道家里,谭公被称为"紫霄真人",而谭公神像则是道长打扮的。因为道教尊称得道者为"真人",故把谭公的神像作"真人"打扮,与一般谭公庙的谭公不同。在今天的惠州、东莞、佛山、香港与澳门等地都还有谭公庙。

② 参见"广福宫保生大帝简介"宣传单张。

息水灾、击毙瘟魔、御寇退贼等功能，最终成为无所不能的地方保护神祇。

潮人也拜孙思邈、华佗仙师、保生大帝等医灵神，在粤西地区茂名化州当地则有在当地响当当，出了粤西就不太有名的医灵神——潘伯。潘伯本名为潘茂名，传说是西晋末年在高州一带行医的道士，潘茂名因医术高明、悬壶济世而深受老百姓爱戴，后来得道成仙，于西山驾石船飞升仙游而去。人们为了纪念他，便用他的姓名来命名该地。今天的茂名市之地名亦由此而来，也有专门为他建立的寺庙，人称"潘仙庙"或"潘伯庙"。

其五是戏剧神崇拜。民间信仰中的大型祭祀活动、大型庙诞、神诞活动的举行都离不开"演戏酬神娱神"的传统，这种传统对地方戏剧的生存与发展无疑起着重要的作用。地方戏剧也各有自己要拜的神祇，如粤剧就要拜华光神，他本是道教的护法神之一，又被称马灵官、马天君、五显大帝、五显华光大帝、华光元帅、华光师傅等。华光神本是南方的火神，祭祀他为的是规避火险。据说初时广东人作戏不避忌讳，得罪上天，天神就命马天君在一夜之间，把所有戏台烧毁。马天君不舍，于是托梦教导广东各戏班，如何祭祀，不要触怒神灵，由此保得梨园各班平安。于是许多粤剧团尊马天君为戏神或祖师。另外，还有一说是因为从前粤剧戏班演习大多是在竹棚或木棚里进行，演戏的道具又是易燃物品，一旦发生火灾，戏班的损失就大了。因此，戏班们特别忌讳火，每到一地演出前或新戏台落成就先祭拜火神华光大帝，久而久之，华光神便成了粤剧的行业神。

佛山被广东人视为粤剧的发源地，拜华光祈福之习俗自然在这里最为浓厚。一般认为农历九月廿八日是华光帝的诞辰，从2003年起佛山恢复了"华光诞"的庆祝活动，此后每逢庆祝活动期间，佛山都会邀请部分粤剧名家前来助兴，自然引来大量国内外的喜好粤剧的票友们齐聚佛山，共同朝拜粤剧的行业神，齐饱耳福，齐享一次粤剧的盛宴。"华光诞"系列民俗活动如今已成为佛山禅城的品牌，在海内外产生了一定影响力。

潮州戏班子的人敬拜"田元帅"。"田元帅"是福建和粤东讲闽语地区民间戏剧、乐舞所共同崇奉的保护神，不但被正字戏（这是广东汕尾陆丰的地方传统戏剧）、潮剧、纸影戏尊为戏神，而且民间乡社的英歌舞和关戏童（广东潮汕地区请戏神的一种巫术）也一样祀奉它。原先潮州市有一座田元帅庙，农历六月廿四日是其诞辰，必演影戏隆重祭拜。各潮剧班社都有专门放置戏神牌位和供具的戏箱，称为"老爷笼"。每到一处演出，装台完毕，便将牌位悬挂在底幕背面的正中处，香火日夜不断。田元帅也是戏乐的祖师爷，戏班也借着他神圣的权威来管教"子弟脚"（童伶）。以前童伶入班，必先在戏神牌位前举行授教仪式。童伶学艺过程倘有犯规或失误，常被罚到戏神前长跪悔罪。

其六是其它行业的职业神崇拜。广府地区较为著名的女性行业神有农神禾谷夫人、绣工神卢眉娘①和陈日娘②（她俩同为"粤绣"祖师），以及冶炼业祭祀的女神涌铁夫人③等。至于冶铁之神缘何为女性，依据清人屈大均的解释是："铁于五金属水，名曰黑金，乃太阴之精所成，其神女子。"④中华冶铁自古深受"阴阳五行说"的影响，奉女性为冶神，其缘由或许是"水"克"火"，"火"克"金"之故，所以才奉祀按"五行"属"水"的女性冶神。⑤

此外，还有一些行业神，如鲁班是从事建筑泥水木工之类的祖师，负有出麻疹时保安全之责的是珍珠娘娘，负有出入平安之责的是门神，负有蚕桑事宜之责的是沈氏夫人，风水师则信奉杨公仙师，以及现代人觉得不可思议的床神、井神、厕神（也称紫姑）等。

五、功臣圣贤崇拜

这类崇拜主要反映在儒学的神道设教系统方面，以韩愈为例，他被贬潮州，对潮州的文明教化作出了最突出的贡献。韩愈（768—824年）在潮州时间虽短，但在他莅任之始就遣使祭神，之后还亲自数次前往庙宇祈求上天止雨。他了解百姓的需要，主动迎合当地民众的心理意识，其治理潮州的业绩（治理水患，祛除为害一方的鳄鱼，兴学教化，繁荣当地文化等）常被潮人称颂，成为一个得人心的地方官，也成为潮人奉祀的神祇。他是人神、文运神。

苏东坡《潮州韩文公庙碑》赞颂道："潮人之事公也，饮食必祭，水旱疾疫，反有求必祷焉。"⑥潮州各县普遍建有韩文公祠，由此可见，韩愈广受潮人膜拜。甚

---

① 唐代的卢眉娘被奉为神仙，有关她的事迹见诸于道教经典、地方志书、士人文集中，但在民间似乎少有祭祀。在《广东新语》里提及卢眉娘"巧于刺绣"，后被地方官员献于宫廷，因其不喜欢宫廷生活，"遂度为女道士，放归南海，仍赐号逍遥大师"。

② 陈日娘是明清时期广东顺德一带有名的绣工大师，刺绣技艺高超，许多女子都拜其为师。因日娘终生未嫁，并无子嗣，她死后众弟子每逢其生日都会举行仪式，备果品香烛以拜祭追念，年复一年，逐渐被神化，成为顺德一邑刺绣行业崇拜的神祇。对于陈日娘的身份，更有学者猜测她极有可能是自梳女。

③ 涌铁夫人是铁匠的行业神，相传她为了帮丈夫出更多的铁而毅然投身炉中。涌铁夫人作为佛山的冶铁业的祖师，受到铁匠们虔诚的祭拜，"大凡开炉之日，一定向她祭拜，以求铁流滚滚，多获得成品"。详见佛山市地方志编纂委员会办公室：《佛山史话》，中山大学出版社，1990年，第89页。

④ 佛山市地方志编纂委员会办公室：《佛山史话》，中山大学出版社，1990年，第89页。

⑤ 参见姜茂发、车传仁：《中华冶冶志》，东北大学出版社，2005年，第154页。

⑥ 黄挺、马明达：《潮汕金石文征（宋元卷）》，广东人民出版社，1999年，第61—64页。

至与韩愈有关的人物,如韩湘子、双忠公、大癫祖师等也借助韩愈的声名扩大在潮地的影响力。无疑,对韩文公的膜拜,激发了潮汕人对儒者的倾慕。

潮州的双忠公崇拜也是儒学的神道设教系统方面的一个典型。双忠公又称"双忠圣王"或"双忠神",这两位是唐代至德二年(757年)时为抵抗安禄山叛军而壮烈牺牲的张巡、许远两位忠臣,是安史之乱时死守睢阳城(今河南商丘)而身殉的英雄。许远、张巡殉国后,唐肃宗下诏追赠许远荆州大都督,张巡扬州大都督,并重赏其子孙。敕立庙睢阳,岁时致祭,并给许远、张巡画像并藏于凌烟阁,入大唐功臣之列。自唐肃宗设双庙后,张巡、许远的忠义精神便一直作为历朝宣扬道德教化的范例,历朝通过不断地加封与强化,将其树立为"忠义报国"的榜样,成为地方官员、地方乡绅用于向百姓宣扬"忠君护国"的信仰资源,由此可见双忠公崇拜在官方祀典中的正统地位。

华北、福建至两广等地都建有双忠公的庙宇,但以粤东潮州地区的奉祀最为虔诚,以潮阳东山灵威庙为信仰中心。据说宋朝熙宁十年(1077年),时任潮州郡军校的钟英(潮阳人)护送方物进京,途经睢阳,进谒"双忠庙"。此夜,钟英梦到神明,神明告诉他,有神像十二、铜辊一藏于殿后匮中,"赐尔奉归潮阳之东山",梦醒前往查看,果然验证。钟英进京办事毕,回程路经睢阳,即往取神像和铜辊,归潮后即在东山建祠致祭,名曰:"灵威庙"。因其为祭祀张、许二公,后人又叫"双忠庙"。潮汕地区的"双忠公信仰"便由此而来。而宋朝正是朝廷褒奖忠义忠烈之神祇比较盛行的朝代。

被贬在潮州的韩愈曾作《张中丞传后叙》,以宣传双忠之精神,因潮阳老百姓特别敬仰韩愈的缘故,所以人们常在祭祀韩愈时也一并祭祀双忠。灵威庙在宋代时毁于战火。元朝时,在当地士绅与地方官员的号召与合作下,祭祀双忠公的庙宇得以重修,元代邑人刘应雄所撰写的《潮阳县东山张许庙记》,把潮阳东山灵威庙的建立和韩愈治理潮州联系在一起,从而确立了该庙在当地的正统地位。明代时,潮州的地方官员和士绅始终关心灵威庙的维修、重建及增建等事宜。陈春声教授认为,明代潮阳双忠公崇拜最重要的发展,是在灵威庙两侧修建祭祀韩愈和文天祥的庙宇,"二祠岁祀并如双庙之仪",[①]到了清朝,官方给了"双忠"空前的推崇,潮州各地的"双忠"庙在此时也纷纷营建,清中期后,双忠公信仰已在潮州地区相当普遍,清代雍正年间潮阳知县蓝鼎元在《文光双忠祠祀田记》中对

---

① 陈春声:《"正统"神明地方化与地域社会的建构——潮州地区双忠公崇拜的研究》,《韩山师范学院学报》2003年第6期。

当时双忠信仰的情形有如下描写:"香火遍棉阳,穷乡僻壤皆有庙。"

可见,双忠公信仰在潮州经历了一个传入,官方推崇,士绅参与到百姓接纳的过程,与这个过程相伴随的就是关于双忠公如何灵验的故事不断被创造出来,正是这些灵验故事使得双忠公和潮州社会的联系越来越紧密。清中后期以来,每年的农历二月,潮阳都要举行大型的双忠圣王出巡庆典。如今潮阳棉城的双忠圣王出巡活动于2008年开始为每年一次,2011年升格为"首届双忠文化节"。笔者有幸应朋友之邀,观看了2016年潮阳棉城的双忠圣王出巡庆典。那是一支超级豪华的巡游队伍,有大锣鼓队、装扮华丽的英歌队、大型的标旗锦旗队、独特的醒狮与麒麟、各种精彩的武术表演、潮阳三宝之一的笛套等,双忠文化节的各种文艺巡游队伍延绵不断,使观众目不暇接。许多在外的潮籍乡亲很重视这一活动,他们每每从中国的四面八方乃至从海外组团回来参加活动,"双忠"祭祀活动就像一条无形的纽带将一代又一代的海外潮州游子的心紧紧连在一起。

珠江三角洲的康公信仰也是这方面的典型,康公即是北宋名将康保裔①。如今广州西关仍有康王庙;广州河南沙溪乡,也有一间建自清代咸丰、同治年间的康公主帅庙;广州番禺市桥和钟村镇各有康公主帅庙……这些古庙香火颇盛,每年农历正月十八,民间传说是康公主帅"出会",也是当地居民一年中的盛事,家家户户都要放鞭炮庆祝。康公主帅神像每到一处,都有村民聚拢上来,留一封利是,虔诚叩拜后轻轻拍一拍康公主帅的手,寓意"发财就手",祈求新年财运亨通,求子者就摸摸康公主帅的肚子,求貌者则会大着胆子摸一摸康公主帅的脸。每年七月初六为康公主帅诞,前往参神者络绎不绝,诞期三日。

康保裔因抗辽而战死沙场,从未到过广东地区。有关专家认为,自北宋始,中央王朝的统治者为了更好地加强控制边远地区,把北帝、关帝、康公主帅等这些极具中原地区色彩的神祇引入南方,让民众膜拜并侍奉香火。康王就是由民间社会将国家祀典或政府提倡的神明接受过来,并改造成为广府民间供奉的神明。

就粤西的圣贤崇拜而言,最著名的莫过于冼太信仰了,由于她的卓著功绩,在其去世后,人们"立庙以祀"。冼太信仰如同许多民间信仰的造神途径一样,经从一般的宗族神灵、祖先崇拜(冼夫人既是女神,也是冼氏和其夫家冯氏的祖先神)、先贤崇拜,扩展为村落、社区的偶像,到最后升格为维护地区安定繁荣、庇佑

---

① 康保裔,河南洛阳人,祖父与父亲都战死在沙场上。康保裔精于骑射,赵匡胤打天下建宋朝之初,他已战功显赫。宋真宗时期,辽兵入侵中原,康保裔奋勇出征,后战死沙场。

百姓、保境安民的一方神祇。

唐宋时,雷州通常作为罪犯和贬官的流放之地,因而有不少高官和文化名流曾在此驻足,如李邕、寇准、苏轼、苏辙、秦观、王岩叟、任伯雨、李纲、赵鼎、李光、胡铨、汤显祖……这些文人被贬官而来到雷州后,在传播儒家文化方面作出了重大贡献,因而被雷州人民世代怀念。雷州先贤祠数量众多,如罗公祠、江公祠、寇公祠、方驸马祠、陈清端公祠、十贤祠、秦公祠、苏颖滨先生祠、薛公祠、叶公祠等。尽管先贤祠有别于神庙,但也反映了雷州人民敬贤尚能,爱惜贤才的文化风气。

可能人们要说,广东人与中国内地人在信仰神祇方面并无什么不同。的确如此,硬要找出什么不同或有什么区别的话,笔者可用四个字来概括,这就是"大同小异"。为什么"大同"?要知道,除"百越族"的根以外,广东的三大民系追根溯源都与中原移民不无关系。就广府地区而言,外来信仰的传入是随着中原的四次规模较大的移民而发生的。粤东以梅州为中心的客家地区和潮汕地区的民间信仰与福建移民不无关系,而福建人的民间信仰也与中原移民入闽密切相关,"三国以后,大批汉人南迁入闽,所谓'永嘉南渡'和'八姓入闽'就是这一移民历史的反映"。[①]

有学者说得更明确,"秦汉时期拉开了汉人向南方迁徙的序幕,此后,自晋代到南宋,先后出现三次汉人南迁高潮,即晋永嘉年间、唐安史之乱后和南宋靖康之乱后的北方汉人大批迁徙南方避难。东南沿海地区是北方汉人避难的首选之地……南宋时期,由于大批北方汉人的涌入,东南沿海地区开始出现人稠地狭的现象,产生了大量的无地少地的农民,由政府出面组织或百姓自发的移民在南方内部展开"。[②] 这个"南方内部"就包括了向粤东和珠江三角洲等地区的移民。在田野调查中,很多人都曾自豪地告诉笔者一行,其祖先来自于福建,而更早或更远的祖宗则在中原,如河南、山西甚至甘肃陇西等。移民当然与移神是同时进行的。至于粤西地区,南北朝后,尤其是唐宋以后,随着广府人、客家人、潮汕人及闽人的相继到来,粤西的民间信仰也开始有了"中原"的印记。这就是"大同"的缘由。

右图是笔者在广州南越王墓博物馆(南越国第二代国王赵眜之墓,是岭南地区所发现的规模最大的唯一汉代彩绘石室墓)所摄的一张出土的玉舞人[③]塑像,

① 刘大可:《传统与变迁:福建民众的信仰世界》,社会科学文献出版社,2011年,第28页。

② 林国平:《闽台民间信仰源流》,人民出版社,2013年,第17页。

③ 张骞出使西域后和田玉被引进中原,也被引进到了岭南,美玉逐渐增多。汉代玉器以装饰佩件占主流,姿态各异的玉舞人是其中的佼佼者。

该玉舞人头部螺壳发髻，是典型的百越族的装饰，而身穿的是汉代服装，长裙广袖，跳的是汉代宫廷的舞蹈，一袖甩过头顶，舞姿婀娜，裙、褶、长袖、衣带均具飘逸感。南越王墓出土的一大批稀世珍宝均说明当时岭南与中原的经济与文化交流往来密切。文献记载，秦始皇经略岭南的经济动机之一即是为获取岭南的犀角、象齿、翡翠、珠玑等物。

图六

至于"小异"，笔者举一例来说明，仅就财神信仰而言，虽然中国民间普遍有此信仰，但广东人信得更加虔诚、热烈、直白，并有独到的创意。一句"恭喜发财"从广东人口里讲出来是那么真诚自然，广东人并不以开口谈"利"为耻。中国古代的传统观念是重农轻商，或说贵农贱商，而广东地处南海之滨，经济生活的一个重要特色就是重商。广东人早就有了"农不如商"的观念。如前所述，每当新年来临之际，广东城乡各地的许多超市、商场、餐馆等营业场所一遍遍地放着《财神到》的贺年歌，财神是新年人们最诚恳祭拜的神明之一。人们冒险闯南洋、远走海外，为的就是赚钱发财，而一旦赚钱发财后往往会在故乡"炫富"（如广府人的碉楼、潮汕人的"金漆木雕"等），而少有为自己的家人或亲戚捐钱买官的。人们祭拜南海神，不仅是为了海上航行的安全，更是为了在海外的商贾活动中获利，唐玄宗封南海神为"广利王"的称号就可说明这一点。再拿观音信仰来说，在许多地方，观音是救苦救难的菩萨，但在许多广东人心目中，除了"救苦救难"外，观音还是财神，这才有了"观音开库"和"生菜会"的传统，人们才会在农历正月廿六日的"观音开库"日涌到观音庙祈福及借库，为的就是借库后财运亨通。

由上是否可从民间信仰的神祇这个层面得出这样一个结论，即广东的民间信仰传统并无独树一帜，因而与中原的民间信仰神祇传统没有什么本质不同，唯有程度的差别而已。

第三节　广东民间信仰神祇崇拜的主要特点

在前述历数了广东民间信仰的源流和神祇的基础上，本节将概括广东民间信仰的主要特点。虽然前节广东民间信仰神祇的类别与中国的其他地方有着许多共同点,信仰的神祇也有很多是一样的,但笔者还是要尽力在这些"共同点"中找出广东的"特点",这些"特点"当然要尽可能地体现出广东的"地域"特色和历史文化传统。广东民间信仰的主要特点可以概括为以下几方面:

一、广东水神多

中国各地民间神灵之多常令人惊叹不已,但在许多地方,尤其在内地,与水相关的神灵并不太多,为人所熟知的不过是龙王爷、河伯等。但因为广东临近南海,水域宽广辽阔,海岸线长,岛屿众多,古越人很早就开始向海洋拓展,因而广东海洋文化历史悠久。此外,广东境内江河纵横,有无数的河涌湖泊,所以广东民间信仰中一个较为突出的地域特色就是许多神祇与水相关,无论是广府、客家、潮汕还是粤西粤北之地,水神信仰都是其民间信仰的重要的且共同的内容之一。广东的水神有海神、江神、河神、湖神以及潭神等,其中以海神最为耀眼。前面已有详述,这里不再赘述。

二、广东女神多

广东民间信仰中的女神众多,广东人随口就能说出一大串的女神的名字,如妈祖(天后)、观音、龙母、禾谷夫人①、鲍姑、何仙姑、卢眉娘、金花夫人、临水夫人、十二奶娘、洗夫人、曹主娘娘等。女神不仅数量多,职能分布也很周全。有保佑海事平安的妈祖、龙母、曹主娘娘等,有送子的观音娘娘,有专攻医术的鲍姑,有专攻绣工的卢眉娘,有寄予女子心灵手巧形象的七娘,有保佑生育顺利的金花夫人、十二奶娘、临水夫人与三奶娘等,女神的职能涉及到人们生活的方方面面,因此女神受到了百姓的欢迎。清人屈大均还在其《广东新语》中专辟"女语"一卷对岭南之地由人而神的女性进行解说。

也许是因为广东人比较重视生殖和传宗接代的缘故,所以"响当当的送子保婴"的女神就有好几位,除了人们熟知的观音、金花夫人、十二奶娘、临水夫人与三奶娘外,还有西王母,"广州多有祠祀西王母,左右有夫人。两送子者,两催生

---

① 在笔者多次调研的中山地区,人们多祀禾谷夫人,许多人认为她是后稷之母姜嫄。有学者认为,姜嫄本居陕西,能在岭南立祠,反映了华夏农业文明在岭南的传播,珠江三角洲应该是一个"首途之区"。详见司徒尚纪:《岭南历史人物地理:广府、客家、福佬民系比较研究》,中山大学出版社,2001年,第287页。

者,两治痘疹者。凡六位,盖西王母弟子……相传西王母为人注寿注福注禄,诸弟子亦以保婴为事……壁上多绘画保婴之事,名字孙堂,人民生子女者,多契神以为父母。西王母与六夫人像,悉以红纸书契名贴其下,其神某,则取其上一字以为契名,婚嫁日乃遣巫以酒食除之"。① 还有"花王父母"神,"越人祈子,必于花王父母。有祝辞云,百花男,红花女,故婚夕亲戚皆往送花"。② 连龙母、冼夫人等除了保护江河湖海的安全外,也具有送子保婴之功能。

女神们各有各的地盘,除为广东地区几大民系所共同崇奉的妈祖、观音信仰外,如西江流域与珠江三角洲等地盛行龙母信仰,珠江三角洲一带盛行金花夫人与十二奶娘,梅州客家地区盛行临水夫人信仰,粤西地区盛行冼夫人信仰,以及清远与英德等地信奉曹主娘娘等。

为什么广东的女神信仰特别盛行? 其实不止广东,还包括了广西、福建、台湾等中国的东南地区,笔者认为,与女性在家庭经济生活中的角色和地位有重要关系。广东、广西、福建、台湾等地作为最具海洋文明个性的区域,以往的男子多要在江河及大海里谋生,女性不仅要承担家庭内的"慈母"角色,还要参加田间劳动,担当起操持整个家庭事务的重担。她们下田能劳动,在家能主持家政,也能去市场进行交易,于是在家庭生活中自然有一定的话语权和地位。

汉代以来岭南女性的勇猛能干,屡屡见于史书记载,如《后汉书》中记载的岭南地区(今越南北部)爆发的征侧征贰姐妹领导的民变震动朝廷,才有光武帝刘秀任命马援为伏波将军(这才有伏波将军的称号),率军南下平乱;南朝至隋朝的冼太夫人以识大体、维护统一和民族团结的巾帼英雄形象扬名天下,还有唐末英德地区的虞夫人(即曹主娘娘)率军抗击黄巢军队。要说明的是,冼太夫人与虞夫人是维护地区和平与大一统局面的正面形象代表,得到了国家的认可和公开敕封。而征侧征贰姐妹则是《后汉书》中与汉王朝对抗的反面形象代表,因而要派兵镇压,最后身首异处。但她们同样有过对一方的号召力和掌控权,在政治上和军事上是握有实权的人物。难怪清人屈大均在其《广东新语》中的"女语"卷开篇就是"五女将",将征侧征贰、冼夫人与虞夫人等一并叙说。

就女性在经济生活中的表现而言。据记载,唐代岭南墟市中买卖春药的当事人都是女性,女子当垆卖酒的也不乏其人,甚至还有"妇人为市,男子坐家"的现象出现,两宋时更是有女性代替丈夫出入于公堂之上,以及明清时珠江三角洲

---

① [清]屈大均:《广东新语》,中华书局,1985年,第214页。
② [清]屈大均:《广东新语》,中华书局,1985年,第214页。

一带不婚而自谋生路的自梳女群体等。早在两宋时就有士大夫对岭南女性和别的地方的女性的不同有所观察,如"广州杂俗,妇人强,男子弱。妇人十八九戴乌丝髻,衣皂半臂,谓之游街背子"。[①]寥寥数语暗示了当时珠三角女性经常出入公众场合的独特现象,显示了当时岭南之地的文化风俗或性别风俗与中原的差异,这应是中原礼教的教化还未在此地普及的缘故。加之南方沿江、沿海地带的男性要在大江大海里讨生活,危险性大,因而人们对平安与传宗接代特别重视,对母亲的依赖也含有更深的社会学意义。妈祖、龙母等女神在一定意义上都可以划归为"母亲神"。刘志伟在《女性形象的重塑:姑嫂坟及其传说》一文中认为:"历史上岭南地区的女性,无论在家庭还是在社会生活中,都扮演着十分引人注目的角色……在岭南本地文化传统中,女性在社会生活中的角色,本来就与中原地区的女性不同。在岭南社会和文化逐渐归化到统一的'中国文化'的过程中,对女性形象的重塑,是士大夫在地方社会推行教化的重要手段之一。"[②]

三、广东的外来神多

若仔细考察广东的民间信仰神祇体系,不难发现,除了一批土生土长的神祇,如悦城龙母、洗夫人、三山国王、何仙姑、金花夫人等以外,来自岭南以外(这个"以外"既包括中国的其它地方,也包括海外)的神祇比较多。广东民间神祇系统的形成,折射出岭南文化的多元化吸纳渠道。"有相当一部分神灵是由中原、八闽、蜀、楚等地域传入的,基本保持了原来的面目,如文昌帝君、福禄寿星、门神、紫姑、吴真君之类;还有一部分虽系由岭外引进,却被加以改造,与本土结上因缘,如安期生、城隍土地等。古代入粤移民不断,对广东的社会发展有着重大的影响,民间信仰也有很深刻的痕迹。除了一大批来自中原的神祇随移民入粤在广东落户,在官方祀典对民间信仰起着重大影响的同时,各种成分的移民入粤,也将其信仰文化带入新的住地。"[③]随福建移民而来的神祇在粤东的梅州和潮汕、以及粤西之地尤多,人们也可举出一大串随移民入粤的神祇来,如北帝、关

---

① [宋]朱彧:《萍洲可谈》,见[清]梁廷楠等著:《南越五主传及其它七种》,广东人民出版社,1982年,第102页。

② 刘志伟:《女性形象的重塑:"姑嫂坟"及其传说》,载苑利主编:《二十世纪中国民俗学经典传说故事卷》,社会科学文献出版社,2002年,第365页。

③ 陈泽泓:《广东的原始宗教与民间信仰》,载广东省民族宗教研究院编:《民族宗教研究(第2辑)》,广东人民出版社,2012年,第120页。

图七　位于广州番禺区钟村镇钟一村的康公主帅庙

公、双忠公、妈祖、伏波将军、孙思邈、华佗、保生大帝、伏虎佛、定光佛、惭愧祖师、大峰禅师等。历史上中原地区的忠臣名将名僧名医等,这些人中有的或曾来过岭南,有的或许从来没有来过岭南,都可以成为人们信奉的神祇。

来自海外的外国人也成了岭南人祭拜的神灵,这也从一个侧面反映了广东通海放洋,海外文化的舶来相关;也与一直以来岭南文化的平和、开放与包容的基因相关。来自海外的神祇最有名的莫过于至今仍在南海神庙享受拜祭的达奚司空了。

南海神庙建于隋朝,位于今天的广州黄埔区南岗镇庙头村西,距今已有一千四百多年的历史,这里曾是唐代以后中外船舶进入广州的一个重要港口,世世代代的航海人,在起锚前和返乡后,都要到这里祭拜南海神。如今历经整修后的南海神庙恢宏壮观、古朴大方,香火依然兴旺,庙内东侧有一座穿着中国官府衣冠的赤黑男子,举左手遮眉,眺望远方。其长相明显有别于中国人,这就是来自古印度的朝贡使者达奚司空。清人范端昂的《粤中见闻》载:"相传波罗国有贡使携波罗子二登庙下种,风帆忽举,舶众忘而置之,其人忘而悲泣,立化。庙左一手加眉际作远瞩状,即达奚司空云。"①

传说宋仁宗庆历年间,达奚司空随商船从印度来到中国。回程时,船停靠在神庙码头,他遂登庙拜谒游览,并把从国内带来的两颗波罗树种子种在了庙里。他流连于南海神庙的美景,竟忘了归时,因而延误了上船的时辰,船上的人竟也忘了他,开船走了。达奚司空便日日立于海边,举手齐于额间作望海状,凝视远

---

① [清]范端昂撰,汤志岳校注:《粤中见闻》,广东高等教育出版社,1988年,第46页。

图八

方,希望有海船回来接他回国。后来,时人将其厚葬。为感谢达奚带来的波罗树,就在南海神庙立起了他的塑像用以纪念,并给他穿上中国的衣冠,封为达奚司空。因其塑像望着他手植的波罗树,故民间又有"番鬼望波罗"之说,有很多人也把南海神庙就叫做波罗庙。

另外一个关于达奚司空的传说认为他是人们熟知的中国佛教禅宗的始祖菩提达摩的弟弟。达奚司空是与哥哥和另外一个弟弟一起来广州的①,船经过扶胥口,大家上岸拜谒南海神。南海神祝融见其身具神通,又是高僧之弟,便挽留其在庙里协助共管南海。达奚为南海神的诚意所感动,遂留下帮助管理海上风云。清代诗人王渔洋有诗咏其事,诗云:"兄为生佛弟为神,天竺西来剩一身。淡荡风光容貌在,南天俎豆未曾湮。"

南宋昭兴年间,达奚司空被封为"助利侯",以外国人形象和身份获得朝廷封赐并享受祭祀。自宋至明清以后,方志典籍、文人笔记中均有关于他的记载。如宋人方渐的《六侯之记》碑、宋人许得已的《南海庙达奚司空记》、明代大文豪汤显祖的《达奚司空立南海王庙门外》的诗文等。

尽管关于达奚司空的来历与事迹说法不一,但据达奚司空面容黝黑的异域人形象及后世有关波罗庙、波罗树②与波罗诞等的传说,"番鬼"达奚司空能为南

---

① 达摩一行来到中国的登岸地就在现在的广州荔湾区下九路北侧西来正街,达摩在广州建立了华林寺的前身"西来庵"并且进行传教。

② 有一种说法是达奚司空从家乡带来的两棵波罗树,也就是今天的"菠萝蜜"。据说它成为了华南地区菠萝蜜的"始祖",其真实性未可知。

海神庙所接受,成为南海神陪祀神灵之一,受岭南人的香火供奉,是一件极具象征意味的事情。

再如,今广州华林寺中的罗汉堂还有五百罗汉之一的马可·波罗塑像,广州荔湾西来正街一带,在隋代以前曾是珠江岸。相传南朝梁武帝普通七年(526年),印度的高僧菩提达摩东渡来到中国,在珠江登岸,并在登陆处建西来庵。在中国的佛教史上,达摩后被奉为中国佛教禅宗的始祖,他当年的登陆地则被称为西来初地,这也是广州的"西来正街"的名称之由来。清顺治十二年(1655年)寺内建大雄宝殿,改西来庵为华林寺,成为广州佛教四大丛林之一。道光二十九年(1849年),该寺住持抵园和尚奉诏建设了宽31米、长44米,总面积为1364平方米的五百罗汉堂,五百罗汉中就有元代时来中国的马可·波罗的塑像。从这尊塑像照片中可见马可·波罗头戴西式宽边帽,双目圆睁,颧骨和双眼明显做过针对西方人的处理,并不是典型的东方人模样,上嘴唇之上和下巴留着浓密卷曲的胡须,身披斗篷,里面的衣服对襟(应是西式),双手似乎在把玩什么,右腿盘于台上,左腿自然垂下。这塑像说明了当时广东地区对外经贸和文化往来的繁盛。

图九　美国《LIFE》杂志 1949 年拍摄

可见广东人并不排外,凡对社会对百姓有功德的神,不管他是来自哪里,自然都可得到人们的崇敬与敬拜。

回顾本章,从广东民间信仰的两大基本元素、广东民间信仰的神祇崇拜类别、广东民间信仰神祇崇拜的主要特点,不难看出广东的民间信仰与中国其他地方民间信仰的大同小异。唯"大同"才说明广东的民间信仰并没有"另树一帜"，它仍旧是在中华文化的大传统中生发出来的；唯"小异"才说明广东的民间信仰有其自己的性格和特点，而这种"性格和特点"当然与其所处的地理位置不无关系。

第二章

广东民间信仰的当代状况

本章将结合笔者几年来的田野调查对广东民间信仰的当代状况作出阐述，其主要内容是关于广东地区的民间信仰场所分布现状与信徒构成现状、广东民间信仰的主要仪式传统等，为的是将当代广东民间信仰的大致样貌呈现出来。

第一节　广东地区民间信仰场所分布与信徒构成现状

一、民间信仰场所的数量与分布

目前广东民间信仰场所的数量究竟有多少，这可能是无论怎样调研也无法弄清楚的。笔者在经过数年的田野调研后，深感要说明广东省民间信仰场所的具体数字，实在是一件吃力不讨好的事情。若用四个字来概括的话就是：难以确定。就其分布情况来看，也可用四个字来概括，那就是：星罗棋布。这两个词毫不夸张。自改革开放以来，尤其是上世纪九十年代以后直到现在，可谓是广东的民间信仰历史上最大规模的民间信仰和地方宗教仪式传统的复苏和重振时期。这种复苏和重振不仅表现在广州、深圳、珠海、佛山、中山、汕头、揭阳等广东省内较大型的城市，同时也表现在广东各地的乡镇村落。民间信仰的庙宇、场所或重修重整，或异地重建，或另起炉灶的新建，一下子像雨后春笋般地冒出来，广布乡村城镇，几乎是村村有庙（有的村子甚至不止一处庙宇）且一庙多神。

广东省民族宗教委员会（以下均简称民宗委）一直很重视全省民间信仰的摸底普查工作，近年来曾多次对省内的民间信仰状况进行摸底调研，但每次的摸底普查数字都出入较大，难以确定。根据 2009 年的普查资料汇总，当时全省五大制度性宗教的活动场所共有 2757 处[①]，而民间信仰场所则超过 11100 处[②]，是五大宗教活动场所的 4 倍多（以笔者多次的调研经验，这个数字其实已经大大缩水）。根据《广东省民族宗教委关于开展民间信仰工作专题调研的通知》（粤民宗发〔2016〕58 号）要求，广东的一些市县区的民宗局也组织各方力量，对自己所在地的民间信仰情况进行了调研。笔者在此仅举几例：

据广州市民宗局的不完全统计，广州市内各种民间信仰的庙宇共 252 间，超过"五大宗教"（即佛教、道教、天主教、基督教、伊斯兰教）场所数量的近 3 倍。小规模（100 平方米左右）的庙宇共 95 间，约占 37.7%；中等规模（500—1000 平方米左右）138 间，约占 54.8%；较大规模（1000 平方米以上）19 间，约占 7.5%。

据深圳市民宗局的不完全统计，深圳现有各类民间信仰活动场所近百处，建筑面积小的只有 3 平方米，大的竟有 6835 平方米。场所主要分布在比较偏僻的关外的宝安、龙岗、光明等区及沿海地带，即曾经的乡村地区，后发展起来的深圳的中心城区，其民间信仰的场所则相对较少。

据江门市的初步统计，全市民间信仰活动场所共有 664 处，分布在四市三区的各镇、街：蓬江区有民间信仰场所 53 处，主要分布在荷塘镇、杜阮镇、潮连街；江海区有民间信仰场所 176 处，主要分布在外海街道、江南街道、礼乐街道；新会区有民间信仰场所 271 处，主要分布在会城、双水镇、崖门镇、罗坑镇、古井镇、睦州镇、大泽镇、司前镇、沙堆镇、三江镇；台山市有民间信仰场所 38 处，主要分布在台城、北陡镇、大江镇、瑞芬、深井镇、斗山、水步、汉村；开平市有民间信仰场所 22 处，主要分布在三埠、长沙、水口镇、赤坎镇、大沙镇、塘口镇；鹤山市有民间信仰场所 81 处，主要分布在沙坪街道、雅瑶镇、古劳镇、鹤城镇、址山镇；恩平市有民间信仰场所 23 处，主要分布在那吉镇、牛江镇、东成镇、横陂镇。据统计，江门市的民间信仰的多数活动场所规模较小，其中建筑面积在 100 平方米以上的场所有 203 处，建筑面积在 500 平方米以上的场所仅有 32 处。

据清远市的初步统计，清远市下辖 8 个县（市、区），面积共 1.92 万平方公

---

① 广东省民族宗教事务委员会办公室：《2009 年广东省民族宗教情况统计表》，2010 年 4 月，第 6 页。
② 广东省民族宗教事务委员会办公室：《2008 年广东省民族宗教情况统计表》，2010 年 4 月，第 8 页。

里。该市有民间信仰的庙、坛、祠等 384 处,其中清城区 5 处,清新区 11 处,英德市 78 处,佛冈县 12 处,连州市 111 处,连南县 6 处,连山县 2 处,阳山县 159 处。

据湛江市民宗局的初步统计,湛江市有村委会(社区)近 3500 个,民间信仰的场所约有 12000 多间,其中建筑面积 200 平方米以上的有 561 间,100—199 平方米的有 1421 间,其余是几十平方米以下,小则不足 10 平方米。

据茂名市民宗局的不完全统计,民间信仰庙宇遍布各县市区城乡,约有 3000 多间,建筑面积在 500 平方米以上的有 88 间,建筑面积在 100 平方以上的有 1091 间。

据高州市民宗局的不完全统计,该市民间信仰庙宇建筑面积在 500 平方米以上的有 54 间,建筑面积在 100 平方米以上的有 476 间。

据河源市民宗局的不完全统计,目前全市民间信仰宫庙 100 平方米以上的有 177 座,其中 500 平方米以上的有 31 间。据韶关市民宗局的不完全统计,全市民间信仰场所的观、庙、祠等约有 181 处。据高州市民宗局的不完全统计,全市建筑面积在 100 平方米以上的洗太夫人庙有 476 间,建筑面积在 500 平方米以上的有 54 间。

要说明的是,虽然各地民间信仰庙宇的数量有所不同,但几乎各地市的调研数据均可得出一个共同结论,即民间信仰的庙宇总数一定是超过人们习惯所说的五大制度性宗教的总和。

再以佛山市五个行政辖区之一的顺德为例,顺德位于珠江三角洲中部,北临广州,毗邻港澳,其面积约 806 平方公里,辖有大良、容桂、伦教、勒流 4 个街道,包括陈村、均安、杏坛、龙江、乐从、北滘六个镇,常住人口 250 多万。据统计,顺德区内十个镇(街)、204 个村(居)中面积在 30 平方米以上的民间信仰宫庙共有 656 座,其中以杏坛镇 134 座为数量之最;其次是勒流街道,有 101 座;容桂街道,有 80 座;数量最少的是伦教街道,有 28 座。大概平均每个村(居)就有不少于 3 座可以归属于民间信仰的庙宇建筑。再以笔者多次调研的珠海市和中山市为例,就珠海的情况来看:

表一 珠海市民间信仰活动场所分布情况表

区域	数量	所占比例(%)
横琴区	5	3.1
香洲区	23	14.3

区域	数量	所占比例(%)
金湾区	43	26.7
斗门区	59	36.6
万山区	3	1.9
高栏港区	3	1.9
高新区	25	15.5
合计	161	100

由上表可见,珠海市的民间信仰场所数量共为161座,下辖的香洲区、斗门区与金湾区民间信仰场所数量占了77.6%,而其余几个较新的功能区所占比例只占到22.4%。这161座民间信仰场所的规模也不一样,据统计:

表二　珠海市民间信仰活动场所建筑面积分布情况表①

区域	50平方米以下	50—100平方米	100—200平方米	200—500平方米	500—1000平方米	1000平方米以上
横琴区	4	1				
香洲区	13	5	3	1		1
金湾区	22	12	6	3		
斗门区	31	7	12	9		
万山区	1		1			
高栏港区	1	2				
高新区	15	3	1	5	1	
合计	87	30	23	18	1	2

从表格中可见,面积在50平方米以下的场所数量是最多的,有87间。另外,珠海市建筑面积最小的庙宇只有6平方米。面积越大,场所的数量越少,占到1000平方米以上的整个珠海市只有两间,建筑面积最大的有1600平方米。

建筑面积大的庙宇无疑一般是具有比较广泛的信众基础,得到比较多信众的支持和捐赠的场所,如香洲区南屏镇的濂泉观音庙和高新区唐家镇三间庙都

① 本表根据珠海市民宗局对珠海市内民间信仰场所情况实地调研结果数据整理而成。

属于这种类型。然而单单建筑规模还不能够完全地反映出一个场所的所有状况,还有一个重要的参数是场所的占地面积,珠海民间信仰活动场所的占地面积统计数据如下:

表三　珠海市民间信仰活动场所占地面积分布情况表

区域	50平方米以下	50—100平方米	100—200平方米	200—500平方米	500—1000平方米	1000平方米以上
横琴区	3	1		1		
香洲区	8	6	3	3	2	1
金湾区	11	10	8	11	2	1
斗门区	21	12	6	13	6	1
万山区			1	1		1
高栏港区	2				1	
高新区	13	5	1	3	1	2
合计	58	34	19	32	11	7

对比上面两个表格,除了"100—200平方米"一栏下面的数量变少外,其它几栏的数量都是有所增加。这说明民间信仰场所的规模要看两方面,一方面是建筑面积,另一方面是占地面积。像高栏港区平沙镇沙美观音庙,建筑面积是180平方米,占地面积却是3000平方米;还有高新区唐家镇东岸观音庙,建筑面积是350平方米,但是占地面积却是5000平方米。许多场所本身的建筑面积虽不大,但若随着场所所供奉的神灵"灵验"(即庙小神灵大)的消息传开后,周围的善信便争相捐赠,以积功德,场所负责人由此可以筹到款项专门用于收购周边土地用于庙宇的扩建,这或许就是许多场所建筑面积不大但是占地面积却很大的原因。

值得注意的是,珠海的老城区或者说是城市的中心区如香洲区、斗门区、金湾区中民间信仰活动场所的数量占到了77.65%,而新划分的行政区高新区等区只占到22.35%,这分布数量上的差异就显示出了当今广府地区民间信仰活动场所的数量分布特点,即集中在老城区、人口密集、历史相对悠久、经济发展有一定基础的区域。其次,这些在城区中的民间信仰活动场所的面积相对佛教道教的场所而言是小的,规模上远远不及后者,但在数量上却占据优势。

此外,就中山市的情况来看,据2004年的统计,中山市民间庙宇总数为386处,总面积为53411.84平方米;而据2007年统计,民间信仰场所总数达486处,其中过半数建筑面积在 50 平方米以上；到了 2016 年，根据笔者的田野调查，则录得民间信仰场所 864 处，其中建筑面积在 50 平方米以上的计有 311 处。那些"无遮"的村口或地头的"土地公"与"社公"更是不计其数。

相较而言，其他制度性的宗教场所数量则是：佛教的场所有 10 处，基督教的场所有 9 处，天主教的场所有 2 处，道教的场所仅有 1 处（还是由民间信仰的场所转为道教场所）。因为中山在历史上几乎无伊斯兰教的传入，因而该教在此也无正式场所，但随着外来务工人员的到来，目前该市有一处聚会点。可以看到，民间信仰的场所则远远超过上述制度性宗教的总和。中山市的这种状况在珠江三角洲、粤东客家、潮汕地区以及粤西的很多地方都较为普遍。

表四　2016 年中山市民间信仰场所数量及分布

镇区	场所数量	镇区	场所数量	镇区	场所数量
石岐区	22	阜沙	67	南头	54
西区	2	东升	113	黄圃	115
东区	27	横栏	7	三角	67
南区	18	大涌	27	沙溪	28
开发区	56	板芙	17	神湾	12
港口镇	1	五桂山	13	三乡	57
古镇	10	南朗	46	东凤	58
小榄	21	民众	16	坦洲	10
总计			864		

中山市的民间信仰活动场所大小不等，一些场所仅有香坛或神像，并没有建屋盖瓦，如散布村头巷尾的社公（土地公）；一些场所则有一间或一两间房舍，如先锋庙等；一些场所则占地连连，建筑宏伟。2016 年的调研中，笔者对中山市民间信仰场所的占地面积、建筑面积作了如下数据统计：

表五　2016 年中山市民间信仰场所面积

场所占地面积 （单位：平方米）	数量	场所建筑面积 （单位：平方米）	数量	备注
1—10	146	1—10	244	
11—20	93	11—20	136	
21—49	100	21—49	127	

续　表

场所占地面积 （单位：平方米）	数量	场所建筑面 （单位：平方米）	数量	备注
50—100	191	50—100	141	
100—200	118	100—200	74	
200—499	94	200—499	71	
500—1000	73	500—1000	19	
1000 以上	44	1000 以上	6	
不详	6	不详	47	

由上表可见，中山市民间信仰场所的占地面积大多集中在 21 至 200 平方米区间内，共计 409 处，占总数的 48.3%；场所建筑面积可分成三大区间：10 平方米以下的占 28.9%；10 平方米以上且 100 平方米以下的计 404 处，占 47.8%；100 平方米以上的计 170 处，占 20.1%。总体而言，中山市民间信仰场所的个体规模适中，10—100 平方米的建筑面积及 21—200 平方米的占地面积是中山市民间信仰场所的主要表现形式。这为民间信仰崇拜活动，包括与此密切相关的民俗活动的开展提供了基本的空间舞台，但也从空间上决定了相关活动的规模大小。由此可判定，相关的宗教仪式活动大多局限于当地的信仰活动场所中，主要吸引当地周边信众参加，其规模以中小型为主。

除江门、深圳、珠海、中山等珠江三角洲一带外，笔者还曾带领研究生多次去到粤东梅州和潮汕一带以及粤西的湛江、茂名等地做过田野调查，当地民宗部门的干部都告诉了笔者一行相同的实际情况，即民间信仰活动的场所可说是数量多、分布广、规模不一且广布于城乡各地，没人能够确切地算出自己所在的地方究竟有多少处民间信仰的场所数量，但能肯定的是，这些地方民间信仰场所的数量比当地五大制度性宗教场所的总和还要多很多。

事实也确实如此。笔者在揭阳做田野调查时，揭阳市民宗局宗教科的人说，揭阳市的现有人口约有 680 多万，用"星罗棋布"一词来形容该地民间信仰的场所毫不为过。一个镇少说也有 10 个民间信仰的场所，而揭阳市约有 64 个镇，约莫就有 640 处民间信仰场所。就村而言，几乎村村有庙，若按每个村子一座庙来计算，揭阳约 1445 个村子，那就约有近 1445 座庙。但实际上，有一些较大的村子，村头村尾都有庙；有的村子有几个姓氏就有几处庙，不同的姓氏各去各的庙，互不相扰。真要是如此加起来，毫不夸张地说，揭阳的大庙小庙加起来可能有 5000 处以上。

　　要说明的是,民间信仰的场所,不仅只是通常建筑意义上的屋宇,有时它指的仅仅就是一处不大的空间。这空间可能是由几块砖、几块木板垒成的一个简易的小台子,或者是一个讲究的坟茔或墓葬等。如笔者曾调研过的汕头市龙湖区的将军爷墓,相传此墓为唐朝正二品大将军墓,现已成为汕头市区一带民众信仰的保护神之一,墓前常年香火不断,在汕头的其它一些市还有将军爷的分庙。笔者在将军爷墓访谈时,当地人绘声绘色地讲述了 1969 年 7 月 27 日(农历六月十四日)将军爷显灵预告台风将来临的消息。据说,事前有一白胡子的老头给乡民们报梦预告了台风来临的消息。果不其然,7 月 28 日上午台风以 12 级以上的风力,正面在当时汕头市郊的官埠公社凤头坝一带登陆,外加上当时天文涨大潮,凤头坝海堤崩塌海水直冲而下,顷刻间,天翻地转,海啸风狂,汪洋连天。当时的整个官埠公社被淹掉了一大半,而当夜逃离住所的乡民,均安然无恙,幸存下来。自从 1969 年 7 月 28 日台风后,汕头市龙湖区一带的村民更加相信这位“将军爷”。1979 年 9 月 20 日,村民重修将军爷墓,墓碑上刻字“唐正二品将军墓”。以后不断重修扩建,2008 年村民又重修并扩建了将军爷陵园,包括:三山门、戏台、拜亭、凉亭、文化广场、停车场等。每逢农历初一、十五这两天,这里人头攒动、香烟缭绕,将军墓前的两张长方形的大祭台上摆满各样水果及大米之类的供品和纸钱。信众传播这位将军爷很灵验,因此前来朝拜的人络绎不绝,就算平时也是香火不断。尤其是每年的将军爷诞,将军爷庙的戏台子就成了潮剧的演出剧场。戏班子都是当地信众自愿花钱请来演出的,有时一天一出戏,持续演出长达 40 天,排不完的就延至下一年的将军爷诞,这或许从一个侧面反映了民间信仰的酬神娱人功能在包括潮剧在内的地方戏的生存与普及中功不可没。

　　需要思考的是,民间信仰场所数量的“众多”与“星罗棋布”说明了什么。在笔者看来,它也许说明了或揭示了一种“世俗空间”与“拜神空间”的关联。正是在民间信仰的庙宇、神坛等让人捉摸不透的地方,大众百姓的两个世界即世俗世界和“拜神空间”的世界得以沟通和联合起来,民间信仰的庙宇确保了世俗世界的人们与诸神世界的联系。对民间信仰的广大信众而言,庙宇神坛等这种拜神空间在他们的生活中不可或缺,这种不可或缺体现在人不可生活在没有诸神的混沌中,而诸神的庙宇就是人们与超验世界保持联系的场域和桥梁。人们只要走进庙宇,与不可知的诸神世界的联系,与诸神的亲密接触就成为了可能。这就像基督徒走进教堂、佛教徒走进佛寺、穆斯林走进清真寺一样。

　　正如宗教现象学大师米尔恰·伊利亚德(Mircea Eliade)所说:“对于宗教徒

而言,空间并不是均质的,宗教徒能够体验到空间的中断,并且能够走进这种中断之中。空间的某些部分与其他部分彼此间有着品质上的不同。"①这段话中的"空间的某些部分"可在民间信仰中理解为民间信仰的庙宇、神坛等场所。这些民间信仰的庙宇、神坛等场所对信众而言就是他们的神圣的超越世俗的空间。正是"在这个神圣的围垣之内,与诸神的沟通就变成了可能……每一个神圣的空间都意味着一个显圣物,都意味着神圣对空间的切入,这种神圣的切入把一处土地从其周围的宇宙环境中分离出来,并使得它们有了品质上的不同"。② 无论何处,只要是人类所居之地总是要有这种"神圣对空间的切入",如同中世纪的欧洲,每个村庄必定会有一个教堂一样。

二、广东民间信仰的信众

问广东民间信仰的信众究竟有多少这个问题,这就和问广东民间信仰的场所究竟有多少一样,是个吃力不讨好的问题。"2008年底,广东省'五大宗教'自我认同的信徒人数合计为1959388人(相对数字),但民间信仰的信众远超这个数字。2000年第五次全国人口普查数据显示,揭阳市人口为5237405人,揭阳市民间信仰的信众人数占总人口的90%。而阳江市民间信仰占其总人口的20%,肇庆信众约120万人,湛江的信众约占全市总人口的66%,惠州市的信众较少些,约5万人,但女性占绝大多数。茂名市信众人数约为全市人口的33%。"③

笔者认为,这些统计数字也是大大缩水、过于浓缩了。但唯一能肯定的是,广东民间信仰的信众肯定超过五大制度性宗教信徒的总和。而且在广东地区,许多佛教和道教的信众同时亦为民间信仰的信众,因为所拜的神祇在他们眼里本就无较大分别。

人们总体认为民间信仰的信众多为乡村社会中的女性(尤其是文化程度不高的女性)、老年人(尤其是处于社会边缘的弱势群体的老年人),这种情况今天依然确实存在。据清远市民宗局的统计,当地民间信仰的信众信仰多以中老年人为主,其中女性居多,占70%以上,而且她们文化程度普遍不高。据湛江市民宗局的统计,除了佛教、道教、天主教、基督教与无神论者外,该市约有50%左右

---

① 伊利亚德,王建光译:《神圣与世俗》,华夏出版社,2002年,第1页。
② 伊利亚德,王建光译:《神圣与世俗》,华夏出版社,2002年,第4—5页。
③ 陈晓毅、陈进国:《民间信仰的自主治理之道——以广东省为例》,载邱永辉主编:《中国宗教报告(2016)》,社会科学文献出版社,2017年,第163—164页。

即近乎一半的民众属于民间信仰的信徒。这其中就包含了大量女性和中老年人。总体来看,不同性别、年龄段、文化程度、社会职业及社会地位的人都广泛参与民间信仰活动,信众构成多元,尤其以女性、农村信众居多,其中大部分文化知识水平较低,年龄层次以 45 岁到 70 多岁的中老年人为主。

但人们还得注意到,近些年来民间信仰的信众正在悄然发生变化。笔者在调研中发现,不同年龄段、不同文化程度、不同社会职业、不同社会地位的人均在不同程度上有参与民间信仰的活动与仪式,包括初一、十五的私人拜神以及神诞庙诞的仪式活动。或许大部分人在平素日子里都不会想起神祇,但在自己的人生遇到重大问题时,如孩子升学,本人身体或家庭成员的身体出现较大麻烦,婚姻、工作中的坎坷与不顺等等,人们就会去庙里求神,拜拜神才心安理得。因此,许多生活在大城市里且文化程度颇高的人,也会参与到民间信仰活动中去。尤其是那些先富起来的人,如大大小小老板之类的人,对民间信仰的神祇其实很认可,并常有捐钱捐物以积自己功德的实际行动。但总体而言,民间信仰的信众呈现出下列几个面向:

其一,日常去庙里拜神的以女性和老年人居多。信众对神祇的崇拜行为,可划分为个人性和集体性两类。个人性的拜神行为主要出于个人和家庭的利益诉求,诸如求子、求学、求财、求医病、求婚姻、甚至求开光等等。个人性的拜神既可在家里进行,也可于每月的农历初一、十五去到庙里进行,而不管是家里的还是农历初一、十五去到庙里的烧香、献花、献果品以及拜神,无疑以女性和年老者居多。此情况在广东的几大民系中均很普遍。在潮汕地区,膜拜神祇统称之为"拜老爷",级别高的神灵称之为"大老爷",拜老爷是许多已婚女子不可少的每日功课。以中山市为例,以图为证:

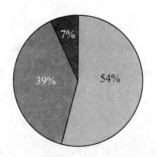

■ 妇女　■ 50岁以上的男性　■ 中小学生

图一　中山市民间信仰活动的参与者(人数比重)

　　中小学生当然很多时候是随着家中的长者去"拜拜"而已,好玩而已,看看热闹而已。大部分青壮年则平时较少去庙里敬拜民间神祇,其原因则多样复杂,还是以中山为例,以图为证:

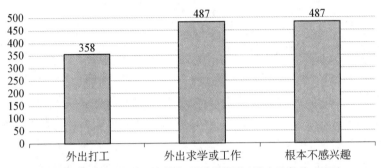

图二　中山市青壮年参加活动的因为(样本总数为1332)

　　由上图可知,外出求学或外出工作与对民间信仰根本就不感兴趣的人,其数量基本持平。外出求学或工作的人中或者有对民间信仰不感兴趣的人,但也不乏对民间信仰感兴趣的人。特别是当外出打拼的人回到家乡、回到自己熟悉的生活环境里时,其对民间信仰的活动大都是认可并参与的。广东人骨子里对各类事物的兼容并包,使得许多人一方面接受学校里的无神论教育,对家中、家乡或社会上的信神拜神半信半疑,但不反对,偶尔也参加本村或临近乡邻村里的庙会和神诞之类的祭拜活动;另一方面随着成人和生活阅历的增长,碰到很多事情靠家人、朋友和单位等均解决不了,甚至自己都不愿意或者无法向身边人启齿,他们则愿意去庙里走走,走的次数越多,就越能理解和更愿意去信神拜神,年龄越大就越来越愿意去了。笔者在民间信仰庙宇对这个年龄段进行口述访谈的人中,许多人都是如此说。

　　其实无论什么信仰,都不是可"教"会的,信什么,本质上也不靠道理、逻辑、理性与科学等,而是来自生活中的耳濡目染以及来自生活的感受、经验与体验等。也许人要到中年以后,接受或理解不讲究道理、逻辑、理性与科学的民间信仰(包括其他宗教信仰)就越来越容易,当然有悟性的人可能会接受的更早。尽管科技的发展突飞猛进,但从科学领域里谁也无法证明人们所信的"神祇"是一种真实的存在;同样也无法证明出"神祇"真的不存在,人们宁愿相信:在目前人们所能认识的宇宙内或者在更高的宇宙态中,一定有人看不到、摸不到、感知不到或者认识不到的其他形态的存在,人们对这些"不可知"形态的存在冠以意识、灵魂、神祇之名等,且不想得罪之,而是敬畏之,讨好之。尤其在老百姓看来,信比不信好,信了,才知道怎么用"信"来保障自己的生活,该做什么,不该做什么,少了一份担忧与恐惧,多了一份安稳与踏实。这就是最浅显的用"信"来指导生活。

笔者在这些年的田野调查中,通过访谈,逐渐体悟到一个事实,即在广东,许多对民间信仰不怎么感兴趣的人、或者接受了别的信仰的人,或者接受了学校里的无神论教育与进化论思想影响的人,但即使是这些人,他们从小就受到家里家外各类拜神习俗的熏染,他们不会或者很少对民间信仰表现出一种鲜明的排斥和反对态度,更多的是持平和与包容的态度。这些人中,因后来的人生中转而接受民间信仰并积极参与其中的人也不在少数。

其二,特殊日子里民众的参与度广泛。毋庸置疑,广大信众对神祇的崇拜行为,除了个人行为,还有集体行为。集体性的崇拜则多以宗族、村落或社区等为主。这类行为与活动除了兼顾个人、家庭求福之外,多表达对于国泰民安、风调雨顺、丁财两旺等整合性、集体性的诉求。此类集体性的敬拜活动多集中于神诞、庙诞期间。在此期间,以民间庙宇为中心,以民间庙宇所在村落或街道为单位,往往举办较大型的游神赛会、聚餐祈福活动。

值得注意的是,广东民间庙宇的神诞、庙诞多与我国传统的节气与节日,诸如春节、清明、端午、重阳等相契合。这表明,民间信仰神祇的仪式活动周期与历史上的农耕生产安排有密切的关联性,两者的结合使得伴随着节期的民俗活动与民间信仰的仪式活动在很大程度上相融合,这也是民间信仰两重属性中的"民俗性"的表现。正如有学者所言:"在具有原始信仰的人们心目中,四季的流转不是自然发生的,而是由一种神秘的力量发生着作用,它可以延迟或阻滞时季变化。为了保证季节转换的顺利,人们就要举行特定的人文仪式,以实现这一目的……特别是在靠天吃饭的农业社会,季节气候直接制约着人们的衣食之源。人们对时令季节变化有着超乎寻常的关心,每到时季转换的关口,人们从内心中发出一种对未来生活的担心与焦虑,这种忧虑必然要从言语动作中表现出来,在具有巫术信仰的时代,人们期望依靠自身的群体力量实现对自然时间的支配,久而久之,就逐渐形成了特定的季节通过仪式。'傩'就是古代标准的季节过渡仪式。古代的傩在春秋冬三季举行,最重要的是年终大傩。"[1]

既然这类活动是民俗活动,便具有民众广泛参与的特征。依然以中山市

---

[1] 萧放:《春节习俗与岁时通过仪式》,《文史知识》2006 年第 6 期。

为例：

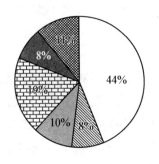

| □ 春节 | ▨ 清明节 | ▨ 端午节 |
| 🏠 中元节 | ◼ 重阳节 | ▩ 冬至 |

图三　中山市民间信仰崇拜的节期（参加人数比重）

由上图可知，中山民众最为重视的就是春节和中元节了。不难理解，春节是一年之始，去旧迎新；而中元节是处理生者与死者的关系，是慎终追远的日子。排在第三位的就是"冬至"了，在内地很多地方，人们对 24 节气中"冬至"没什么感觉，可在广东，从前有句流行已久的话，"冬至大过年"，或者说"肥冬瘦年"，即冬至比过年还要重要。冬至这天的肉类以鸡肉为主，从前的传统是家家户户都一大早就杀鸡准备菜肴，拜祭祖先，蒸松糕，晚上一家人围在一起吃糯米饭、烧腊，宵夜则是吃汤圆。可见对于广东人而言，这一天也是敬神明、拜祖先、祈求来年鸿运当头大吉大利的日子。潮汕地区有民谚云："冬节没返没祖宗。"意思是外出的人，到冬至这一天无论如何要赶回家敬拜祖宗，否则就是没有祖家观念，对其而言，冬至也是一个团圆节。而对客家人而言，他们平常习惯喝不加酒精和任何添加剂的客家娘酒，并认为，冬至时的水味最醇，用它酿的酒可久藏不坏，柔和爽口，回甜生津，所以冬至酿酒已成习俗。

上图当然也是民众为什么热衷于参与民俗活动的一个很好说明，而到了现当代，这种参与度广泛的民俗活动当然也成了人们依时令节气而欢的对平常索然无味的日常生活的调剂活动。况且在广东的许多乡村，依时令节气全村人祭拜神祇、围桌聚餐也是联络邻里乡亲情谊，加强社区凝聚力的好时机。

其三，近些年来经商致富的人对民间信仰很热心。人们常说，广东地区是中国改革开放的排头兵，经济发展走在全国的前列。因而有一批最先通过经商致富的人，即私营企业主、个体工商户，他们被视为社区或乡村里的头脑灵活又务实的精英阶层。这些人在"致富"后将民间信仰领域视为展现个人信仰与心灵追求、关心集体、热心公益、不忘乡邻、乐于奉献及积累功德的一个重要领域，因而他们在积极参与乡村、基层与社区的民间信仰的庆典仪式活动与公共生活的同时，出钱出力，慷慨赞助。"老板"阶层的人因其比较雄厚的经济实力，自然成了民间信仰仪式庆典中的赞助者、策划者与组织者，而他们扮演的角色与起到的作用自然也得到了地方政府以及当地民众的认同或者默契。当然，此种活动与公共生活不仅能在个体层面为"老板"们赢取声望，使其感受生活乐趣和意义，而且同时也在其所在地产生积极影响。

笔者在中山市调研时了解到，部分还有点规模和名气的民间信仰庙宇在神诞、庙诞或时令节日时举办的庙会、聚餐、游神、酬神演戏和以庙会之名邀请村落中的长者聚餐等活动中，一些本村的老板们多会像从前的士绅一样，慷慨捐资，同时还给予村落中的鳏寡孤独者金钱与物质的资助，甚至来此地发展的一些有财力的外来老板也会捐献数量不等的钱款与物质。他们这样做的目的是：一来自然是可以告慰神明，祈求对其生意兴隆的保佑庇护；二来也联谊当地乡亲，回报社会。

如今许多基层的地方政府如村委会，或是村里的老人会，会在庙宇旁或庙宇附近设置老人活动中心，活动中心里有书报室、书画室等，在这些地方还带有电脑桌、牌桌、麻将桌等，活动中心旁边甚至还有简陋的健身室、篮球场等，为村里老人和村民们以及有需要的人的学习、生活、娱乐以及日常的人际交流交往提供了良好的基础设施与平台。在筹划这些活动，添置所需物品时，一些当地的老板或是从这个村走出去"发达"了的人都会从金钱、物质上给予赞助，以表心意。

其四，参与民间信仰事务的乡村或基层及社区的地方精英。除了上述"老板"阶层的人外，在广东各地民间信仰的庙宇或场所里常常还可见到已退休的、曾在街道、居委会或村委会任职过的或工作过的人、以及在外地闯荡一番后又回到故乡的官员、退休教师、转业与退伍军人等。这些人多为男性，他们可谓是当地年长的男性精英。这类人既热心又有闲，谈吐不凡，颇有见识，也不图报酬的有无或多少，但他们在庙里的工作成了他们与这个社会，与当地的公众事务和邻里乡亲保持联系与沟通的最重要渠道与方式，也算是他们老来有所为的一种工作方式。他们在此找到了自己的生活意义和话语空间。

以粤东梅州兴宁县永和镇的武仙祖师信仰的复兴为例，武仙祖师信仰始于明末，是兴宁永和镇特有的信仰，但未遍及兴宁县，其影响范围也只限于永和镇。1992年出版的《兴宁县志》的《风俗宗教篇》中提及了石古大王、城隍、关帝、天后等一系列对兴宁影响较大的信仰,并未提及武仙祖师信仰。[1] 武仙祖师是由人成神,但生平不详,不知来源何处。永和本地传说武仙是古代东周列国镇守山海关的武将,为民造福,因而升格为道教武仙祖师。[2] 当地人们认为武仙祖师能够治病救人,有求必应,是当地的保护神。据《兴宁文史(第五辑)》记载,"咸丰三年(1853年)永和发大水,永和周边的泥陂和矮车坝两地被浸,坍塌甚多,冬天瘟疫流行"。[3] 在这场瘟疫中,永和幸免于难,当地人民多认为是武仙祖师及时阻止了瘟疫的蔓延。永和镇的祖师神坛有两处。一处是位于永和北面二十余里的湖流竹坜石寨祖师坛,该坛从明朝崇祯十六年(1643年)兴建,至今尚存;另一处是位于永和圩镇内的祖师行宫,行宫于咸丰年间(1856年左右)兴建。1949年新中国建立后被拆除,原址改为永和镇政府。在1949年以前,每年的农历九月初四,永和镇都有颇具规模的武仙祖师下山游神活动,祖师早上从湖流竹坜石寨座坛出发,绕道途经各地至圩镇祖师宫,一路上浩浩荡荡。圩镇上到处人山人海,各色戏剧轮番上演,狂欢三天,九月初七隆重护送祖师返回湖流座坛。

1949年以后,祖师行宫被拆除,因而也再没有祖师出巡的活动了。在祖师行宫被拆除到重建的六十多年间,永和的武仙祖师信仰其实并未彻底消失。位于湖流的武仙祖师座坛现今还在。重建后的武仙祖师行宫位于兴宁永和镇新中村鹅峰山上,重建祖师宫的工程于2006年奠基,2007年竣工,随之也恢复了祖师下山活动。武仙祖师信仰在当地的恢复可以说是地方精英与当地政府共谋的结果。复兴的武仙祖师信仰已成为当地的一块地方文化招牌。

武仙祖师的行宫是由10位老人自发组织重建起来的,他们或可称为"类乡绅"或"准乡绅"式的人物,他们均对武仙祖师有一定的了解,重建祖师宫时,他们的平均年龄已达60周岁以上。其中有一位曾担任过永和公社的党委书记,10位老人中有5位是退休老人,包括退休干部和退休老师。老人们组成管委会,他们各有所长,各有分工,如有人专责外出联络乡贤,发动乡亲以筹集重建资金;有人专事文化宣传造势;还有人专长景区规划建设。在武仙祖师信仰恢复的过程中,他们起到了举足轻重的作用。与过去的乡绅不同的是,他们不是落第的读书人或宗族中的长者:"乡民对有威望的人的信任转移到德高望重者、有文化或见过世面者、曾经担任过地方行政职务者、地方成功的企业家伙商人等身上。"[4]老

① 详见兴宁县地方志编修委员会编:《兴宁县志》,广东人民出版社,1992年,第815页。
② 鹅峰旅游景区十周年庆典专辑:《永和风采(第一期)》,兴宁,2014年,第44页。
③ 兴宁县政协文史委员会编:《兴宁文史(第五辑)》,兴宁,1985年,第70页。
④ 范丽珠、欧大年:《中国北方农村社会的民间信仰》,上海人民出版社,2013年,第161页。

人中的领头人物为何某某，他退休于镇上的某企业，为筹集资金，他一直奔走广东和重庆等地联络乡贤。其子为镇上有名的企业家，也很支持父亲的工作，并为重建捐款 50 万元人民币。

武仙祖师信仰的恢复也获得了镇政府与当地民众的支持。祖师宫隶属于鹅峰山旅游景区的一部分。10 位老人组成的管委会一兼多职，他们既是景区的管理机构，也是鹅峰山旅游景区中的庙宇、老人会与慈善中心的管理机构。管委会对鹅峰山的规划是"集旅游、休闲、健身、宗教、文化、娱乐、修养于一体的多功能场所"，①此定位获得了镇政府的大力支持。鹅峰旅游景区与每年的祖师下山民俗活动已被永和镇政府作为振兴该镇的一块文化招牌。为方便镇里从政策上给予支持与便利，镇里还有指定的副镇长与管委处保持联系，并有镇里的文化站参与管理此处。虽然景区的修建经费完全是老人们对外募捐所得，但在寺庙中工作的人员，除有退休金的老人是义务工作外，无经济来源的老人则由镇政府每个月另外补贴三四百元。鹅峰山原属兴宁永和镇新中村的地盘，新中村村民出于对管委会的信赖与支持，把占地 3 万多平方米的鹅峰山无偿赠予管委会开发使用，且对祖师宫的重建有钱出钱，有力出力。

因为有镇政府的支持与参与部分管理，加上没有政策上的具体相关管理条例，兴宁市民族宗教事务局对祖师宫的存在和祖师下山活动可谓只闻不问，持默许态度。祖师宫虽然获得了当地镇政府、村委会和村民们的多方支持，但祖师宫管理方还是在意如何遵守各方章程，如祖师宫在 2006 年换址重建时，与村里、镇政府和民宗局都做了报备工作。为了划清与"迷信"的界限，将祖师下山活动定性为民俗活动。但因为没有取得当地民族宗教事务局颁发的宗教场所牌照，受政策所限制，虽然民众多次要求，但过去那盛大的祖师出巡活动还是一直没有恢复。每年祖师宫的打醮活动都是请来兴宁其他道教场所的道士主持。

管委会的这 10 个老人有文化有智慧，为了进一步扩大祖师宫的影响，他们采取了如下做法，一是强化祖师信仰的合理性。合理性当然以神的灵验性为基础，为了说明祖师是一个灵验的神祇，管委会注重搜集各种关于祖师显灵的故事，把它们记载下来，写入自己的纪念刊物之中。现在永和当地流传的祖师显灵的事件不仅是过去阻止瘟疫，在大旱时节降下甘霖，还增添了佑人平安与及时降雨阻止山林大火蔓延等传说。二是让祖师信仰与建设社会主义和谐社会的主旨相一致。在他们出版的最新的刊物中有"爱国爱教和谐温馨向上""只要我们做

---

① 何宝松：《兴宁鹅峰山旅游景区十三春概况》。

好人,做好事,行善积德,助人为乐,心态要好,心中有佛,神佛就会保佑好人,好人一生平安"[1]等一系列相关内容,这给祖师信仰添加了新的内涵。三是寻求使祖师宫进入到"体制内"的途径与方法。他们曾试着将自身定位为道教的宗教场所来进行注册。这 10 位老人中有 1 位老人在 2010 年皈依道教,并担任祖师宫住持。但由于不具备成为道教场所的所需条件(1 个道长,3 个道士,另需独立的法人团体),遂放弃这一追求。2014 年,他们开始筹划成立"永和镇鹅公山公益慈善中心",并从 2015 年开始进行公益活动,这年春节前针对此地 100 户非低保非五保户的贫困家庭,给予一定资助。然后由祖师宫牵线搭桥,帮当地的贫困学子联系狮子会,让狮子会资助贫困学生。在笔者前去进行调研时,被告知管委会们的最新规划是将"武仙祖师下山民俗活动"申请为兴宁市的非物质文化遗产,且认为,一旦申请成功,他们的祖师宫就进入了国家的名录内,更具有正当性与合法性。四是借助何氏宗族与永和中学联谊会的力量。永和镇的居民大都是客家人,其中何姓居多,占了永和近一半的人口。他们都是同宗,其祖先在明朝早期由福建武平迁至于此,距今已有六七百年。当地何氏联谊会也积极为祖师宫的建设出钱出力。永和何氏联谊会作为梅州何氏宗亲会、广东何氏宗亲会的一分子和世界何氏宗亲会的一分子,积极联络有关何氏族人推动祖师宫庙宇的建设。此外,为扩大影响,永和镇的何氏还和道教中的八仙之一何仙姑拉上了关系,他们将自己视为何仙姑的后人,故而也在祖师宫里敬拜何仙姑。随着与福建及广东其它地区的何姓宗族的联络日益增多,作为祖先神的永和何仙姑信仰的影响也随之扩大。另外,永和中学校友会自成立以来,就不断号召校友回报家乡。鹅峰山紧邻永和中学,校友们都熟知鹅峰山,对它有很不一样的情感。这些有利条件让鹅峰山容易获得校友的支持。除去校友的自发捐款外,永和中学广东校友会已集体为鹅峰山的建设捐资 5 万元以上。

重建祖师宫的资金来源,大部分都是依靠乡贤的捐款。兴宁是客家人的聚居地,也是省内有名的侨乡。祖师宫兴建时也获得了不少港澳台同胞和东南亚侨胞的支持,在外乡贤通常会借举行祖师下山活动之际回到永和镇,联络亲情与乡情。鹅峰山上老人会的活动中心命名为"乡情楼",意为乡贤不忘故乡。由此可见,祖师下山活动为永和民众提供了一个社会交往、文化交流与乡情联络的平台。

新建的祖师宫循旧名为"祖师宫",宫内供奉着武仙祖师。在祖师宫的左右

---

① 鹅峰旅游景区十周年庆典专辑:《永和风采(第一期)》,第 46 页。

两边还陆续建起了大雄宝殿、财神殿、玉皇殿、仙姑庙（何仙姑庙，永和镇的人以何姓为主）等四座庙宇。每座殿中祀奉着一位主神和多位其他神明。五座殿内共有塑像 38 尊，殿后还有 1 尊孔子像。另外在山脚下建有 1 间小庙，其中供奉着福德公的牌位。庙宇的总面积达到 3000 平方米。祖师宫一年共有 9 次法会，包括：正月初八，开天门；农历二月十八（提前），拜观音；农历三月初七，拜何仙姑（诞辰）；农历四月初四，拜祖师；农历五月初九，拜龙华；农历七月十八，拜财神缴往生放生；农历九月初四，祖师下山；农历十一月十八，拜满园（结束一年的法会，完福之意）；农历十二月二十，拜释迦牟尼佛成道日。其中以拜何仙姑、拜祖师、拜满园的参与人数最多，最多时人数可达上万人。从庙宇的占地面积、法会的参与人数可以看出其所具有的相当规模。新的祖师宫落成后，每天都有附近的乡民前来祈福上香，每年的九月初四还沿袭着过去祖师下山的活动，在这一天，周边的居民和散居全国各地的永和镇乡贤都会来参加活动。农历九月初四如今已成为永和镇特有的民俗节日。在这一天，永和乡民家家高朋满坐，热闹非凡。

上述情形正如有学者指出的那样："民间宗教在各地的逐渐恢复是中国社会变迁的结果。政府，特别是熟悉民间社会的地方官员，与地方知识精英与民众共谋，逐渐使民间宗教的发展有了今天的局面。"[①]鹅峰山上祖师信仰的恢复和发展正体现了这一特点。乡村老百姓精神生活的需要、地方精英们的努力、镇政府文化造势与上报政绩的要求，合力打造了如今鹅峰景区的祖师宫和祖师下山的民俗活动。

笔者有幸参加了 2015 年的"祖师下山"民俗活动，当天上午的活动有祖师宫内的打醮仪式、山脚下的王河大道和文化广场的剪彩仪式，下午则有市里的文艺团体的演出。当天从早上六点就开始陆续有人来给祖师上香、捐款，上午九点舞龙队在祖师宫前进行舞龙表演，活动正式开始，接着相继进行剪彩仪式，镇政府的干部和乡贤都参与了剪彩仪式，而后便是进行祖师宫的打醮活动。参与打醮活动的人以中老年人居多，在殿内殿外的跪拜祈福的信众尤其以年过花甲的女性为多。在祖师宫外参与武仙祖师下山活动的则有四千人[②]左右，且中青年人数不少，除本地人外，还有来自四邻八乡和远方的客人。显然，正如有学者指出的那样"今天的乡村庙会组织已经有了讲究公共性的契约连带关系的俱乐部性

---

① 范丽珠、欧大年：《中国北方农村社会的民间信仰》，上海人民出版社，2013 年，第 148 页。
② 据管事说过去留饭的有七八十台。笔者参与当天中午留饭的 30 桌，大部分为在外乡贤和远方客人。当地人上午上完香与参与活动后都要回家招待客人。——笔者注。

质,并满足了多数老年人精神生活的需要,也给并不热衷于此的年轻人以'根'的感觉",①而且祖师信仰毫无疑问也丰富了当地人的文化生活和社区生活。

值得一提的是,以祖师宫为中心的鹅峰山旅游景点从2003年开始兴建,一直到2015年还在兴建当中。除庙宇外,还修建了公园、老年活动中心、图书室、医疗室、健身室等,满足了当地人不同方面的需求。当地人有了休闲健身之所,尤其是老人们在上香之余,还可以在山上休憩,与守庙老人说说家常或去老年活动中心与其他老人交流。

诚然,武仙祖师信仰的复兴正是当地的地方精英、热心民众与当地政府共谋与互动的结果。这里的人们虽崇奉武仙信仰,但"拜"的氛围并不那么浓,更多的是显现了其凝聚乡情和慈善公益的功能与作用,并以此给乡村社会带来新的活力与发展。

三、大众的信仰习俗

古书有云:"粤人佞神,妇女特甚,所有桥梁江岸、片瓦拳石,无不指为灵验而神明事之。老妪杯珓之卜,群儿扁额之奉,源源而来,几无隙地。"②这几年对广东各地的田野调查,笔者深切地体会到,在广东,无论广府人、客家人、潮汕人还是粤西人,在民间信仰上有一共同点:既拜神拜祖先,也崇敬鬼神。所谓"宁可食少餐,拜神唔得悭(即不能省钱之意)"。拜神祭祖都是在广东民众的生活中不可忽视和不可掉以轻心的大事。

1. 满天神佛

在广东各地做田野调查,笔者有个很深的感受,即无论是广府人、客家人、潮汕人还是粤西人,都有一个共同的特点,即"什么都信,在其信仰世界里,可谓是满天神佛"。而且这些神祇各有其神灵神异之处,信多点拜多点无妨。简言之,广东人既信神鬼,又信天命,也信祖先;哪怕一只鸟、一棵树、一块石头等,只要有神灵神异之处,且拜且信,其笃信与敬虔程度,往往令人暗暗称奇。"在民间信仰的各类神祇中,人物神是发端较晚却最为庞杂的体系,有祖先神、英雄神(包括功臣、贤吏、忠义之士等),也包括了功利神(生育神、财神、保护神、行业神)。其中有自然神转化为人物神;有受民间所崇奉的人物转化为神祇,后来又转化为佛、

---

① 岳永逸:《传统民间文化与新农村建设——以华北梨区庙会为例》,载李小云、赵旭东、叶敬忠主编:《乡村文化与新农村建设》,社会科学文献出版社,2008年,第276页。
② 叶曙明:《其实你不懂广东人》,广东高等教育出版社,2005年,第148页。

道神灵的；也有从佛、道系列引进演化为民间神祇的。"①

广东地区民间信仰的神祇之多，用多神与泛神来表述毫不为过。道教的有玉皇大帝、太上老君、西王母、斗姆元君、三官大帝、天后元君、圣母娘娘、关圣帝君、九天玄女、玄武大帝、八仙等，佛教的有如来佛祖、弥勒佛、观音菩萨、药王菩萨、文殊菩萨、济公菩萨、欢喜佛、罗汉、金刚、善财、龙女等，自然神有南海神、华光大帝、雷公、电母、土地神、三山国王、石古大王等，人神与祖先神有冼夫人、曹主娘娘、临水夫人、伏波神、双忠公、黄大仙、康公、保生大帝、大峰祖师等，行业神有五谷神、禾谷夫人、金花夫人、十二奶娘、化婆、卢眉娘、黄道婆、涌铁夫人、华佗、潭公、药王孙思邈等，还有城隍公、福禄寿三星、上帝、孔子、盘古、女娲、灶神、以及什么床脚婆、招财猫、厕神……不胜枚举。寻常事物乃至一棵老树、一块石头、一座桥等，都有可能成为广东人所敬拜的对象。上述提到的神祇还只是一部分而已，笔者还没有能力将所有的广东民间信仰的神祇一一在此罗列出来。

要说明的是，广东不同地方（市、县、镇、街道、村）都有自己公共的神，甚或一个村子里，不同姓氏还各有自己不同姓氏的神。这可能与他们的祖先来自各地各方有关。祖先不管是从中原、还是从闽地来岭南定居，都随之带来自己故乡的神祇。长此以往，广东渐渐便成了众神祇的交会之地。民国时的《佛山忠义乡志》载："镇内有各种庙宇 153 座、寺观 29 座、家祠 376 座……并存神庙多，如顺德杏坛镇桑马管理区就有天后宫、圣母殿、三元宫、北帝庙、玉虚宫、司马庙、康真君庙、水月庙、华光庙等。"②

以笔者曾去过的梅州兴宁罗浮镇徐田村为例，令笔者感到诧异的是这个村里竟有如此多的神祇，有的神祇闻所未闻，如先师、五显公王、三山国王、惭愧祖师、谢圣仙娘、石古大王、龙源公王、黑狗公王、东平王、萧公、康王、樊公、射猎先师、冯候福主、沈公清源祖师、三太仙师、三郎、八郎、牛王菩萨……笔者耐心地计算了这村几座庙里神祇的总数，竟有 70 多位。但没有一位村民能把这些神祇的来历及渊源说清楚，但并不影响村民祭祀。人们也不厚此薄彼，不管是佛教神、道教神、祖先神还是人神、自然神等，都享受着同等的祭献。

再以笔者曾调研过的广州番禺沙湾三善村为例，该村竟有 6 座祠庙——潮

---

① 陈泽泓：《广东的原始宗教与民间信仰》，载广东省民族宗教研究院编：《民族宗教研究（第 2 辑）》，广东人民出版社 2012 年，第 118 页。

② 苏建灵：《顺德市杏坛镇桑麻管理区社会调查报告》，见黄淑娉主编：《广东族群与区域文化研究调查报告集》，广东高等教育出版社，1999 年。

音阁、报恩祠、社稷神庙、先师古庙、神农古庙和鳌山古庙,在一个水月台上还排列着观音娘娘、土地公、三宝佛、鲁班、放牛仔、和合二仙、齐天大圣孙悟空、文昌帝君、天后妈祖、金花娘娘和十二奶娘等神像。这些神祇据说分别掌管与人们生活相关的各样事物。

有一首竹枝词写道:"粤人好鬼信非常,拜庙求神日日忙。大树土堆与顽石,也教消受一枝香。"①这些现象直到今天在广东的乡村仍常常可见。许多地道的广东家庭的门口都设有土地神位,这在其他地方并不常见。许多家庭的主妇都有每月初一、十五去寺里庙里或观里烧香、献花、献果品以拜神的习惯。在潮汕地区,膜拜神祇统称之为"拜老爷",级别高的神灵称之为"大老爷","拜老爷"成了许多女性的不可少的每日功课。随便走进广东各处的茶餐厅、餐馆、酒楼、甚至西餐厅等地方,无论这些地方的规模大小,总会见到供奉着关帝、财神等神祇的神龛,而且神龛上大都已经与时俱进地改用蜡烛形的小电灯了。

敬鬼神与拜祖先是不可分割的。广东人拜祖先的仪式与敬拜神祇十分相像,因而祖先崇拜和神祇信仰有时颇难两分。广东的瑶族人祭拜盘古王,畲族人祭拜祖公图,西江流域的民众祭拜龙母,粤西人祭拜雷神、冼太夫人等,都是带有祖先崇拜性质的民间神祇崇拜。许多土生土长的广东人家里都设有神龛,神龛上放着已过世的先人的照片或牌位,照片或牌位前一年四季都摆有应季的几样水果供品。每当祖先的生忌或者死忌都要备供品,求祖先的保佑。改革开放前,乡村许多的祠堂遭到破坏,近些年来,随着家族文化的兴起,人们也越发重视自己的祖先与自己家族的渊源,人们对兴建祠堂与兴建民间庙宇抱有同样的热情。一些在海外赚了钱的华人,不惜回乡大把撒钱修祠堂,祠堂规模渐有越修越气派之势。在每年的岁时节令,如春节、清明、中秋、重阳、冬至等节日,广东人大都会置备香烛纸钱和鱼肉酒水,到族祠或在家的祖宗牌位下进行祭拜。

神祇的数量多,神诞自然也多。广东人历来重视各种神诞,尤其在乡间,如广州番禺钟村镇一年之中就有100多个神诞,有时几个神诞集中在一天。以广府民系为例,一年之始拜财神,接着就是观音诞(每年四次:生诞、成道诞、飞升诞、神诞)、北帝诞(三月初三)、天后诞(三月二十三和八月二十四)、佛诞(四月初八)、金花诞(四月十七)、龙母诞(五月初八)、关帝诞(五月十三)、华光诞(九月二十八)等等,直到岁末,这一个接一个的神诞常令人目不暇接,眼花缭乱。

广东人不仅拜神,也拜鬼。清代徐闻人陈昌齐对祖先和鬼神的关系有过精

---

① 叶曙明:《其实你不懂广东人》,广东高等教育出版社,2005年,第148页。

辟论述,"鬼神者,推而远之,不知吾所推而远之者,即他人之所谓祖宗也;言祖宗者,引而近之,则忘夫吾所引而近之者,即他人所谓鬼神也"。① 鬼神崇拜在广东可谓有悠久的历史传统,《史记》中的《孝武本纪》与《封禅书》,《汉书》中的《郊祀志》中均记载了南越人"俗信鬼""而以鸡卜"等。广东的历代地方志中,也保留了大量关于鬼神信仰的记载,与鬼神崇拜相关的仪式更是复杂多样。

大多数广东人一般都相信鬼神的存在。鬼节应是以祭祀鬼为中心的节日。在人们的心目中,"鬼"意味着逝者以另一种形式存在并影响着阳间的人。鬼节似乎是给了"鬼"一种仪式感,但其实也是表达生者对逝者的敬畏和感恩。鬼节分别是七月半(中元节②),清明节,三月三,十月初一等。广东人尤其重视中元节(中元节在广东有的地方是七月十四当天,有的地方则是七月十五,也有些地方从七月十四到七月十五两天都是鬼节),因为道教视中元节为地官生日及赦罪日,同时也是祭祀一切亡灵的日子。佛教传入中国后又以此日为超度亡魂的盂兰盆节,每年此日佛教法会中的施众僧又被演变为施饿鬼仪式。民间则传说此时地狱的大门会打开,阴间的鬼魂会重返人间,所以中元节便成了一年之中阴气最重的节日。据说凡正常死亡的人或有子孙与后人祭祀的鬼魂会回到家中神主牌去接受香火供养,因而大多数人家会烧纸钱、点香和蜡烛纪念逝去的先人,并祈求亡魂保佑平安。那些罪孽深重或横死的人,死后就成为孤魂野鬼,就会到处游荡,四处徘徊找食物并以此骚扰世间活人。为了人鬼之间的相安无事,人们会在路边摆放祭奠物品和烧点"冥钱",施舍给孤魂野鬼。

因此,在民间鬼节的亡灵祭祀仪式中主要是两种祭仪,即家庭内部的祭祖仪式和家庭外的普度孤魂野鬼的仪式。这两种关于亡灵的祭祀仪式体现了老百姓的关于亡灵的两类信念,即对祖先的敬畏和对游荡的孤魂野鬼的恐惧,人们相信,若祈望祖先庇荫自己的话就得敬畏祖先,若祈望孤魂野鬼不在你意想不到的某个时刻跑出来作祟的话就不能轻慢他们。换言之,鬼魂是不可以轻慢和得罪的,因为"神灵世界是由不可理喻的力量和鬼神所组成的"。③

笔者在中山调研时,曾到过一个名为"兄弟庙"的地方,里面所供的就是五个恶鬼。据说这五兄弟生前是来历不明的强盗,他们在当地抢劫财物屡屡得手,人们一提到他们就有点心惊胆颤,但有一次在施行抢劫时这五兄弟却被人杀了,成

① 清(嘉庆)《雷州府志》卷十八《艺文上》,岭南美术出版社,2007年重印,第584页。
② 古人以正月十五为天官生日,故定为上元节(即元宵节);以七月十五为地官生日,故定为中元节;以十月十五为水官生日,故定为下元节。
③ 史华慈著,程刚译:《中国古代思想的世界》,江苏人民出版社,1995年,第424页。

了"厉鬼"。当地人怕他们的鬼魂作祟,就为他们修建了一个占地十来平方米的"兄弟庙",人们晚上经过此地时都是提心吊胆地匆匆走过,生怕撞到鬼魂。据说当地人曾在离"兄弟庙"大约十几米远的地方修建房子,结果建起来的房子屡屡不明就里发生了火灾,而后人们在此种植蔬果和花等,这些植物也总养不好。最后,人们干脆在离"兄弟庙"300米左右远的地方建房,让"兄弟庙"前空出一大块面积来,就再没有发生类似的事情。

广东几大民系的人普遍重视鬼节,广府人有招魂祭祖、做法事道场、放河灯①以及不嫁娶等习俗。中元节又称"孝子节",因为佛教的盂兰盆节的故事来源就是"目连救母",这本来就是个孝子故事,巧的是道教的中元地官舜帝也是一个大孝子,加上中国儒家一向注重孝道,百德孝为先,所以使中元节又蒙上了浓浓的孝道色彩。此外,还有广东居民在七月初七就要通过一定仪式接先人鬼魂回家,每日晨、午、昏,分别供三次茶饭,直到七月十五送回为止。广州天河区车陂村"沙美梁"祠堂还有举行从农历七月十五摆到七月十九的"摆中元"活动,将天官、地官、水官各一件衣服在祭台后上方高高挂起,最后才烧掉祭神,据说此习俗已有500多年历史。珠海人是七月十四过中元节的,有烧"衣纸""做醮"为"孤魂野鬼"打斋超度等活动。

中元节当天,广府地区不少地方有办水陆道场活动。作为超度盛会,它是佛家普度众生思想的具体展现。各处庙宇都往往办得极为隆重,高僧云集,场面浩大。期间还请戏班上演有关冥界神鬼故事的大戏,如《钟馗嫁妹》《白蛇传》等,颇得乡村百姓的喜爱。

"七月半"亦为客家人的一个重要岁时节日。客家人自南迁后,承袭了中原遗风,因而"七月半"在客家地区颇有讲究。以往各村各寨的乡民们老少男女常在此日齐参与设坛祭鬼神,各村寨的人们扛着"公王"游村串户,锣鼓喧天,彩旗飘扬,一路把"公王"迎进村里。当"公王"扛至各家各户时,众人便把事先准备好的香案、供果等设置摆放门前迎接。此时,乡中同族人不论男女老幼均聚集在一起,备齐斋果、三牲和酒礼,在祖祠里共同设坛祭礼祖先,追思先人。这天从早到晚各家户热闹非凡,贵客盈门。在欢庆了一天后的入夜时分,乡中各姓氏祖祠大

---

① 人们认为,中元节是鬼节,也应该张灯,为鬼庆祝节日。不过人鬼有别,所以中元张灯和上元张灯不一样。人为阳,鬼为阴;陆为阳,水为阴。水下神秘昏黑,使人想到传说中的幽冥地狱,鬼魂就在那里沉沦。所以上元张灯是在陆地,中元张灯是在水里。河灯也叫"荷花灯",河灯一般是在底座上放灯盏或蜡烛,中元夜放在江河湖海之中,任其漂泛。放河灯的目的,是超度死于水中的落水鬼和其他孤魂野鬼。

门外燃香烛,焚冥钱,放鞭炮,锣鼓乐队共闹"不夜天",俗称为"普度",同时还行
"扶乩"焚香迎请神拜鬼等活动。

在潮汕地区,中元节的重要性不亚于春节。潮汕人在此日有恤孤、祭祖、放
焰口、演戏、游灯等民俗活动。"恤孤"的对象是死前没有家属、死后没人奉祀的
无主鬼魂之类群体。潮汕地区的"恤孤"活动,虽"并不限定在七月十五这一天,
但因这一日是正日,所以会比较隆重其事。一般会由善堂或父母会等组织善信
备办三牲果品到义冢埔去祭拜与修整裸露孤骨。更隆重者,则会举行盂兰胜会,
搭孤棚(祭坛),奉上大量的三牲、果品、酒饭,以及纸钱、纸扎衣物等,还会请僧人
或道士来主祭和念诵经典"。[①] 祭品除上述物品外,还会有过去的人用来遮雨遮
阳的竹笠及衣帽等,较为富裕的地方还有活猪、活羊等。祭拜仪式完成后,主办
方便会散发实物,或编号散发竹签牌子,让观众去抢。笔者数年前曾于"鬼节"前
走访潮汕民间信仰的庙宇,所到之处,都看到入庙进香上供摆放冥纸的人们正在
为"鬼节"做着一丝不苟的准备,给笔者留下了极为深刻的印象。

在粤西的吴川乡村,七月半有"支山幽"和"支水幽"的祭奠仪式。所谓"支山
幽"则是在山岭或山坡上摆放一些祭品,燃香点烛,以此祭祀山野间的孤魂野鬼;
所谓"支水幽"则是在塘边、河边等处祭奠淹死的人。在粤西茂名的一些乡村,近
乎每家每户都会在"鬼节"当天将早已准备好的水果、纸钱、香烛、猪肉、鸡鸭,各
种点心与酒水等作为祭祀用品而献上,而祭拜的点心首选是被称为"籺"或是"簸
箕炊"的当地特有之糕点。

在茂名市郊金塘村里,几百年来一直沿袭着"鬼节"制作"簸箕炊"及"籺"的
习俗。有村民表示,做这类点心非常需要时间和耐心,马虎不得。粤西地区的
"籺",是当地人的年节必备食品,就如同北方人过年吃饺子一样不能缺少。"茂
名的籺堪称一绝,是将糯米捣成粉,并配以蔬菜、肉等简单的馅料,做成了有一定
形状和一定味道的食物,有煮汤籺、菜包籺、寿桃籺、糖板籺、灰水籺等。"[②]在茂
名,每年的七月十五即"鬼节"时,许多村子常常会出现全村人忙活着杀鸡宰鸭,
准备各种祭祀用品的盛况,只等吃过晚饭后,村里人就会以燃放鞭炮,甚至放烟
花等来祭拜祖先。

在广东各地,鬼节里有许多禁忌,有些禁忌则是几大民系都约定俗成共同遵
守的。如从农历七月初一起,整个七月内老人不办寿宴,男女不婚嫁,凡喜庆之

①《潮汕中元节七月半习俗》,http://www.yjbys.com。
②《岭南写真:粤西茂名人过"鬼节"热情堪比清明节》,http://gocn.southcn.com。

事都不要在这月举行或庆祝,更没有乔迁之事等。"如不幸有家人于此月亡故者,就不能停枢在堂,只能举行出殡仪式,而不举行'归虞'即引魂仪式,因旧俗有云'七月不引鬼入宅',这可能因七月乃普度之期,到处充斥游魂散鬼,如于此月举行引魂仪式,诚恐'家鬼'与游魂野鬼发生矛盾冲突。"①鬼节这一天,人们一般远离水塘,也尽量不走夜路或呆在黑暗中等。

广东人的鬼节信仰或习俗,体现了广东人一直以来都持守的灵魂观、宇宙观,这是一种整体和立体的宇宙观,即人们并不认为自己在这个世界中是单一的存在,相反人们是与整个宇宙、整个自然界,包括不可见也不可知的神秘力量和神秘物体构成一个整体,体现了人们"此世彼世相连,天地人鬼一体,天神地人阴鬼都要和谐共处,才能彼此相安"的思想或潜意识。死者的世界也是生者世界的模仿和延伸,所以要烧纸钱,烧纸房子,甚至还要配冥婚。诚然,活着的人在追求"人与自然的和谐,人与人之间的和谐,人身心之间的和谐"之外,还应该加上人神之间的和谐,人鬼之间的和谐。而人鬼和谐的本质或许就是人与历史的和谐,过去与现在的和谐。孔子虽说过"未知事人,焉知事鬼? 未知生,焉知死?",但孔子并不是认为鬼和死亡就不重要,而是认为要在安顿好生命,把握好当下的情况下,讨论死亡和鬼神才有根基。由于鬼和灵魂是一个庄严的话题,也由于它的神秘性和虚幻性,每一代广东人都对鬼充满了敬畏。广东的鬼文化是当地自然环境、丧葬礼仪以及宗教信仰共同作用的精神产物,它更多体现了广东人的敬畏文化传统。

俗谚云:"无鬼不成村,无狐不成庄。"鬼怪是灵之所寄,人之所托。人相信自己有灵,也同样认为异兽、老树、怪石都有灵,天上、地下、水中皆有神灵,因而组成完整的灵异世界。或许当人的想象力开阔了,活动范围可以超越村庄乡野,超越眼前世界,可以上天下地,穷极幽冥,于是"活"得就有趣味了。人神相悦,人鬼相安,天上、人间与地下都相悦相安,天界、人界与地下界这三界也就有了有序和安宁的保障,正所谓:一方人养一方神,也养一方鬼。

2. 灵就是神

社会学家马克斯·韦伯(Max Weber)把人们的社会行动分为四种类型:工具理性类型、价值理性类型、传统类型和情感类型。民间信仰的活动可划为"工具理性"一类,在某种意义上,信仰也是人们获得信心、力量与希望的实在有利的工具。

---

① 《山中野老:家乡的中元节习俗》,http://blog.sina.com。

笔者近年来在广东做田野调查的一个很深的感触就是：人们对其所拜的神祇，常常不问来路与出身——灵就是神，是神就要拜。此处的"灵"即灵验之意，人们对神的选择标准就是一个字——灵，自身觉得其灵验即可，这正反映了老百姓对神灵所抱的实际与功利态度。神人关系的功利化，是民间信仰世俗性的根本所在。当然，这情况不独广东一家，中国其他地方的民间信仰也有这样的情形。不过，"灵就是神"也决定了广东民间信仰的一个重要特点即无排他性，广东人基本不关注神祇的"产地"及渊源。（以潮汕人为例，其所拜的神灵中，来自外地的神灵蛮多的，如妈祖来自福建莆田湄洲岛，笔者还在汕头潮阳区后溪的天后庙里见到了妈祖的父母之神像、神农氏之神像、水仙爷①之神像，以及纪念韩愈的韩文公之像。潮汕善堂崇奉的大峰祖师爷是来自福建，又如潮汕人普遍的"双忠公信仰"，双忠祠奉祀的是唐代至德二年〔757 年〕为平息安禄山叛军而壮烈牺牲的张巡、许远两位忠臣，是安史之乱时保卫睢阳城的英雄，本和潮汕地区扯不上半点关系。）他们只会关注众多神祇中哪个神更灵，只要灵验，拜啥都可以，一次拜一个神灵可以，一次拜数个神灵也可以。"灵"是一切信仰行为的"指南针"。如南海神庙的"番鬼望波罗"传说的主人翁"达奚司空"，其有"助利侯"之封号，其神职就是护佑海上商业贸易的平安，帮助商贾获利。因此无论是中国人还是外国人，只要能保佑人就行。笔者在调研中亲身体会到，每到一个民间信仰场所，当地人都在设法给笔者一行讲述本地的外来神灵之如何"灵"的传说。

正因为人们拜神时的关注点在于所拜的神祇是否灵验，所以他们除了不关心所拜的神祇的来源，也不关注通常意义上"宗教"一词所蕴含的意义，如宗教的教义与超越性等层面。若是问受访者关于这方面的问题，他们总是一脸茫然，不知如何作答。他们只需知道某某神的功能或是某某神的"灵验"即可，只需知道拜之就能解决生活中的难题即可。拜一个不够，就多拜几个，因而人们可以很虔诚地在民间信仰的庙宇里焚香跪拜祈祷各路神祇：本地的神、外地的神、道教的神、佛教的神，甚至基督教的耶稣、天主教的圣母等，在人们心里都是不分高下、等量齐观，没有任何分别的。

若硬要将其区分的话，那就是谁更灵。灵就是神，神就是灵，"灵"是人们选择拜神的唯一标准，以"灵"为本位，追求的是"有求必应"。由此可见，民间信仰的功利目的，而且此目的就在今生，不在来世，更不在追求永恒。

笔者的"功利"一词在此是中性的，没有价值判断的意思，旨在说明民间信仰

---

① "水仙爷"即是上古时代治水有功的大禹，传说中与尧、舜齐名的贤圣帝王。

与人们的世俗生活密切相关,人们到庙里去烧香拜神的,无非是求福、求婚、求子、保平安、祛疾病等世俗的目的,对各样神祇的祭拜是要解决现实生活中所要面对的各样问题、难题甚或危机等。通过较为深入的田野调研,笔者逐渐体会到,广东人的信仰活动也是一种习惯性的,内化于其生活中的行为,或其本身就是一种生活方式。在广东地区,"村村皆有庙,无庙不成村"是常见的现象,即使村庙被拆了,也要重新修建起来。因为这是祖传的规矩,更是村庄的"门面""标志",而非简单地出于求神庇佑的心理。虽其不乏功利性因素,但在其背后也有一种维护、遵循传统的理念。

因此,在广东有个普遍的现象,即老村必有老庙,老庙前必有老树。老树与老庙是一个村庄拥有悠久历史的见证,有的村甚至不止一棵老树与一座老庙。村庙建在村落里,方便本村人随时去拜拜、烧香与敬神,祈求神佑。村庙无形中就成了村里的"社区公共生活空间",如同中世纪欧洲的村子里的教堂是该地方的"社区公共生活空间"一样。这种对民间神祇的崇拜是具有代际传递性的,其传递过程就内化于社会化过程中,久而久之,拜神敬神成为人们日常生活的一部分,而特殊日子如神诞、庙诞的敬神仪式活动就成为那个地区的民俗活动。

3. 神祇崇拜的复合性

广东人崇拜的各路神灵虽大多是享誉一方的神祇,但广东人并不独信也不独拜某个大神,他们常以为多一个神灵就会多一层保佑,所谓"拜神不嫌多"。换言之,某个大神既可独享和独居(如雷州有独尊妈祖的"天妃庙"),各路神灵也可合居和同处,美美与共(如雷州也有"三婆"①合敬的"天后宫",也有妈祖与众神合一的"列圣宫")。因而民间信仰的庙宇便成了佛教、道教、民间杂神多神并祀,各路神祇济济一堂的万神殿,形成了多元和谐的崇拜景观。如中山市南朗镇崖口村的庙宇群,集中建有大王庙、六祖庙、瑶灵洞府(八仙)、财神殿、观音阁、天后宫、北帝殿、霍肇元殿、星君府、元辰大殿和南海慈航庙等,这其中既有儒家推崇的忠孝贤良之士,又有道教神仙以及佛教的菩萨僧佛等。民间信仰既然无固定不易的信仰边界,便使得民间信仰能容纳百川,多神共处一殿共享香火,儒、释、道传统杂糅,相济教化。

民间信仰神祇来源多样,即便其中的某位神明,其生平神迹亦是多种文化传统的复合。以中山小榄镇的葵树庙康公为例,便可明显地发现附属于儒(无侍主

---

① 在雷州半岛及其附近濒海地区,妈祖还有两位义结金兰的妹妹:日月灵通招宝夫人、青惠夫人,雷州人合称这三位女神为"三婆",供奉"三婆"的天后宫有的被称为"三婆庙"。

帅、忠勇)、释(投胎转世、菩萨)、道(瘟王统帅、苦行修道)的诸多传说集合于一身。这其中虽多有相互矛盾之处,但民间仍津津乐道,不以为忤,反倒欣然接受。正因如此"宽容"的性格,民间神明在广东几大文化体系中左右逢源,并最终立足于乡野民间,造就了正统之外的主流地位。

神祇崇拜的复合性还体现在前述的对鬼怪的虔信上,广东民间的鬼怪信仰可谓源远流长。《史记》中就有"粤人俗信鬼,而其祠皆见鬼,数有效"之记载。在广东明清时期的府、州、县志的杂录部分,均有关于鬼怪的记载,这些鬼怪或为善,或为恶,或预兆吉凶,种类不一,行为各异,如有的具有常人不具备的能力,如身怀绝技,如复仇等,这使得广东人在日常生活中总是对鬼神保持一定的敬畏之心。

广东民间信仰中的神祇虽斑杂但却并不凌乱,反而自成系统,和谐共生。一般而言,广东民间信仰多神共处一庙,一村多庙的现象比比皆是。这些出身殊途、神缘不一的神祇在同一空间共享香火的同时,亦构建起有序且良性互动的崇拜共生系统。此种宗教生态建立在主神、下属神、陪祀神等诸多神际关系的基础之上。

同一村落不同庙宇中的神祇亦通过"神亲"关系建立起神界家族体系,从而把俗世等级及其伦理秩序移植于神明世界,维系着多神之间的和谐共存。如中山开发区濠头村中的诸多庙宇、神祇结成了有机的关系网络,构建起一典型的宗教生态,此地分别有以康王、天后、北帝为主神的庙宇群(现今天后庙已被拆,不复存在)。在康王庙中,正殿中央供奉的是康公,上面悬挂有"康公真君"的匾额,左殿供奉的是金花夫人,右殿供奉的是牛大王将军,金花夫人、牛大王将军是康公的陪祀神。在金花侧殿中,两排塑有十八奶娘像,她们作为金花的下属神,具体掌管从出生到蒙学期间幼儿的日常生活。在北帝庙中,北帝作为主神供奉在主殿中央,两侧的陪祀神分别是金花夫人和观音。其中在观音侧殿中,韦驮菩萨作为下属神被祭拜。值得注意的是,在北帝庙、康王庙中或附近分别建有佛堂,北帝庙中的佛堂还有当地妇人身穿缁衣,口诵经文,虔诚礼佛。如此,以康王、天后、北帝为主神,以金花、牛大王将军、观音为陪祀神,以十八奶娘、韦驮菩萨为下属神,建立起一处颇为完整的神祇崇拜系统。

有趣的是,当地人又把康王、天后、北帝视之为兄妹关系,康王是兄长,天后为排行居次的二姐,北帝为三弟。如此一来,村中三位主要神明结成了家族亲属关系,根据世俗的血亲,三者之间的等级关系亦明朗可见。当然,此种神明关系背后乃有儒家宗族体系为支撑。郑氏为当地的大姓,在北帝庙附近便有郑氏祠堂。三位神明的兄妹关系很有可能是郑氏族群兄弟长幼关系的反映。

与之相像的神际关系在广东地区随处可见，如天后的下属神顺风耳、千里眼等，文昌、财帛星君作为许多神庙中的陪祀神在诸多庙宇中占有一席之地。更有好事者，为神明拉线结缘，配为夫妻神明：如东岳庙中，东岳夫人陪祀其右；三山司马侯王庙中，司马夫人亦位列其中；甚至民间社公神坛，亦有土地公、土地婆并列供人祭拜。上述诸多神亲关系把原本各不相干的神明编织成一较为有序的体系。在此系统中，神明各就其位，各司其职，共同回应信众的诉求，亦共同接受信众的敬拜，共享香火。这种开放的，互动的共生互存结构造就了广东民间信仰多元和谐的宗教崇拜景观，这也许是中国汉民族民间信仰最为显著的特征。

经过人们长期且无意识地将传统信仰的神祇和各种宗教的神灵进行反复筛选、淘汰和组合后，广东民间信仰的神祇体系实则形成了一个看似杂乱实则有序（排列有序体现在不同的神灵满足人们不同方面的需要）的神祇信仰体系。神祇因为人的需要而存在，也因为人的多种需要而有多神的存在。因此，根据所求而去不同的神庙敬拜，或在同一神庙里拜不同的神祇是再自然不过的信仰方式。

要说明的是，民间信仰的"多神性"似乎也形成了一种看似较为稳固的多元性的"拜神"景观，构建起民间信仰内部的较为平衡的生态系统，避免了一神独大局面，这或许也成了一种促成民间社会众神和谐、人神和谐的重要机制。

民间信仰中的各位神祇也颇有人情味儿，他们对善信有求必应，自然人们也对其感到亲切实在。人只要"心诚"，就会得到神祇的护佑，而"心诚"的外在表现就是祭拜的仪式。其所求无非是家人平安、身体健康、家庭和睦与学业、事业顺遂等等实际问题，而这也是民间信仰的实际有用的最突出表现。当然，这种"实际有用"正是民间社会拜神的目的性所在，这种浓郁的"世俗"与"功利"色彩常遭人诟病，认为如此"拜神"与对超越性的，对彼岸性的真正的"宗教性"的追求无关。其实，中国的民间信仰本来就没有所谓的此世与彼世的区别，在这点上不同于一神教宗教信仰的两个世界之分别。

通过近几年的田野调查，笔者逐渐认识到：民间信仰及其活动本身对广东人而言也是一种生活方式的体现。理由如下：其一，中国人自古以来生活多艰，尤其是对生活在岭南之地的人而言，其总体的开发总是比内陆要晚。古代多为"瘴疠"之地，如古代珠江三角洲境内河流、沼泽中鳄鱼游弋，山上野兽出没，常常伤及人畜。潮汕人总存在地少人多的情形，要么面对大海，不得不向大海讨生活，如客家人与粤西人，脚下是山岭丘陵与荒林之地，毒蛇猛兽横行，生活之艰难不言而喻。另外，岭南之地与中原相比多雨，潮湿温热，蚊虫肆虐，山区瘴气弥漫，常常被北方人视为令人生畏与恐怖的"瘴疠"与"蛮夷"之地，容易滋生各种怪病和奇难杂症，又因从前人们常常缺医少药，人口自然死亡率颇高。当草药或药石不能见效时，人们则以为上天或不可名状的神祇能主宰万物，于是神明成为了他们依靠的精神力量，人们不得不求助神鬼。这类记载在古书里屡见不鲜。《双槐岁抄》一书曰："南人凡病，皆谓之瘴。率不服药，唯事祭鬼。"而《舆地纪胜》则云："士人遇疾，唯祭鬼以祈福。"《金志》中也说：岭南人"疾病辄饮水，重巫轻医药。"《兴宁县志》上记载："病鲜服药，信巫觋，鸣锣吹角，咒鬼令安适，名曰跳茅山。新迁后或一月，或半月，延道士于家，终夕诵经，谓之妥龙神。"可见有时流行疾病或瘟疫的出现也是导致人们容易尊神拜鬼的重要原因之一。

其二，广东人对神祇的"敬拜"中隐含了其对生活无常的忧虑。正所谓"礼多人不怪"，神亦不怪，因此拜神不过就是求个心安。人们也没什么非分之想，所祈求的，不外乎是家宅平安、老少健康、日子平顺而已。神祇若允准，则必到庙里装香还神，酬谢神恩。祭拜神祇的行为本身承载着人们对美好生活的追求。人们希望借着信神拜神来保佑自己和家人在不可抗拒的灾祸前能逢凶化吉，吉祥平安。

对大部分普通百姓而言，靠诸神来庇佑是对不可测的天灾人祸与各种不可抗风险的一种有效防范，如土地神保佑五谷丰登及家宅平安；财神爷保佑日进金银；文曲星保佑自家后人文才显略；关公保佑自己能逢凶化吉，免受血光之灾；妈祖能保佑出海平安；观音菩萨、吕洞宾、黄大仙等神仙保佑自己和家人远离各种疾病等。总之，诸多神祇得到广泛地祭拜，意味着广东人相信通过此途径能把不能抵抗的风险"神化"地处理掉。这种祈盼受神祇庇佑的平安理念，正是说明了以往人们生活得过于艰辛，也说明了人们对改善当下自身生存环境与提高生活品质的执著追求。

现代人的生活虽说比前人好了许多，可谓是有着天壤之别。但每个人仍然要面临生老病死，面临不可预测的人生灾难和无法解决的人生困境与窘境等。科学技术的进步虽带来人类生活的持续改善，但并不能彻底解除人们对生活的忧虑与对不期而至的未来的恐惧，还有对美好生活的期盼，因而"拜神"就有了深层的心理基础。对超越性的及对彼岸性的追求是宗教精神的体现；借着"拜神"来克服恐惧，实现自己心中的愿景何尝不是宗教精神的体现。只要在这个过程中遵纪守法，不损害国家和社会的和谐安宁以及他人利益，民间信仰的这种"世俗"与"功利"色彩或许也应得到理解与尊重。

第二节　广东民间信仰的主要仪式传统

广东地区的民间信仰有很浓郁的生活气息。从前在广东,特别是乡村地区,新媳妇进门要学的第一件事,就是学拜神,由长辈手把手地教拜神的顺序。哪怕是家里的敬拜仪式,也是有规有矩,不能随便,而特殊日子里的集体拜神仪式,更是有仪有式,有章可循,不能乱套的。"民间信仰的集体拜神仪式体系包括:庆典、庆宴、出行、众神序列、打醮、庙宇设置、祭祀圈、祭祀资格、众神出行路线等,这个仪式系统可谓是民间信仰里面最发达的系统。"①

民间信仰仪式的最早来源应是原始信仰中的唱歌、舞蹈与巫术。人们相信通过这些方式可以使得看不见摸不着的"灵"与人类进行沟通,在沟通中达成人类的愿望。对民间信仰来说,仪式是信仰活动中必不可少的实践,起着沟通神、人、鬼三界的重要作用。民间信仰的仪式并无一种固定形态。在广东地区,民间信仰的仪式按照地点和规模的划分大致可分为如下三种:

一、家庭的日常敬拜

家庭敬拜是大部分广东民众日常生活中的一部分。广东人一般在家中设置专门的地方——神龛,来敬拜神灵,神龛中供奉着祖先和主人认为对其家庭重要的神灵。如在广府人家中最常见的神灵有以下几种:

首先是"天官"神位,又称为"天帝",一般神位上都会写着"天官赐福",并供奉在能够看见天的地方。因此,农村居民一般设置在天井或者天台上,城市居民设置在阳台上并且镶嵌进墙壁之中。② "天"自古代以来对于中国人就有深刻而重要的意义。宗教现象学大师伊利亚德说过:"无须考察神话传说,只要抬头仰望天空就能直接揭示一种超越性、权能和神圣性。只要遥想天穹就可以在原始人的心灵里面产生一种宗教经验。"③古代帝王把自己说成是"天子",一切的威严与权力都是来源于"天",祭天也成了皇帝的专属特权,老百姓并没有拜祭"天"的权

---

① 《高度仪式化:明清岭南民间信仰的创造》,http://theory.southcnn.com。
② 参见吴智文、曾俊良、黄银安:《广府平安习俗》,广东人民出版社,2013年,第147页。
③ [美]米尔恰·伊利亚德著,晏可佳、姚蓓琴译:《神圣的存在——比较宗教的范型》,广西师范大学出版社,2008年,第35页。

利。但因为"天"上的神灵太多,所以广东人就简单地以"天官"作为天神的总指称。"天官"对于广府人的家庭而言是不可或缺的神灵,但凡重大的节日拜祭,人们必以香烛纸钱与酒肉供奉,好生伺候,祈求"天官"赐福于本家本户,就连平常的初一、十五也会供奉清香三炷,果品若干,更有笃信者每日上香以求家宅平安,事事顺心。

其次是"门口土地财神"①,这是人们家中必供的神祇之一。土地神在民间除了是与土地相关的神祇外,还被视为是福神与财神。在广府人家的门口除供奉了"门口土地财神"外,家中也许还会有一个"五方五土龙神,前后地主福神"。这两个神位有点像是搭配着供奉的意味,都是与土地神有关,管的是家宅的平安、福气与财运。土地神供奉在门口,人们希望土地神能够挡煞驱邪,保家宅平安。自古以来,注重安居的中国人,不论时代怎么变化,居所的安定是他们首先考虑的,而保护居所的神祇土地神必然也会被人们所崇拜。

再次是"灶君"。"灶君"作为广府地区百姓家中有神位的神祇之一,主要体现的是人们最淳朴的家庭幸福美满的愿望。"灶君"的拜祭源自于古时候人们对火的崇拜,再后来传说灶王爷每年腊月廿四要回天庭向上级报告这一家人的善恶,所以到现在人们腊月廿三仍然进行"谢灶"。

最后是家中杂神。广府人家中供奉的神祇除了上面所讲述的外,还有就是供奉适合自己家的神灵了。在杂神当中最受欢迎的神祇应该是观音、关公、文昌帝等等。杂神的供奉也最能体现家庭的需要,像商家一般喜欢供奉关公,辟邪挡煞并且还是武财神;观音一般会保佑平安和子女,是一般家庭的首选;文昌帝则是保佑子女学业和事业。杂神的供奉多种多样,符合人们的实际需求才是一切信仰供奉的基础。

家中供奉的神祇每逢重大的节日或是初一、十五都会受到家中人的祭拜。大的节日如春节、清明节、中秋节等,人们都会专门供奉香烛纸钱、酒肉与水果等来拜祭祖先和家中众神,这是广府地区家中女性的分内事。另外,在每月的初一、十五,人们亦会给众神上香以表敬意。家庭供奉的仪式虽不甚正规,也较为简单,但体现的是百姓对家庭生活平安美满的憧憬与向往。

二、平常日子中的入庙敬香

此处的"平常日子"指的是每月农历的初一与十五,对无论是广府、客家、潮

---

① 参见吴智文、曾俊良、黄银安:《广府平安习俗》,广东人民出版社,2013年版,第149—152页。

汕还是粤西地区许多虔诚的信众而言。每月农历的初一与十五除吃素外,还要去就近或心仪的庙宇(不管是佛教还是道教还是民间信仰的庙宇)敬香拜神,祈福求安。所以这两日对于民间信仰的庙宇而言也会是较平素要热闹得多的日子。

一般而言,人们会事先准备好水果、糕点、茶、酒等供品。进了庙宇后,人们会将供品恭敬地摆在供奉台上,手上拿上香烛,跪在参拜的垫子上,一边叩拜一边祈祷,叩拜三次后起来把香插在香炉上,再在旁边的香油箱里添上香油钱,这算是上香的基本流程。当然也有一些更加笃信神明的信众会在庙中进行问卜、求签等活动。燃香拜神是人们日常生活中与"神"沟通联系的最简便最直接的仪式。燃香最早或是由于香料的香气会因为燃烧而挥发,使人感受到愉悦与享受,因为上古时代就把有香气的物质用来敬神明及祭祀等,渐渐地,燃香敬神也成了入庙必行之规,必行之礼。俗语说,"入屋叫人,进庙拜神",可见进庙拜神已经如同入门打招呼一样是一个习惯了。在笔者的田野调查中,每进到一处民间信仰场所,常常都是烟雾缭绕,民间庙宇中最能引起人注意的,除了神明的塑像,就是雕刻精美的铜质香炉。若要知道这庙是否灵验,看里面香炉的大小以及里面插着的香脚就可知一二。

需要说明的是,平常日子中也包括了不是初一、十五的其他日子,这就根据各人家里的具体情况而定。如家里遇到什么重要或重大的事情,亦可随时去庙里向神祇拜求、问卜或求签等。

人们常把民间信仰中的人神关系理解为人神互惠,这或许有一定道理。作为个体而言:人祭拜神,神保佑人。人祭拜神是将个体和家庭的在世生存与发展的风险转移给自己信任的神灵,神保佑人是人在跪下去祭拜的那一刻就已经从神那儿得到了某种预期效用或心理安慰,生活中的焦虑与压抑等得到某种程度的释放。但从神那儿得到了预期效用或心理安慰的情况因人而异。有人确实如上所言,通过祭拜得到了预期效用或心理安慰,而有人的祭拜或祈求神灵保佑的行为只是一种日常行为与生活习惯,这是历史的社会传统与记忆使然。同时也有人的祭拜或祈求神灵保佑的行为(卜杯、算命与参加神诞等仪式活动)只是一种"从众"心理或满足自身好奇心,后两种人其实对神灵的回报预期并不太在意。

三、特殊日子中的游神赛会

游神赛会是民间社会中一种集信仰、民俗与娱乐于一体的人神互娱活动。

粤地的神诞之多与游神活动常常令人啧啧称奇,清人吴震方编著的《岭南杂记》中有这样的记载:"粤俗最喜赛神迎会,凡遇神诞则举国若狂。余在佛山,见迎会者台阁故事,争奇斗巧,富家竞出珠玉珍宝,装饰孩童,置之彩舆,高二丈,陆离炫目。大纸爆俱以缯彩装饰,四人舁之,声彻远近,中藏小爆数百,五色纸随风飞舞如蝶。闻未乱时更盛,土人颇惭此会殊寒俭矣。"[①]据《顺德县志》载:"顺德的演戏酬神活动由来已久,康熙年间便已相当盛行,'演戏赛酬者多'。"

游神赛会一般与神诞相关。广东因神多神诞自然也就多了。广东的不少地方,几乎从岁首到岁末都有各种各样的神诞。但并不是每个神的神诞都要举行游神赛会,而是看神的身份或地位之显赫所定。有的神诞只是半天或一天,有的则持续几天。神诞自然各有不同的地方特色,如广州有波罗诞、金花夫人诞,佛山有北帝诞,潮州则有青龙庙安济圣王诞,粤西则有洗太夫人诞等。

笔者以佛山市的顺德区为例,列举几例他们的游神赛会节日:

顺德是佛山市五个行政辖区之一,位于珠江三角洲中部,北临广州,毗邻港澳,面积约 806 平方公里,前面已有提及,顺德下辖大良、容桂、伦教、勒流 4 个街道,包括陈村、均安、杏坛、龙江、乐从、北滘在内的 6 个镇,常住人口二百五十多万。顺德一带自古就是物华天宝、经济发达的富庶之地,因而其岭南文化积淀深厚,民间信仰传统源远流长。在此,大多数神灵的神诞,都成了规模较大且影响广泛的民俗节日。据统计,顺德区内每年约有一百一十六万善信参与各类民俗祭祀等活动。时至今日,除举行传统的拜祭神祇与祈福的仪式外,政府和当地民众也更加重视仪式中的相关传统文化,尤其是非物质文化遗产的保护与传承,不断提升和丰富传统民俗活动的内涵,加进新的与时代相关和更加吸引年轻人的元素,有多项民间信仰活动现已被列入非物质文化遗产的项目。

表六 顺德被列入非物质文化遗产的民间信仰活动

活动名称	活动地点	何级非遗
观音开库	容桂白莲池观音堂、龙江观音阁等	省级
龙母诞	杏坛龙潭村	区级
关帝出游	均安"十三乡"	区级

---

① 吴智文、曾俊良、黄银安:《广府平安习俗》,广东人民出版社,2013 年版,第 132 页。

1. 容桂观音开库

每年农历正月廿六,即民间传说的"观音开库"日,也是顺德最为隆重的观音民俗活动日。每逢此日,容桂的白莲池观音堂、龙江镇锦屏山的紫云阁和龙江镇龙峰山的观音阁前都会举行一年一度的祭庙活动,信众们会兴致勃勃地前来观音庙虔诚祈祷,并兴高采烈地举办生菜会、烧大炮、转风车等一系列民俗活动。相传此日是观音娘娘一年一次查点钱库的日子,子时(即夜间11时至次晨1时)观音菩萨会大开金库"借钱"给有需要的信众。信众通过各种仪式,可求财运畅通,祈求新的一年一切都好。

图四　容桂观音开库活动现场

"'观音开库'当日,观音堂内会设有几个像房子一样大的金库,库内有取之不尽的金元宝,借库者拿着一把金光闪闪、特制的金钥匙,来打开金库大门,伸手进去取一个金光闪闪的金元宝。取到元宝的金额越大,新年财运越旺。当然,在借库前需要准备给观音的衣宝、香烛等供奉神灵,且要在还库后才能借新库。"①据说在观音开始开库的时辰之内,能点上头炷香的人就一定能得到观音所送出的一年最好的运气,这个无疑对人们争点头炷香有巨大的吸引力。这就使得每年正月廿五晚上十一点起,前来顺德容奇大桥下的观音堂转风车、扔生菜、上大香的香客摩肩接踵、络绎不绝。转风车意为"转运",生菜则为"生财"之意。据统

①《观音开库》,http://www.sc168.com。

计,容桂的"观音开库"在顺德乃至珠三角地区的影响力较大,除了容桂本地居民外,还有佛山其它镇区、广州、中山、江门等珠三角地区的市民来参加,甚至不少华侨也会特意赶回来参加。据近年来的不完全统计,每年参加的人数均达到十多万人次。

随着人们生活的日益改善,现如今前来参加"观音开库"的民众,其动机已不仅局限于"借库",更多民众是抱着行善积德的愿望前来祈福。近年来,"观音开库"这一民间信仰活动已与慈善义卖、慈善捐款等有机地结合在一起,容桂慈善会携手容桂敬老院等七所福利机构,义卖吉祥风车、鲜花、祈福信物等,并设置现场捐赠点。千禧广场和观音堂两处筹得的善款都将用于容桂困难家庭和个人重大疾病帮扶,以及各级福利机构助残、助老事业。容桂"观音开库"融入了许多慈善元素,得到了市民的大力支持,进一步延伸了民俗活动的文化和慈善内涵。

2. 龙潭龙母诞

每年五月初八,顺德杏坛龙潭村迎来一年中最重要的民俗节日——"龙母诞"。在这天里,龙潭村热闹非凡,巡游队伍鼓乐齐鸣,龙舟说唱等传统民间艺术让人目不暇接。而与此同时,还有来自五湖四海的龙船在水上巡游,一并竞渡,好不热闹。来自顺德各个镇街及周边地区村落的近百只龙舟汇聚到龙潭村拜祭龙母,掀开端午以来镇内最热闹的一幕。

"龙母诞"当日从早上到中午,龙母庙一直香火不断,来自各地的龙舟负责人们拆卸下各自龙舟的龙头和龙尾走进龙母庙拜龙母祈福,而后回到龙舟开始自由巡游。当天下午 1 点钟,这种热闹达到高峰,近百只龙舟齐聚一起开始集体巡游,狭窄的河涌上,龙舟拥挤穿梭,一旦相逢便相互泼水以表祝福。当晚,龙潭村还举办了盛大的龙舟宴,四千多桌的"龙舟饭"遍布 24 个村小组的大街小巷,掀起了龙母诞当天的又一个高潮。

龙潭"龙母诞"至今已有七百多年历史,现如今龙潭村还在"彩龙竞渡、洗龙舟水、龙船朝拜、吃龙船饭、龙母放生祈福"等民俗活动中加进了现代体育竞技的元素,并将"龙母诞"纳入龙潭水乡文化节,使更多年轻人参与并了解、热爱自己乡土的民俗文化。庙诞当晚会进行拍卖龙母庙头炷香、书画慈善拍卖等活动,使众多热心人士借助这一契机慷慨解囊,共谋公益慈善,弘扬大爱。2015 年的"龙母诞"慈善拍卖就筹得善款三十九万余元。传统的民俗文化经政府引导,与基层精神文化建设、公益慈善融合,焕发了勃勃生机。

3. 均安关帝出游

均安关帝出游起源于一个传说。相传在宋代的某个时候,不知从哪来的一

图五　杏坛龙潭龙母诞活动现场

位驿丞背着关公灵牌前来南方上任，他将关公供奉于均安的驿站内，此后均安乡民便有了每年祭拜关帝的习俗。当时村民除了敬重关帝的忠义勇敢外，还有祈求关帝保佑的意思。因为当时均安的乡民们饱受江河洪涝之苦，从而希望关帝保佑能风调雨顺，生活平安。

"关帝出游"被称为顺德历史最长且规模最大的游神活动。出游日期定在农历的九月初四到九月十二，整整持续9天时间。届时，均安镇各村的人们会各以锣鼓柜为单位，抬着关帝与侯王銮舆游遍整个均安镇。"关帝出游"，不仅是珠江三角洲范围内极具影响力的传统民俗活动，更是保留了顺德防洪、耕作历史记忆的重要民俗活动。均安人都说这一段日子比春节更为热闹与隆重。早在农历八月，均安镇的村民就开始为即将到来的出游做准备，到了九月初四那天，均安镇人民都如同过节一般的开始忙碌起来，海内外的亲友也会赶回来参加这一年一度的盛会。人们聚集在均安镇三华村供奉关帝与侯王的帝王古庙准备迎接关帝与侯王出宫。

中午12点整，几百位村民集中在帝王古庙外面，关帝出游的第一个环节是"起宫"。"起宫"就是把庙里的关帝与侯王请出来，抬到銮座上。然而，这不是一件人人都能做的事情。按照当地习俗，"起宫"的工作往往会落到村里德高望重的长老身上。当地村民介绍，以往"起宫"的人选一般是家中有四代同堂的长者。他们将手捧关帝与侯王神像，然后把关帝与侯王放入准备好的銮舆里，两顶300多斤重的帝王銮舆在十多位壮汉的呐喊声中缓缓抬起，帝王巡游正式开始。

图六　一座銮舆要十多个男子才能抬动

"起宫"环节完成后,当地村民自觉地组成出游队伍。出游队伍有男有女,根据相关人士介绍,出游队伍中的男女分工也有区别。女性一般负责祭祀,为此,参加出游的妇女们须头戴大小统一的草帽并且在上面插着黄皮树叶,身穿统一颜色的上衣,手执一柱燃香,下身穿着红色丝绸花裙子。男性则负责抬关帝与侯王的銮舆,举着锦旗、罗伞,敲锣鼓柜等重活。值得人们关注的是,仪仗队伍竟然仿效古代帝王出巡的形式,由敲响十三下的头锣开道,领头的是上书"三军司令"的大旗,大旗约有三丈来高,在风中飘杨,随之后面是色彩鲜艳的各色彩旗迎风招展,紧接着是十多个被高高举起的牌匾,牌匾上刻有"肃静""回避""污秽勿近""威武"等字样。接着又是二十多顶五颜六色,刻有刺绣的大罗伞,这些罗伞上还有"八仙过海""百鸟朝凤""麻姑追舟"等与民间信仰相关的图画,罗伞上不知为什么还镶有很多小镜子,小镜子在阳光的映射下闪闪发光。高举罗伞的罗伞手们则身穿雍容华贵的统一古装服饰。由8个身强力壮、体格高大的青年抬着的是关帝、侯王端坐的两座銮舆,銮舆有节奏地上下颠动。紧接着是抬着铜香炉、香案的队伍,行香的队伍,也就是头戴草帽跟随巡游队伍走在后面的妇女们。

接近千人的出游仪仗队伍从三华村出发,青壮年抬着关帝侯王分别端坐的銮舆,举着精美的彩旗,敲着锣鼓柜走街串巷。出游所到之处,商户点着长长的大鞭炮,震耳欲聋,热闹非凡。在商铺前,店主人更是摆设香案供品,如烧猪肉、鸡、水果、饭、茶、酒等等来迎接关帝。笔者在出游中曾经看过有商家甚至供放了

图七　巡游队伍浩浩荡荡行进

图八　队伍后面跟随着一众盛装打扮的妇女

一整只估计有几十斤重的烧猪，由此可看出人们对于关帝侯王巡游十分重视。在行进途中，不断有人跑来，往锣鼓柜上的香油箱里塞红包。在均安，还有送福的说法，在出游队伍经过的商铺或是住家，出游带头人会带着队伍走进大门去"入门送福"，人们抬着关帝与侯王入门去巡一圈，象征关帝与侯王来到你这儿给你送来福气，驱除邪魅。此时，主人和商家会把早已经准备好的红包塞进香油箱或交给巡游队伍中的人由他们代替塞进香油箱。

"关帝侯王巡绕均安镇十三乡，其路线是：初四起驾，出三华村，经豸浦、上村,到福岸,在张氏大宗祠歇宿;初六起驾,离沙浦,经豸浦,入菱溪,在陈家祠歇宿;初七起驾,离菱溪,经太平圩和南面,入村外,在冯氏大宗祠歇宿;初八起驾,离外村,经渡江,入矶头,在李家祠歇宿;初九起驾,经桥头,入沙头,在黄氏大宗祠歇宿;初十起驾,离沙头,入仓门巷心,在李家祠歇宿;十一起驾,到仓门土庙,在松隐欧阳公祠歇宿;十二起驾,离仓门,经均安圩,入三华,回銮古庙。"[①]如此盛大的出游活动,旅居海外或者他乡的亲人,都会在这一天纷纷回乡参加庆祝活动,加入游行队伍,外来务工人员在长年累月的熏陶下,也会跟随队伍来热闹一番。

出游的重头戏发生在农历九月十二日。在那天,出游队伍将会巡游半个均安镇。出游队伍经过时,市民要盛装打扮,以最美好的形象迎接关帝与侯王。出游路线亦会经过李小龙的故居。据说当年李小龙的父亲是戏班出身,也曾是出游队伍一员。但"关帝出游"的和谐精神,有没有由李小龙的父亲传给他,就不得而知了。

古人举办迎神赛会的初衷是祈求村落社区风调雨顺及四季平安。均安的关帝侯王出游则已举行了一百六十多年,据说人们一开始是敬重关公的忠、义、仁、勇与祈求晏公侯王保佑当地乡民出入平安,后来传说关帝出游有效地停止了乡村间的纷争,所以关帝与侯王出游就一直受到了乡间众老少的追捧。

笔者在两年前的一次"关帝出游"中,曾随机采访了一位七十多岁的杨婆婆。她跟笔者表述了因腿脚不方便而不能参加出游的遗憾,她说到前两年腿脚还利索时常不顾已经七十多岁的高龄仍然跟随出游队伍穿街过巷,言语中有深深的骄傲。另外一位陈婆婆在迎接关帝回宫的路口上跪了下来,她提到自己因为身体原因不能跟随关圣帝,那么迎接他回来的时候更加要跪下来表示自己的歉意与欢迎。笔者在参加出游前尽管已做了大量的功课,但当自己身临其境时,仍不时有时空穿越之感,尤其当见到两道醒目地打着"建设幸福广东,打造文化强省"的彩旗时,颇有一种"今夕何年,身在何方"的眩晕之感。在这场古代与现代相交织的庙会盛宴中,笔者也深切感受到了广东民间信仰的悠久传统、丰富内涵与当代魅力。再多的读书读文献真还比不上来一次实地的考察与感受。

又如潮汕地区每逢神祇的诞辰,如关帝、妈祖、玄天上帝、风雨圣者、三山国王、城隍、土地公等的诞辰,其庙宇所在地都会举办相应的祭祀活动,并请来当地剧团演大戏。以潮汕地区普遍的妈祖信仰为例,潮汕地区各乡村,皆有祭拜妈祖的大

---

① 陈彦:《文本以外的"锣鼓柜"——以顺德均安地区为例》,《文物鉴定与鉴赏》2018年第3期。

型群众性活动。除平常民众单独或结伴进庙烧香外,大型活动时间是在春节、元宵和"妈生"(即妈祖生日,农历的三月廿三日)时。每逢这三个日子来临时,潮汕各乡村皆有出游妈祖神像的大型群众活动,尤以妈生节的游神活动最为隆重。

以汕头潮阳的后溪天后庙为例,后溪天后庙位于潮阳棉北街道后溪古渡,始建于明洪武初年,其香火是从福建湄洲天后祖庙分灵而来,至今已有六百多年的历史。近年来在妈祖诞这天,这里都会举行大型的祭祀活动和文艺巡游活动(笔者有幸见识过其中的一次),其出游活动的仪式大致是:先是妈祖神像在天后庙起驾,出游队伍浩浩荡荡从天后庙所处的后溪古渡出发,跟妈祖一起出巡的还有后溪的财神、水仙爷①等神明。两千多人组成的游行队伍伴随着妈祖銮驾出游。礼炮声声,锣鼓阵阵,标旗猎猎,前呼后拥,规模宏大。随着妈祖神像出巡的还有各种文艺民俗表演,如醒狮队的醒狮舞,少年武术队的武术表演,英歌队②古装扮相成梁山好汉一百零八将的表演。此外,还有五凤旗队、标旗队、纱灯队、笛套大锣鼓队③等的表演,很是壮观,令人目不暇接。队伍所到之处,观者如潮,这种出游据说有时甚至要历时十多个小时。

每年农历正月、二月,潮州各地都有游神(迎老爷)的习俗(其实广东各地在每年的正月,都有民众自发进行的各种消灾祈福的民间信仰的祭拜活动,而游神当然是消灾祈福的主要祭拜活动),游神活动也称为"老爷节",这是潮州城乡特有的节日。自明清以来游神活动就在潮州一带相当盛行。改革开放以后,随着人们生活的日渐改善与日渐富裕,潮州各地的游神活动也随之活跃起来。尤其是潮州城里的游"安济圣王"是格外地隆重盛大,游"安济圣王"时,一般庙祝们都会先掷"杯茭"选择吉日,所谓吉日,一般都在元月二十三或二十四日。择定日子后,大家就各司其职,去分头为游神做各样准备。

① 潮汕地区有水仙庙供奉水仙爷的传统,水仙爷即是上古时代治水有功的大禹,是传说中与尧、舜齐名的圣贤君王。潮俗沿海都有水仙爷庙,可能是由于该地与水的关系太密切之故。
② 这是在潮汕地区流传久远的广场舞蹈或游行舞蹈,这种舞蹈形式融汇了戏剧、舞蹈、武术等成分,其舞蹈内容主要有二:一是梁山泊好汉化妆卖艺攻打大名府,营救卢俊义;二是梁山泊英雄化妆劫法场救宋江。可见英歌舞主要是借梁山泊好汉的英雄故事来表演的歌舞,所以表演者一般最多不超过108人。也有学者认为,英歌舞的产生与我国古代所进行的春季驱傩仪式有相当密切的关系。
③ 潮汕笛套音乐源远流长,源于南宋,属于套曲式音乐品种,以笛、管、笙、箫为主奏乐器,配以三弦、琵琶、古筝和其它弦乐、弹拨乐等,领奏乐器大笛(横笛)是28节大锣鼓笛。笛套古乐基本上属于原汁原味的古代宫廷音乐,它从曲式结构到旋律进行,都保留着宫廷音乐的风韵。其风格特点是古朴、庄重、典雅、幽逸、清丽、悠扬,具有浓厚的中国民族传统色彩。"潮阳味"的吹奏方法,构成了潮阳笛套音乐浓郁的地方特色。潮阳笛套音乐被誉为"盛开在岭南永不凋谢的华夏正声"。2004年,潮阳被命名为"广东省民族民间艺术(笛套音乐)之乡"。

游神的基本程序是：首先，是游神前的"洗安路"，这也是为正式游神做准备。"洗安路"的队伍前头是马头锣，后面是"肃静"和"回避"仪仗，并沿着即将规划好的出游路线行进，敲锣宣布出游日期。"洗安路"的目的一是为了扫清路障，驱除妖邪；二是提前通知各家各户。各家各户在知道出游的具体日期后，便纷纷大扫除，准备五牲，蒸做甜粿、红桃粿、发粿等，购买香烛、元宝、鞭炮等①。

其次，当然是游神的正式日子。到了这一天，人们便聚集到青龙庙门前鸣放礼炮。"鸣放礼炮后，将安济王爷及'大夫人''二夫人'的神像请进銮轿，然后举行'拜起马'仪式。仪式完成后，由几名大汉抬神轿游行。游行队伍最前面是马头锣、十六对绫罗绸缎描金绣银的五彩大标"②，并挑选俊男靓女扛标，上书"国泰民安""风调雨顺""四海升平""合城平安""财丁兴旺"等吉祥祝语，"接着是安路牌'肃静''回避'和八宝法器；接着由一长者着长衫马褂双手捧着小香案，再接着是二十四对锡香炉；后面才是'安济圣王'的第一乘轿，'大夫人''二夫人'的第二、三乘轿"。③ 跟着是化妆游行队伍，化妆人物往往是按戏曲故事来装扮的，"然后便是十三班潮州大锣鼓。每班有三或六面彩标、一面大鼓、八面锣、两双钹、亢锣、月锣、小钹、钦仔、深波、苏锣、大小唢呐、二十八节大笛、扬琴、古筝、木琴、云锣、大宛、大提胡等等。神轿经过路段，各家各户都会在门口设祭"。④ 游神队伍望头不见尾，异常壮观。

潮汕地区的神诞之日与游神赛会期间，常常还会请潮剧团演出至深夜，有时还会连演数夜，免费供广大乡民欣赏。每年的游神活动，对潮州音乐、潮剧的普及和提高都起了一定作用。潮州音乐中有相当一部分属于古庙堂音乐，专供人们祭拜神祇时使用，这些乐曲的曲调多是高洁雅致，甚是悠扬婉转。而潮剧向人传递的多是"善有善报、恶有恶报"等最朴素的道理，正是这些通俗易懂的道理，成为乡人村妇约定俗成近乎牢不可破的价值取向，成了维系裨益于乡民和睦团结的价值标准，并寄予着人们对美好未来的向往和对幸福生活的憧憬，如此才能百演不衰、百看不厌。

再如粤西独特的每年都要举行的民间游神活动——年例。该活动举行时，寓意着庙里的神祇出来巡视民间疾苦，关怀百姓了。"年例"顾名思义，即"年年有例"，类似闹元宵，但又有所不同。年例最早起源于何时已不可考，至今也无定

---

① 参见《潮汕习俗：信仰活动》，http://www.csfqw.com。
② 参见《潮汕习俗：信仰活动》，http://www.csfqw.com。
③ 参见《潮汕习俗：信仰活动》，http://www.csfqw.com。
④ 参见《潮汕习俗：信仰活动》，http://www.csfqw.com。

论。有学者认为年例由元宵衍化而来,还有的学者认为年例由粤西冼夫人祭祀活动发展渐渐形成,即年例祭祀圈的形成与冼夫人的崇祀有密切关系,还有学者认为年例为粤西民众为驱赶瘟疫,自发开展的驱鬼活动。

笔者以为第三种说法最有道理。要说明的是,至少从明朝开始,就有了关于"年例"的记载,清末民初时"年例"更为盛行。据嘉庆《茂名县志》载:"自是至二三月,里祠设醮,遂奉神沿门逐鬼,谓之'做年例'。列炬张灯,鸣击鼓,喧沸若狂,信夫!古礼而近于戏矣。"①据光绪《高州府志》卷六"风俗十二"篇记载:"自十二月到是月(农历二月)乡人傩,沿门逐鬼,唱土歌,谓之'年例'。或官绅礼服迎神,选壮者赤帻朱蓝其面,衣偏裂之衣,执戈扬盾,索厉鬼而大驱之,于古礼为近。"②要说明的是,"在传统的年例游神'摆醮'活动中,一般人们请出来的'神'是冼夫人。年例活动最初是由冼氏家族兴起。按当地人的说法,'冼太夫人的后裔按皇帝当年对冼氏家族祭祀和游神时的特许口谕,可以组织 12 支长号,每次可连续打 12 下铜锣,连续燃放 12 支鞭炮'"。③ 到了民国时期,年例习俗已较为成熟,内容更为丰富,有摆醮、游神、游灯、舞狮、舞龙、木偶戏表演、上刀山、过火海、烧纸船、插田旗等。

据《茂名市志》记载:"从正月初二起到正月底止,茂名乡村陆续过'年例节',一般一个村为同一天,少数两天,以元宵前后的居多,个别村庄在农历二月或者三月。'年例'期间家家张灯结彩,村镇街道布置彩楼、彩廊、画廊等,各种民间艺术表演力竭其能,尽献于众。'年例'的主旨是敬神、游神、祭祀社稷、祈祷风调雨顺、百业兴旺、国泰民安。一村过'年例',周围村庄百姓都来看热闹助兴,家家户户大摆筵席招待亲朋,客人登门,不论是否相识,一律热情款待招呼茶饭。"④

年例一般会持续三天,第一天为"起年例",这一天的重头戏为"摆醮"或"做醮",即每家每户在门前或庙前摆放鸡、猪、鱼、糖果、米糕和酒等祭品以便道士做法,旨在消灾祈福;第二天为"正年例",亲朋好友这一天纷至沓来,络绎不绝,这一天是乡村的温情与人情的流动,晚上大家会坐在一起看大戏(粤剧)、鬼仔戏、木偶剧、电影等;第三天为"年例尾",这一天的主要活动有扫尘、游神、游灯、摆醮、舞狮、舞龙等。

---

① 王勋臣修,吴徵叙纂:嘉庆《茂名县志》,见《广东历代方志集成:高州府部(六)》,岭南美术出版社,2009 年,第 201 页。
② 《高州年例的古今现状及展望》,http://bylw.yjbys.com。
③ 顾书娟:《明清广东民间信仰研究——以地方志为中心》,南方日报出版社,2015 年,第 160—161 页。
④ 茂名市地方志编纂委员会编:《茂名市志》,生活·读书·新知三联书店出版,1997 年,第 1725 页。

与其他民间信仰活动类似，因为在1949年后，政府倡导反封建迷信，所以"年例"活动开始式微并被全面禁止。但改革开放后，"年例"活动又渐趋活跃起来。现在的"年例"一般以自然村为单位，各村的"年例"期不同，"年例"期一般为一到三天。大约从年初二开始就有村落开始做"年例"，一直持续到农历二月末，"年例"期比较集中的日子有正月初八、初十、十二、十五、十八和二月初二。还有的村落每年都会做两次"年例"，春秋季各一次：春季的"年例"主要是祈福，祈求今年顺顺利利，国泰民安，故称"春祈年例"；秋季的"年例"主要是庆祝丰收，称为"翻秋年例"。

笔者的学生曾在茂名化州宝圩镇做过关于"年例"的田野考察，据其记载，年例这天早上，道公佬问神，在神台上摆有糖果、茶酒和牲畜祭品，点檀香，行三叩九拜之礼，抛抛杯胜，假若杯胜向上意味着神灵愿意出门了，此环节称为"起神"。所有参加游神活动的人员按规定时间到庙宇集合，男女不限（一般都是男性和小朋友参加，因为女性在家招呼客人）。游神队伍是按照一定的顺序排列的，顺序是扛旗队、放铳队、狮队、大鼓、锣和神轿。年例这天游神队伍按一定的路线在村巷或街道穿行，时进时停，一路上鞭炮声、锣鼓声、唢呐声不绝于耳。各家各户在游神队伍到来前已设好祭品，恭迎神驾的到来。

神轿到来时，民众会焚香虔诚跪拜，燃放鞭炮，众神享受供奉。他们深信，祭祀之后就会得到神灵的赐福。舞狮队伴着喜庆的乐声腾挪起舞。拜神结束后，各家各户把供品端回家，和亲戚朋友一起分享神"享用"过的东西，其寓意吉祥。傍晚是游灯仪式，每家每户至少有一人去游灯。游灯队伍拿着年例之前就已经准备好了的灯笼到村中穿梭，最后所有游灯的人都到一个特定的地点把灯笼烧掉，寓意把上年所有的厄运都烧掉，接下来新的一年就会有好运来。参加游神的民众，一般都是当地青壮年男性或小孩。

晚宴过后，民众会到庙宇前的广场看烟花、木偶戏、粤剧、电影、歌舞团表演等，年例也就随着各种娱神活动的闭幕而结束。年例活动结束后，按照惯例，交了份子钱的人家都会得到一张所谓的灵符，据说这灵符可是要妥善保管的，因为它是由道士施过法术的。

粤西地区各地的年例的主要内容大致相同，所进行的形式上大同小异。与从前相比较，在如今的年例中其"傩"的形式逐渐淡化，但游神、烧纸船、道士拜忏等仪式依然保留，烧鞭炮、放烟花、舞狮、演木偶戏或粤剧等活动也一样不减。所谓"年例大过年"，是指粤西人过年，若在外地的无法在除夕和年初一回家的话，则需回家操办年例，趁此机会见见亲戚朋友，拉拉家常叙叙旧。不难看出，民间信仰中的神诞或庙诞总是与节庆与某个"神圣时间"相关。在广东，一年中这种

"神圣时间"还真的不少,从春节、元宵、清明、端午、中元、中秋、冬至、除夕等一路数下来,这或许就是许多学者在论及中国民间信仰的特征时常会提到的"岁时祭祀"。"岁"有历法意义上的周而复始的年度时间概念,"时"在古代除了有节候这一自然属性外,还有某种浓郁的神秘色彩。或许唯有圣人、哲人、贤人才能通晓"时"的奥秘,即《管子·四时》所讲的"惟圣人知四时"。①

应该说,"岁时"观念既有传统的按照节气时间安排生产生活的农业社会的鲜明特色,同时也昭示了传统中国人对时间有着特殊的且神圣的体验。这是因为,人们对时间的认识或许与其对空间的认识也是相似的,按照现象学家伊利亚德的解释,"时间既不是均质的也不是绵延不断的。一方面,在时间的长河中存在着神圣时间的间隔,存在着节日的时间(它们中的绝大部分都是定期的);另一方面,也有着世俗的时间,普通的时间持续。在这种世俗的时间之中,不存在有任何宗教意义的行为……当然在这两种意义的时间中间,有着延续性的中断。不过,借助于宗教仪式,宗教徒能够毫无危险地从普通的时间持续过渡到神圣的时间"。② 英国人类学家利奇也说过类似的话:"其实我们是通过创造社会生活的间隔来创造时间的。在这样做之前是没有时间可以测量的。"③

正因如此,每一个类似的神诞或庙诞,对民间而言不仅是某个节日,而是"神圣时间"。在此期间的仪式与活动是天地人神的游戏,是人神共欢的日子,是"天地人神和谐共在"的日子。这时的庙宇与各样仪式举行的地方除了是一个"热闹的社会活动中心"外,也是一个能把个体与宇宙、个体与神圣的存在以及个体与他人的存在相联系,因而从中找到安慰和感受到"集体亢奋"的"神圣中心"。只是在此时,古代世界那种"热闹的单纯"便远离现代世界的"繁杂"而来到了人们面前。当人们以感谢神恩和敬拜神灵的姿态载歌载舞时,其中的"热闹"已不同于那种空洞的"喧嚣"而有了某种"神圣"的意味。不仅如此,通过这些仪式和共同的参与,使参加者体味到在集体中,在社区中,在人与人之间的那种亲善关系中的"美好",即创造精神支撑、信任和希望的共同家园,并有可能领悟到一种人与神之间的连结。在"神圣时间"中人与神、人与人之间美好的连结,是在俗常时间内颇难感悟或体验到的一种情感。难怪在笔者进行田野调查时,总有当地人告诉笔者,这种神诞游行的仪式即使在那些年的极左政策横行时也"屡禁不止"。

社会学家爱弥尔·涂尔干认为,宗教信仰就是从集体仪式庆典中产生的狂

---

① 参见萧放:《岁时——传统中国人的时间体验》,《史学理论研究》2001年第4期。
② 伊利亚德著,王建光译:《神圣与世俗》,华夏出版社,2002年,第32页。
③ 史宗主编,金泽等译:《20世纪西方宗教人类学文选》,三联书店,1995年,第501页。

热与强烈情感里创造出来的。从社会学的角度而言,宗教仪式象征的过程及其仪礼效果的重要性就在于它间或中断了日常生活的常规,并且具有整合的力量,其功能在于它将所有人连结起来,宣扬社群中相似和共有的文化遗产,缩减社群中的差异,并使他们的思想、情感与行为变得相近,从而有助于扶危济困道德的宣扬,有助于促进奉献社会的善举(活动经费皆由乡民乐捐),有助于众志成城的民心凝聚。正如20世纪法国著名的社会学家和汉学家葛兰言所言:"他们希望这种有益的接触能够尽可能地亲密,这种亲密似乎可以奇异地扩大其自身的内心世界……他们感受到从这块土地的每一个角落都蔓延开来的一种守护神的神圣力量,人们以各种方式祈求这种神圣力量的降临。"①

笔者对这种"热闹"与"喧嚣"的"神圣意味"有过一次深刻的体验。2015年的10月13日,笔者应朋友之邀,去到她的家乡——广东汕头市龙湖区外砂镇南社村,参加当地关于妈祖的十年一次的祭拜大典。南社村所在的外砂镇原属澄海市,后来划归汕头市龙湖区,而龙湖区是汕头经济特区的发祥地、著名的侨乡。所以南社村并不是笔者想象中的一个较落后的中国传统农村,而是位于汕头市城乡结合区的一个正在渐渐城镇化的村庄,南社村全村总面积1.2平方公里,其中耕地面积800亩,总人口近5579人(一说5497人),约1170户(一说1213户),全村工农业产值连年超过1亿元。这里已看不见农田,倒是有几家类似于乡镇企业的厂房,生产着远近驰名的潮州咸菜。

笔者一行人到村里后,稍事休息,就到村里去随意走走,整个村子弥漫着一种过节的气氛。不时能见到乡民们挑着担子,担子里有整只烧鹅、烧鸭、烧鸡,苹果、柚子、橙子等供品,笔者随着他们来到村里的小庙前,大家正忙着把担子里的食物拿出来,并在庙前的几张供桌上将其摆放整齐。小庙的香火味实在是有点呛人,笔者呆了一会儿就离开了,然后来到村里较大的公共空间——南社村广场(足有一个篮球场那么大)时,那里的景象好不壮观,只见人们正在摆放长条桌,少说也有四五百张,桌子的正前方是一个张灯结彩的台子,台子的一侧还在放映着有真人大小般的类似于剪影的反映春耕夏种秋收冬藏以及庆贺丰收等喜庆场面的流动木偶。更令人惊叹的是,南社村广场旁边的"天后圣母"庙前,人们正在搭建一排排更加壮观的、错落有致的长台,"天后圣母"庙前游人如鲫,庙里许多人正在向天后上香和跪拜,供桌上已摆满了各种各样的供品,香烟袅袅,潮音徐徐。朋友说,有很多本村在外地的亲戚朋友们今天都会来此看热闹。十年一次的祭典该是如此地

---

① [法]葛兰言著,汪润译:《中国人的信仰》,哈尔滨出版社,2012年,第6页。

隆重而盛大,比潮汕人最看重的春节还要隆重而盛大得多。

转眼就凌晨12点了,村口燃放起美丽的烟花,南社村的天空就像仙女撒下了五颜六色、形态各异、绚丽多姿的花瓣一样。烟花燃放了足有半个多小时,人们意犹未尽,久久不愿散去。在往回走的路上,笔者不断地问朋友,这么多头猪就一直放在那儿么?这些烟花谁来买单?潮戏只在南社村演一晚么?谁来买单?她耐耐心心地告诉我,转钟以后村里人就可以把自家的猪抬回去了,接下来的几天就会请亲戚朋友及邻居们来聚餐,还会让他们带些猪肉回去。潮戏班子会一连几天在村里免费演出,这些烟花和请潮戏班子的钱除了村民们自愿出资外(一般每家都会出几百元不等的份子钱),大部分由村里的企业负担。

图九　图的说明

对生活逐渐好起来的村民们来讲,在祭拜神灵的日子里,最重要的是心诚,心诚则神灵,人们要借助这些仪式(给庙里的神灵上供,赛大猪,看潮戏等)表达心中的诚意,表达对神灵的膜拜,表达对幸福美好生活的向往以及对亲朋好友邻舍与社区的善意,增强社群归属感和群体认同感。真是:一方水土养一方人,一方人拜祭一方神,一方神灵护佑一方人。当然,祭神仪式的功能与作用也还不止这些,年年重复或数年重复的仪式,次数多了,就会慢慢变成习惯,这种习惯不仅会指导人们的日常生活行为,也会成为地方文化、地方历史传统代代相传的载体,从而使人们对传统有更丰富更生动的了解。

如今民间信仰的庙会仪式、游神打醮等已然成为乡村与村落文化的一道文化景观。再以江门市荷塘镇霞村的神诞为例,每年的农历三月二十三日,该村都要举行天后娘娘诞。每年的天后诞亦为霞村各村庙活动中参与人数最多,仪式

图十 图的说明

规模最大，最为热闹与隆重的集体性活动，可谓是该村一年一度的狂欢节，天后娘娘巡游的优势模仿从前帝王或朝廷高官出巡的样子，仪式与排场都相当讲究，游神队伍由铜锣开道队、旗帜与标牌队、灯笼队、侍神队、娱乐队、仪仗队、神轿队、群众队等组成，另外还有专门负责指挥、放鞭炮与安全等的各色人员，他们各司其职，毫不混乱。

其中以娱乐队最为庞大，当游神队伍开始巡境时，锣鼓喧天，鞭炮齐鸣，整个游神队伍载歌载舞，在村内的大街小巷中来来回回地穿行。村民们竞相围在街道两旁观看，还有虔诚的女子在自家门前的路旁设祭以迎候游神队伍经过，这时虽有交通管制，控制机动车行驶，街上仍是拥挤不堪。霞村的游神巡境活动可谓是该村一年中最重要的全民性娱神娱人活动，并兼有传统与现代的艺术表演节目，也算是气势恢宏了。

民间信仰作为基层与乡村社会文化的主要承接载体，其文化娱乐功能近年来变得越来越突出。如果说人们初一、十五等日子进庙拜神是习惯，是其发自内心的拜神，这一是为表达对各路神祇的崇敬，二是为了满足和解决自己现实生活中的各种需要的话，那么庙诞、神诞等特殊的日子有着广泛群众基础的游神仪式活动则表现为人神共娱的文化现象，而且这种集体的祭神仪式活动就如同一台加了兴奋剂的搅拌机。它通过把个体和社会力量聚集到特定的时间与空间的容器中的搅拌，激活在场的人们对神祇，对世界，对社区及对他人的特殊直觉、感受及认知方式，而这些是在俗常日子里完全感受不到的。如今通过集体祭神仪式来祛灾的诉求已有所淡化,人们更多的是通过这些仪式和共同参与,体味到在集体中,在社区中以及在人与人之间的那种亲善关系中的"美好连结",即创造精神支撑、信任和希望的共同家园。如前所言,从社会学的角度看,宗教仪式象征的过程及其仪礼的重要性就在于它间或中断了日常生活的常规,并且具有整合的力量,其功能在于它将所有人连结起来,宣扬社群中相似和共有的文化遗产,缩减社群中的差异,并使他们的思想、情感与行为变得相近,从而有助于扶危济困道德的宣扬,有助于促进奉献社会的善举(活动经费皆由乡民捐赠),有助于众志成城的民心凝聚,而这种"美好连结"在俗常时间内颇难感悟到或体验到。

细细想来,民间信仰的庙会仪式、游神赛会、打醮等不仅是乡村社会与村落文化的文化景观,它亦提供了展现乡村公共事务的场域,集体祭神的仪式活动提供了社区公共产品即社区或村落与神灵之间的委托关系抑或是代理关系。集体祭神的仪式活动实质上是对"合境平安"的祈求,通过上述活动激活社区或村落与神灵之间的联系,这既维护和加强了社区与社区之间、乡民与乡民之间的联系与情谊,且一定规模上的社会集结性的娱乐与消费活动也无疑促进了本土社会资本的良性运作。

可见,民间信仰的集体祭神仪式在当代社会既有神圣性的意义,但亦有某种文化消费性、休闲性和娱乐性的意义。此外,也不排除还有一定的经济方面的考量。有些大的仪式活动在提高当地知名度的同时,又能够吸引海外华人、港澳台地区华人以及外乡人的参与与投入。正因为如此,民间信仰的仪式活动规模有越办越大,地方文化色彩越来越浓的趋势,这些无疑会给当地的经济发展带来招商引资的结果,如每年的龙母诞、天后诞、波罗诞等都会给地方政府带来一笔可观的旅游收入。

四、巫觋传统

众所周知,历史上岭南地区的开发比中原地区及江南地区"慢了半拍"甚至说是"一拍"。因而,此地的民间信仰保存着较多的百越民族原始宗教的遗风和较多原始宗教的成分,这种"遗风"和"成分"中的典型表现形式之一就是带有浓郁的巫觋或巫术风格。巫觋信仰其实就是粤语里所说的"扼神骗鬼"。其实无论是客家人、广府人、潮汕人以及粤西人,还是乡民甚至城里的百姓中均普遍地保有浓郁的巫觋信仰。即使曾受过高等教育的广东民众,在其骨子里并不反感巫觋,且对巫觋持半信半疑的态度,甚至在他们人生的某些关键时候或遇到棘手的事情时还特地寻求巫觋的帮助。在笔者去到乡下进行田野调查时,很多乡民还常乐此不疲地向笔者娓娓道来。

1. 女巫男觋

古代称女性巫师为"巫",男性巫师为"觋",因而合称"巫觋"。《荀子·正论》曰:"出户而巫觋有事。"杨倞注云:"女曰巫,男曰觋。"《说文》曰:"觋,能斋肃事神明也。在男曰觋,在女曰巫。"徐锴注巫觋:"能见鬼神。"汉王符的《潜夫论·巫列》曰:"巫觋祝请亦其助也。"古人认为,巫觋能够与鬼神相沟通,能调动鬼神之力为人消灾致富,如降神、预言、祈雨、医病等等。巫觋亦人亦神,具有双重身份,故有"又做师娘又做鬼"之谚。久而久之,巫觋成为古代中国社会生活中一种不可缺少的职业。

中国民间历来都有巫觋传统,岭南地区尤盛。古代岭南开发迟于中原,此地先民有病,多不服药,或以简单的针石、灸法治疗或以巫为医。中原医药大约从秦平定岭南后开始传入,因而巫医传统影响深远。据说明万历年间,有一位昆山人王临亨来广东做官,其视察澳门时大吃一惊,他的《粤剑编》中提到:"志称粤俗尚鬼神,好淫祀,病不服药,惟巫是信。"①不过,今天的人们还是会去医院看病服药,但"巫"的话仍是相信,可谓医巫并重,现代与传统对待疾病的方法有时在人看来是可以并行不悖的。

巫觋作法在粤地又称"降神"或"跳神"(在粤西地区也称"降庙")。巫觋的一重要特点被认为能通鬼神。旧时民间祭祀、占卜及治病诸活动中,常常伴有降神仪式。

请神附体是巫觋"通鬼神"的最重要表现形式。请神附体有请神、探源、抓鬼和谢神四个步骤。《汉书·礼乐志》云:"大祝迎神于庙门,奏嘉至,犹古降神之乐也。"②降神后巫觋就成为神祇在人间的体现,代神言语;另一种表现形式是"过阴",即"灵魂出走",即巫觋的灵魂可以暂时离开肉体,到神鬼所在的地方,与神鬼沟通。"巫觋为了通神,必须借助一定的媒介,如树木、山峰、巨石、动物……中国绝大多数的民族的巫觋既会请神,也会过阴,萨满也如此。随着巫职的扩大,巫觋或萨满往往有一两个助手,从事某些宗教活动,如占卜、预知、驱鬼、治病等等。"③

跳大神者有男有女,男的称"神汉",女的称"神婆""仙姑"等,在粤地,女性巫

---

① [明]王临亨撰:《粤剑编》"卷二·志土风",中华书局,1997年,第77页。
② [汉]班固:《汉书》,中华书局,1987年,第1043页。
③ 钟敬文:《民俗学概论》,高等教育出版社,2010年,第151页。

师较为常见。在广东的一些村落，"巫"多为中老年女性，她们并无师承。曾有村民告诉笔者，若某一天某位女性突然口吐白沫，全身颤抖，口中念念有词，自称真神附体，即可成巫。女巫与街头算命的人还是有点区别，如女巫一般就住在村里，平时就是一个很普通的农妇，与常人无异，也不会到处晃荡，但街头算命者往往是四方游走且被识破就跑路的江湖骗子。

笔者的粤籍学生中不止一人告诉过笔者，他们都曾被其家人算过命，而且都认为算得准。同时亦有学生告诉笔者，当他的亲人患了不治之症时，其家人如何在医院与女巫间两边跑，病照看，药照吃，女巫吩咐的事照做。当女巫算得"好"时，家人以及患者就会对治病充满了希望，而有时病情也会奇迹般地转好；当女巫算得"不好"时，家人就会对患者的离世做好心理准备。笔者一位朋友的母亲就亲口告诉笔者，当她丈夫患肝癌时，他们一方面在医院积极治疗，她自己也请了村里的女巫"算"了命。女巫并不知道她丈夫患病的具体情况及程度，但此女巫算了后，就告诉了她丈夫离世的大致时间，而她丈夫后来去世的时间恰好就在女巫所算的时段内。

当然，女巫亦常受病人家属所托，查看病人究竟是被何方鬼神所耍弄，且指导病人和家属如何送鬼神以治病。这种形式被称为"问亡"，即女巫（也称"仙姑"）要通过某种类似于催眠的方式进入某种恍惚状态后，女巫则以亡者的身份与活人对话。"问亡"的前提是人们相信已去世的人生活在阴间，活在阳间的人若要了解逝者在阴间的生活状况，就需得女巫（也称"仙姑"）帮忙。如笔者在广东某地调研时，曾有当地村民告诉笔者，他母亲的两个手指莫名地溃烂了，他的外婆就去问"仙姑"，一番仪式后，人们通过仙姑的附身（这时的仙姑呈现恍恍惚惚的昏迷状态）与死去的人交流，"仙姑"口中喃喃地回答问题，其声音却完全变了样。从其口中才知道原来是已死去的外祖父在作祟，外婆通过和女巫对话，才得知女儿的手指溃烂主要是她们母女没有给外祖父烧足够的纸钱，外祖父便迁怒于女儿，如果此种状况不改善的话，他还会继续作祟的，他们家人赶紧给外祖父烧了不少纸钱，母亲的手指迅速痊愈，家人从此安宁。这种例子不胜枚举，讲的人末了还附带一句"这是真的，信不信由你了"。

广东民间还有所谓的"问米"或"请仙姑"（此处的"仙"或"仙姑"即是女巫），这是人们"请"女巫专门询问死者在阴间的生活状况的行为，并不是像上述例子那样为了给活人治病。"问米"或"请仙姑"之时，先焚燃烛，女巫念念有词，好似渐渐进入一种恍惚状态，然后称死者灵魂已附体，且以死者口吻详述其在阴间的状况，并交待缺欠何物或需办何事等。事毕，女巫会得到一定的酬谢。在客家地区,过去常以大米一升酬之,所以民间旧有"狂之癫癫,倒米问仙""男人发癫、倒米挑烟;女人发癫,倒米问仙"的俗谚。

除女巫外,广东民间也不乏专门从事巫术的人员。以粤西的巫师"道公佬"(男觋)为例,"道公佬是粤西人对民间专门赶鬼、除病、造屋择日、看八字、解关、占卜、看相、超度亡灵、打醮、安神、安花等活动神职人员的称呼"。① 道公佬不一定全是道教中的道士,只是专指为人做巫术或法事之人的专有名词罢了。粤西人和其他广东地方的人一样,相信人是有灵魂的,并且很"注重驱鬼、除病、造屋择日、看八字、解关、占卜、看相、超度亡灵、打醮、安神等活动"。② 道公佬师承复杂,除带徒出师外还有家传的,但大部分都未曾在正规观院受戒,未受观院的戒律规条及道教仪式的定式。大部分道公佬居家,有的也会有自己的庙宇活动场所,一般是乡间村庙。他们下田劳动,或做庙祝,可结婚生子,除不吃狗肉,每月有几个斋日,并无特别的禁忌,与常人无异。他们没有统一的组织,各自为政,教义、收徒、作法也不统一,大体上是一个小范围(区或乡)有一个道公佬当头领(师父),活动限于几十里范围。有些地区的道公佬供奉玉帝、观音、太上老君、土地公、地藏菩萨,把释、道、巫合一,不僧不道。道公佬的法器除了神像、短剑,还有笏、小饶钹、小铃铛、法衣以及后面拖着一根飘带的方土帽。道公佬以专做赶鬼、除病、造屋择日、看八字、解关、超度亡灵、打醮、安神、安花等活动挣钱,其中做道场和社祭是较大型的法事活动。

上述这种"信巫觋"的风气在中国的其它地方也不鲜见,但为何粤地的巫觋传统如此浓郁?究其原因,如笔者在文中多次提及的,一是与广东地处岭南的独特地理位置不无关系。广东境内的大部分地区都处在北回归线以南,粤北的南岭将其与内地有所隔离,这就使得此地的气候与南岭以北的内地气候有了显著的不同。古书上和今人学者均一再指出,地处热带的岭南之地,易得热带病,即古人的所谓"瘴"。尤其春夏之间,炎热潮湿,多雾少晴,连空气也是湿漉漉的,整个自然宇宙都给人一种不清澈、不明朗且总是雾蒙蒙和天灰灰的感觉,《舆地纪胜》卷117中就说粤西高州、雷(州)、化(州)等地都"号为瘴乡"。被贬岭南和流放岭南的官员们也一再在自己的诗文和给友人的信中提及岭南的"瘴疠之气",古时候的人们对"瘴疠"的认识不可避免地带有一种神秘色彩,加之岭南俗信巫鬼,又缺医少药,一旦得病,不得不求助于巫术。如《舆地纪胜》卷117论及高州

---

① 《商朝人的宗教,该是巫教,也就是萨满教》,https://tieba.baidu.com。
② 《商朝人的宗教,该是巫教,也就是萨满教》,https://tieba.baidu.com。

时所说:"此间饮食粗足,绝无医药,士人遇疾惟祭鬼以祈福。"又如明万历时的《雷州府志》写道:"粤俗尚鬼,未有如雷之甚者,病不请医而请巫。"这些都可看出岭南巫觋的传统渊源带有浓厚的地缘因素,其不可能不受到自然环境和历史条件的影响。

二是因为岭南的民间信仰本就保存有较多的原始宗教的遗风,因此,广东地区的民间信仰拥有较多原始宗教成分及浓厚的巫术因素。众所周知,岭南地区由于五岭阻隔(横贯东西的一组山系,即大庾岭、越城岭、骑田岭、萌渚岭、都庞岭),所以,岭南地区的开发比中原及江南地区要晚。当中原或江南的文化与信仰传到岭南地区后,与当地带有较为浓厚的巫术性格的地方文化及其信仰相融合,便产生了带有岭南特色的民间信仰,而这种岭南特色的民间信仰自然而然就带有抹之不去的巫觋传统的底色。

简言之,岭南地区的巫觋传统既有岭南的特定地理环境、热带气候等自然原因,也有长期以来在巫鬼信仰、古越遗风的流俗中浸染而成的人文因素。这就使得岭南的民间信仰中带有鲜明的抹之不去的巫觋传统。在广东地区,越是受中原文化影响少的地方,巫觋传统的特色就越是浓郁。以湛江市的吴川县为例,吴川地处偏远,在受中原文化影响之前,本就是巫术盛行与巫风炽盛之地,虽然后来逐渐也受到了移民所带来的中原文化的影响,但这种影响并不能全方位地覆盖"信巫而蹈神"的历史传统。据清朝光绪年间的《吴川县志》记载,吴川地区"卦、算命、娣相、扶乱、间花、勾魂(找亡灵)、拜斋(给菩萨开光)、打醮(做道场)、打斋(超度捉鬼祛邪)、赶火殃(火灾后驱逐火妖)、择日子、看风水、建庙敬神等"[①]之风依然甚盛。全县有形式多样的祠堂234座,坛庙81座。

诚然,对大部分老百姓而言,巫觋也是一种满足其内心需要而存在的技术手段,通过"巫觋"这种"技术手段"便可达至消灾避难、趋吉获福之目的,从而追求人在世上更好地生存或发展的确定性。在美国实用主义哲学家杜威的《确定性的寻求》的中译本的第一页中,有一段文字赫然醒目:"人生活在危险的世界之中,便不得不寻求安全。人寻求安全有两种途径,一种途径是在开始时试图同他四周决定着他命运的各种力量进行和解。这种和解的方式有祈祷、献祭、礼仪和巫祀等……另一种途径就是发明许多艺术,通过它们来利用自然的力量,人就从威胁着他的那些条件和力量本身中构成了一座堡垒。"[②]笔者联系自身的田野调

---

① 参见吴川市地方志办公室编:《吴川县志》,中华书局,2001年,第373—375页,第963页。
② 〔美〕约翰·杜威著,傅统先译:《确定性的寻求》,上海人民出版社,2005年,第1页。

研的实践与经历,对上述文字不由得深以为然。

2. 卜杯、求签与画符

中国的占卜和命理文化拥有悠久的历史,过去和现在都不同程度地弥漫于整个社会,影响着中国人的日常生活。尤其当人们在人生的某些关键时候,或是为一些重要事情举棋不定,或需要挑选良辰吉日时,这便需要寻求"神谕"或来自"上天的启示",此时人们就会去占卜。一直以来,不论是精英阶层还是社会其他阶层,人们总是对占卜充满着神秘,对预测未来的技巧趋之若鹜。应该说,占卜在某种程度上打破了精英文化和俗常文化的"高雅"与"低俗"之分。

岭南的"占卜"仪式较为独特,且有悠久和深厚的历史传统。岭南地区在文献中就有"信巫鬼,重淫祀",巫鬼信仰从岭南土著的百越人开始就已经存在。如《史记·封禅书》记载了汉武帝听信"越人勇之言"后,"乃令越巫立越祝祠,安台无坛,亦祠天神上帝百鬼,而以鸡卜"。① 鸡卜是百越先民所独有的一种占卜方法,其具体操作主要是将竹签插入鸡腿骨,根据鸡腿骨龟裂的纹理走向以判断所卜事物之吉凶。除鸡卜外,岭南还流行石卜、蛋卜、茅卜、玫杯卜等卜筮之法。

直到清代时,占卜风气依然盛行。清人屈大均《广东新语》亦载:"人有病,辄以八字问巫。巫始至,破一鸡卵,视其中黄白若何,以知其病之轻重。轻则以酒禳之,重则画神像于堂。"② 又如"永安岁除夕,妇人置盐米灶上,以碗复之,视盐米之聚散,以卜丰歉,名曰祝灶。男子则置水釜旁,粘东西南北字,中浮小木,视木端所向,以适其方,又审何声气,以卜休咎,名曰灶卦"。③

直到现在,广东人特别喜欢占卦算命,求签问卜,随手拿起什么都可以占卜。比较常见的是用竹签、卜杯(即阴阳爻杯)等手段和征兆来占卜。笔者在揭东登岗镇孙畔村的风雨圣者庙里曾见识过这种"卜杯"(也称之为"问杯")占卜形式。当时有位长者拿两片由竹头或木头制成的杯,祈祷后掷到地上,如果两片都成反面,便是"笑杯",预兆状况不明;如果两面都成正面,则是"稳杯",预兆不宜或不吉;如果一正一反,则为"阴阳杯"或"圣杯",这是吉兆,预示着掷杯人的祈求内容可以实现。这种形式也用于人与神的对话,圣杯则表示神灵同意掷杯人的祈求,反之,则不同意其祈求。笔者当时不由得想到,在外人看来,圣杯的投掷很大程度是出于偶然,但在掷杯人看来,冥冥中还是带有某种"神"的暗示或天意,而按照神的暗示或天意去行事是不会有错的。

---

① 〔汉〕司马迁:《史记》,中华书局,1982年,第1400页。
② 〔清〕屈大均:《广东新语·事语》,中华书局,1985年,第302—303页。
③ 〔清〕屈大均:《广东新语》,中华书局,1985年,第302—303页。

笔者曾在佛山市顺德区均安镇三华村的帝王古庙中跟随参拜人吴小姐进行了一次求签问卜的口述访谈。在笔者与吴小姐进到帝王古庙前,庙门口有五位七十岁左右的老婆婆,她们每人都坐在一个小板凳上,正在随意地聊天。在笔者一行进入庙门后,五位老婆婆中的一位稍微年长满头花白的欧阳婆婆起来询问吴小姐是否需要"拜神",吴小姐点点头。欧阳婆婆立即递给吴小姐一扎清香,售价 2 元,共有 36 支,并且指导吴小姐有顺序地对庙里的神祇逐一参拜。在吴小姐参拜完后,欧阳婆婆询问吴小姐是否有求签的需要,并且表示可帮助吴小姐求签。吴小姐犹豫了一下后还是答应了。欧阳婆婆便在庙旁一堆杂物中拿出了一个布袋,把里面的玟杯、装着竹签的签筒、还有十来张红纸倒了出来,并且拿来两块小红垫,脱了鞋,与吴小姐一人一块跪在红垫上面。欧阳婆婆问清了吴小姐要求的事情后,口中便念念有词,开始了求签。由于欧阳婆婆讲话语速比较快并且夹杂着相关的求神语,笔者不能一一辨清,但是依稀可以明白念的是吴小姐的名字,所求之事以及祝福的话语。欧阳婆婆念了一分钟左右,停下来,合上玟杯,口中又开始念念有词,轻轻一抛,玟杯落地。是"阳杯"①,"那是神明还没感受到你的诚心,再来。"欧阳婆婆说,接着就把玟杯收起来,递给吴小姐,再重复一次,结果是"阴杯"。就这样一直重复着,直到第五次欧阳婆婆抛出了"圣杯"(一阴一阳)。欧阳婆婆开始摇晃签筒,摇出了一支竹签,上面有序号,代表的就是吴小姐问神明的这件事情,神明的回答是此序号的签语。吴小姐继续问着她的问题,耐心等待"神明"给她的答案。

求签完毕,欧阳婆婆向吴小姐提到她可以随自己的心意给她一个红包作为求签的酬劳,吴小姐照做了。最后,欧阳婆婆把吴小姐带到离帝王古庙不远处的一户人家那里解签,给吴小姐解签的也是刚刚坐在门口的五位婆婆之一,这位姓杨的婆婆拿出了一本《关圣帝解签本》,开始对着吴小姐的签进行逐字逐句地解读,下签的时候会写上让吴小姐给哪位"神明"烧什么纸扎品来趋福避祸。整个解签过程大约进行了半个多小时,杨婆婆还会不时地问着吴小姐相关的问题,以证明签文提到的都与吴小姐本人实际情况相契合。最后杨婆婆在家中的物品中找出纸扎衣纸,按照刚才她解释签文所提到的给吴小姐收拾好,称吴小姐回到帝王古庙把衣纸烧了就可以避开灾祸了,吴小姐一一遵循。

走出杨婆婆住处,笔者采访了吴小姐求签后的感受。

笔者:"一开始相信求签吗?"

---

① 玟杯两个凸面向上称为"阳杯",两个平面向上称为"阴杯",一面凸面一面平面朝上为之"圣杯"。

吴小姐:"不相信,就是听说很灵验,想要试一试。"

笔者:"那么在解签时你有是什么感觉?"

吴小姐:"很紧张,一方面既害怕求到签显示的结果不如人意,真的会发生不好的事情;另一方面理性又告诉我说这些都是没有科学依据的,不用当真。"

笔者:"那解完签,你觉得她'解'得准吗?"

吴小姐:"其实一开始并没有觉得与我的实际情况有多符合,但是经过杨婆婆的解签,貌似很多的事情的确符合,这时理智就开始动摇。"

笔者:"所以最后才会依照杨婆婆说的那样去烧衣纸吗?"

吴小姐:"也有这个原因,刚刚得到的下签让我感到很不安,担心真的会发生,所以听杨婆婆说这样可以避祸,就照做,算是满足自己的愿望,作为心理安慰。但是心中还是对于'神明'的存在多少抱有一点犹疑的,既不可全信,也不能不信呀。"她说完,我俩不由得相视一笑。

笔者认为这大概也是大部分"卜杯"求签人的心里话,为的就是求一个心理慰藉,让自己的不安感减轻或消失,把一部分的希望寄托在神明身上,如果日常生活中没有了民间信仰这种发泄不安,获得慰藉或者寻求暗示的途径,百姓生活是否会变得不太舒适或者少了安全感,多了迷茫呢? 占卜在某种程度上给了人们一定的心理慰藉吧。

因此,在广东民间信仰的庙宇里,"卜杯"是必备之物,占卜也是庙宇里的常见现象。不管是在节日还是平常,总会有人专为"卜杯"而来,所以无论是佛教的寺庙,还是道教的道观以及稍有名气的民间信仰的庙宇附近,也总会聚集着一大群测字的,看相的,看八字的,解签的,看风水的,卖符的,给人起名等的所谓"高人"(这些"高人"中还不乏中老年女性),为其信者和求者指点迷津。

在客家地区,有俗谚"跨进庙门两件事,烧香抽签问心事"。广东民间信仰的庙宇里多设有签筒,签上编码,问卜者抽中某签后依签上编码在司签处取出签诗,司卜者就善信们所卜事项、心理状况等就签诗内容解释吉凶。签诗分为上、中、下三类,上为吉签,中为平签,下为凶签。签诗内容可以应答百事,包括谋事升学、升官发财、嫁娶求子、消灾免祸、出门平安等生活中的各种小事,都可以卜问求答与求解。

上述行为正如有学者睿智指出的:"无论是主动利用自然构筑堡垒也好,还是同周围决定他命运的力量进行和解也罢,本质上都是人类想控制自己生存于其中的世界以便控制自己的生存和发展。为了自身的生存和发展,人类企图影响和控制外界的活动从未停止过。无论是险恶的自然环境还是狰狞的鬼邪神魔,人们都会采取他们认为有效的方法和手段加以影响和控制。越是人类能力所不能及,越是会激发他们实现控制的要求。在人类认识能力的局限和积极进取的意愿之下,虚幻的想象和实在的行为才融而为一。"①占卜是这一类现象的典型代表方式之一,人们占卜的目的也是为了尽可能地以便自己尽早明了人生确定性,无论"准"与"不准",都要让自己尽早心中有数,以规避人生中的不确定性和模糊性,因为往往与不确定和模糊性相伴而生的就是一种安全感的缺乏,而后果的无法预料,是令人不爽的,也容易使人失去在这个世界上积极生存与发展自己的斗志。

一句话,巫觋传统存续久远的最根本的原因就在于民众对其认定的能"规避不确定性,寻求确定性"的有效的方法和手段"信以为真"。但需要指出的是,人们常将上述巫觋传统与"封建迷信"画等号,并对之进行批判。事实上,"迷信"就是迷而信之,迷而信之与"封建"一词并无半毛钱的关系。迷可以是痴迷,痴迷中有一种"信"的固执(固执在此不是贬义,如同人们坚信佛祖,坚信耶稣,坚信玉皇大帝一样),只要不犯法,不危害他人,不危害社会安全即可。民间信仰中无疑包含了"巫觋或巫术"的内容与传统,但民间信仰不能简单地等同于或划归于巫觋或巫术范畴,并被鄙视为落后或低端或没有文化的人才相信的陋习,而是应将之视为内含了本土价值、生活态度与行为的一种信仰体系。

画符历来是岭南地区较为盛行的方术之一。宋人笔记《东轩笔录》有云:"或云蛮人多行南法,畏符箓。"清人张渠的《粤东闻见录》卷上"好巫"条有云:"书符咒水,日夕不休。"道光九年的《新宁县志》也有"寻常有病……师巫咒水书符"的记载。及至民国初年,岭南还有人刻印了一部专门讲述符法的著作《省躬草堂符学秘旨》,作者自称其书传自"祖师"。光绪"戊戌春间,羊城疫症盛行,蒙祖师特赐教缮,书符派送,以资普遍"。②岭南符咒方术由于历史文化传统的原因以及口口相传自然是从来都不乏信者。在一般人的眼中,符(又称符箓)和咒语不过是图画文字符号和语言符号而已,没有什么特别之处;而在笃信人的眼中,这些符和咒语具有超自然的力量,神力无比,具有与神灵降临同等的作用与功效,符咒方术至今仍在广东民间产生影响。

符的使用范围较为广泛。既有用于为人治病者:或丹书符箓于纸,烧化后溶于水中,让病人饮下(这可以算是一种民俗疗法,或许历史上民间的医疗卫生

---

① 许钢伟:《巫傩的信奉与确定性的寻求——试论黔东北土家族的巫傩信仰》,《青年文学家》2010 年第 7 期。

② 参见《岭南民间信仰与道教的互动》,http://www.360doc.com。

条件落后的状况是其长期存在的社会基础）；或将符箓缄封，令病人佩带。有用于驱鬼镇邪者：或佩带身上，或贴于寝门上。同时也有用于救灾止害者：或将符箓投河堤溃决处以止水患，或书符召将以解除旱灾等。至于道士作斋醮法事，更离不开符箓，或书符于章表，上奏天神；或用符召将请神，令其杀鬼；或用符关照冥府，炼度亡魂。整个坛场内外，张贴，悬挂各式符箓。

符箓术的思想基础是鬼神信仰，称其有召神劾鬼、镇魔降妖之功效者，自有可疑之处，而用以治病偶尔称有"小验"者，也不乏其人，有人揣测，喝符水治好病并非其驱逐了致病之"鬼"，可能别有原因。如某些病本轻微的患者，因相信符箓，饮符水后，造成一种鬼已驱去、病已脱身的心理态势。这类似于医学上的心理疗法，起作用的不是符箓本身，而是符箓所引发的积极心理状态，促使人体调动防御机制克服了疾病，这种看法不无道理。

在广东的民间宫庙中，符是必备之物，不同宫庙的符不完全一样，符的种类不少，如有平安符、辟邪符、镇宅符、压煞符、治病符等，这些符可贴可挂可随身携带。粤西民间信仰还流传着井字符，有井、天、地、火等汉字构成，用于收邪魔之用。"井"字符，主要传自道教，源于秦汉时期的"画地为狱"巫术。不过"作为岭南民间符法，则并非完全是对道符的复制，在植入过程中仍保有自己的特性，这一特性表现在，其一，岭南符法渊源有自，乃出于对鸟迹的模仿，故其符文自有独特之处；其二，岭南符法的书写材料也有不同于道符的物品"。①

笔者几年前曾去到一位住在汕头的朋友家里，当朋友带我走进休息的房间时，只见这间屋子门楣上贴着一张比巴掌略大的正正方方的黄色草纸，草纸上有一个不太醒目的褐红色的"万字符"，即"卍"。再环视四周，这间屋子的四个角上都贴有一个同样大小的"万字符"。来到客厅里、厨房里，发现每个层间的四个角上以及每个门的门楣上都有一个同样大小的"万字符"。笔者是第一次见到城里的住宅里贴"万字符"，问朋友为什么要贴这个。朋友表示这是潮汕地区的习俗，春节前都要去庙里"请"这个平安符（她说的不是"万字符"而是"平安符"），贴在家里就是希望此符能驱邪驱鬼，保佑家人过得平平安安。

万字符是一个历史悠久的宗教符号，象征着宇宙和谐永恒，寓意是吉祥如意、平衡、好运、驱邪御魔。在古印度孔雀王朝阿育王修建的佛教柱子上就刻有万字符，表达了一种对抗邪恶的永恒之力。随着佛教进入中国，万字符也进入了中国社会的各个层面和普罗大众中，在中国的民间信仰中，万字符的主要寓意是

---

① 参见《岭南民间信仰与道教的互动》，http://www.360doc.com。

平安、吉祥、好运与驱邪等。潮汕地区是民间信仰的繁盛之地,贴"万字符"主要有"驱邪"之意。

3. 扶乩与打醮(做醮)

扶乩的"乩"是由"占"和"乚"组成,"占"是占卜,"乚"按古书的解释,是隐蔽的意思,两字组合成"乩",按字面之意思就是"占卜深隐的事情"。《辞海》对扶乩的解释是"一种迷信,扶即扶架,乩指卜以问疑",也叫扶箕、扶鸾,降笔、请仙等。与扶乩相似的法术,世界各地都有。另据《中华道教大辞典》解释"扶乩是古代'天人沟通'术的一种,又名扶鸾"。扶乩起源于古代占卜问神术,人们有了疑难,就通过龟卜、蓍筮向神祈祷,请求神灵指示,预测吉凶,再根据神祇的指示去办事。西汉以后,产生了大量的谶纬书,道教法师们承袭其技,扶乩降笔,依托神灵降受道教经书,在魏晋时期开始大量涌现。宋、元、明、清,占卜扶乩之风愈盛,在现存道经中占有相当一部分即由此而来。据民国时期的学者许地山[1]的研究,扶乩应该是形成于唐代,宋代以后就开始流行于民间。据说时人通常在农历正月十五时在厕所或猪栏边迎接紫姑神,凭偶像的跳动,卜未来蚕桑。沈括《梦溪笔谈》中有"近岁迎紫姑仙者极多,大率多能文章歌诗,有极工者,予屡见之"之语,南宋洪迈的志怪集《夷坚志》中有对扶箕的详细描述。陆游在《箕卜》诗描述说:"孟春百草灵,古俗迎紫姑。厨中取竹箕,冒以妇裙襦。竖子夹相持,插笔祝其书。俄若有物评,对签不须臾。岂必考中否,一笑聊相娱。"陆游以扶乩作为娱乐,一笑了之。历史上,民间扶乩多在正月十五日夜里,迎请紫姑神,卜问来年农耕、桑织、功名之事。唐代李商隐就有"羞逐乡人赛紫姑"的诗句。

扶乩本是中国道教的一种占卜方法,也是民间信仰的一种常用的占卜方法。扶乩的用具在长期的历史变迁中几乎没有变化,一般有专用的木制沙盘和三角形、丁字形乩架,或笸箩、筛、箩等。扶乩要准备带有细沙的木盘,没有细沙,可用灰土代替。乩笔插在一个筲箕上,有的地区是用一个竹圈或铁圈,圈上固定一支乩笔。扶乩时乩人拿着乩笔不停地在沙盘上写字,口中念某某神灵附降在身,所写文字,由旁边的人记录下来,据说这就是神灵的指示,整理成文字后,就成了会灵验的经文了。当然,随着时代变迁,降临乩坛的角色有与时俱进的特点,在扶乩中,需要有人扮演被神明附身的角色,这种人被称为鸾生或乩身。神明会附身在鸾生身上,写出一些字迹,以传达神明的想法,做出神谕。这算是与神灵沟通

---

[1] 民国时代许地山的《扶箕迷信之研究》,分别论述了"扶箕的起源""箕仙及其降笔""扶箕的心灵学上的解释",资料丰富,至今仍有参考价值。该书于 1999 年由商务印书馆重版。

的一种方式,信徒通过这种方式以了解神灵的意思。扶乩与跳大神没有大的区别,在某种意义上,两者大致相同,只是名称不同罢了。

清代大学士纪昀对"扶乩"很感兴趣,其著名的笔记小说《阅微草堂笔记》收录了部分关于"扶乩"的故事,并加以详细解释和概括。纪昀认为:"大抵幻术多手法捷巧,惟扶乩一事,则确有所凭附,然皆灵鬼之能文者耳。所称某神某仙,固属假托,即自称某代某人者,叩以本集中诗文,亦多云年远忘记,不能答也。其扶乩之人,遇能书者则书工,遇能诗者则诗工,遇全不能诗能书者,则虽成篇而迟钝……所谓鬼不自灵,待人而灵也……蓍龟本枯草朽甲,而能知人吉凶,亦待人而灵耳。"纪昀在扶乩和扶乩请仙之间窥见了人与鬼神之间的关系。"鬼不自灵,待人而灵",也就是人与鬼神之间的相互感应,即人发出"感",发出询问的信息,鬼神则予以"应",予以回复,而人们对鬼神的"应"信以为真。纪昀对于预测为什么灵验,给出了一个"人神的交互作用"的说法,"此见神理分明,毫厘不爽,乘除进退,恒合数世而计之。勿以偶然不验,遂谓天道无知也"。纪昀的上述看法可以为今天的人们观测"扶乩"提供一种参考。

直到今天,"扶乩"还是潮汕善堂的一项重要的活动形式。大峰祖师的神喻就是通过"开乩"以获得的乩文这一形式来传达的。"扶乩"活动一般要通过乩童来实施,乩童(又称童乩)是灵媒的一种,即由鬼神附身到人的身上,以预言祸福,预测未来,可见乩童是神明与人或鬼魂与人之间交流与沟通的媒介。潮汕善堂的扶乩实际上就是一种通灵术,意为与不可见的亡者灵魂进行沟通对话的行为。乩童(类似于女巫)经常也以跳大神的形式或驱逐病魔或开出药方。虽然被称为乩"童",但实际上也有相当年长者。当神明上身时则称为"起乩",而全过程则被称为"扶乩"。但"扶乩"的举行形式因地方的不同而有不同的特色,就潮汕地区而言,乩文存在的基础是大众对大峰祖师的信仰。开乩仪式的举行是善众的自发行为。乩文的有效性是基于乩文的普惠价值,它内蕴了善堂的济世扶贫、施医赠药、倡导和谐、化纷止争、敦睦情谊、陶冶情操等精神与气质。

其实,与亡者沟通的尝试,也称为"通灵",通灵的人也称作灵媒。无疑,这些人具有某种心灵感应、天眼通、意念致动、先知先觉等特异功能。"通灵"在人类早期历史上就已经存在,在世界许多地方都存在此情况。世界各地的"通灵"虽不尽相同,但是殊途同归。人们对扶乩的真假与否,仁者见仁、智者见智,因此人们对待扶乩的态度长久以来都是莫衷一是,信者恒信,不信者恒不信。

打醮即是广东关于"醮"的活动的俗称,亦称建醮、造醮、作醮或斋醮等。《说文》曰:"醮,冠娶福祭。"《博雅》曰:"醮,祭也。"《高唐赋》提到祭祀时:"进纯牺,祷璇室。醮诸神,礼太一。"醮本是由先秦时期民间信仰的风俗发展而来,汉代以后,打醮成为道教的重要仪式,许多道教的典籍都有关于打醮的仪式记载。

4. 重视风水

"风水"一词,最早见于晋代郭璞所作的《葬经》,书中说:"葬者,藏也乘生气也,经曰,气乘风则散,界水则止,古人聚之使不散,行之使有止,故谓之风水。风水之法,得水为上,藏风次之。""风水"乃是古代相地术的两大要素,其核心是古人对居住环境进行选择和处理的一种学问,其对象范围包含住宅、宫室、陵墓、村落和城市等不同层面。一般说来,涉及陵墓的称为"阴宅",涉及其他方面的称为"阳宅"。

风水信仰在广东各地广泛流行。粤地地势复杂多样,气候湿热(直到现在广东人一生都要处心竭虑地为身体的"去湿"而努力),加之广东地处东南沿海,是重商之地,人们重视商贾之利,可从事商贾虽机遇多,风险也大,因而风水与堪舆之学在此大行其道。广东的建筑,无论是城乡布局,还是居屋选址;无论阳宅还是阴宅,风水的考虑都是重中之重。如客家的围龙大屋,讲究背山面水;潮州古城则有财、丁、富、贵各居东西南北四个方向之说。

笔者在梅州地区的五华县进行调研时,曾听到当地人说,这里近乎每村每姓都有其可述说的风水故事。这种信仰不仅影响到客家人的阴宅与阳宅建筑及衣食住行生活的各层面,而且客家人对"建阴宅"(筑新墓),"建阳宅"(建新屋)起屋的基址很是重视。他们认为坟场、宅基地的位置选择得好与坏,对自己及后代的人丁兴旺、官运亨通、财运连连与大富大贵直接相关。因此,大部分客家人都很舍得出大价钱请风水先生郑重其事地勘测一番,选个"风水宝地",慎择吉日,方可动土开工。

从前,为求得好风水,客家人还会不惜本钱对逝去的亲人举行"二次葬"①。笔者在梅州调研时还发现,一般的村落或住宅都倾向于选择在背靠山面向水、坐北朝南、环山抱水的斜坡上。这样的选址在冬季里有利于御寒取暖,因为风从北面吹来时就被后面的山体和墙体挡住了。而面朝南有利于阳光的获取,夏天时又有利于接受南面吹来的风。另外,建在缓坡上,既有利于平时的排水,在雨季又可以避免洪涝灾害。客家人所居之处常是地少人多,人口的不断增加自然会

---

① 所谓二次葬,即"二次捡骨葬",又被称为"洗骨葬"或"捡骨葬"。即当死者入土安葬三年或五年后,甚或更久之后,要将死者遗骸之残骨从安葬之处取出来后将其贮放进骨坛中,并请风水先生另行选择阴宅地点和吉日,再重新安葬一次。这是客家人最普遍采用的葬俗,其目的亦在于福荫后人。乾隆《嘉应州志》中有"屡经起迁,遗骸残烛,仅余数片,仍转徙不已"的记载。

带来自然资源的减少,为争夺有限的资源,风水的好坏就成了极好的策略。正如长期在客家地区从事田野调查的法国远东学院院士劳格文所言:"在典型的以农业为基础的经济体系中,中国东南部的宗族发展不可避免地和争夺有限的资源相连,没有其他东西可以充分地解释中国传统中风水的重要性。"①上述结论比较准确,符合客家地区的实际情形。

广东仍到处可见的古塔,十之八九则为"风水塔"。明清两代,广东境内几乎各县都竭尽财力力建一座乃至十来座的"风水塔"。陈泽泓对此的解释是:"在明清时期建的塔中,风水塔占十之八九,有一些名为佛塔,其实旨却在讲求风水之利了。原先建的佛塔,在这一时期经过重建或重修后,就变身为风水塔了。这种转变和广东社会的变化有着密切的关系。入明以后,佛教虽然香火不断,但在社会生活中影响已大不如从前。另一方面,科举极盛,贸易繁荣,出现了以兴文经商改变社会地位的社会环境和条件。重实际而不重来世的广东人,为祈求文运财运,笃信风水而不专一信佛,这种心态也体现在建塔功能的转变上,甚至将原来的佛塔改头换面,移植为风水塔。"②

依据陈泽泓对广东"塔"的研究,他认为建"风水塔"一是可以壮景观,固"地脉"。如广州城东南郊珠江边的赤岗、琶洲二塔和珠江出海口处番禺莲花山上的莲花塔,先后建于明万历二十五年至四十七年间。根据堪舆学家的说法,它们象征一艘帆船的三帆,预示着风调雨顺,万事如意。前两塔为所谓"越之东门",莲花塔则起"束海口"的作用③,兼具导航之功。莲花塔建于明代万历年间,当时南海监生庞端业等人冒领税山,违法招商开采,伤了"地脉",番禺当地举人李惟凤等告官封禁,并在山上建此塔以镇。可见,其建塔初衷是很明确的;二是可以祈文运,望出人才。明清时期,"学而优则仕"大行其道,各地因此大建文塔、文峰塔、文星塔、文昌塔等④。广州的荔枝湾文塔,是城中著名景观。开平马山文塔,为1751年到任的知县叶重秀所建,并由1843年到任的县令张帮泰所加建。建塔后原本"文化不兴"的开平十来年内出了十余位举人,加建期间又有人中进士。张帮泰很激动,将文塔改名开元塔,并定规矩:不出状元,塔底不开门。但直到科举制度结束,开平仍无状元,因此进塔只能通过四楼塔门;三是可以镇风镇水,

① 房学嘉主编:《梅州河源地区的村落文化·序论》,国际客家学会、海外华人资料研究中心,法国远东学院,2002年。
② 陈泽泓:《广东塔话》,广东人民出版社,2004年,第46页。
③ 参见陈泽泓:《广东塔话》,广东人民出版社,2004年,第48页。
④ 参见陈泽泓:《广东塔话》,广东人民出版社,2004年,第53页。

驱邪造福①。如潮州韩江上的凤凰塔,宝安县沙井的龙津石塔;四是可以聚财求发②。如中山的阜峰文塔等。

笔者以为,风水主要体现了广东人对空间与人命运之内在关系的一种重视与讲究。古人重视自然的山水、空气包括风的走向,因为他们就是依赖自然界来生活,而且人们潜意识、无意识里感知到人在大自然中的微不足道和渺小,所以要把自己放在一个妥当的空间框架中才有安全感,才能与大自然和谐共存,久而久之,这种意识就成了一种强大的历史记忆传统。

回顾本章,不难看出民间信仰在广东的广泛性、深入性以及与百姓生活的密切相关性,它已经渗透到普通百姓的生活习惯、风俗、节日、礼仪以及生活中的各种禁忌与忌讳之中,它更是说明了作为一种生活方式的民间信仰其实与人们的生活世界水乳交融,不可分离。

---

① 参见陈泽泓:《广东塔话》,广东人民出版社,2004年,第60页。
② 参见陈泽泓:《广东塔话》,广东人民出版社,2004年,第64页。

第三章

广东民间信仰的当代功能之考察

本章主要是从多重角度对广东民间信仰的当代功能展开论述。多重角度主要包括民间信仰与地方社会的文化、经济与道德，民间信仰与港澳台和东南亚民间信仰的同源性与紧密联系，民间信仰与"一带一路"的关系，民间信仰与自然以及宗教生态平衡的关系等方面。

第一节　信仰的地方表达与实践

广东的民间信仰在某种程度上已成为地方社会的文化名片，它传递出地方社会的大量信息。这些信息包括民间信仰与当地非物质文化遗产、与当地的公益与慈善事业、与地方社会的经济发展、与地方社会潜移默化的道德教化功能等事物间千丝万缕的联系。

一、民间信仰是具有地方特色的文化名片

不言而喻，民间信仰不仅是一种深深扎根和积淀于当地社区居民中的传统意识与信仰，也不只是普通百姓日常生活和精神世界的重要内容和表达形式，它同时也是具有地方特色的文化名片，因而也是研究地方社会的历史与现状以及独具特色的地域文化的一扇重要窗口。可以说，某地的民间信仰一定是某地的

信仰表达与实践,其信仰表达与实践具有鲜明的地域性,地域性即民间信仰表达与实践的地方性场景与舞台。

了解广府民系、客家民系、潮汕民系与粤西人的民间信仰,它们的共同性对人们了解作为整体的广东人的特征与文化不无助益,而它们之间的不同对了解广东不同地域的人的特征与文化更是不无助益。要知道,独具地方特色的拜神行为与仪式在漫长的历史过程中形成了具有地方特征的宗教实践,即使同在粤地境内,珠江三角洲、客家地区、潮汕地区和雷州半岛,其信仰表达与实践也各有不同,因地方性场景的不同而形成的各具特色的民间信仰表达与仪式实践就成为了当地最具特色的地域文化名片。

此情况说明了:一方水土养一方人,一方人拜一方神,一方神护佑一方人。对民间信仰的组织和实践而言,相信你所敬拜的神祇虽然重要,但更重要的是:你是哪里的人?你归属于哪个地方?你归属于哪个社区?你是广府人,自然拜广府的神;你是客家人,自然要拜客家人的神;你是潮汕人,当然就拜潮汕人的神。即使你离开了家乡去外地生活与工作,同样拜的还是家乡的神祇,甚至到了海外,带出去的也还是自己本地的神像,建的还是与家乡一个样子的庙宇,这个"归属感"相当重要。另外,在一方历史悠久,素有较大影响的神祇,甚至还能够起到凝聚不同社会群体之情感认同的作用,如广州的"波罗诞"、潮汕的大峰善堂、佛山的祖庙、德庆的龙母庙、粤西的冼太庙等,都曾在历史上为地方的社会、经济、文化发展以及凝聚乡里乡亲的群体情感认同产生过积极作用。

在当代社会转型时期,民间信仰的生命力在传统乡村宗族势力的缺失下却茁壮成长,这对构建和谐乡村与基层社会也有着非同寻常的意义。村民们在参与民间信仰活动,尤其是重要的庙诞及神诞活动或与之相关的民俗活动时,平时松散的社会网络无疑在此时得到加强。同一村里的人,无论平常彼此间关系处得如何,是相熟还是不相熟,是好友还是关系一般,还是素有芥蒂,在这样的时间和空间里,人们都会把彼此间曾有过的不快不和等都放下,从而满怀热情地自觉地将自己投入到同一个空间和场所中,人们在这个空间和场所中进行发自内心的求神敬神、娱乐、表演的活动,这既增强了人与人之间的沟通、交流与了解,同时也增强了对共同地域内共同身份的认同与自豪感,相互间素有芥蒂的人们还往往在参与这些活动时放下成见,和好如初。

"归属感"自然体现在世居于此地的居民中,长久的特定的地域生活,使得人们还逐渐养成了对那个地方特有的印象、感觉与趣味等,这种带有地方历史文化传统的深层印记又塑造了地方的风物传说乃至于延续至今的那方土地的生活方式的方方面面。而民间信仰对于塑造地方历史文化传统的深层印记功不可没。正因为如此,民间庙宇在地方社会中具有超越血亲宗族的地域凝聚与认同功能。

与明清时的宗族祠堂不同,祠堂本源于宗族,强调的是宗族内部的"亲亲和善"与尊卑等级。对祖先的崇拜与祭祀仅限于某一姓氏宗族,而无法成为跨宗族的地域性崇拜,这对多姓杂居、百姓混住的基层社会而言,其社会整合效果是有限的。民间信仰活动虽具有显著的地域特性,但它却不囿于狭隘的宗族血亲范畴。从某种意义上讲,民间神祇正是摆脱了宗族血亲的羁绊(不享受自己所属宗族后嗣的香火),才得以赢得不同姓氏民众的崇敬。民间神明所在的庙宇亦成为当地民众均可进入祭拜的场所。民间庙宇由此成为社会的公共空间,在这一公共空间所举办的宗教敬拜活动,尤其是较为大型的神诞、庙诞活动及其连带举办的游神赛会、聚餐等,无不需要周边民众的协同参与,共商其事。长此以往,以民间庙宇为中心,通过各类民间敬拜祭祀神祇行为,构建起某一地域性的社会关系网络。

"归属感"在当代社会与在人口流动比较频繁的地方对外来者而言也比较重要,这是其融入到当地社会的一个重要的心理基础。如侨乡中山市是珠三角地区重要的制造业中心,吸纳了大量外省外乡的务工人员。据统计,目前中山外来常驻人口达一百六十余万,大有超过本地户籍人口之势。这些外来人员在中山工作的同时,亦有如同本地人一样的宗教需求。

民间信仰虽有鲜明的地域性、族群性,但中山的民间信仰也向外乡人敞开了大门。如中山小榄镇是我国著名的五金制造业基地,外来务工人员有 15 万之众,与当地户籍人口持平。笔者一行在小榄镇葵树庙考察时,庙祝介绍说:"现在镇里面务工的外地人越来越多,他们很多都会来此拜神。"[1]石岐区东岳庙地处人民医院附近,当地村里人多搬走或是移居他处,前来祭拜的多为外来人员和医院的护士。护士们照顾病人,遇上病人过世,就会来庙里烧香祈福,求得心理平衡,甚至认为庙里的香火可以杀菌。[2]而笔者在大涌镇安塘天后宫调研时,恰逢一位四川籍的老板请庙里的老人给他的新车开光(川 E 车牌)。整个过程包括给新车洒圣水,持香绕车一周,点朱砂,车主点香敬拜,最后放鞭炮,持续约十分钟左右,车主会交纳三炷香钱 135 元,功德钱随意另给。[3]

---

① 2016 年 6 月 1 日,中山市小榄镇调研。
② 2016 年 5 月 25 日,中山市石岐区调研。
③ 2016 年 5 月 31 日,中山市大涌镇调研。

近代以来,中山地区的社会面貌发生显著变更。一方面,本地民众大规模出洋,移居海外;另一方面,现在的中山制造加工业迅速发展,吸引了大批外来务工人员。人员一进一出虽冲击着原有的地域格局,但民间信仰如同黏合剂一般,使得出洋者与故乡多了一份神缘亲情,新来者凭借民间信仰而得以融于当地社会。基于民间信仰,生活在同一地域中的人们产生新的认同感,他们之间的差异在一定程度上被消解,这无疑有利于凝聚力的强化。

以广州南海神庙的"波罗诞"庙会为例,它蕴含了广州最有代表性的民俗民间文化元素,有着千年的历史文化传统。每逢庙会期间,除了传统的广州人,还有来自各地的民众及海外的游客,从全国各地来广州工作和打拼的新移民,都会齐聚于黄埔,一同祈福、游玩或观赏。2012年,首届岭南民俗文化节与"波罗诞"结合举办,游客人数高达123万人次。现在"波罗诞"更是承载着广州作为全国"一带一路"重要节点的文化底蕴,代表了岭南文化的悠久与灿烂,是每个从四面八方来广州工作和生活的"新广州人"都引以为豪的地方历史文化名片。

再以佛山的三月初三北帝巡游为例,明清时期的珠江三角洲就有了众多的北帝庙,可被列入官方祀典的却只有佛山的北帝祭。"北帝信仰"与佛山的历史进程紧密相连,并渗透到佛山社会的各方面,深刻反映了佛山由传统的农耕社会转变到工商业城市的过程。直至今天,佛山人对北帝巡游极具乡土情结,在三月初三的北帝巡游之际,还伴有佛山传统文化特色的舞狮表演、禾楼舞表演等。佛山人的"北帝信仰"还衍生出当地的一个春节传统习俗,那就是正月初一的"行祖庙(佛山祖庙融古代陶瓷、木雕、铸造、建筑艺术于一体,被誉为'东方艺术之宫'),拜北帝",人们一般在吃过年夜饭或者逛完"花街"之后,就会带上转运风车去祖庙拜北帝,以求"转运"。春节期间,佛山人以及在佛山工作与生活的外地人还会去祖庙向神龟池抛硬币,求北帝保佑来年顺顺利利,这已经成了佛山人过春节的重要习俗之一。祖庙和北帝信仰无疑是佛山最具特色的历史文化名片。

前文曾提到的潮汕地区每年春节期间的"迎老爷"游神活动以及每年在妈祖诞日所举行的大型的祭祀活动和文艺巡游活动等,无疑都是潮汕地区富有地方特色的文化名片之一。而粤西地区的茂名、高州等地每年举办的年例活动,包含着摆醮、游神、游灯、舞狮、舞龙、木偶戏表演、看粤剧等内容。年例活动集祭祀、民间艺术、戏剧表演等于一身,成为了粤西地区历史文化的符号与名片。

由此可见,民间信仰的仪式与活动对地方社会的民众或当地社区的凝聚力和认同感而言具有不可替代的作用。民间信仰及其场所作为社会场景中的现实存在,其所具有的社会凝聚与认同功能,业已成为邻里和睦相处,海外同胞联谊以及外地人融入本地社会的纽带与桥梁,是为当下强化社会认同,凝聚大众力量的重要场所之一。

二、民间信仰与当地非物质文化遗产的关系

毋庸置疑,广东民间信仰中包含着悠久且深厚的神祇崇拜、祭祀仪式与社区表演等,这些均是值得珍视的地方文化资源。自 2003 年中国成为联合国《保护非物质文化遗产公约》(下文简称《公约》)缔约国后,非物质文化遗产(简称"非遗")保护成为中国政府工作任务之一,地方文化传统的保护与重建因此获得了空前的便利条件。

2003 年联合国教科文组织通过的《公约》中规定:非物质文化遗产有五项具体内容:口头传统和表述;表演艺术;社会风俗、礼仪、节庆;有关自然界和宇宙的知识和实践;传统的手工艺技能。显然,在文化多样性正得到世界上越来越多的人们赞誉和理解的当代,民间信仰中的许多元素暗合了非物质文化遗产的相关内容。正如陈进国所言,这使得人们"有可能脱开意识形态化和政治化的惯性定位,而较纯粹地理解作为生活方式的民间信仰,及其对促进人类文化多样性的价值"。[①] 国务院发布的《关于加强我国非物质文化遗产保护工作的意见》中,将非物质文化遗产"视为中国具有重要战略价值的文化资源,是'各族人民世代相承,与群众生活密切相关的各种传统文化表现形式和文化空间',是中华民族智慧与文明的结晶,是联结民族情感的纽带和维系国家统一的基础,其'所蕴含的中华民族特有的精神价值、思维方式、想象力和文化意识,是维护我国文化身份和文化主权的基本依据'"。[②] 这使得一些具有悠久历史与具有特色仪式传统的民间信仰在非物质文化遗产的语境下又多了一种存在与发展的途径,即申报"非遗"项目。

正是在上述情势下,中华人民共和国国务院作出决定,自 2006 年起,每一年 6 月的第二个星期六为中国的"文化遗产日",自 2017 年起更名为"文化和自然遗产日"。在经济社会渐渐有了发展的情况下,一些地方政府,为提高地方知名

---

① 陈进国:《传统复兴与信仰自觉》,载金泽、邱永辉主编:《中国宗教报告(2010)》,社会科学文献出版社,2010 年,第 177 页。

② 陈进国:《传统复兴与信仰自觉》,载金泽、邱永辉主编:《中国宗教报告(2010)》,社会科学文献出版社,2010 年,第 177 页。

度和地方社会荣誉以及地方的经济文化建设,开始越来越注重本地的历史悠久且影响较广的非物质文化遗产项目的申报。不言而喻,非物质文化遗产的重要性与迫切性及其对于地方的意义在当代中国社会各阶层中已逐渐形成共识。

"目前广东有 74 个项目入选国家级非物质文化遗产名录,有 182 个项目入选省级非物质文化遗产代表作名录。"①如今广东各地对非物质文化遗产的保护意识正在逐步加强,各地方政府对民间信仰与非物质文化遗产的关系的认识也逐渐清晰。民间信仰与非物质文化遗产间的天然联系有目共睹,因而人们对民间信仰自然亦多了一份有意识和自觉地保护。这就是人们常看到民间信仰的庙宇前挂着国家、省或市里的非物质文化遗产所在地的牌匾的缘故。

经广东省政府批准,2006 年 5 月 11 日召开的广东省文化遗产保护工作会议对外正式公布第一批省级非物质文化遗产代表作名录,瑶族"盘王节"与雷州石狗名列其中,而列入民间舞蹈类的"普宁英歌"与列入岁时节令类的"吴川飘色"其实也是属于民间信仰的仪式活动的重要组成部分。

2006 年 6 月 2 日,国务院批准了第一批国家级非物质文化遗产名录。广东的普宁英歌、潮阳英歌、佛山祖庙北帝庙会等均名列其中。从此以后,广东各地都开始普查或者数点自己的"家产",以便申报各级非物质文化遗产,而不能马上申报的,就作为不可移动文物先保护起来再说。

以中山市为例,在诸多民间信仰宗教庆典礼仪中,划龙舟、舞醒狮、飘色游行、粤剧表演等,不一而足,粉墨登场,缤纷绚丽,热闹非凡。② 其中不少习俗已被纳入到中山市非物质文化遗产名录中。如在南头镇北帝村,村委会年轻的刘书记向笔者介绍:当地历来有灯酒会的习俗,2010 年,以北帝村北帝庙的灯酒会为核心,整合南头镇其他民间庙宇的灯酒习俗,打包申报中山市非物质文化遗产并获得通过,成为中山市第三批非物质文化遗产。今年,村委会正在积极申报省级非物质文化遗产。所谓的"灯酒会"原意是添丁之意,就是当年添了男丁的人家要请村里人吃饭、拜神,慢慢变成以民间庙宇为中心的敬神聚餐活动。村委会和基层政府对此习俗积极引导,作成灯酒文化节,并通过投灯来筹集善款,帮贫助困。③

---

① 段辉红:《艺术教育传承优秀传统文化的途径与方式研究》,《美术教育研究》2016 年第 3 期。
② 有关这些活动的详细说明,参见《黄圃历史文化》编委会编:《黄圃历史文化》,2010 年,133—156 页。
③ 2016 年 6 月 22 日,中山市南头镇调研。

表一　2015 年中山市非物质文化遗产名录中的民间信仰习俗

序号	项目名称	项目类别	所在地区
1	龙舞(醉龙)	传统舞蹈	西区
2	沙溪四月八	民间习俗	沙溪镇
3	沙溪三月三	民间习俗	沙溪镇
4	南头灯酒习俗	民间习俗	南头镇
5	飘色(黄圃飘色)	民间习俗	黄圃镇
6	飘色(南朗崖口飘色)	民间习俗	南朗镇

除基层政府积极介入以民间信仰为媒介提升民间文化的活动外,民间文化团体亦通过民间信仰的酬神活动而获得生存舞台,活跃在中山民间的粤剧剧团便深受其益。笔者在中山调研时了解到,中山民间信仰的神诞与庙诞等大型民间信仰活动大多都会邀请粤剧团来表演,以此酬神娱民。大涌镇龙王庙在龙王诞(农历二月十五日)会请外村粤剧团表演,连唱四天,费用由庙里的香火钱来支出。三乡镇金花夫人庙为庆祝金花夫人神诞(农历四月十七日),每年特邀顺德艳阳天粤剧团或肇庆粤剧团前来,连续三晚为本地乡亲奉献精彩的传统剧目。

众所周知,随着现代传媒业和众多新式娱乐形式的发展,传统戏剧丧失了大量听众与表演舞台,其发展举步维艰,连生存都颇为艰难。民间信仰传统的酬神娱神演出则为传统戏剧保留了一席用武之地,成为粤剧团重要的商演机会与经济来源。更为重要的是,这些演出对粤剧团而言虽具有商业特征,但对听众而言却具有公益性与开放性。这些演出一般皆为免费公演,而剧团和演员的费用一般由庙宇的香火钱支出,不够的话才号召村民捐款,有时也由外出经商致富的村民主动捐款,或是村委会出资赞助一部分。演出的剧目大多为大家喜闻乐见的粤剧传统剧目,这反而拉近了粤剧与民众的距离,尤其便于年轻人接触粤剧,有利于粤剧在当代社会的传承并扩大影响力。

此外,不少中山民间庙宇亦为当地保存下来的古建筑,一些传统的建筑样式、建筑工艺以及富有乡土特色的木雕、砖雕、灰雕、塑像和绘画等得以延续至今。如中山市沙溪镇圣狮村的洪圣殿是一典型的清代庙宇建筑,其建筑样式为深三进,前后近面阔各三间,二进为石制四角香亭。整个建筑硬山顶,青砖外墙,抬梁式木梁架。更令人称叹的是,在庙宇正门的两边墙壁上镶嵌有两块灰雕,里面雕刻的场景错落有致、雕工细腻。灰雕以当地所产的蚝壳打磨成粉,再与其他矿物质混合搅拌而成灰浆，以此为原料，雕刻成内容丰富、形式活泼的图案、场景，真可谓是岭南一绝。此庙宇 2009 年被纳入中山市文物保护单位。

又如中山市石岐区的东岳庙也较好保存了明清时期该建筑的特色风貌，当雕工精致的人物与石雕雀鸟、木雕柁墩与梁架雕花等建筑装饰映入眼帘时，不由得令人惊叹不已，加之那布满室内外的壁画，处处不乏见到灵动又精湛的笔触，人物、花鸟、飞龙、走兽等，栩栩如生。2012 年，此庙被中山市列为不可移动文物。除此之外，还有多达四十余处的民间庙宇因其历史悠久的建筑，独特的建造样式与精美的雕刻塑像和绘画文物，被中山市列为不可移动文物，受到保护。

表二　中山市第三次全国文物普查不可移动文物名录——民间庙宇部分

编号	名称	类别	年代	地址	备注
442000—0002	柏桠东岳庙	古建筑	清代	石岐区莲新社区柏桠直街	
442000—0003	老安古庙	古建筑	清代	石岐区博爱社区老安山华光路 33 号	
442000—0017	南下汉武侯庙	古建筑	清代	石岐区迎阳社区南下南阳里	
442000—0018	三山古庙	古建筑	清代	石岐区迎阳社区南下麻洲街一横巷	2009 年公布为市保
442000—0023	大陂华光庙	古建筑	清代	石岐区莲兴社区大陂正街	2009 年公布为市保
442000—0052	古香林寺遗址	古遗址	清代	东区桥岗社区新安村古香林山北坡	
442000—0163	大环华佗庙	古建筑	光绪二十八年（1902 年）	开发区城东社区大环后门山上	1990 年公布为市保
442000—0235	濠头濠溪古庙	古建筑	清代	开发区联富社区濠头二村上街 123 号	
442000—0250	南朗祖庙	古建筑	清代	南朗镇南朗村南朗正街	2009 年公布为市保
442000—0257	林乡贤公家庙	古建筑	清代	南朗镇大车村蒂峰山公园内	
442000—0265	翠亨村北极殿	古遗址	清代	南朗镇翠亨村泰和街	
442000—0315	亨美村三夫人庙	古建筑	1892 年	南朗镇南朗村亨美新村街	

编号	名称	类别	年代	地址	备注
442000—0322	茶东武帝庙拜亭	古建筑	咸丰九年（1859 年）	南朗镇榄边村茶东东来街	
442000—0327	左步村北极殿	古建筑	清代	南朗镇左步村白鹤基巷	
442000—0348	濠涌村观音庙	古建筑	同治年间	南朗镇濠涌村庙前街	
442000—0352	泮沙村西亨祖庙	古建筑	清代	南朗镇泮沙村西亨正街一巷 2 号	
442000—0428	雍陌村南阳祖庙	古建筑	清代	三乡镇雍陌村雍陌上街	
442000—0432	雍陌村圣堂祖庙	古建筑	清代	三乡镇雍陌村雍陌上街	
442000—0436	平南村列圣宫	古建筑	清代	三乡镇平南村平南村楠樟公园对面	
442000—0441	平东村三山古庙	古建筑	咸丰十一年（1861 年）	三乡镇平东村洪堡后街 70 号南侧	
442000—0451	大布村圣堂祖庙	古建筑	清代	三乡镇大布村文昌巷	
442000—0476	安堂北极殿	古建筑	道光二十年（1840 年）	大涌镇安堂社区北帝庙街 25 号旁	1990 年公布为市保
442000—0477	大觉古寺	古建筑	清代	大涌镇安堂社区大觉寺横巷旁	2009 年公布为市保
442000—0496	南文三圣宫	古建筑	光绪十六年（1890 年）	大涌镇南文社区岚头正街	
442000—0524	冈东古庙	古建筑	清代	古镇镇冈东村颐老院旁	
442000—0525	古三北帝庙	古建筑	清代	古镇镇古三村泰榕乐园内	
442000—0527	古二三仙宫	古建筑	清代	古镇镇古二村接龙直街内	
442000—0530	坦洲水仙宫	近现代重要史迹建筑	1922 年	坦洲镇联一村孖洲	
442000—0533	申堂三圣宫	古建筑	乾隆十七年（1752 年）	坦洲镇新前进村申堂三顷街 5 号左侧	

编号	名称	类别	年代	地址	备注
442000—0594	曹边天后宫	古建筑	光绪九年（1883 年）	南区北台社区曹边华立大街	
442000—0595	曹边武侯庙	古建筑	光绪五年（1879 年）	南区北台社区曹边华立大街尾	
442000—0599	北台康真君庙	古建筑	光绪二十一年（1895 年）	南区北台社区共和南街	
442000—0610	上塘华光殿	古建筑	清代	南区沙涌社区上塘老人活动中心旁	
442000—0614	竹秀园三圣庙	古建筑	同治十年（1871 年）	南区竹秀园社区竹园路	
442000—0619	沙田三圣庙	古建筑	清代	南区树涌社区沙田	
442000—0634	龙瑞白衣庙	古建筑	清代	沙溪镇龙瑞村学府大街	
442000—0636	忠武韩王庙	古建筑	乾隆二十一年（1756 年）	沙溪镇龙山村豪吐街	
442000—0638	圣狮洪圣殿	古建筑	光绪二十九年（1903 年）	沙溪镇圣狮村庙仔街	2009 年公布为市保
442000—0643	云汉北极殿	古建筑	同治七年（1868 年）	沙溪镇云汉村会极街 21 号	
442000—0644	龙环古庙	古建筑	光绪十九年（1893 年）	沙溪镇乐群村龙聚环兴龙街 28 号旁	2009 年公布为市保
442000—0645	涌头武帝殿	古建筑	同治八年（1869 年）	沙溪镇涌头村中大街东中一巷 13 号	
442000—0648	龙头环北极殿	古建筑	道光元年（1821 年）	沙溪镇龙头环村北极街	
442000—0652	涌头洪圣庙	古建筑	清代	沙溪镇涌头村牌坊大街第五巷 1 号	
442000—0655	涌边北极殿	古建筑	清代	沙溪镇涌边村涌边中街	
442000—0666	水溪三王庙	古建筑	光绪十五年（1889 年）	沙溪镇康乐村水溪中大街	
442000—0668	秀山祖庙	古建筑	清代	沙溪镇虎逊村秀山下街	

编号	名称	类别	年代	地址	备注
442000—0698	鳌山村北约大庙	古建筑	清代	黄圃镇鳌山村北约路1号	2009年公布为市保
442000—0699	鳌山村北极殿	古建筑	明代	黄圃镇鳌山村兴东上街二十四巷	

不仅是在中山市,在广东许多地区,民间信仰为富有地方特色的民间文化艺术提供了良好的土壤。如潮汕地区民间信仰所举行的大型祭祀活动,都少不了举行游神与文艺表演等。而游神所需要的器物在一定程度上对民间工艺、潮汕民间艺术的表现形式如潮汕剪纸、潮汕木雕、木刻与潮汕嵌瓷的保存和发展无疑有积极作用,而民间信仰的酬神戏剧表演如潮剧的演出等在一定程度上也丰富了当地群众的文化娱乐生活,被列入"国家级非物质文化遗产"的英歌舞、笛套音乐等本身就是大型的游神活动中不可缺少的内容,它们的传承与发展和当地民间信仰可谓是相伴相生。

显而易见,非遗是地方文化传统的典型代表。但地方文化传统的表现形式是多种多样的,尤其是随着国家非遗工作的不断推进,发掘地方文化历史与文化传统就渐渐成为人们的共识。笔者在中山各地进行田野调查时,明显感受到在地方官员的理解与支持下,地方知识分子与当地的有识之士对复兴地方文化传统的热情投入与积极推动(如他们积极主动甚至不计报酬地参与地方不可移动文物与非遗等的调查,历史文献整理,资料整理与申报文案的撰写与修改工作)。中山市各村落的民间信仰仪式和庙会的复兴与走上正轨等与他们的不懈坚持与辛劳付出不无关系。

广东的民间信仰活动形式历来富有地方特色,而目前民间信仰的活动形式愈来愈有意识的突出"非遗"特色。特别是随着妈祖信仰成功申报世界非遗以来,广东各地涉及妈祖的节庆文化活动日趋频繁,尤其是注重挖掘和开发地方文化遗产资源。2005年以来,在汕尾政府主导下,"汕尾城区妈祖文化节"持续举办。2009年以来,"广州南沙妈祖诞文化节"则由南沙区旅游局、南沙天后文化学会、南沙经济发展总公司等共同主办,每年都盛况空前。

2010年6月,珠江三角洲地区最大的民间庙会"波罗诞"庙会被列入第三批国家级非物质文化遗产推荐项目民俗信仰类名录。被称为"波罗庙"的南海神庙,是我国古代四大海神庙中唯一留存的一座,"波罗诞"庙会蕴含了国家海神祭祀、岭南民间信仰与习俗、海上丝绸之路贸易文化的多重意义。"波罗诞"庙会包括祭海、南海神巡游等民俗文化活动，已成为传承岭南精神的"活态"文化名片。卡通形象化的"波罗鸡"是"波罗诞"庙会的吉祥物，"鸡"与"吉"谐音。南海神庙内供奉的南海神和其夫人以及子嗣，还有传说中天竺国的使节达奚司空等，生动具体而形象地表达了非物质文化意义。

2017年第13届广州民俗文化节暨黄埔"波罗诞"千年庙会于3月8日至10日（农历二月十一至十三日）在南海神庙景区举行。本届活动以"海丝长福地·波罗多良缘"为主题，共有十大环节。一连三天，南海神庙轮番上映了精彩的非遗展示演出，除了经典的模仿古代的祭海与五子朝王等活动，还增加了首届广东省非物质文化遗产展演邀请赛。

如德庆悦城龙母诞在2011年入选国家级非遗，这对龙母文化的研究、保护及传承的意义重大。依托龙母文化，以旅游业为龙头发展第三产业，带动了德庆的产业结构调整和升级，为当地创造了更多的就业机会，而且提升了当地的文化软实力，促进了地方文化的繁荣和对外文化的交流，因此每逢龙母诞的纪念活动也就成了举行商贸活动洽谈的好时机。

又如生菜会是广州、南海与顺德等珠江三角洲地区的传统，其中尤以位于佛山南海北部的官窑镇（官窑镇是闻名全国的玩具名镇，有"玩具王国"之称）最盛。该镇在1986年重办官窑生菜会后，将节日移至正月十五日，与元宵节一同举办，并与传统的岭南狮舞结合在一起，开展舞狮比赛。自2007年官窑生菜会申请佛山首批非遗成功后，2009年又被广东列为第三批"非遗"名单之一。另外，生菜会上的明星"主食"生菜包于2013年被评为"佛山十大名小吃"，近年来生菜会更是开办千人生菜宴，其场面热闹非凡。

由上可见，民间信仰及其仪式活动在"非遗"的名义下恰似拿到了一张新的许可证，民间信仰及其仪式活动、非遗与在文化的多元性下的保存地方文化传统之必要，这三样东西被人们理直气壮地结合了起来。这种结合尽管有某种必然性，但是人们还是应该清醒地认识到，民间信仰终究还是信仰，"'无形'的精神观念和价值体系才是民间信仰得以在中国民众世代传承的根本原因。庙宇、神偶、仪式等作为'有形'的'物'的民间信仰存在形态，只是包裹'无形'的'非物'的信仰观念、思想和价值的'外壳'，是'无形'观念的'有形'表达"。[①] 人们应该警惕在恢复和保存

<hr />

① 张翠霞：《民间信仰与乡村社会治理——从民间信仰研究的现代遭遇谈起》，《中央民族大学学报（哲学社会科学版）》2018年第4期。

地方的文化传统,追捧非物质文化遗产的同时,要避免非物质文化遗产被过度开发、商业化和观光对象化的危险,防止文化资源的滥用与文化归属权的恶性竞争,从而避免"民间信仰"在这个过程中背离原有的初衷而产生"异化"。

三、民间信仰与地方的公益与慈善活动

民间信仰与公益慈善活动在历史上本来就有不可分割、相生相伴的关系。可以说,民间信仰本来就内蕴着公益慈善的道德力量,在当今社会更是如此。公益慈善活动可说是民间信仰活动中不可缺失的重要内容之一,并业已成为广东民间信仰场所的一种常规化或是渐渐制度化的活动安排。

如每每谈到潮汕地区的民间信仰,就不能不提到潮汕的"善堂"文化。所谓"善堂",是慈善与民间信仰(以宋大峰祖师崇拜和扶乩仪式为中心)结合的综合性组织,类似于民间社会的非政府组织。潮汕的善堂大多崇奉宋大峰祖师,但也供奉其他民间诸神。清末民国时期,潮汕地区善堂供奉的神明,以数量计依次为:宋大峰祖师、吕祖、玄天上帝、圣母娘娘,此外还有:关公(海门镇)、妙庄圣王(陆丰市)、宋禅(惠来县)、齐天大圣(揭阳市)等,这也是今天潮汕善堂信仰多元化的主要原因之一。

如今潮汕的民间信仰、善堂与慈善公益之间的联系似乎存在一种三位一体,彼此不可分离的联系。善堂在近些年来潮汕地区的公益慈善事业中所发挥的积极作用与影响人们有目共睹。只要稍稍浏览一下近年来潮汕地区电视、报刊等媒体的报道,就会注意到今日潮汕地区最为活跃的慈善组织莫过于善堂了[1]。

广东潮汕地区的善堂兴起于明末清初,二十世纪上半叶臻于鼎盛,全盛时有五百余座。50年代初潮汕善堂停止活动,原有物业也改作他用,遂使善堂成为了一个历史名词。[2] 民国存心善堂位列汕头五大善堂之首,声誉最为卓著。[3] 上世纪90年代以后潮汕地区的善堂逐渐开始恢复活动,数量约有三百余座(有的

---

[1] 华南师范大学历史文化学院的段雪玉老师(笔者的同事)曾由本课题经费出资,亲赴潮汕进行善堂的调研,由她作为第一作者、笔者作为第二作者撰写的"潮汕民间的慈善组织与民间信仰的当代转型"一文即将在《世界宗教杂志》上登出。

[2] 中国人民政治协商会议汕头市升平区委员会文史委员会编:《升平文史》创刊号《潮汕善堂专辑》(1),1996年。参见林悟殊:《潮汕善堂文化及其初入泰国考略》,《海交史研究》1997年第2期。

[3] 民国汕头五大善堂指存心、诚敬、诚心、慈爱、延寿五大善堂(善社),存心善堂规模最大。参见王昌熹:《潮汕地区规模最大的汕头存心善堂》,载中国人民政治协商会议汕头市升平区委员会文史委员会编:《升平文史》创刊号《潮汕善堂专辑1》,第22—26页。

合并),其中仍然是存心善堂规模最大,影响最广。①

论及潮汕善堂文化时,有学者认为潮汕善堂文化体现了儒、释、道三教融于一体的特色,但也有学者认为中华传统文化本来就融合了儒、释、道三家,很难说这是潮汕善堂区别于其他中华文化现象的特色。他认为潮汕善堂的最大特色是慈善活动与民间传统信仰的紧密结合,并从三个方面论证了潮汕善堂与民间信仰的紧密联系:一是善堂的创立源于民间信仰的传播。大多数善堂崇拜宋大峰祖师,但也供奉其他民间诸神。潮汕民众的崇拜是作为一般性的信仰,以求灵魂上的慰藉;二是善堂的经济来源与民间信仰分不开;三是潮汕善堂的慈善活动与神事活动相结合。在此基础上,得出了"在潮汕善堂文化中,充满着浓厚的民间传统信仰色彩,如果排除这些民间传统信仰,善堂的业绩就必定黯然失色"②这一结论,笔者的调研也充分证实了这个结论的可靠性与真实性。

存心善堂的复兴与宋大峰祖师信仰的复兴是同步的,或者换句话说,宋大峰祖师信仰与慈善活动互为表里。这是因为如上所言,潮汕善堂的各种慈善活动往往与民间信仰的神事活动结合在一起,众多潮汕善堂里供奉着众多神明,大峰禅师可谓是潮汕慈善事业的祖师爷,因而也是许多潮汕善堂供奉的主神。据一些广东学者的田野调查统计,也有部分善堂同时供奉两位神明,如存心善堂乌桥总堂供奉宋大峰祖师和玄天上帝,惠来县西部及陆丰等地的善堂同时供奉宋大峰祖师和吕祖(吕洞宾)。还有善堂除了供奉上述提到的神明外,还供奉圣母娘娘、齐天大圣、华佗先师、太上老君、佛祖等。

诸神诞辰时消灾祈福,做功德是潮汕善堂重要的神事活动,善堂有专门的管理神事的法事部或法事股。一年之中,潮汕善堂依照本地习俗举行各种节日庆典和祭神仪式,凡遇这种日子,民众踊跃捐献。善堂就将这种通过举办神事活动聚集来的社会各界之捐赠,用于各类慈善活动中。如汕头和平的宋大峰福利会,其前身为和平报德古堂理事会(这是潮汕的第一所善堂,即祖堂)。1999年经潮阳民政部门登记为现名称,是远近闻名的慈善机构。该福利会主要经济来源是依靠各界热心人士及侨胞的捐赠。该会在社会上有较高的公信度,仅 2006 年至 2010 年,就接受侨胞及各界热心人士捐赠 3282.5 万元,用于公益支出 2446.6 万元,约占 74.53%;至 2011 年底,该会已投入公益福利资金八千余万元。

---

① 周志荣:《潮汕善堂与地方政府关系研究》,汕头大学硕士学位论文,2009 年,第 1 页。
② 参见林悟殊:《潮汕善堂文化及其初入泰国考略》,《海交史研究》1997 年第 2 期。

近年来，潮汕善堂发展较快。以汕头 2003 年复办的存心善堂为例，其通过宋大峰祖师信仰的仪式体系和文本重构，重新塑造了宋大峰祖师信仰的正统性和合法性。就仪式体系而言，存心善堂宋大峰祖师祭祀和乩坛的恢复与善堂堂务的扩大是同时进行的，2008 年，存心善堂原址得以归还。① 2009 年 11 月，存心善堂斥资 700 万，正式启动旧址修缮工程。两年后的 2011 年 11 月 23 日，存心善堂举行了恭祝宋大峰祖师圣诞暨大雄宝殿开光揭牌仪式法会，标志着存心善堂的宋大峰祖师信仰的重新恢复。②

2012 年 2 月 25 日（农历壬辰年二月初四），原达濠十八洞崇德善堂宋大峰祖师炉下传落十大弟子之一李其乐（92 岁）收存心善堂蔡木通会长为善门德教振系乩脉第二代传承人（参见图一），③存心善堂乩坛的正统地位由此确立。目前，存心善堂乩坛的扶乩仪式采取了半公开化的形式，信众可在善堂内的大雄宝殿请乩童扶乩（参见图二）。

图一　善门振系乩鸾传承人（左二为李其乐，右二为存心善堂会长蔡木通）

就文本重构而言，2014 年刊印的《存心堂务》为我们提供了宋大峰祖师信仰的新文本。它由两个部分组成：一是宋大峰祖师个人的文本，包括肖像、颂歌和正传。就宋大峰祖师生平事迹而言，民国时期存心善堂堂务报告关于宋大峰祖师的生平记载相当简略，今人眼中的宋大峰祖师历史显然更为丰满，它融入了民

① 刘泳斯：《潮汕善堂：播下潮汕慈善事业的种子》，《中国民族报》，2011 年 6 月 28 日，第 005 版。
② 存心善堂大事记(1952—2013)，《存心资讯》编委会：《存心堂务》，第 141、143 页。
③ 参见《存心乩务的博客》，http://blog.sina.com.cn/smjishi。

图二　存心善堂大雄宝殿内的乩童扶乩(本图为作者摄于 2015 年 2 月 6 日)

间传说,对宋大峰生平进行了再创作。[①] 二是存心善堂还组织编写了《大峰宗门教义》和《善门存心法脉》两种文本。其中《大峰宗门教义》塑造了源自佛教禅宗一脉的正统性:教义认为宋大峰祖师开创"白衣派"大峰宗门,祖师为佛教禅宗临济一脉之"十一世大峰宝鉴禅师"。而《善门存心法脉》重点梳理晚清以来的师承关系,并列出五世的世系图,表明师承世系文本的书写,有助于确立存心善门德教振系乩脉师承关系的正统性与合法性。[②]

近年来,存心善堂还通过系列的民俗活动和仪式精心打造了存心善堂的慈善文化。自 2009 年起,存心善堂每年元宵节都会举行大型花灯巡游活动;组队参与"汕头海湾国际龙舟赛",并于 2013 年 5 月举办首届以纪念屈原为主题的"存心龙舟赛";每年七月举办"盂兰胜会";每年春分、秋分举办"祭祀大典",弘扬儒家精神;农历十月二十九日宋大峰祖师圣诞期间,举办纪念活动。[③] 这些周期性举办的信仰仪式,以宋大峰祖师崇拜和德教的乩坛仪式为核心,融合儒、释、道文化,在民间信仰根基深厚的潮汕地区建构出多元的善堂文化。这就使得善堂在潮汕社会获得了声望与支持,成功实现了潮汕民间慈善与信仰组织的当代转型,善堂文化也由此在当地被认为是专属于潮汕人的独特传统,成为潮汕人自我认同的重要内容之一。

周志荣的研究显示,2009 年存心善堂的经费来源主要有三条渠道:一是社会捐款。这是潮汕善堂经费来源的主要部分,捐款对象包括国外华侨、本地的慈

---

① 《民国三十五、六年度汕头存心善堂堂务报告》,汕头市档案馆藏,索书号:R51,第 1—2 页。《存心资讯》编委会:《存心堂务》,第 112—117 页。

② 《存心资讯》编委会:《存心堂务》,第 121 页。

③ 《存心资讯》编委会:《存心堂务》,第 157—158 页。

善家、企业家和其他的善男信女。二是业务收入。比如寄存香炉骨灰盒、经师八音、场地租借、做功德等自办业务的日常收入,这部分收入主要是用来作为善堂工作人员的工资和内部管理所需的经费。三是会费收入。并不是所有的善堂都会向成员收取"会费"(有些善堂称为"社费",解放前称为"年捐")。汕头存心善堂则是采用"年费"的形式进行收取,每年向会员收取一部分现金作为年费。募捐收入是汕头存心善堂最主要的收入,2003 年 7 月到 2008 年 10 月,善堂共募集民间慈善资金 1910 多万元、慈善救助物资折合人民币 1000.1 万元,其他收入526 万元,累计共 3436.1 多万元。[1] 2009 年至 2014 年,存心善堂的善款、善物收入增长迅猛,五年总收入 79814038.96 元(其中社会捐赠收入 79811400.06 元,其他收入 2638.90 元),接受社会实物捐赠折值总收入 35425902 元,五年接受社会捐赠款物总收入 115239940.96 元。[2] 从两个五年的平均年收入来看,2003 年至 2008 年平均年收入为 687 万余元,2009 至 2014 年平均年收入则达到了 2304万余元,增长了三倍有余。近年来,郭美美事件所导致的红十字会财务诚信危机,对民间慈善组织的财务管理提出了更为严格的要求,公开透明的慈善财务受到社会的肯定。存心善堂顺应时势,通过公媒、善堂内部刊物、公示栏、网络、LED 牌等多种途径按月将财务收支进行公示。同时每年聘请省级审计部门进行年度财务审计,并在会员大会上汇报,在汕头日报公布。[3] 2015 年 4 月 20 日,《汕头日报》用一个版面的篇幅刊登了存心善堂 2014 年年度审计报告。[4]

　　汕头存心善堂现有 14 家慈善实体机构,其包括了养老院、宁养关怀院、庇护安养院、儿童教养院、特教学校、业余文武学校、公益陵园、救援队、慈善医疗门诊、物资救助站、工疗站、慈善超市、免费快餐、业余艺术团。这 14 家慈善机构以汕头市残疾、低保、贫困人士为服务对象,根据救助对象的情况进行不同程度的救助。同时设立会员制,有会员五万多人,按年度收取会费,以取之于会员用之于会员的原则,这 14 家慈善实体机构也服务于会员。可见,存心善堂的快速发展,与近年潮汕民间信仰繁荣景象同步。值得注意的是,存心善堂在其快速发展的同时也逐渐建立起了完善的管理和监督机制。首先,会员代表大会和理事会之间,增设了耆老会作为会员代表大会的召集人;其次,增设监事会,与耆老会一同监督理事会和会长的管理工作。值得注意的是,2012 年存心慈善会建立党支

---

[1] 周志荣:《潮汕善堂与地方政府关系研究》,第 1、29 页。
[2] 《存心资讯》编委会:《存心堂务》,第 152 页。
[3] 《存心资讯》编委会:《存心堂务》,第 47、55、152 页。
[4] 参见《汕头日报》,2015 年 4 月 20 日,第 09 版。

部工作被确定为汕头市委"书记项目"①,作为汕头市民间社会组织首支党支部,与监事会、耆老会共同构成多角度、多层次管理监督体系(参见图三)。

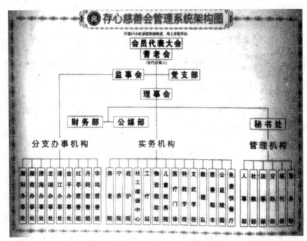

图三　2014 年存心慈善会管理系统架构图②

目前,存心善堂的执行机构有秘书处、财务部、社救部、福利部、人事部、交际部、物资救助站,其中秘书处负责传达理事会决议及统一协调各部门、各下设机构工作;财务总监对财务部进行专管,财务部专项负责接受善款及各项财务支出;社救部专门针对各种社会救助工作,开设"临时救助""定期救助""应急救助""交通肇事救助"等救助项目;福利部针对本会会员的各项福利开展工作;人事部负责本会社工聘请及解约工作,针对社会下岗、复员、残疾人、刑满释放人员等特殊群体,进行上岗培训及就业工作;交际部负责同其他各慈善机构、民间组织联系交流及慈善信息交流工作;物资救助站针对慈善物资的接收、管理、调配及发放工作。此外,善堂设立采编部,作为独立执行部门,对善堂各项工作及社会困难情况进行及时的报道及跟进。

在如上的架构下,存心慈善会下属的分支机构,则多采取官民合办的方式经营:存心养老院是与民政局合办的民办非企业,存心特教学校是与教育局合作的公办性质学校,残疾人工疗站是与残联合作。慈善会本身则起到枢纽作用,其下设的理事会协调不同职能部门的工作。15 名理事分管 15 个部门的运作,部

---

① 参见《汕头日报》,2013 年 10 月 29 日 F02 版。

② 资料来源:《存心资讯》编委会:《存心堂务》,第 48 页。

门之间形成策略联盟。存心善堂每一名会员都可以参选会长，由会员代表大会推举，100 名会员中产生一名会员代表。理事会任命秘书长，理事会相当于权力机关，秘书处相当于执行机关，此外理事任期 5 年后，老一届的理事会便组成监事会，直接掌控会员代表大会、会刊《存心公报》和财务。80 岁以上的理事组成耆老会，不参与慈善会的管理，监督会员代表大会，出席重大节日和仪式①。

由上可见，当代潮汕社会善堂的复兴不仅表现为慈善活动的复兴与扩张，还表现为善堂神祇信仰的复兴。20 世纪 90 年代存心善堂的复兴之路表现为慈善机构的扩张与宋大峰祖师信仰体系的重建，二者互为表里。存心善堂会长和会员通过宋大峰祖师信仰仪式体系的恢复与重建，信仰文本的重新书写，乩坛正统地位的承袭以及恢复周期性的盂兰胜会等信仰仪式，打造了以宋大峰祖师信仰为核心的多元慈善文化，并在民间信仰根基深厚的潮汕社会获得了声望与支持，成功实现了潮汕民间慈善与信仰组织的当代转型。

潮汕善堂实力雄厚且规模颇大，一般民间庙宇的公益慈善很难望其项背，但很多地方的民间庙宇在自己力所能及的范围内对于乡村的公益慈善事业也作出了自己的贡献。积极参与基层或乡村养老公共领域的活动或许是传统民间信仰功能转化创新的一个重要方面。如中山市有规模的民间庙宇大多由当地老人组成的老人协会或福利会具体管理、运作。这部分老人构成中山民间神明崇拜信仰中最为坚定的信仰者，此种态势也势必使得民间信仰更加倾向于老人的社会需要，回应他们的诉求。

一方面，民间信仰场所成为老人休闲、娱乐的去处，如遇到不快之事，老人亦可就近祈求神明，寻得心灵上的救助。笔者在调研时就发现，中山市内的不少村、街道或社区，其老人活动中心或者由民间信仰场所改建，或与民间庙宇比邻而居，如开发区大环老人康乐园及本村老人福利会就位于龙王庙旧址，此地前水后山，古木林荫，空气清新，环境优美，景色宜人，另建有健身器材、书报亭等设施，是老人休闲娱乐，安养晚年的理想场所。② 另一方面，民间信仰场所还为老年人提供实实在在的物质福利，在一定程度上保障了且丰富了老人们的生活。笔者在沙溪镇大石兜村虎逊岩观音庙了解到，当地现有一百九十余位老人（男 60 岁，女 55 岁以上），这些老人组成老人协会并推举出 5 人担任理事。本村的村庙由老人协会管理，而庙里的收入每年均会上交一部分给老人协会。老人协

---

① 参见钮小雪：《乡土善堂》，《中国财富》2013 年第 3 期。
② 中山《侨乡大环》，内部资料，2005 年，第 56 页。

会用这笔钱给老人发福利,诸如每人每年水果金 100 元,逢有神诞,摆酒席请老人吃饭等。① 有的村子年满 60 岁、70 岁、80 岁、90 岁以上的老人可以每月得到一定数额的养老金,老人去世后,家庭还可以得到 300—500 元不等的抚恤或慰问金,有的村子甚至还发旅游金。逢重阳节,老人们还能聚餐,逢大的神诞或庙会活动,全村村民则在一起摆上几十桌,也欢迎四邻八方的人来参加,有时还要请上剧团来演戏。其他民间庙宇亦有类似的安排,诸如逢老人寿辰、去世都会发放慰问金。慰问金的数额则因庙宇规模、收入不同而不等。

此外,一些收入较多的庙宇也参与诸如助学、修路、赈灾等社会公益事业。一些财力雄厚的民间信仰场所还举办形式多样的慈善活动。如中山东凤镇孖水天后宫在天后诞(三月廿三)及天后升天(九月初九)等节日时,除举办祈福法会外,还会邀请中山市中医院前来义诊送药,并开办斋宴以及搭台唱戏。此外,孖水天后宫还为本籍的入伍新兵(5000 元/人)、本科学子(5000 元/人)及困难家庭(6000—30000 元/户)提供数额不一的资助。②

又如在江门市荷塘镇霞村,每年的天后庙会、华佗庙会除了有阆中的神灵祭拜活动和村民们的晚宴聚餐外,还有与晚宴聚餐同时进行的每年一次的福利基金筹资拍卖竞投活动(村庙协会事前准备好拍卖物品)。村里面有经济能力的村民们都乐意参加竞购,他们认为这些善款的受益者是村民,自己所为是积善行德的行为,神灵会记住并庇佑自己的,况且这也是自己一种是社会身份的体现。平日里村庙出售的拜祭仪式所需的香烛等用品,属于村庙经济来源之一,加上信众的缘金,在完成各项支出后,剩余部分则用在本村的公益事业上,如请戏班唱戏,组织村民的春节文体活动,举行重阳节时村里的老人宴会。有一年该村的天后庙管委会还分别向霞村小学、幼儿园分别拨款 2 万元、4 万元用于筹办儿童节活动。

由此可见,广布乡村的民间庙宇为老人提供了身心两方面的慰藉,使得他们能老有所乐、老有所养、老有所医及老有所为。在老龄化日益显著的当代社会,民间信仰场所其实也发挥了一定的社会保障功能。众所周知,伴随着改革开放,我国乡村普遍实行家庭联产承包责任制,在调动生产积极性的同时,亦使得乡村集体产业受到漠视而衰落。但作为非生产性的民间庙宇却成为乡村所剩无几的集体共有财产之一。大部分民间庙宇所占用的土地为所在村或社区、街道集体

---

① 2016 年 5 月 31 日,中山市沙溪镇调研。
② 2016 年 6 月 1 日,中山市东凤镇调研。

所有,民间庙宇源于历史传承,后虽有重建、修缮,但大多也是集众人之力。因此,民间庙宇呈现出显著的集体属性,其酬神收入(香火钱、信众奉献等)当然也要归当地人所有。有的民间庙宇还有其他物业收入,如种植果园收入、车位收入、旅游收入等,这些收入亦要收归集体,为集体所用。由此可见,民间信仰在公益慈善方面无论在思想领域还是人力资源上都具有相当的优势,可以预见,在未来农村或基层社区的社会救助网络的建设中,民间信仰组织能够有更大的发挥积极作用的空间。

显然,与制度性的宗教团体及其它社会公益组织的养老与慈善事业相比较,民间信仰的公益慈善事业有其独特的优势和内在活力,笔者曾调研过的中山、梅州、潮汕等地许多村庙的庙会收入其实已经与当地农村基层社会的老年社会服务形成了良性的互动。随着全国范围内的城市化进程的加速以及大批的中青年人离开家乡去城里务工,乡村老人的养老与日常生活的照料以及他们的精神抚慰问题则会变得越来越突出与严峻,而乡村社会的民间信仰及其庙宇的存在或许能在提升和拓宽民间信仰的社会服务能力方面有所创新,从而为乡村社会的养老参与模式提供一种可能性的途径。笔者在中山市的田野调研就有好多这方面的例子。如有的民间信仰庙宇就会每月给 60 岁以上的老人发放 100—300 元不等的养老金,满 80 岁、90 岁的老人在生日那天给予或 300 元、或 500 元不等的慰问金。当然,这也需要基层政府、民间信仰的宫庙以及社会公益组织一起来探索,在取得可行性的经验基础上再逐渐推进与推广,且在这过程中逐渐规范民间信仰的养老参与模式与表现形式,为乡村或基层社会养老服务事业的开展摸索出能行之有效的更好路子,而非不闻不问,任其自生自灭,这或许也是摆在各级政府面前的一项任重而道远的任务。

四、民间信仰与地方的经济发展

毋庸置疑,民间信仰会给地方的经济发展带来极其可观的经济效益,尤其会给那些影响较广的神祇所在地区带来丰厚的收益。另外,香火旺盛的民间信仰场所往往是地方经贸活动的重要场所,而在"文化搭台,经济唱戏"的当代社会,其更是成为招商引资和现代旅游业发展的重要实施载体。

如广东德庆县的龙母诞习俗活动已延续了两千年,其悠久的历史底蕴和独特的龙母诞仪式活动近些年来更是得到了当地政府的大力支持,显然龙母诞给当地政府带来了较可观的收入。龙母诞祭典大体分为公祭和民祭两种形式,而公祭龙母诞相对而言比民祭龙母诞的场面规模要大且仪式更为庄严隆重，一般是由当地的政协牵头组织，并"召集当地的社团组织、企事业单位，通常将龙母诞祭祀活动与招商引资洽谈会、团拜会及恳亲会等结合起来进行。祭典主要包括，恭读祝文、龙母升座揭像、三牲祭龙母、鲜花贡品敬献龙母、五龙祭母、天地人共祭、龙母呈祥、万人敬拜上圣香等仪式"。① 民祭龙母诞一般是在正月里有专门的社团组织牵头，善男信女们自发参与的祭拜。从龙母诞期的第一天（正月初一日）开始，总能看见手里拿着各种祭品，从四面八方赶来的熙熙攘攘的人群，在祖庙前的山门广场上虔诚祭拜，民祭龙母诞的祭祀活动从初一开始一直延续到初八，初八以后，还有零零星星的香客前来祭拜。前来德庆拜龙母的香客包括整个西江流域的人，也包括龙母故事的另一发源地即广西滕县等地而来的人，还有从广府的珠江三角洲一带，香港、澳门等各地来的人。民间还有一种说法，即去祭拜的人只去德庆龙母祖庙祭拜一次还不行，要连着三年去该地朝拜龙母，所求才更加灵验和见效。可见，无论公祭还是民祭，每逢其时，仅就龙母庙的门票收入、德庆的宾馆饭店收入以及旅游收入等就够可观的了。据当地官员说，作为肇庆市政府旅游开发龙头产业的德庆县悦城龙母庙，一年收入约有几千万元。有当地人不无自豪地讲，德庆县政府龙母诞的时候卖门票的收入就够全县半年的财政收入了。

参观民间信仰场所，参加民间信仰与民俗活动，为家人和自己求财祈福业已成为广东人省内旅游的一项重要内容。如在佛山的顺德，"观音开库"活动最为鼎盛的地方要数容桂的白莲池观音堂、龙山观音阁及里海观音堂等。容桂街道以慈善义卖、微信祈福、市民购物商家送门票等活动进一步延伸了"观音开库"的慈善和文化内涵。据统计，容桂的"观音开库"在顺德乃至珠三角地区已形成了较大的影响力。除容桂本地、中山及江门等地市民外，还有不少华侨也会特意回来参加观音开库活动。通过激发传统民俗活动的活力，将城市文化融入到公共生活空间，在增强当地民众的文化凝聚认同感的同时，"观音开库"无疑极大地拉动了当地以旅游业为主要产业，以特色餐饮、酒店住宿、商贸零售、娱乐休闲为配套产业的第三产业的发展。

又如2001年5月25至28日，在冼太夫人的故乡广东省茂名市隆重举行了"首届中国边境城市文化经贸旅游艺术节暨冼夫人文化研讨会"。这是首次专门研究冼太夫人的研讨会，但从会议的主题不难看出地方政府想通过冼太信仰以

---

① 参见《华夏文化——千年盛典龙母诞》，http://gb.chinabroad.com。

推动城市文化经贸旅游的苦心。冼太夫人当然也是海外，如新加坡、马来西亚等地粤西籍华侨崇拜的著名历史人物与女神，通过弘扬和发展冼太信仰，对增进海内外经济文化交流，发展地方经贸旅游业无疑将发挥积极的作用。不仅如此，曾有人专门撰文指出，"从地域文化角度构成分析冼夫人文化资源会发现其蕴涵丰富的海洋文化和旅游资源。茂名'隋谯国夫人冼氏墓'名列全国第七批重点文物保护单位，更为粤琼加强旅游区域合作提供契机。粤琼两省有必要联手，开发冼夫人文化旅游，形成从粤西到海南，从冼夫人故里建设到冼夫人主题文化公园等一系列的旅游品牌和文化品牌，通过有吸引力的旅游项目和文化项目建设，推动冼夫人文化品牌的建设，通过资源共享、优势互补，达到旅游开发和文化建设的双赢"。[①]

同时亦有学者撰文指出冼太信仰与当地旅游开发的关系："高州冼太庙是粤西地区首屈一指的冼夫人文化遗产资源，其旅游开发仍处于初级阶段。当前，高州冼太庙旅游开发存在旅游产品结构单一、旅游品牌优势不明显等问题。为此，要加大旅游资源整合力度，搞好综合规划，强化旅游品牌建设，推动高州冼太庙旅游资源的深度开发"。[②] 因为粤西的经济发展在整个广东地区与其它地区相比都显得节奏要慢一点，所以上述利用传统信仰文化资源来带动旅游开发，从而有利于地方经济发展的思路当然是能够理解的。

不言而喻，因为广东的地缘优势，加上粤籍的海外华侨众多，所以无论广府、客家、潮汕还是粤西许多民间庙宇的恢复、重修与重建，都与港澳台地区、东南亚地区以及分布在世界各地的华人华侨的经济支持分不开，而许多大型的民俗节日、节庆以及神诞庆典，都早已成为地方招商引资的一个重要平台，"信仰搭台，经济唱戏"因而就顺势成为广东民间信仰涉外活动的主旨之一。

五、民间信仰潜移默化的道德教化与心理调适功能

在大多数中国人的眼里，中国的民间信仰，并不具备完整的义理系统，信它的人也没有什么超越的精神性追求。大部分信众进庙求神，用香火和祭品来讨神祇的喜悦，只为达到自己的功利目的，如向神求前程，求平安，求好运，求财运，求官运，求桃花运，求健康，求生子，求升学，求荣华富贵及求消灾延寿等，但凡与

---

① 孙健、章宁：《冼夫人信仰视阈下粤琼沿海旅游合作探析》，载 2013 年中国社会学学年会暨第四届海洋社会学论坛论文集。

② 淦凌霞、陈华娟、钟浩怡：《高州冼太庙旅游开发问题研究》，《广东石油化工学院学报》2016 年第 2 期。

人生与现实生活中有关的一切需要皆可求,不同的神祇满足人们不同的需要。民间信仰这种直截了当的功利性目的是普通中国人都清楚明白的,所以人们对岭南地区乃至整个中国的民间信仰庙宇中所普遍呈现的"一庙多神,众神和谐"之现象也就见怪不怪了。

诚然,因先有人的需要,然后才有满足这种需要的神祇产生。不是神创造了人,而是人创造了神,然后人再拜倒在自己所创造的神的脚下。人向神祈求生活中的各类需求,并奉上香火,献上供品等,其带有讨好甚至某种"贿赂"的意味。而神祇也善解人意,有求必应显灵通,"应"得越多的神就越是能赢得更多人的好感、敬畏与崇奉。一般而言,神祇的职能不是单一和固定不变的,每一个神灵都有一种主要职能,同时兼具其它多种职能,神阶愈高,职能愈多,尤其那些有着动人传说(如围绕妈祖、龙母、三山国王、冼太夫人、大峰祖师等神祇的传说)的民间信仰,就像一个巨大的容器,可以容纳世世代代的人们对生活的祝祷、期盼与希望。世人在对神祇的祝祷中不仅抚平了心灵也得到慰藉。在民间众神的身上,慈悲怜悯、利国利民、无私利他、忠义孝悌、乐善好施、扶危济困、勇敢正义、救民疾苦、见义勇为、帮扶弱势等等这些品质与情操无疑对民众是一股积极且强大的精神感召力量。

虽然广大信众对民间信仰的态度有比较功利的一面,而"功利"这个词似乎说来有点贬义,人们敬神拜神甚至贿赂神,只为自己的好处和自己的实际目的,并无什么脱俗的,超然的,对彼岸世界的精神性追求蕴含其中。笔者以为,不能轻看民间信仰中信众的"功利"目的,因为实际上人们在祭拜神祇的同时,超越性的层面也悄无声息地在信众的内心运作起来。人们在崇祀膜拜这些神祇的时候,往往会在自己内心中对其所内涵的价值观进行升华。上述神祇所蕴含的精神力量也在温润着他们的内心,并把上述神祇作为化育子孙后代和弘扬民族精神的榜样来敬奉。因而在千百年的嬗变过程中,信众们不断丰富着神祇的完美道德品质,这些道德品质和精神力量通过民间信仰的仪式与活动,潜移默化地在一代代人中传承,在无形中对社会的教化起着非常重要的作用。

笔者在田野调查所做的访谈中,对广东各地村庙的民间信仰的教化作用印象较深的有两点:一是神的威慑作用,村庙的信众虽多,但大多是"无事不登三宝殿""临时抱佛脚"的情形比较普遍,大部分人对神明抱有"宁可信其有,不可信其无"的心态,认为烧香、许愿与敬神总是有益无害。在村庙里,既可看到天后娘娘善良端庄,观音菩萨仁慈救苦,关公忠义正气的形象,也会在有的村庙中看到其他令人生畏的神灵形象及各种关于"善有善报,恶有恶报"等标语的横幅或旗帜置于神像旁边。这种"举头三尺有神明"之类的民间信条,让人不免产生一种心理上的畏惧感,从而让人舍恶从善、行善积德等,可见民间信仰中对善的强调有宣化人心的目的,在无形中教化了村民。二是村庙内装饰性的图画对人们形成了无形的教化作用。如笔者在许多民间信仰的庙宇内都见过墙上画有《二十四孝图》,虽然以当代人的眼光来看,这些孝道故事有夸张和愚孝的成分。但在广大乡村,养老模式主要依靠家庭,子女孝顺与否直接关系到老人晚年生活的质量。这些图画在无形中对人们也起了一种教化与熏染作用。

众所周知,中国各地的民间信仰就是吸收了或融合了儒道释三教中许多思想内容的多神信仰,这种多神信仰也是以教化百姓为旨归的,其教化的内容无非也是诸如礼义廉耻、孝悌忠信以及行善行恶终有报应与轮回之类,且涵盖了人与天地祖先、仙佛鬼神等之间的相互联系与相互感应的生活日用,也包括了尊天祭祖、生老病死、求福祈运、婚丧嫁娶、卜卦风水及各样日常生活的讲究与禁忌等,它既是一种信仰,同时也是广大民众的一种思维方式和生活方式,更是凝结着中华民族数千年来的文化心理积淀。大部分生活在乡村和基层社会的民众也许不能讲出深奥的超越性的东西,但只要是人,同样可以凭自己的"心"深切体会到个体与神祇,与苍天大地,与逝去的先人,与他人或群体以及与自我心灵深处的相互感应与相互倾诉。同时从中表达对"我"的世界之外,对"他者"世界的敬畏与感恩,这未尝不是一件好事。在这个物质主义、消费主义与个人主义甚嚣尘上的时代,敬畏与感恩更是弥足珍贵。

大量接受"科学至上"或"无神论"思想的人至今仍对民间信仰持轻视排斥态度,他们先入为主地认定中国民间信仰是粗糙低俗及功利迷信的,并不屑与之一辩。"科学主义盛行改变了人们看待世界的方式……许多人已经丧失了与自然、与祖先,与自我心灵进行对话的内在需求"[①],但事实上,这未见得就是一件好事,反而可能是更令人扼腕叹息。当然,人们持守怎样的信念,是持守"科学至上"或"无神论"思想还是持守民间信仰的多神信念本身无可厚非,因为这既是个人的选择,也与个人的生活际遇和机缘分不开,何况人的观念、信念等也不是一成不变的。更何况用科学至上的"理性"去解释民间信仰现象,这是无论如何也解释不通的,只能顺着民间信仰本身演进的历史去解释。

事实上,从前历代朝廷的统治者是很懂得"封神"背后对百姓的深层教化意

---

① 张勃:《当前语境下传统节日的困境与出路——兼及建构新兴节庆活动的一点思考》,《山东社会科学》2011年第3期。

义和社会作用的。仅以德庆龙母为例，它本起源于南方的图腾崇拜（远古岭南百越族的龙蛇崇拜），其中有着浓重的南越土著文化色彩。其成为正统神灵并流布四方，得以显赫的原因，除其本身所具备的职能与作用外，最重要的是其对中原地区的儒家正统文化的加工改造，与来自官方的推动分不开。

就来自儒家正统文化的改造而言，突出了龙母信仰中"母"的元素，人们每每提起"龙母"时，常常会用"母仪龙德"四字来概括龙母的品质或特质，这个"母"的元素自然彰显了人性中母性的仁慈、怜爱、和平与包容等本能的特性。具体表现在：其一，龙母信仰中有儒家文化的"仁慈"元素，龙母首先是有恩于民的仁慈圣母，人类总是有与生俱来的对母亲的依恋，而且这种对母亲的依恋又总是与大江大河大海联系在一起，如人们总是说母亲河而很少说父亲河，虽然渔民、水手多为男性，但大江大河大海的危险性和不可预测性，早在人们心底埋下了不可抹去的恐惧感，这就使得人们在危难中，在下意识、潜意识和无意识中总是怀念在母腹中的安全感，面对滔滔大水本能地激发出恋母本能和恋母情结，而母亲的仁慈本能，不会对她在危难中的儿女视而不见，视而不救。所以人们祭祀龙母就是为了祈求平安，平复波涛，龙母信仰的最核心内容是保佑风调雨顺、水路畅通与西江来往船只、客商平安。而西江流域历史上就是水系发达、水患剧繁之地，从唐代中期起，江边舟船祭祀媪龙就成为人们祝祷平安的最主要形式。况且，龙母在民众的心目中，还是一位慈爱能干的"阿嫲"，她能耕能织，能渔能牧，能预知祸福，能医治百病，能保境安民，她"豢龙和养物放生"，泽及苍生，却"无意望报"，且"慨然有利泽天下之心"。其种种善行无不体现了仁慈、博爱的母亲情怀，对当时和后代的人们是亲切而温暖的。当人们在生活中遭受挫折时，就也会与向祖母，向母亲倾诉一样，向龙母祈祷，从而获得内心的慰藉。尽管历代统治者给龙母加上许多头衔，但百姓始终把龙母称作"阿嫲"，从历代关于龙母文化的诗词楹联就能看出，人们始终把龙母视作自己慈爱的老祖母或母亲来歌颂。

其次是龙母信仰中的"孝"元素。龙母传说中传达出中国传统尊祖敬宗的孝道德行，如五龙子长大后帮龙母捕鱼，并常衔来活鱼孝敬她。"龙母死后，五龙子化为五秀才为母治丧，'如执亲丧，丧礼必具'。后又为避水淹，移墓葬母，并化为五蛇为龙母守墓。"[①]人们因此对龙子的孝行备极赞扬，龙母祖庙背后的五道山梁被人们称作"五龙朝庙"，民间传说每逢五月初八日龙母正诞时，五龙子必定回

① 冯沛祖：《母仪龙德——广东龙母诞》，广东教育出版社，2013年，第76页。

来朝拜龙母,是时风起浪涌。龙母祖庙在宋代时曾称"孝通庙",可见其重在宣扬龙子报恩。"孝通"二字,正是龙母以孝道教导五龙子,龙子以孝德报答龙母的表现,这既反映了儒家"老有所养,终有所送"的孝道观,同时也寄托了人们对自己子女孝顺忠义的期待,《孝经》云:"夫孝,德之本也,教之所生也。""夫孝,天之经也,地之义也,民之行也。""天下和平,灾害不生,祸乱不作,明王之以孝治天下也如此。""不孝,大乱之道。""教民亲爱,莫善于孝。"因此"孝道"自古就被历代儒学之士推崇备至,历朝统治者也推崇"以孝治天下",龙母信仰中的"孝"元素正符合儒家历来所推崇的"百行孝为先"的正统思想,与中华民族对孝道所持有的宗教般情怀可谓一脉相承,这也是龙母信仰"正统性"的根本所在。

就来自官方的推动而言,突出了龙母信仰中"龙"的元素。龙母文化无疑内涵了对龙图腾的崇拜,中国人历来自认为是龙的传人,黄帝、炎帝所出的汉族图腾崇拜物是"龙",历代帝王都把自己说成是龙子龙孙。此外,官方的推动还有一个更实际的原因,即西江是连接长江水系和珠江水系最重要的通道,也是中原文化南下的重要通道,西江龙母作为西江流域往来船只的保护神,亦为中原文化南下保驾护航。史志文献碑刻均记载了历史上龙母几次护佑官军平乱,保境安民的神迹,再加之龙母信仰在岭南地区有着如此广泛的群众基础,历代帝王也乐得借助龙母信仰的影响加强对岭南地区的统治,并通过敕封龙母以及在龙母诞举办大型祭祀活动等形式增添国家意志在岭南地区的影响,这就是为什么龙母得到朝廷历代册封的重要原因。

正因如此,龙母信仰从唐宋时就受到中央政府的重视。据北宋时吴揆的《康州孝通庙赐额记》[1]记载,"唐天佑初载(904年)始封母温'永安郡夫人'。越明年(905年),改封'永宁夫人'"。这说明龙母从那时起已被纳入国家的祀典之中。唐朝之后是五代十国,十国之一的南汉国建都广州,悦城祭祀龙母的庙被封为龙母庙,南汉后主大宝九年(966年)时龙母开始被封为"龙母夫人"。北宋时熙宁九年(1076年)名将郭逵(1022—1088年)率军征讨交州叛乱,收复邕州、廉州,"甲兵粮馈之运,舟尾相继,未尝有风波之虞",朝廷认为这是龙母的护佑之功,于第二年即1077年加封龙母为"灵济崇福圣妃"[2]。直至明朝时,还继续给龙母敕封,明洪武九年(1376年)加封龙母为"护国通天惠济显德龙母娘娘"。历代朝廷对龙母一再封爵加号的背后自然有其目的:一则是希望此举措,即通过把龙母

---

① 笔者注:孝通庙即龙母庙,这篇《赐额记》)见清代光绪年间的《德庆州志》卷一四。
② 参见冯沛祖:《母仪龙德——广东龙母诞》,广东省出版集团广东教育出版社,2013年,第29页。

尊奉为西江流域保护神,来达到控制岭南地方社会的目的;二则随着唐宋以来国家观念和礼制逐渐被地方社会所接受,以儒家为主流意识形态的中原文化逐渐在岭南落地生根,岭南的地方政府也希望把龙母纳入国家神灵的信仰体系中,从而名正言顺地借以扩大岭南地方神灵的影响力。正是在朝廷和地方政府两股力量不断交织和相互作用下,龙母崇拜走出悦城,走出西江,向外拓展。

又如冼夫人(粤西民众亲切地称她为"冼太"),她是我国公元六世纪粤西地区杰出的女性政治领袖及军事首领。她经历梁、陈、隋三朝,在当地叱咤风云几十年,和集百越,反对分裂割据。作为一方首领,她尽管雄踞一方,开幕府,置官吏,有权调动六州兵马,具备割据称雄的条件,但她识时务,顾大局,顺应历史潮流与人民意愿,运用自己的实力与威望,平叛锄奸,保境安民。在梁朝,她"请命于朝,置崖州",从而结束了海南岛久乱不统一的局面,并使其在脱离580年后重新隶属中央政权管辖。在隋朝,她迎接隋军进入岭南,结束中国自魏晋南北朝以来长达270年的分裂,维护了隋朝的大统一。她言传身教,用"支持统一,反对割据"的思想教育与影响后代。她与高凉太守冯宝的联婚,成为汉族与少数民族关系发展的新标志。

冼夫人还常以"我事三代主,唯用一好心"来教育后人,她因维护国家统一、民族团结的"好心",以及促进生产与经济发展,保障地方和平与安宁,推动社会进步,造福一方而受到了千秋万代粤西民众的拥戴与敬仰。在其生前,梁、陈、隋三朝对她都有册封,在其身后,宋、明、清等王朝对她均有封号。历代官府每年定期组织祭祀活动,《茂名县志》就有"春秋仲月二十四日及十一月二十四日诞辰,本府率官属致祭"的记载。显然,冼夫人的所作所为在当代仍有教育意义,且对推进祖国统一大业也有现实意义。在广东地区,很多次评选都认为冼夫人是广东有史以来最杰出的三位历史人物之一,其余两位是南派禅宗创始人六祖惠能和近代民主革命的先行者孙中山。

"2006年8月,'冼太夫人故里'被评为首批全国民族团结进步教育基地,2013年3月,国务院核准并公布'隋谯国夫人冼氏墓'为全国重点文物保护单位,2014年11月,岭南圣母冼太夫人'信俗'入选第四批国家非物质文化遗产项目保护名录。"[①]2015年2月12日上午九时,来自全国及港澳台地区的各界人士,聚集于广东茂名滨海新区电城山兜冼太故里景区,举行以"唯用一好心,共圆

---

① 新华网:《"岭南圣母"冼夫人爱国主题纪念活动在广东举行》,http://news.xinhuane.com。

中国梦"为主题的系列活动。当参与活动的社会各界人士,共计数百人进入新建造好的洗冯圣贤殿时,只见正殿前悬挂着"唯用一好心"的题匾。据悉,这是来自中山的企业家郑某某与另一位乡贤杨某某共同合作开发的洗太夫人故里景区项目。郑某某早在 2003 年就开始投资该项目了,他是中国收藏界众所周知的收藏家及民间文化研究学者,他已计划在"十二五"期间投资 3 亿元,以国家 4A 级旅游景区标准规划建设以"洗府、洗墓、洗庙"为重点,来筹建集爱国主义教育、人文历史资源和文化研究于一体的洗太夫人故里景区。

其实只要认真考察从前历代朝廷是如何将地方神祇列入正祀的历史就不难明白朝廷这些举措的良苦用心。官方不仅需要通过"封神"来教化民众,也需要通过此种方法和手段来加强国家政权对地方社会的控制。从朝廷对地方神祇的封爵加号上,人们从中已不难窥见国家权力与地方社会之间的互动关系。而对于那些没受过系统教育的民众来说,儒家的理性哲学常常对其没有太大作用,而民间信仰的某些观念或者价值观,则常会潜移默化地对其产生作用。如祖先崇拜,特别是没有受到应有待遇的祖先会发怒并且向子孙后代施以报复的信仰,对维系家庭或宗族的繁衍有很大帮助。同样,民间信仰强调诸如诚实,尊重生命和财产,不害别人也不害自己以及维护社会和谐等观点,而且用因果报应、"举头三尺有神明""犯错者死后将会在地狱中受尽折磨"的威慑来强化这些观点。如此,民间信仰在一定程度上可以说是通过强调超自然的惩罚而为儒家推崇的道德戒律的实施提供了助力与推力。

当代中国处在社会的快速转型期以及市场经济较快发展的情况下,因为法治建设还不完善,社会上总有人不择手段的为攫取财富而置社会公义、公德于不顾,以致于社会整体的道德伦理秩序的状况不容乐观,守法、诚信、公平、正义、仁爱、扶助弱势等品质逐渐成为稀缺的资源。因此,民间信仰的教化意义在当代环境中也仍旧未过时。如广东各地都奉关公为财神,就体现了人们在商业文化和经济运作中对公平、正义、诚信、仁爱、扶助弱势等品质的吁求与渴望。不过,民间信仰的教化意义,是利用和挖掘传统文化资源,以建设现代公民社会的手段之一,需要指出的是,人们若只是执着于民间信仰的外在形式,而忽视其精神实质,在对民间信仰的开发中使其过度的商业化的话,即只是将其当作敛财工具,更为注重其带来的经济效益,那么民间信仰本来蕴含的教化作用也会逐渐失去,最终会适得其反,把本可以对人有一定道德教化作用的民间信仰蜕变成低级与庸俗不堪的东西。因此,人们应以尊重和敬畏之心对待传统文化和民间信仰,不可急功近利。

第二节　与港澳台和东南亚民间信仰的同源性与紧密联系

因为地缘与族缘的关系，岭南民间信仰与港澳台和东南亚民间信仰的同源性与紧密联系自是不必待言。尤其到了当代社会，这种紧密联系更是通过民间信仰的纽带而不断加强。

一、民间信仰与港澳台和东南亚的民间信仰的同源性

由于地理和历史的原因，港澳台华人的民间信仰与闽粤的民间信仰同根同源自是不必说。尤其是明清以后，因生活所迫，福建及广东等沿海地区就陆续有大批的民众漂洋过海下南洋，移居到东南亚各地。而早期东南亚的华人移民多半也是来自福建与广东（早期华人移民中除了闽南人外，包含了许多客家人、潮州人与广府人）。刘志伟在《广州三重奏：认识中国"南方"的一个视角》一文中说："西江流域分布的'粤语'人群，在比较早的历史时期，就已经通过珠江口同南海海域连接起来。主要分布在南岭山脉南部和东部的讲今天称为'客家话'的人群，在明清以后，其活动空间也一直向南海海域伸展。在19世纪到20世纪，中南半岛、马来群岛生活着大量讲闽南语、粤语、客家话的人口，很多港口和城市以至乡村地区，都是这些人群活跃的地方。一个广东人或者闽南人，在这一个区域行走，家乡感比走出南岭山脉以北更强。如果在东南亚地区划出一个方言群分布图，马上就呈现出来一个超越了国家的环南中国海的区域格局。"①这段话很好说明了广东与东南亚之间的天然密切联系。

一般而言，移民与移神往往是同时进行的，即移民随身带去了各自原乡的民间信仰形态。移民通过随身带去的神像，借以承载对故乡的文化记忆以及在陌生之地打拼和发展的意义寄托。民间信仰在东南亚地区的传播与扩展和福建广东移民来到东南亚后的扎根与拓展是相一致的，如除了闽粤之地大家都信仰的妈祖、关公、观音外，客家人的大伯公信仰，粤西人的冼太夫人信仰等在港澳台与东南亚的一些国家都很流行。在遍布于南洋各地的华人会馆、宗祠、义山及神庙

---

① 刘志伟：《广州三重奏：认识中国"南方"的一个视角》，载《东方历史评论（第15辑）——西方政治正确的反思》，2018年。

等系统里,华人移民的宗教传统,除儒、释、道的影响外,来自于闽粤民间信仰的传统也是遍地开花的。因此,东南亚国家华人的民间信仰与闽粤的民间信仰可说是同根同源,同祖同宗的。

举例来说,三山国王是粤台地区广泛分布的民间信仰,也是台湾地区唯一的粤籍地方神。台湾客家人的民间信仰中三山国王专属客家的意识比较浓厚,"凡粤东客家来台者,悉奉(三山国王)香火"①"三山国王自古以来便是粤东民众信奉的守护神,客家人渡海来台时,大都也带着三山国王的香火共同渡海而来,并在每一个初拓成的地方建庙奉祀"。② 1987 年,据台湾官方统计,当时台湾共有三山国王庙 145 座,而研究台湾历史文化的学者统计岛内三山国王庙至少有一百七十多座,岛内三山国王庙组织的统计数字则是四百多座,信众达六百多万人。③ 台湾地区还成立了三山国王联谊会,台湾地区的客家人常将三山国王庙看成是客家人最初开垦当地的标志。据有关方面调查资料显示,三山国王在台湾的信众达六百多万人,三山国王信仰已经成为粤东地区与台湾两地人民之间的精神纽带。新加坡、马来西亚、泰国等东南亚国家共有三山国王庙一百四十多座④。广东揭西河婆三山国王祖庙碑刻所记录的捐款者群体的来源分布除内地和港澳台地区外,还包括泰国、马来西亚、文莱、印尼、日本、美国、加拿大、英国等国家的信众。此外,海外信众还会专程前来进行朝拜,参观,请香火等信仰活动。随着客家人的迁徙,除台湾地区外,在东南亚的马来西亚、印度尼西亚、泰国及新加坡等客家人聚居的地方均有三山国王庙。这些庙宇常为当地乡亲办理婚丧喜庆、排忧解难、融洽乡情及公益事业等各类事务。

又如在新加坡、马来西亚各地传播最为广泛的中国民间神祇,当首推土地神,这是因为早期前往马来西亚各地的华侨,去到异国他乡后,首先面对的就是当地比之家乡更有过而无不及的湿热气候和更为糟糕恶劣的自然环境,他们也更加怀念家乡的山山水水和家乡的那一方土地,对能庇护那一方水土的土地神更是崇敬有加。如从马来西亚各地土地神的称谓中就不难分辨出移民的大致来源,广东潮州籍的移民称土地神为"本头公",客家籍的移民称土地神为"大伯公",而"福德正神"则是从广东各地而来的移民对土地神通用的

---

① 林衡道:《河婆镇三山国王庙》,《揭西文史(第 11 辑)》。

② 刘还月:《1994 年台湾文化年历》,台北原出版社,1993 年。

③ 参见宋德剑:《粤东三山国王信仰与两岸关系的互动及发展研究——以揭西霖田祖庙为中心的考察》,《客家研究辑刊》2004 年第 1 期。

④ 黄陇章:《"三山国王"文化价值亟待挖掘》,《南方日报》2008 年 1 月 10 日。

尊称。

来自广东各地的移民还将其奉祀的原家乡地方守护神随自己的脚步带到了东南亚各地,如潮州人所敬奉的(玄天)上帝、大峰祖师、安济圣王等,客家人所敬奉的三山国王、四仙爷、谭公爷等,粤西人敬奉的冼太夫人等,随着移民人数在移居国的日益增多,凡有广东移民的地方自然就有了来自于广东各地的民间信仰,而且随着时光的流逝,来自于广东不同地方的民间信仰在东南亚各地也生生不息,扎根繁衍。

如在 2012 年 8 月,《中山侨刊》刊登了一则中山华侨在马来西亚开建龙母庙的新闻。从广东地区分香出去的神明在异乡扎根可见一斑:"6 月 24 日上午,筹备多年,计划耗资 500 万令吉的马来西亚首间龙母庙在雪兰莪州举行动土典礼。龙母庙占地 3300 平方尺,由马来西亚广肇联合总会以募款方式兴建,庙宇楼高三层,并备有活动室,不单充作宗教活动场所,也为贫穷儿童或贫苦大众提供传统医疗服务。马来西亚广肇联合总会会长何世珺在龙母庙动土仪式及《龙母传奇》漫画推介礼上说,龙母庙预计花费两年时间竣工,届时将成为白沙罗柏兰岭的新地标,甚至成为雪兰莪州旅游的新景点。市外事侨务局组成代表团一行 4 人应邀参加马来西亚广肇联合总会举办的马来西亚雪兰莪州龙母庙动土典礼及旅游和经贸交流洽谈会,并拜访马来西亚中山会馆联合会及新加坡中山会馆,参观晚晴园孙中山南洋纪念馆。"[1]

再如冼太夫人信仰,她是中国古代南方地区备受历代中原王朝的统治者推崇,也深受历代粤西人爱戴的杰出女性。其在生时,广大粤西地区百姓已尊奉她为"圣母",在其去世后,当地百姓建庙祭祀她。目前全球有冼太夫人庙二千多座,除了中国境内的广东、广西、海南等地外,冼太夫人庙还遍布马来西亚、新加坡、越南、泰国等国,是东南亚华人华侨与当地百姓共同崇拜及信仰的英雄。

再如潮汕地区以雨仙信仰为纽带的宗族认同也延伸到了海外。1967 年在新加坡的华侨、华裔一同成立了"沙溪西林孙氏同乡会",以崇奉雨仙,阐扬祖德来联络同乡感情与情谊,增进孙氏宗族团结及一切同乡福利事业为宗旨,他们的活动也以风雨圣者的庆祝活动最为隆重。此外,马来西亚各地的华人善堂或善社系统,其供奉的也是以大峰祖师为主的潮汕地区原有神祇。

---

[1]《中山侨刊》,2012 年 8 月 1 日第 101 期 49 版。

二、民间信仰与港澳台和东南亚的民间信仰的紧密联系

自中国于 20 世纪 70 年代末恢复宗教信仰自由的政策和实行改革开放以来,民间信仰亦随之逐步复苏。广东的民间信仰活动就与港澳台以及东南亚国家华人的民间信仰活动的联系渐趋紧密。旅居外地的华人华侨归国省亲,除了捐助乡里、热心慈善和教育外,还通过捐助大量金钱积极参与到原乡宗祠、当地民间信仰庙宇的修复、重建以及地方的信仰仪式的恢复实践中。海外华人在广东民间信仰的恢复和发展中出人出力出资,可谓功不可没。一些大型的民间信仰的节庆活动,也都有涉外交流的背景。有学者将上述现象称之为"信仰反哺"的文化现象,自上世纪末的改革开放以来,毋庸置疑,上述这种海外华人所带来的"信仰反哺"文化现象,无疑是广东的民间信仰形态及仪式实践复兴的重要外力与推力之一。

正如陈进国所指出的那样,海外华人在某种意义上可谓是"参与刺激并培育了原乡的本土'文化自觉'意识和地方信仰文化的再营造"。[①] 在海外聚居地,民间信仰在某种程度上也因之成为了广东各地民众与海外华人建立广泛联系和交流的重要桥梁和平台,这方面的例子不胜枚举。

以汕头龙湖区珠池爵道妈屿村的妈祖宫为例。这个妈祖宫始建于元代,是潮汕地区较早兴建的妈祖宫,在海内外都享有盛名。文革时妈宫一度变成羊栏猪舍,残破不堪。1979 年妈屿岛被开放为旅游区。1980 年,妈屿岛所在的妈屿村颇有眼光地成立了集体管理组织——妈宫理事会,建立规章和财务管理制度,规定乐善捐款主要用于庙宇修建和环境建设,善信捐助钱物归集体,一时间海内外善信纷纷响应。1988 年,妈屿妈宫被列为汕头市文物保护单位。1990 年,妈宫扩建,又获海内外善信积极响应,记录在册的仅泰国华侨就有 290 人捐款,捐款最多的为 4 万元人民币,少的也有 500 元人民币,捐 1 千元及以上的就有 85 人。此外,还有来自香港、新加坡、美国、马来西亚、印尼、澳洲与台湾的华侨捐款。1993 年扩建后的妈宫竣工落成。如此才有了游人们今天所见到的石雕、木刻、嵌瓷、金漆等工艺水平令人叹为观止的,焕然一新的一座极具潮汕特色的古建筑庙宇,每年来此参观游览的人络绎不绝。又如潮州市的青龙古庙(又称为安济圣王庙)的重修一番,也与海外各地侨胞的捐助分不开。

[①] 陈进国:《传统复兴与信仰自觉》,载金泽、邱永辉主编:《中国宗教报告(2010)》,社会科学文献出版社,2012 年,第 156 页。

改革开放以来，在海外潮人和乡民的支持下，潮汕地区的善堂以慈善福利会的形式获得迅速恢复。海外善堂或善社每每在故乡有需要之时都会伸出援手。如 2013 年 8 月 16—18 日，受强台风"尤特"残余环流和强盛西南季风共同影响，粤西、珠三角和粤东地区普遍大暴雨，局部特大暴雨。① 据揭阳市的觉世善堂（即觉世慈善福利会）统计，当地出现严重的洪涝灾害和山体滑坡，特别是普宁、潮南等地受灾面积广，且受灾人口达一百五十多万人，房屋倒塌三千多间，死亡14 人。觉世善堂向马来西亚的明修善社求助时，明修善社随即向马来西亚各地信众及各友社友阁发出呼吁，召集捐款（如下图所示）。

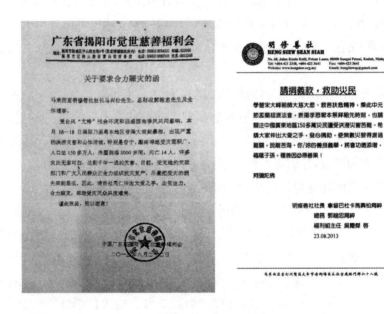

图四　图的说明

当然，当海外的善堂有需要时，潮汕地区的善堂也会伸出援手。如马来西亚槟城的明福善社在修建的过程中，需要产自中国的建材。据明福善社记录，2003年 9 月由揭阳市觉世善堂②许练明会长亲自带队与佛山南海市建丰陶瓷工艺厂作实地考察，并接洽采购琉璃瓦片的工作。2003 年 11 月，由潮阳县和平镇大峰风景区福利会领导层接待，并亲自带明福善社的人前往福建省莆田市涵江宝如

① 《汕头都市报》，2013 年 08 月 16 日，08 版。
② 目前潮汕地区的善堂大部分已改名为"慈善会"或"福利会"，由民政局统一管理。但它们在与海外善堂交往的过程中基本沿用"善堂"。

石雕厂,商讨订购雕刻各类石雕产品的详情,如石头品种以及图案设计等。2004年8月由揭阳觉世慈善堂许练明会长,协助带往潮州佛香阁选购各种神具,如钟鼓、木鱼、铜磬、宫灯等。由揭阳觉世慈善福利会领导协助,并以和平大峰祖师名义向潮州市忠勉绸庄定制大幅横彩一条,货运去和平大峰祖师处,然后才再转交明福善社,避免价格受到抬高买贵遭遇。① 除此,许练明会长在明福善社动土仪式时还远渡马来西亚参加仪式并帮助处理各项事宜,尽心尽力。在新的明福善社开幕典礼中,觉世善堂还赠予"善缘永结"的牌匾。如今,海外善堂与潮汕善堂、海外潮人与国内潮人,在这样一来一往之间,以神缘为纽带搭建成了一个传承潮汕文化,增强其身份认同的跨国网络。原乡利用这种网络,争取海外潮人的资金支持,弘扬潮汕文化,海外善堂通过这种网络,增强其正统性和传承性,也因此强化了来自故乡的文化认同。

又如香港的悦龙圣苑,现在是香港最大的龙母庙,也是香港坪洲岛上规模最大的庙宇。20世纪70年代后期,内地开始改革开放,"文革"中各地被毁坏的龙母庙纷纷重建,香港坪洲龙母庙在中间起到了极其重要的作用,支援了德庆悦成、新会七宝、佛山西樵、江门白水一带及广西梧州等地龙母的重光,可谓是内地龙母庙重建或修缮的"功臣"。"由于香港政府的宗教信仰政策比较宽松,悦龙圣苑内原有龙母信仰习俗有比较多的保留,像点长明灯、龙母宝符、扶乩而出的《龙母真经》、龙母签。庙内还可以安放骨灰,非常强调风水、报梦等等。"② 这些习俗原本都是在两广地区的民间信仰中十分常见的。"现在香港坪洲岛上悦龙圣苑有'悦城龙母元君灵签'共八十签,据该庙第二代住持苏黎介绍,这套龙母签是当年从广东德庆悦城龙母庙请回,新中国成立后这套签在大陆失传,最后还是从他们这里再度找回。"③

再如中山市的民间信仰亦呈现出浓郁的侨味,这是中山民间信仰大众性、开放性的又一表现。作为著名的侨乡,中山市在当今中山民间信仰复苏与发展的进程中,港澳同胞以及中山籍的华人华侨起了显著作用。据统计,旅居港澳台地区及海外的中山籍人士多达八十万,而中山市本地户籍人口不过一百五十余万。中山市某些地区的华侨人数甚至与本土人数相当,如开发区大环村在籍本村人

---

① 《明福善社成立30周年珍珠禧纪念特刊》,马来西亚槟城明福善社,2015年,第80—81页。

② 刘泳斯、张雪松:《当代中国女神崇拜现象探源——以西江龙母信仰为例》,《宗教研究》2016年第12期。

③ 刘泳斯、张雪松:《当代中国女神崇拜现象探源——以西江龙母信仰为例》,《宗教研究》2016年第12期。

口为一千二百余人,而旅居世界各地的大环乡亲则多达一千一百余人[①],与本土村民人口数量大抵相当。

改革开放以来,祖籍本市的海外华侨和旅居港澳台同胞积极投身到中山市的各项建设事业中。有鉴于此,中山市宣布将每年的 11 月 10 日设为"中山华侨日",系全国首个地方性华侨日。此外,中山市各级政府还出版了诸多侨刊,强化与海外同胞的联系,如《中山侨刊》《良都侨刊》《三乡侨刊》《东镇侨刊》《东区侨刊》及《沙溪隆都侨刊》等。民间信仰活动,庙宇的新闻、图片亦会刊登在这些侨刊上,显示出华人华侨与故土民间信仰有着密切的"神缘神亲"联系。

因有较为独特的历史环境与政治机缘,中山籍移民大多是清末至建国之初陆续移居海外。他们仍旧保持着家乡传统的生活节奏,敬畏着故土的神明,并期盼这些神明的庇佑。因此,家乡地区的庙宇神像亦纳入到他们的思乡情怀之中,成为乡愁回忆中的亲善符号。他们与故土的隔绝却也使得他们免遭中国大陆改革开放前历次政治运动的冲击,民间信仰、民间神明及其庙宇在其认知中仍为神圣的象征者,秩序的维护者与富贵的赐予者,而非封建糟粕或时代残渣。这些侨民们虽远离故国散布海外异地,但却是故国传统习俗的践行者及神脉的维系者。当中国大陆实行改革开放后,境外游子与故土的联系热络起来,他们积极投身到家乡的建设中来,其中便包括重建、新修民间庙宇,恢复祭拜典仪等。在调研期间,笔者发现中山民间信仰重建、修缮之际,多有港澳同胞及海外华侨的身影,民间信仰及其场所已经成为海外同胞联谊的纽带与桥梁之一。例如,在石岐区三山古庙的墙壁上特意镌刻有《鸣谢》告示:

> 三山古庙始建距今八百余年,蒙广大华侨、港澳同胞及各方信士、贤人发扬承先启后精神,出钱出力,维持古庙规模并使之风彩依然,誉称迄今地方上罕有之文物古庙。今又蒙旅居香港乡亲李耀燊先生及其子李荫鸿、李荫兴,孙李伟幹善意捐助人民币肆万贰仟柒佰元,为我庙增添器物,更换神像、锦账、长幡等,使面貌焕然一新,其心之诚、金额之巨,实属难得。特表谢忱并予以刻石永远留念。愿热心华侨、港澳同胞及各方信士、贤人一如既往发扬过去,开创未来,维持千秋万代,让文物

---

① 大环村旅居海外的乡亲分布在美国、加拿大、澳洲以及拉丁美洲等国家和地区,其具体人数可参见《侨乡大环》,内部资料,2005 年,第 20 页。

古庙威灵常被,敬仰永聚春辉。

一九九五乙亥年仲冬吉立

　　类似的情况,在中山市多有所见。笔者一行在沙溪镇圣狮村洪圣殿调研时,庙祝表示,当地侨胞的捐赠是庙宇日常收入的一个重要来源。[①]

　　不仅如此,港澳台胞和海外侨胞亦为广东民间信仰活动的积极参与者。如每逢妈祖生日的农历三月时,从海外来妈屿妈宫参加妈祖纪念仪式的人是摩肩接踵。妈祖、观音、关帝、北帝、三山国王一类的神灵信仰业已成为广东与港澳台地区、东南亚等海外地区侨胞共同的信仰,每年都会吸引大量境外同胞前来寻根谒祖,进香朝拜。民间信仰已然成为维系与港澳台同胞、海外侨胞乡亲乡情的文化纽带和桥梁。以三山国王信仰为例,1988年夏天,以陈光生为团长的台湾宜兰县一行27位台胞组成的进香团,为到大陆寻找"三山国王庙"的庙宗,专程从香港寻到福建,又从福建找到潮州、揭阳,几经周折,最后在揭西县找到"霖田祖庙"。据揭西县台湾事务局统计,改革开放以来,台湾省三山国王庙寻根问祖团到三山国王祖庙进香谒祖的共有六百余团5万多人次,并呈逐年增长之势。受台湾省云林县大埤乡太和街三山国王庙联谊会的邀请,由揭阳市、揭西县有关领导及三山祖庙管委会组成的访问团一行14人,于1999年4月1日至16日,护送三尊三山国王神像赴台会香。当地举行了盛大的欢迎会,有两万多人参加文化交流,有94个大朝拜团共一万多人对三山国王神像进行朝拜。在台期间,台湾省三山国王庙联谊会陈添财会长、云林县长和8个乡镇镇长参加了庆典活动。当地台胞喜出望外地说:"这是70多年来最热闹的一次。"

　　由此可见,三山国王之类的民间信仰在两岸关系中扮演着不可小觑的桥梁角色,对两岸关系的维系与发展也起着不可小觑的重要作用:"在台湾诸多乡土神中,源于广东,由粤籍移民传入并被粤籍移民普遍祭祀的只有三山国王。"[②]因而台湾的三山国王信仰具有鲜明的源于广东的地域特征。三山国王已经成为广东省的对台交流的一大品牌,广东与台湾之间有关三山国王的庙际活动也已成为两地进行民间信仰活动和民间文化交流的一个重要平台。据统计,"近20年来,台湾地区有'三山国王庙'寻根问祖团及散客近十万人次到揭西祖庙寻根访

---

① 2016年5月31日,中山市沙溪镇调研。
② 宋德剑:《粤东三山国王信仰与两岸关系的互动及发展——以揭西霖田祖庙为中心的考察》,《嘉应学院学报》2013年第4期。

祖,仅在 2006 年,台湾及海外就有 25 个团体来此进香"。① 三山国王信仰已超越时空,为两岸同胞所认同,它将有力地促进两岸同胞的了解和互动。

笔者在江门市调研时被告知,江门水口镇的"龙冈古庙"始建于清朝康熙年间,供奉刘备、关羽、张飞、赵云,龙冈古庙以"四海一家,四姓联宗"为核心观念,将其先祖的忠孝仁勇精神永远流传,是世界龙冈宗亲的发祥地。龙冈古庙自1998 年重建启用以来,每年的龙冈宗亲日(4 月 11 日)都有从世界各地而来的龙冈四姓宗亲代表回到此地来参拜,共同开展祭祀和多项文化交流活动,场面相当热闹。一年一度的龙冈宗亲日已成为世界各地四姓宗亲交流活动最重要的活动日之一。通过举行各种祭拜仪式,对传承中国的传统文化,加强海内外乡亲交流产生了重大作用与影响。如 2014 年 4 月 11 日上午,龙冈古庙彩旗飘扬,锣鼓喧天,人声鼎沸,来自美国、加拿大、香港、广州、珠海、南海、台山、开平等地龙冈四姓宗亲代表、游客二千多人,共聚一堂,共同庆祝了一年一度的世界龙冈发祥地龙冈古庙修复十六周年庆典。作为开平的文物保护单位,该庙每月接待国内外游客均在数百人以上。

在潮州调研时,当地的人告诉笔者一行:潮州青龙庙的大体规模形成于明代,其供奉的神明是三国时期蜀国忠臣王伉,潮州人称其为"大老爷",当地人认为王伉是忠义之人,而潮州自明代以来就是匪患颇多之地,潮州人因而敬重护百姓一方安宁的忠臣义士。潮州同时也是中国的著名侨乡之一,明清以后,由于当地地少人多,人们就陆续出海谋生计。尤其是近代以来,无数潮人不惜冒着身家性命出海闯荡,并在海外开枝散叶、落地生根。而对前途未卜、前路渺茫、出海闯荡的潮州人来讲,青龙庙便是人们出海前求告神灵保佑自己平安顺利,能避灾躲险的一个必去之地。据说尤其在清末民初时,潮州人赴海外闯荡前,都要先到青龙庙掷杯筊(即卜杯的仪式),以此决定是否出行。而问了"天意"后就决定出行,且在海外努力打拼并获得成功后的潮州人自然总是对青龙庙有一种浓浓的感激情愫,青龙庙也成为他们心中难以忘怀与感念,并常常要与后人提及的一个地方。

2012 年 2 月,"潮州青龙庙会"被列入了广东省的第四批省级非物质文化遗产名录,当地的"王伉研究会""还将青龙庙的香火引到东南亚潮人比较多的新加坡、泰国、马来西亚等国家,在当地建青龙庙,以此联结和凝聚当地潮州人。2014年农历正月期间,在'王伉研究会'的操办下,中断了 64 年的'青龙庙会'文化踩街巡游恢复,这一活动吸引了来自香港、澳门、泰国、新加坡、马来西亚、印度尼西

---

① 吴孟显:《三山国王信仰与粤台关系的互动》,《韩山师范学院学报》2014 年第 10 期。

亚等多个海外潮人社团及海内外嘉宾前来参加活动和观礼,其中包括李嘉诚、杨受成等。如火如荼发展的'王伉研究会'受到海内外信众的认同、乐捐。该会成立之初,原青龙庙财务账目总资产只有七十多万元(人民币),该会自成立后推动了青龙庙的系列发展获得海内外潮州人认可,接受了大量捐助,资产激增到逾千万元(人民币)"。①

　　显然,粤地的一些大型的民间信仰节庆的仪式活动也凭借与海外的联系成为地方招商引资的一个平台。如广州南沙妈祖诞文化旅游节旨在"以妈祖文化联系海内外的朋友,促进海峡两岸文化交流和广州滨海文化大发展"。无需讳言,"信仰搭台,经济唱戏"已然成为广东民间信仰涉外活动的主旨之一。但近些年来华侨返乡修缮庙宇,祭拜神明的举动似乎在逐渐减少,笔者在中山开发区大环村调研时了解到,很多华侨捐资重建了当地的华佗庙,但建完后他们并不介入日常的管理,也少有回来参与庙里的相关活动。此种现象在中山市并非特例个案,反而具有一定的代表性。对故土情感深刻的还是第一代的出国华侨,目前他们要么是耄耋老人,要么已终老他乡,而第二代、第三代华人在他国出生、成长,并无故土生活的经历,对故土的情感自然淡薄。中山本地的神明所受华侨供养的香火虽日渐减少,但从中山地区分香出去的神明却在异乡扎根。2012 年 8 月份,《中山侨刊》刊登了一则中山华人在马来西亚开建龙母庙的新闻,可见一斑:

　　　　6月 24 日上午,经过多年的筹备,计划耗资 500 万令吉的马来西亚首间龙母庙在雪兰莪州举行动土典礼。龙母庙占地 3300 平方尺,由马来西亚广肇联合总会以募款方式兴建,庙宇楼高三层,并备有活动室,不单充作宗教活动场所,也为贫穷儿童或贫苦大众提供传统医疗服务。马来西亚广肇联合会总会长何世瑄在龙母庙动土仪式及《龙母传奇》漫画推介礼上说,龙母庙预计花费两年时间竣工,届时将成为白沙罗柏兰岭的新地标,甚至雪兰莪州旅游的新景点。市外事侨务局组成代表团一行 4 人应邀参加马来西亚广肇联合总会举办的马来西亚雪兰莪州龙母庙动土典礼及旅游和经贸交流洽谈会,并拜访马来西亚中山会馆联合会及新加坡中山会馆参观晚晴园孙中山南洋纪念馆。②

---

① 《广东潮州王伉研究会内讧青龙庙会停摆　官方责令整改》,http://news.sina.com。
② 《中山侨刊》,2012 年 8 月 1 日第 101 期 49 版。

由此可见,民间信仰及其活动在广东的对外关系中发挥了不可小觑的重大作用与影响,具体而言,主要有以下几点:

一是有利于增强海外中华儿女的对祖国的凝聚力和对祖籍文化的向心力。妈祖、观音、关帝、三山国王等信仰已成为广东与台湾及东南亚地区侨胞之间的精神纽带。围绕民间信仰进行的文化与民间交流无疑在广东省对外关系发展中有着独特优势,且有利于增强海外粤籍侨胞对祖籍文化的向心力。

二是有利于深化广东省对外的经贸合作。"2010 年,广东省政府组织'台湾·广东周'活动,揭阳市政府和广东省旅游厅在台北市举行广东揭阳三山国王祖庙寻根之旅大型旅游推介会,揭阳市旅游协会与台湾三山国王宫庙联谊会,广州广之旅国际旅行社与台湾安迪旅行社签订《推动三山国王祖庙寻歌之旅框架协议》,这些都为广东各地的招商引资作出贡献。"①

三是民间信仰已经在广东、台湾和东南亚等环南中国海地区形成了一个特殊的有共同神祇与共同敬拜仪式的祭祀圈。如前所述,从社会文化空间的角度上看,民间信仰真是具有强烈地域文化特色的一种民间信仰形态。

在此要特别加以说明的是,近年来,我国牵头推动的"一带一路"的倡议令全球各国瞩目。"一带一路"是一条文明之带,同时也是一条宗教之路,也可谓是一条民间信仰的交流之路。目前"一带一路"沿线国家在政治、内政、经济、金融等方面的交流交往均有实质性的举措。但在人文交流上,特别是包括民间信仰在内的宗教文化传统的交流与对话等民心互通的平台和机制尚未充分建立起来,而推进"一带一路"的进展既需要政治经贸的"硬"支撑,也离不开文明与宗教的"软"助力。

由于地处沿海之缘故,华南沿海地区的居民早就与东南亚各地建立了密切的联系。众所周知,百越族是岭南地区最早的土著,从族群谱系上看,百越族也是南洋一带南岛语系的海上族群登岸发展的后代。刘志伟在《广州三重奏:认识中国"南方"的一个视角》一文中提及他很是同意厦门大学的吴春明教授的"百越与南岛民族同属一个文化系统"的观点。以冼太夫人信仰为例,冼太夫人在历史上是俚族的首领,而海南岛和南洋一带均留有俚族的足迹,无疑俚族跟南洋国家的南岛语系族群之间有非常深的历史渊源。冼太夫人精神说到底就是一种"合作共赢"的精神,合作共赢或许也是解决当前国际关系的重要思路。如今东南亚这些"海上丝绸之路"的沿线国家也都还有俚族族群后代,冼太夫人信仰文

---

① 吴孟显:《三山国王信仰与粤台关系的互动》,《韩山师范学院学报》2014 年第 10 期。

化在海外的传播与拓展,并从中挖掘冼太夫人文化在当地特有的情感积淀和民俗传承,自然这种信仰文化的传承会成为粤西与海外华人相关族群之间的友谊与心灵沟通的纽带。

回顾历史,冼太夫人的家族与她的夫君冯氏家族积累财富的重要来源就是活跃的海上贸易。学者们的研究指出:"冯冼家族通过'海丝'贸易,把从东南亚贸易获得的产品和财富输往中原,同时也把岭南乃至中原的产品输往海外,实现了中外经贸交流。可以说,古时冯冼家族就在海上丝绸之路有巨大的能量,也把族系延展到广泛地域,向北延展至中原,向南延展至东南亚。冼太夫人与东南亚联动密切,不仅仅是贸易往来,更是一种先进文化的输出。这可以从海外分布着那么多冼太庙看出端倪,如果不是在一种和平共处互利互惠基础上的往来,冼夫人不可能这么受尊崇。"[1]

2016 年 12 月 22 日,冼太夫人与"一带一路"国际论坛在广州隆重举行,会议的主题是:"共同研讨冼太夫人与'一带一路'的渊源,以及如何在'一带一路沿线推广冼太夫人文化'。"广东省政府特聘参事、广东省海上丝绸之路研究开发项目组组长、中山大学教授黄伟宗认为,冼夫人与海洋文化和海上丝绸之路有着千丝万缕的关系,是古今海上丝绸之路的光辉形象。应当承传弘扬冼夫人文化和精神,充分发挥冼夫人文化在海外的遗存和影响,并注意挖掘冼夫人文化在当地特有的情感积淀和民俗传承,使冼夫人文化成为海上丝路沿线国家的亲情纽带、友谊纽带、文化纽带。广东省政府参事暨南大学历史系教授王元林认为,冼夫人的影响力基本上可与郑和相比。冼夫人的影响力之所以大,一个重要原因是对她的信仰是扎根于民间的,冼夫人身上是各种文化交流结合的产物。马来西亚高州总会常务莫天来介绍称,吉隆坡增江的冼太庙始建于 1962 年,正值马来西亚建国之初族群矛盾尖锐之时,马来西亚老华侨陆兆熊从茂名高州冼太庙引燃香火,经历半个多月的海上漂泊,把冼夫人的精神带到了马来半岛。"[2]

如前所述,东南亚这些"海丝"沿线国家还分布着许多奉祀粤籍广府人、客家人与潮汕人带去的民间信仰神明的神庙。从东南沿海到东南亚亦存在一条以华人移民为主体且以民间信仰为纽带的"信仰圈"与"祭祀圈"。以马来西亚为例,该国近七百万人有华裔血统,吉隆坡的大部分华人来自一个几百年来一直讲粤语的社群。他们祖籍广东,大约四分之一马来西亚人是历史悠久的海外华人群

---

① 袁佩如、郑幼智、顾大炜:《以冼夫人为"最大公约数"打造"一带一路"文化纽带》,《南方日报》,2016 年
　9 月 13 日。

② 中国民族宗教网:《海内外专家研讨"岭南圣母"冼夫人与"一带一路"》,http://www.mzb.com.cn。

体的后裔。早在19世纪时,因当地的锡矿和橡胶园的劳动力紧缺,于是当时马来西亚的英国殖民政府实行了从海外招募契约奴工去锡矿和橡胶园做工的政策,广东的三大民系都有人陆续来到马来西亚。他们也从祖居地带来了自己所敬拜的神祇,并在当地建立了华人自己的神庙。近代以来,华人走到哪里都是忘不了自己的家乡,丢不了自己祖宗的文化的,如此自然促进了广东与东南亚地区在文化上的认同和相通。这就使得广东地区与东南亚各国的联系不仅拥有天然的地理位置优势,还有历史、人文及宗教方面的优势。

改革开放以来,广东各地和各级政府不失时机地对海外华人实行了许多行之有效的特殊优惠政策和措施,努力恢复广东各地的侨乡与海外的联系。"打侨牌"成为各地特别是侨乡吸引华侨华人投资与争取侨心的主要手段和方法。历史上,广州因其处始发港口的地理位置,曾经在古代的海上交通和对外贸易中扮演了一个不可替代的角色;如今广东作为中国改革开放的前沿阵地与桥头堡,也必在中国21世纪的海上丝绸之路建设中继续发挥同样的不可替代作用。而民间信仰作为公共外交和民间外交的重要组成部分,无疑可以对于密切广东乃至中国与东南亚国家的联系发挥积极作用。

第三节　民间信仰与自然宗教生态平衡的关系

本节涉及两种截然不同的生态平衡关系,一种是民间信仰与自然生态或环境保护之间的平衡关系;另一种是民间信仰与宗教生态平衡之间的关系。前者反映的是人与自然之间的关系,后者反映的是人类社会不同宗教之间的关系,但两种截然不同的生态关系都要落脚在"平衡"这两字上。

一、民间信仰与自然生态或环境保护之间的关系

现代工业文明在创造社会财富的同时,亦消耗着大量自然资源并造成了生态环境的破坏。生态或环境保护问题因而成了眼下地球人都关心的共同问题,人类对资源的过度开发以及对环境的肆意破坏已危及到自然生态的平衡,带来了一系列诸如环境污染、气候恶化、水土流失、恶疾丛生等问题,并严重威胁着社会的可持续发展。这迫切要求改变现有发展模式,片面地以破坏生态环境为代价的发展观越来越遭到人们的批评和唾弃。但传统民间信仰蕴含着古老先民的

智慧,在处理人与环境和谐相处方面有着可资借鉴的资源。

从生态意识的视角来观照广东地区有着深厚传统的民间信仰,不难发现,民间信仰中的许多禁忌其实是真实地体现与反映了人类与自然之间那种最为密切、内在和深层的关联。

俗话说,"一方水土养一方人,一方人信仰一方神,一方神护佑一方人",这三句话就形象地说明了一方自然环境——一方人——一方神灵三者之间的内在与密切关系。广东古代俗称"岭南",较为特殊的地理环境使岭南成为一个以五岭为屏障的相对封闭的自然地理单位,岭南的带有原始宗教色彩的"万物有灵"观在这方土地上生活的先民们心中根深蒂固。因此,广东地区的民间信仰中的许多观念及信仰形式,都有着浓郁的自然崇拜、图腾崇拜与敬畏自然的烙印。在广东人根深蒂固的信仰意识中,举凡天地、日月星辰、风雨雷电、山石水火、动物植物等,无不都是"敬畏"的对象。正所谓:举头低头皆有神灵。既然万物有灵,人们就得和这些"灵"处理好关系,不仅不要去得罪这些万物的"灵",而且还要讨好它们,与它们建立"和谐共处"的关系,如此才不至于冒犯神灵,自己的日子才能有效地日复一日地延续下去。

因此,人们种田要祭稷谷神和土地公,下水要祭龙王或龙母,出海要祭海神,上山要祭山神等。此外,还有树神、花神、桥神、宅神、门神、井神、灶神等,哪一位神祇都是不可"得罪"的。在老一辈的心中,甚至还有厕神(古代文献记载为"紫姑神")、栏神、檐神、车神(主要在潮汕的澄海那边,当人们有了汽车,特别是跑长途的货车后,为了祈求一路平安才出现的,可以算是最新的神灵崇拜了)等在年轻人看来匪夷所思的神,而且这些"神"大多"不住"宫庙寺宇,也无具体形象。你信它,它就住在你的观念和意识中;你不信它,它也就根本不存在,但人们常常宁可信其有,不可信其无。正因为如此,人们在经过这些地方和想象这些神祇时,多少都会怀有敬畏之心。同时亦是因为"信",才有了许多禁忌的产生,如广东人认为一些古老的树木上可能有树神,人们不由得对其谦恭敬畏,并向它祈求保佑,把自己所求的写在一条红丝带上,系到树上,往往一棵老树上系了好多好多的红丝带,小孩子不能在老树前撒尿,人们也不得在老树前吵架打架,更不允许男女在此野合,以免冒犯树神。

又如在客家人的村落中,不少村庄都有一棵伴随着无数代人成长的巨大的古树,被乡亲们亲切地称为"伯公树"。伯公树就是古人所说的社树,常见的有"樟树"伯公、"榕树"伯公等。伯公树长得愈是高大茂盛,便愈是象征当地欣欣向荣,发达昌盛。尤其是巨大的"榕树"伯公更是随处可见,伯公树经常位于村里的老庙前,老人们常在伯公树下聊天唠嗑,孩子们经常在树下嬉戏玩耍。如前所述,人们还常常在伯公树上挂着红布条和红纸条等,且将自己的心愿写在上面,有的树下还有人们供奉的零散供品,村里有老庙老树,这是全村人引以为豪的。在广东调研考察古村落,常见的现象就是:古村必有古树,古树必在古庙旁,古树古庙相依相伴。人们常在伯公树下祈福、还福。在客家地区还有不得随意砍伐风水林、水口树、"伯公树""社官树"等的禁忌。这条禁忌在潮汕及粤西等地亦同样存在。

图五

再如潮州村寨周边多栽种有榕树、龙眼树、松柏等树。有的地方,乡里头乡里尾都种有榕树,这是各村必种的风水树。宗族祠堂讲究"前竹后榕",期望前人种德,后代成功。当榕树达到百年以上的树龄后,就被认为有树之"灵",是树神了,尊称为"树爷公",禁止伤损和砍伐。每逢初一和十五还会有村里的老人妇人祭拜"树爷公"。不止榕树,一些生长在村头巷尾的古树,人们均会对其敬若神明。人们认为这些树越老越显灵,要么是有了树魂,要么是别的神明"住"在其中。人们为了慎重和讨好这些树,还在树下筑庙建宇,称其为"树爷宫"。每年祭神祀鬼之时,按惯例都得得到"树爷宫"里祭祀一番,甚至在宫前搭戏台,演戏给树神看。对这些古树,不准有人攀折,更不准砍伐。否则,会导致全村遭殃。①

在广东的许多乡村,老庙与老树相得益彰,成了当地村庄历史悠久的见证与

---

① 陈卓坤、王伟深:《潮汕时节与崇拜》,(香港)公元出版有限公司,2005 年,第 139 页。

象征。人们对这种老树敬若神明，绝不冒犯，因为村民普遍认为这些老树也是"神树"，能保佑村子平安和子孙长寿。它的繁茂被视为本村人畜兴旺的象征。它的损折也会被村民们视为不祥之兆。

在潮汕的鸟类中，喜鹊、燕子和乌鸦也是人们轻慢不得的。喜鹊被认为是报喜的鸟，燕子也是寓意吉祥的鸟。在潮汕人眼中，燕子降临谁家筑巢，谁家就被视为家运将旺的征兆。因此，潮汕人往往很乐意为燕子筑巢提供方便。即使每天为其打扫粪便，也心甘情愿。潮汕人虽视乌鸦为不祥之物，但人们也不随便赶它惹它，怕引灾祸上身。由此可见，因"万物有灵"意识而产生的敬畏之心使得树木、山林、水源、鸟类在某种程度上得以保护，从而维持自然的生态平衡。

民间信仰中的许多神明是大自然的人格化，诸如水神、山神、土地公等。对这些神明的敬拜，在一定程度上表示着广东民众对大自然的畏惧。民间庙宇多坐落在山清水秀之地，它们的选址多合民间风水之说。因此，民众对民间庙宇周边的山水树木格外重视。一些社区或村庄以民间庙宇为中心，连带周边地区划作为风景园区。如沙溪镇大石兜村以当地虎逊岩上的观音庙为中心，建起虎逊岩景区，2015年成功申报为"国家2A级旅游景区"。① 开发区大环村后山亦因山上的华佗庙而开辟为一公园，华佗庙于1990年被列为中山市第三批文物保护单位，后来围绕此庙相继兴建了凉亭、石级通道、扶手栏杆、牌坊等设施。② 整个后山因此而获得较好保护，树木茂盛，溪流清澈，成为当地知名的生态休闲景区。

由此可见，广东民间信仰对自然的敬畏和禁忌，在一定程度上有利于人与自然的和谐共处。

二、民间信仰与宗教生态平衡的关系

除自然生态需要维持动态平衡外，当代社会的宗教生态平衡亦值得学者高度关注。几年前学界的宗教生态平衡的观点的提出，亦是对当代中国宗教生存状态与发展前景做出的深层思考。牟钟鉴先生在《宗教文化生态的中国模式》一文中说："要恢复和发展中国模式的宗教生态，必须在新的历史条件下全面复兴中华民族的优秀文化，包括各种健康的宗教文化，使之各得其所。中国传统信仰是有深层根基的，它一直存在于民众之中，只要给它宽松的环境，适当加以引导，

---

① 2016年5月31日，中山市沙溪镇调研。
② 2016年5月24日，中山市开发区调研。

便可顺利成长。信仰的力量需要信仰的力量加以平衡,政治力量的过分介入,往往发生负面效应而不解决问题。社会主义在政治制度和法律法规上是统一的,而在信仰文化上一定是多元的,丰富多彩的。马克思主义、儒学、佛教、道家道教、伊斯兰教、天主教、基督教以及各种健康的民间信仰,都应有各自的合理的存在空间,不可能互相取代,而要彼此尊重。"①这段论述中的"信仰的力量需要信仰的力量加以平衡",尤其意味深长,读来令人回味无穷。

其实,社会各界应当正视这样的事实:"民间信仰是一个长期以来被忽视但却是我国最重要的宗教信仰传统,民间信仰的存在满足了绝大部分中国人的信仰需要。传统的儒、释、道三教的普及,也是一部向民间信仰靠拢、走近的历史。从宗教生态的角度而言,民间信仰是中国五大宗教均衡发展,关系和谐的共同基础。"②这业已成为了学界的共识。"中国民间信仰往往融儒、佛、道和其他宗教于一体,其多神性、多教性、和谐性无形中制约着及推动着五大宗教的发展规模和风格,不使一神教过度膨胀,又使各宗教互相尊重,共同发展。"③

金泽在《全面研究宗教在文化发展战略中的地位与作用》一文中指出:"应该走出意识形态和政治的定位,将宗教定位为一种文化资源或文化体系。在中国社会的未来发展中,我们不仅要关注像'五大宗教'等制度化宗教间的生态平衡,还要关注诸如民间信仰等非制度化宗教与制度化宗教间的生态平衡。"④此可谓是真知灼见。

以笔者曾多次调研过的广东中山为例,民间信仰在中山市各城区一直具有广泛而深远的影响,无论就其分布范围,还是其庙宇数量,都远远超过了五大制度性宗教形态。根据广东省民宗委、中山市民宗局提供的资料,佛教、道教、基督教、天主教在中山市均有正式的宗教活动场所。这四大宗教正式场所共计 22 处,信徒人数共计二万八千余人,占中山市常住人口(约 315 万)的 0.89%。中山市的穆斯林基本上是外来商务或务工人员,目前尚无正式的宗教活动场所,因其具有较大流动性,所以其信徒人数不详(参见表三)。总的来看,五大建制性宗教在中山市均有其信徒,亦不乏正式的活动场所,但无论从绝对数还是比例上来看,其规模和信徒人数均属少数及小众群体。

---

① 牟钟鉴:《宗教文化生态的中国模式》,《中国民族报》,2006 年 5 月 16 日。
② 璋瑢:《正确认识民间信仰》,《中国民族报》,2011 年 11 月 1 日。(这是笔者以"璋瑢"为笔名,在《中国民族报》上发表的文章——笔者注)
③ 璋瑢:《正确认识民间信仰》,《中国民族报》,2011 年 11 月 1 日。
④ 金泽:《全面研究宗教在文化发展战略中的地位与作用》,《学习与研究》2006 年第 8 期。

表三　中山市五大宗教简况

	信徒人数	名称	地址
佛教	15000 人	西山寺	中山市石岐区孙文中路 240 号
		白衣古寺	中山市石岐区莲员东路庵前正街 1 号
		隐秀寺	中山市小榄镇圆榄山
		报恩禅寺	中山市黄圃镇观仙南路 1 号
		永建庵	中山市石岐区莲塘街见龙里 2 号
		净意庵	中山市小榄镇永宁南垄街 47 号
		善庆庵	中山市小榄镇东区大门楼 4 巷 4 号
		永寿寺（筹）	中山市三乡镇雍陌村
		古香林寺（筹）	中山市东区新安村
		集益寺	中山市南朗镇崖口村集益公园
道教	8000 人	港口天后宫	中山市港口镇茂生路 38 号
基督教	4322 人	太平堂	中山市石岐区太平路高家基 6 号
		员峰堂	中山市石岐区员峰光明西街 2 巷 12 号
		迦南园	中山市东区小鳌溪正街下街 1 号
		隆都堂	中山市沙溪镇龙头环村龙环路 55 号
		良都堂	中山市南区上塘西街 55 号
		小榄堂	中山市小榄镇无佞后街 25 号
		三乡堂	中山市三乡镇环镇路 35 号
		东升聚会点	中山市东升镇人和路 5 号
		黄圃聚会点	中山市黄圃镇德兴路 1 号二楼
天主教	730 人	石岐天主堂	中山市石岐区孙文中路 148 号
		黄圃天主堂	中山市黄圃镇南坑路 14 号
伊斯兰教	不详	无正式宗教活动活动场所	

　　近几年来的中山市的统计数据显示，中山市民间信仰场所及其信众，无论在规模还是数量上远在五大制度性宗教之上，且发展迅速，可谓是中山市最重要，最大的宗教信仰及信仰群体。这种情况不仅出现在中山，在广东的大部分地方，制度性宗教的场所与信众和民间信仰的场所和信众仅在数量层面上的比较就不可同日而语。

牟钟鉴先生曾概括中国宗教的特点是多元通和生态模式,宗教的多元通和模式无疑有助于推动不同宗教之间的对话,人们应当意识到,这个世界上如果一日未实现宗教间的和平,那么真正的世界和平也就不会到来。一个国家也是如此,中国是宗教传统比较多样和丰富的国家,中国宗教的多元通和模式当然会给世界上不同宗教间的和平共处以启示。只有"让不同层次、不同类型、不同内容、不同来源的各种宗教信仰都能各得其所,才能真正形成具有中国特色的'各美其美,美人之美,美美与共,天下大同'的文化生态以及宗教生态"。①

其实,"宗教的民间化也是现代和未来宗教发展的一个重要方向。从世界宗教发展新趋势看,民间信仰或民间宗教与主流宗教间的界限正在模糊化并逐渐消失,甚至主流宗教也正在不断民间化、民族化、地区化、生活化,成为民众的一种精神生活方式。这一过程将会持续下去"。② 世界上若干新兴的民间宗教如摩门教③、巴哈伊教④、创价学会⑤等已逐渐与现代社会取得协调,并获得了普遍认可。笔者曾以"璋瑢"为笔名在《中国民族报》上撰文指出:"放眼近现代的人类社会,政教分离、科学与宗教分离、教育与宗教分离等是总的趋势,传统宗教因此缩小了活动范围,政治身份被淡化,如在美国,基督新教相对于天主教便具有教派多样化和活动社区化的特点,基督教在西欧更是散化在世俗之中,有形制的活动越来越少了。而在台湾,作为合法的宗教社团是很多的,既包括传统宗教如佛教、道教、基督教等,也包括新兴宗教如天帝教、天德教、轩辕教等,它们都是合法的,平等的宗教,原有的主流与民间的界限已十分模糊。妈祖崇拜在大陆被视为民间信仰,其在台湾的主流地位却无可置疑,而且成为两岸一家的重要文化纽带。由台湾的经验推断,经过改革、优化的民间信仰或民间宗教(包括组织化的和民俗性的民间宗教),是可以与当代社会相适应的。"⑥

况且,笔者还认为:"民间信仰是我国历史上长期存在并将继续长期存在的一种宗教现象。作为一种不从属于任何一种宗教的,民族特色鲜明的本土信仰

---

① 王爱国:《民族民间宗教信仰对于宗教生态平衡机制的维系》,http://new.21ccom.net。
② 璋瑢:《正确认识民间信仰》,《中国民族报》,2011年11月1日。
③ 这个词是不太准确的称呼,准确的名称是耶稣基督后期圣徒教会,于1830年成立,该教会的教友目前已遍布全球各国。
④ 创建于19世纪的波斯地区,现有遍布200多个国家,巴哈伊教源自伊斯兰教什叶派,但由于教义教发展已经脱离了伊斯兰教的观点,形成一个新的宗教。
⑤ 日莲正宗属于佛教的法华宗系的新兴宗教。它在全球193个国家都设有代表处,并以推广日莲正宗佛教的形式运作。
⑥ 璋瑢:《正确认识民间信仰》,《中国民族报》,2011年11月1日。

资源,它在社会主义和谐文化构建中具有不同于制度化宗教的地位和作用。社会主义和谐文化应当是多元共存、相互尊重、兼容并蓄、相互交流和协调发展的文化形态。民间信仰作为我国传统文化的一部分,是我们建设民族道德信仰体系的精神内涵之一。"①因而要大力弘扬其蕴含的优秀民族传统文化。应当承认,在我们今天一再强调弘扬中华民族优秀传统文化的今天,民间信仰理所当然也是我们可以挖掘和利用的丰厚资源之一。

此外,"民间信仰活动大都具有区域性、松散型、季节性特征,且一般规模较小,影响外延有限,造成社会隐患的概率远比那些具有坚硬组织外壳的制度化宗教形态低。民间信仰与中国的道教、佛教可以形成中国宗教生态系统稳固的传统信仰基础,从而减轻异质宗教所带来的社会和政治张力,保证有中国特色的宗教生态系统的健康、稳定、和谐。如此,既能为中国先进文化提供传统资源,为社会和谐提供文化合力;也能进一步保障宪法规定的公民宗教信仰自由权利,减少国内维护社会稳定,境外维护国家形象的宗教、人权方面的政治成本;还能够保持各种宗教形态的势力均衡和良性竞争,避免强势宗教门类过分扩张,且有助于挤压各类'邪教'的生存空间"。②

综上所述,民间信仰是一种信仰文化形态,在当代社会自有其存在的价值,如爱国爱乡,维系族群认同、地方认同,善待自然以及善待一切信仰等精神价值。民间信仰也是一种温润的力量,可化解人与不可知世界,人与人之间,人与社区之间的关系。如何更好地引导民间信仰从关注个人心理诉求向凝聚社会力量,发挥社会公共功能转变,优化它的社会功能,使其成为建构现代公共文化生活与和谐社区的重要资源,倒是需要各级政府认真思考的问题。

当然,民间信仰作为一种具有顽强生命力和适应力的"活态"文化,其在不同的历史时段所发挥的功能有所不同,如本章所述及的功能或许与近代以前民间信仰的功能就有很大不同,但某些功能如潜移默化的道德教化,心理调适,文化传承,保护自然生态、环境与娱乐等则又是延续的。因此,在考察民间信仰的"功能"时,不同的历史时段要有具体分析,当代民间信仰的"功能"发挥与当代社会的环境联系在一起,古代亦然。另外,不管哪个时段,除了原始社会和上古时期之外,民间信仰的"功能"发挥又与那个时段的制度环境密切相关,与政府对民间信仰事务的管理密切相关,这就进入到下一章所要讨论的内容了。

---

① 璋瑢:《正确认识民间信仰》,《中国民族报》,2011 年 11 月 1 日。
② 陈晓毅、陈进国:《民间信仰的自主治理之道——以广东省为例》,《中国宗教报告(2016)》,社会科学文献出版社,2017 年,第 169—170 页。

第四章

广东民间信仰事务的管理现状

　　民间信仰事务的管理是近年来政府、学界及民间社会均颇为关注的问题。本章的主要内容有二：一是对 1949 年前历代朝廷对广东民间信仰的"管理"的历史进行回溯。通过这种回溯，人们既能看到中央政府、地方政府与老百姓是怎样在民间信仰的问题上进行"互动"的，又可以看到作为主流的国家意识形态如儒家的礼教传统是如何在广东扎下根，并与广东地方的民间信仰进行调适的。或许这种"回溯"能有助于人们对当代广东民间信仰"治理"的思考。二是通过田野调查所收集得来的资料对广东民间信仰的管理现状进行梳理及概括，尽最大努力地客观地描述或呈现事实。

　　在这一章相关内容的叙述中，笔者尝试与"华南学派"①所作的关于广东地方社会的相关明清史研究做些简单的比较分析，华南学派的研究成就世人有目共睹，笔者不敢望其项背，但通过这种简单的比较分析，也许可以一窥不同历史

---

① 近三十余年来，一批历史学和人类学学者以"华南"为试验场，在中国区域社会史研究领域取得了显著成绩，他们将在中国区域社会史研究中的理论与方法概括为：一是提倡历史学、人类学等人文社会科学多学科综合研究的方法取向；二是在具体研究过程中，提倡田野调查与文献分析、历时性研究与结构性分析、上层精英研究与基层社会研究的有机结合；三是强调从中国社会历史的实际和中国人自己的意识出发，理解传统社会发展的各种现象，在理论分析中注意建立中国人文社会科学研究自己的方法体系和学术范畴，并在实践中形成了一个较为稳定的学术群体，其核心成员包括陈春声、刘志伟、郑振满、赵世瑜以及海外的科大卫、萧凤霞、蔡志祥等人。华南学派称得上是"中国历史学和人类学界不多见的能够和世界学术前沿对话的群体"。参见王传：《华南学派史学理论溯源》，《文史哲》2018 年第 5 期，第 23—37 页。

时段民间信仰在"管理"上所呈现出来的不同样貌吧。

第一节 广东民间信仰事务的管理历史

在梳理广东民间信仰事务的管理历史时,笔者注意到了一个现象:即包括广东在内的岭南地区,因为天然的地理阻隔(横贯东西的一组山系,大庾岭、越城岭、骑田岭、萌渚岭、都庞岭),所以其开发时间比中原、江南都要晚得多。历代中央政权对包括广东在内的岭南地区的经营并非一蹴而就,而是经历了一个渐变的过程。

在古代文献的记载里,岭南地区长期都是作为"化外之地""南蛮之地""瘴疠之地"和被贬官员的流放之地。正因为如此,中央政权对岭南民间信仰的治理也不可能在某一时段就全面铺展开来,因而岭南地区得以更多地保留着大量上古时代的包括民间信仰在内的宗教文化特征与传统。随着历史的推进及外来移民的增加,中央政权对此地的经略逐渐加强,以儒家为主流的礼法传统的影响也随之逐渐增强(当然,这是一个漫长的过程)。因此,广东地区民间信仰的神祇、场所、仪式等亦在历史的长时段中不断发生变化,而这些变化与历代中央政府对岭南民间信仰的管理有密切的内在关系。这是人们在"回溯"广东关于民间信仰事务的管理概略时需要多加注意的。

一、民国以前历代朝廷对广东民间信仰事务的管理概略

在讨论历代朝廷对岭南民间信仰事务的管理时,正祀与淫祀①这对概念须先要加以厘清。"国之大事,在祀与戎",这是自古以来中国的传统。因此,民间信仰既然是"民间"的信仰,原初多是民间自发而成的祭祀活动,一开始并不受官方待见,也未曾受到官方的重视。但随着民间信仰在各地数量上的增长和国家为了维持礼教统治等原因,朝廷敕封了地方的部分在民间社会具有影响力的神祇,对这些神祇的祭祀就成了官方所认可的合法行为,而对这些神祇祭祀的合法行为就是"正祀"。当然,能够纳入官府正祀的神祇有一定的准入条件和标准,这

---

① 有时也作"正祠与淫祠"正祀与正祠、淫祀与淫祠之间似乎还是有一些细微差别,这两对概念分别是对合法、非法神祇崇祀行为的指称;正祀、淫祀侧重行为,正祠、淫祠偏重神祇对象,文献中经常混用,若不作说明,笔者也会在行文中二者互通混用。

即是按照《国语·祭法》中所云"法施于民则祀之,以死勤事则祀之,以劳定国则祀之,能捍大患则祀之"的审核标准,对不合此标准的神祇的祭祀行为则一律被斥为"淫祀"。所谓"淫"即指不合标准、不合规范与不被认可,"淫祀"就是"祭不在典"之意,即此"祭"(对民间神祇的祭祀与仪式等)不在国家公布或认可的"祀典"中,即未被国家即官方所审核,所认可,这种"祭"当然就会被视为非法,因而失去了生存的合法依据。由此,民间的神权就被控制在政权或曰"王权"之下,民间信仰及其活动也就被控制在以主流意识形态所体现或所代表的道德规范和许可范围之内,不可擅自僭越。而主流意识形态所体现或所代表的道德规范自然是国家意志的体现。

中央政权对广东的统治可以说是与其对民间信仰事务的管理同步,为叙述方便,不妨将民国以前历代朝廷对广东民间信仰事务的管理分为以下若干阶段:

第一阶段为隋唐以前。根据考古,在粤北、粤西、粤东乃至珠江口海滨遗址中先后出土了玉圭、牙璋以及青铜编钟等先秦礼器等。这些出土文物表明,早在先秦时期,中原地区的礼教及祀典已开始慢慢地渗透入岭南,春秋战国时期,岭南之地与楚国的关系就很密切,"最早的大规模的政治性、军事性移民行动以及与之而来的文化交流高潮,是秦始皇进军及平定岭南,首置郡县,徙民实边,在统一的政治体制的保障下,先进的中原文化直接输入岭南,为实现岭南的原生文化形态与中原文化相整合的再生文化形态的转变奠定了基础"。[①]

公元前 214 年,秦朝的军队统一岭南。公元前 208 年,当时龙川的首位县令赵陀趁中原地区大乱之机建立了南越国,这是岭南地区出现有文字记载的第一个政权。但此时的岭南地区主要还是土著人百越的势力范围,赵佗致力于推广中原的礼仪祀典。南越国的器皿服饰、礼仪制度以及宫室建筑等,均可从南越王墓出土的文物中可见一斑。但南越国政权也不得不服水土,其"和辑越人"的政策就是其"服水土"的具体表现。从业已出土的南越墓葬也能看出,当时南越国上至国王,下至各级官吏,在饮食、丧葬、乐制等方面,不同程度地吸收或采用了当地土著越族的例规,南越国时期因而成为汉越文化融合的一个重要时期。

公元前 112 年,南越王政权内部发生动乱,汉朝抓住此时机派军队南下一举灭了南越,并设置了交趾刺史(后来改称交州刺史),统辖包括今天广东广西在内的整个岭南地区,交州州治在今天的广西梧州。而到了三国东吴时期,交州属于吴国的势力管辖范围,公元 217 年时,当时的交州刺史步骘将州治从梧州迁到了

---

① 陈泽泓:《岭南文化概说》,广东人民出版社,2013 年,第 9—10 页。

番禺（即今广州），但由于交通不便的缘故，实际上吴国对岭南地区控制的范围很是有限。公元263年时，吴国不知何故又从交州分出广州来，从此广州的城市名字和建制也就一直延续下来了。

由此可见，尽管从秦朝开始，包括今广东在内的岭南就进入了中国的版图，但从秦朝至三国魏晋南北朝，因为地域遥远、交通不便以及中原之地战乱频繁，中央政权对岭南的经营大多是名义上的和松散的，此时的岭南尚处于开发之初。此时的民间信仰更是呈现比较原始的，自发的，有浓郁的土著百越人色彩的特征，即巫俗浓厚，境内巫术盛行，这在《史记》《汉书》等历史文献中均有记载。如《史记·孝武本纪》云："是时既灭南越，越人勇之乃言：'越人俗信鬼，而其祠皆见鬼，数有效。昔东瓯王敬鬼，寿百六十岁。后世怠慢，故衰耗。'乃令越巫立越祝祠，安台无坛，亦祠天神上帝百鬼，而以鸡卜。上信之，越祠鸡卜始用。"①《汉书·郊祀志》则曰："乃命粤巫立粤祝祠，安台无坛，亦祠天神帝百鬼，而以鸡卜。"②

秦汉时期，潇水—西江流域在沟通岭北与岭南经济、文化的交流中有特别重要的作用。秦汉大军南下，西江是必经之路，所以这时已被北方朝廷赐封的龙母信仰（汉朝敕封龙母为"程溪夫人"），对保佑大军沿江而下有着重要意义，因而中原文化随之传播到西江流域。除了龙母女神外，还有一位可算是隋以前到隋之间的历史人物即冼夫人（522—602年），冼夫人历经梁、陈、隋三朝，她作为一方地方首领，一生致力于民族的团结和国家的统一，保证社会的和平与稳定秩序，采取种种措施促进当地的经济发展，其丰功伟绩得到了当地百姓的发自内心的拥戴，也得到了朝廷的认可，她被南陈朝廷封赐为中郎将，石龙太夫人。

第二阶段是隋唐时期。隋统一全国后，当政者的当务之急就是维护政权的巩固和统一。因为冼夫人一生致力于国家的统一和民族团结的历史贡献，隋文帝封她为谯国夫人，当她卒于隋文帝仁寿二年（602年）时，又被朝廷谥为诚敬夫人，并"置祠祀之"。此后历代政权不但给予冼夫人敕封，而且还将冼夫人纳入官方祀典，让其享有地方官府的春秋二祭及诞祭。

隋初国力比较强盛，有开通大运河之壮举，炀帝巡幸，"每泛舟而往江都焉。其交、广、荆、益、扬、越等州，运漕商旅，往来不绝。"③隋朝对南海贸易十分重视，隋炀帝还下诏在广州立庙："开皇十四年闰十月，诏……南海于南海镇志（祭）并

---

① ［汉］司马迁：《史记》，中华书局，1962年，第478页。
② ［汉］班固：《汉书》，中华书局，1962年，第1241页。
③ 杜佑撰、王文锦等校点：《通典》卷一百七十七《州郡七·河南府河阴县》，第4657页。

近海立祠"①"其郡国有四渎若海应祠者,皆以孟冬祀之。"②这可能算是国家祀典设于岭南之始。

到了唐朝,唐开元年间的名相张九龄(678—740年)于716年开通了大庾山——梅关驿道。使广东的南雄到江西之间有了一条往来的通道。唐五代时期,北方经常烽火四起,战乱频仍,许多北方人为了躲避战乱,于是从大庾山梅关驿道络绎不绝地进入南雄,再从珠玑巷散往广东各地,人们从珠玑巷的各姓族谱中,不难寻找出前来广东的北方移民的源头。

大庾山——梅关驿道,此通道的开辟对密切广东与中原的关系有经济和政治的双重意义。唐朝时作为港口城市的广州的商业更为繁荣,此时广州的对外贸易相当活跃,唐朝于此成立了专门管理对外贸易的机构即市舶使。最初市舶使是由岭南节度使任命,后来皇帝干脆派太监做市舶使。在中央政权加强对岭南地区控制的同时,官府对民间信仰事务的控制力度也随之有所加强。此时已经形成了全国统一和规范的国家宗教祀典,如朝廷规定了每年的祭四海神③制度,并明确规定广州的最高行政长官如广州都督、刺史为祠官,就近祭南海神。开元年间,朝廷不仅五次派重臣南下到广州主祭南海神,而且还在公元751年(即天宝十年)加封南海神为"广利王"。

五代十国时期,其中十国中刘姓家族在广东建立起汉朝,又被称为南汉。这个小小南汉王朝的祀典之制悉仿唐朝,也曾加封南海神为"昭明帝"。但总的说来,隋唐时期,中央朝廷对岭南的控制依然有限,对民间神祇的赐封也有限,享此殊荣的除南海王外,也就是冼夫人(唐高祖时被册封为冼氏谯国夫人)、龙母神(唐朝时龙母神被敕封"永安郡夫人",后封"永宁夫人")等寥寥几位神祇而已。④

但自唐至宋,岭南地区作为"蛮荒之地",开始受到那些谪官、贤吏们的教诲与教化。据统计,仅宋代就有谪官、贬官至岭南地区近五百人,他们对在粤地推广中原的礼制教化起了重大作用,并产生了重要影响。在韩愈之前,先后有不少

---

① 《隋书·礼仪志》。
② 梁廷楠撰:《南汉书》。
③ 中国神话传说中的海神。四海之神即指东海之神、南海之神、西海之神与北海之神。
④ 因当时北方地区亦有汉朝,因而广东的这个汉朝就被称为南汉(917—971年),是五代十国时期的政权之一。位于现广东、广西两省及越南北部,面积约40多万平方公里。唐朝末年,刘谦任封州(现广东封开)刺史。刘谦死后,刘隐继承父职,逐步统一岭南,进位清海节度使。907年,刘隐受后梁封为大彭郡王,909年改封为南平王,次年又改封为南海王。刘隐死后,其弟刘龑袭封南海王。刘龑凭借父兄在岭南的基业,于后梁贞明三年(917年)在番禺(今广州)称帝,改广州为兴王府,国号"大越"。次年11月,刘龑改国号汉,史称南汉,是为南汉高祖。971年为宋朝所灭,历四帝,享祚54年。

中央官员如张元素、唐临、常怀德、卢怡、李皋、常衮等谪放潮州,这些被流放的"有罪官宦"来到岭南后,不同程度地把中原礼俗文化传播到了岭南。

韩愈因谏迎佛骨被贬来潮州做刺史,这在"潮汕地区历史上是一个具有重大文化意义的事件"。[①] 虽然他在给皇上的《潮州刺史谢上表》中感叹自己"居蛮夷之地,与魑魅为群"的可怜光景,但他对朝廷还是尽忠尽责。在潮州任职的 8 个月期间,除了推广儒家的忠孝礼义之教,释放奴隶,关心农桑等职分外,还祭潮神驱鳄除害,意在归化当地土著,淳化民风。从其在潮州所留下的文字,包括《祭鳄鱼文》《祭大湖神文》《又祭止雨文》《祭城隍文》《祭界石神文》及《又祭大湖神文》等碑文记载来看,似乎他在潮州的主要活动就是从事各类民间的祭祀活动。他还有三篇与当地著名高僧大颠交往的文字记载——《与大颠师书》,从中不难看出他对潮阳灵山寺的大颠和尚礼遇备至。这些行为正是韩愈作为一个务实的地方官员最具政治智慧的表现。韩愈虽遭朝廷排挤,但他终究还是朝廷命官,在潮州如此这般充满着浓郁宗教色彩的世界里,或许只是为了让百姓向朝廷交税和服役,他也只能顺应民心,用当地老百姓愿意和接受的方式去教化百姓,去做事情,而当时此地老百姓的日常生活与精神世界本来就是以佛寺、道庵、民间庙宇为中心的,韩愈在当地的种种务实表现赢得了当地百姓的高度赞誉和推崇。从韩愈的例子中可见流放与被贬官员对岭南地区的教化以及加强朝廷对地方的控制与治理的贡献不言而喻。

还有广州的八贤祠("八贤祠"供奉宋初以来在广州任过知州且功勋道德俱佳的潘美、向敏中、邵晔、陈世卿、陈从易、魏瓘、余靖、张颉八位贤士),雷州的十贤祠(十贤是指北宋宰相寇准、学士苏武、侍郎苏辙、正字秦观、枢察王岩受、正言任伯雨以及南宋名相李纲、赵鼎、参政李光、编修胡铨。他们在遗居或贬经雷州时,体恤民情,兴办教育,促进了雷州文化的发展)等,这种做法也得到了官方的首肯和认可。宋元之际的文天祥、陆秀夫与张世杰在粤的英勇抗元,以身殉宋更是在民间广受传扬,广东多处建有三忠庙。

第三阶段为宋元时期。宋代时的中国实际上处于分裂状态,当时北方有西夏、辽等政权,后来有金,再之后是元,中原地区一直是几个政权并立。整个中国的经济重心南移的倾向越来越明显。包括广东在内的岭南在国家财政收入中的位置变得日渐重要,朝廷因之也愈加重视岭南这一带的开发。广东的珠江三角洲和韩江三角洲就是从宋朝开始因沙田冲积面积逐渐扩大,淤泥渐渐堆积起来,

---

① 黄挺、陈占山:《潮汕史》,广东人民出版社,2001 年,第 85 页。

人们渐渐开垦种植沙田,两个三角洲开始了其日渐走向兴旺之旅。

宋朝时,宋王朝在全国范围内采取"扶祀百神"的政策。民间神祇因而进入正祀的途径有所扩大,民间神祇被宋朝赐封数量之多,可谓空前绝后。《宋会要辑稿》中留下了宋徽宗经常封赠全国各地的神祇记录。由此可见,统治者经略地方的最重要策略之一,就是把地方神变成王朝的祀典神,尤其在对岭南这样偏远地方的经略而言,更是如此。此时不仅被前代朝廷赐封过的名声响亮的神明再次或屡次获赐封,如德庆悦城龙母于公元 1077 年(即熙宁十年)被加封录济崇福圣祀,赐额"永济",后又改额为"孝通",又于第二年即公元 1078 年(即元丰元年)被赠"永济夫人"之称号。妈祖仅在宋代受封号就有 16 次之多,南海神亦屡获朝廷赏赐加封。

与此同时,官方也赐封新神,如粤西的雷州多雷雨,当地原有雷神的自然崇拜,宋代则将雷神信仰转为官方祀典,且"累封王爵,庙号显著"。而广东揭阳河婆(今揭西县)的"三山国王"被封赐,更是典型例子。三山国王原本就是当地土著的山神。当地人常说,三山国王神"肇迹于隋,显灵于唐,受封于宋"。隋初隋文帝时期,三山(即揭西河婆镇北面的独山、西南面的明山、巾山)最初出现神迹之时,当地人便在巾山之麓建庙奉祀此三山之神。唐朝伊始,三山神成为当地山神,当地人普遍对三山神顶礼膜拜,每年都要定期祭祀三山神,目的在于禳灾纳福。唐朝时,韩愈被贬为潮州刺史,时逢连绵大雨毁坏庄稼,百姓于是祝祷求三山神,大雨便停止了。韩愈因此便写了《祭界石文》,并派人到三山祖庙祭拜。到了北宋时期,这"三山神"据说曾协助宋太宗征战,使得宋师在太原大捷[1],因而受到太宗赵光义的褒封:封巾山"清化威德报国王",封明山"助政明肃宁国王",封独山"惠威弘应丰国王",并赐庙名曰"明贶"。自此,三山神便被统称为三山国王,三山国王庙又称明贶庙,并敕增广庙宇,年年都有祭祀。至宋仁宗明道年间,复加封"广灵"二字。至此,"三山国王"被提升为国家皇权服务的神灵象征,而拜"三山国王"的当地百姓,自然就成了朝廷的顺民。

除把地方的神明册封为祀典神外,历代朝廷还在岭南之地大力推广本在中原之地信仰的祀典神。如前述潮州的两个被称为"双忠公"的神祇,本是唐朝安史之乱时死守且战死河南睢阳城的名将张巡和许远,他们的忠义勇敢之精神得到了百姓的敬重,也得到朝廷的认可,他们成了"忠义报国"的典范,并成为后代

---

[1] 据说宋太宗征太原时,在城下见金甲神三人,操戈驶马,冲锋在前。凯旋后,观三金甲神在城上。人以潮州三山神奏告太宗。宋太宗即诏封明山神为清化盛德报国王,巾山神为助政明肃宁国王,独山神为惠威宏应丰国王。赐庙额为"明贶",岁时合祭。

王朝的在册祀典神。双忠公的庙宇最初出现在河南睢阳那边，南宋时开始被引进到潮州来，《宋会要辑稿》中记载了"双忠公"是如何被引进到潮州来的这件事情。公元1127年（即南宋建炎元年）正是南渡后的南宋政权建立之元年，饶州知州"乞致标张巡、许远，以旌忠烈，以为万世臣子之劝"。而对偏安一隅又处于危难时刻的南宋王朝而言，正需要向老百姓大力宣传和强调所谓"忠义报国"之精神，双忠公信仰正是在这种王朝有意推动，地方政府又有意迎合的情势下往南推进的。此后历代潮州官员一直在努力推广双忠公的信仰，当然此过程并非一蹴而就，而是要经过一段被百姓逐渐认可的过程，双忠公直到明清之际才真正在潮州民间被普遍奉祀。

上述历史事实表明，宋代册封官方祀典神的增加是民间信仰神祇之增加的一个重要因素，对全国而言是如此，对广东而言更是如此。如果说宋代以前，岭南能被官府所认可的神祇并不多见，从宋代开始，政府对包括岭南在内的民间神祇的赐封数量则猛增。宋神宗于熙宁七年（1074年）下诏，"应天下祠庙祈祷灵验，未有爵号者并以名闻，当议特加礼命，内虽有爵号而褒崇未称者，亦具以闻"，进入祀典的诸神可享受"官方祭祀"和朝廷派发的"修葺维持祠宇"之资。

与此同时，朝廷也在岭南地区大力推广儒家的礼法传统与制度，除修文庙以隆重祀孔之外，对地方的名贤及英灵，也会让当地官府出面倡导崇祀，这方面最为著名的就是潮州韩公祠的建立。公元999年（即北宋咸平二年），陈尧佐"通判潮州，修孔子庙，作韩吏部祠，以风示潮人"。[1] 这是韩祠建祠之开端，也是"潮州有祠堂之始"。[2] 陈尧佐立韩祠的用意很清楚，这就是"祭法，法施于民则祀之；祀之之义，盖所以奖激忠义而厉贤材也"，加之岭南百姓历来信巫尚鬼，所谓"南粤大卒尚鬼，而公之祠不立，官斯民者，又曰仁乎？"[3]而后的知州王涤迁建韩祠，并将韩祠改名为昌黎伯韩文公庙，并邀请苏轼撰写了著名的《潮州昌黎伯韩文公庙碑记》。到了南宋时期，知州丁允元又一次迁建韩公祠至今天的地址。正是由于官方的不断推动，韩愈才成为潮人奉祀的一位地方神明。

政府把当地神祇变成朝廷的祀典神祇，与在岭南推广中原地区原有的信仰仪式，看起来有所不同，其实所达到的效果与作用是一样的。显而易见，大家祭拜的神祇和仪式是一样的，就意味着有一样的符合官方主流的意识形态和大致

---

① 《宋史·陈尧佐传》。

② 《永乐大典》卷5343。

③ 陈尧佐：《〈招韩文公文〉并序》，《永乐大典》卷5343。

相同的信仰仪式。于朝廷而言,这是扩展自己国家力量的一种做法;于地方而言,这是地方文化与中原文化融合的过程,也是以儒家为主流的礼法传统与地方的民间信仰传统相调适及相融合的过程。

元代时广东分属两个省,即江西行省和湖广行省。蒙古人建立的元朝历史不长,但其在国家宗教祀典方面承袭宋朝,依然照行郊天、宗庙、宣圣、祭山海神之礼。公元 1291 年(即元二十八年)时,元帝下诏封南海王为广利灵孚王,这表明元朝征服南方后仍然有意发展海上贸易。潮州的"双忠公"之祀,实际上就是兴盛于元代。公元 1366 年,当时的潮州路总管王翰甫上任伊始就马上派人到潮阳双忠祠致祭,并将文天祥悼张、许的《沁园春》词改名"谒张许庙词",且勒石立碑于灵威庙前。可见元朝历史虽不长,民间信仰在岭南地区照样得到推动。

第四阶段为明清时期。1376 年,明朝中央政府将"省"改称布政司,并设广东布政司,清代时"广东布政司"又被改称广东省,该名称沿用至今。对于广东的民间信仰而言,明清可谓是一个最为重要的时段,明朝是中国传统的宗法性国家宗教发展至完全成熟的时期。明初洪武年间,明太祖决心禁制不符合朝廷礼制的民间信仰,由此对民间信仰事务进行了一次重大整顿。公元 1370 年(明洪武三年),明制《禁淫祀制》载:"古者天子祭天地,诸侯祭山川,大夫士庶各有所宜祭,其民间合祭之神,礼部其定议颁降,违者罪之。"朝廷于是规定了各级的祭祀对象,祭天只能在中央,祭太庙可降至王国,而城隍、社稷、山川与风雨之祭则遍及州府县,普及庶人可以祭里社、谷神及祖父母、父母与灶神,并禁止斋醮、符咒、扶鸾等活动,违者责罪[①]。另外,朝廷还针对祠庙迎神赛会等进行限制和改革。明初还建立了里甲制,这是明朝的基层组织形式,一般多以每十户为一甲,每一百一十户为一里。同时也规定每个里都要建一个社坛和一个厉坛,并规定老百姓都要去拜,朝廷要村落建的社坛被老百姓普遍接受了,这即是今天在广东各地随处可见的土地公、土地神、土地爷的坛的原因所在。现今的民间信仰的神祇数量,民间信仰的仪式、风俗等基本上都是明清两代定型下来的。

明清两代是岭南地区进入全面迅速开发的历史时期,此时广东的社会经济已跃进到全国先进经济区行列,广东在整个国家的经济地位也变得更为重要。从明代开始,广东地区除了农业经济的发展外,商品经济的繁荣发展更为突出,经济的繁荣对于民间信仰的发展又起了较大推动作用,主要表现在:一是广东民间更为普遍尊奉的各种功利神数目愈来愈多,人们每遇事必求神灵,处处都易

---

① 参见陈泽泓:《历代祀典及其对民间信仰的影响》,《广东史志》2002 年第 8 期。

寻见或身处拜神的社会氛围；二是庙祀和民间信仰活动的更加兴盛。如广东潮汕现存的很多宫庙都是在明清时期修建的，而且多由百姓集体筹资（用现在时髦话讲就是"众筹"），如韩文公祠旁的陆公祠、饶平飞龙庙、潮阳东山魁星阁、揭东鞍山忠勇庙、潮汕沿海一带的周王公庙、惠来和澄海一带的水仙宫、大禹古庙等。现今潮汕地区在拜神过程中出现的赛大猪、赛大鹅、斗戏、斗彩棚等风俗也是从明清两代开始出现并流传下来的，而游神活动虽说宋时已有，但到明清时更为兴盛。

正是在这种新的时代氛围和环境下，中央政权正统的政治文化加速南进，广东的地方政区开始重新划分，许多州县于此时设立。而明朝政治文化的加速南进与地域社会文化的小传统进一步整合到大传统中的过程可谓是齐头并进。

华南学派的核心人物科大卫在其关于华南宗族研究的民族志——《皇帝与祖宗：华南的国家与社会》一书中铺排了"明暗两条线索"："明线为宗族从形成至壮大的历史动态过程，暗线为国家对华南地域社会的权力渗透，同时隐约可见地方宗族精英在国家权力延伸至地方的同时，灵巧地运用文化象征，为自己取得一席之位。"①科大卫认为：宋代以及之前王朝对珠三角地区的整合更多是以佛教寺庙的形式体现出来，许多人捐钱买地、建庙，因此佛寺拥有大量地产，还得到当地官府与百姓的支持，这是当地佛教寺院与王朝国家的整合，与当地社区整合的证明。如果说宋代以前王朝与地方势力的"整合"呈现出"佛教寺院与王朝国家的整合"的特征的话，那么宋以后尤其是明清以后，王朝与地方势力的"整合"则呈现出"地方宗族势力与王朝国家的整合"的特征，但科大卫所指的宗族精英所运用的"文化象征"，其实内核就是民间信仰。

科大卫在其《明清社会和礼仪》这本书中以珠江三角洲为例论述了王朝与地方势力的"整合"。他认为"里甲的户口登记模式，并不是由上而下强制推行，而是得到以土地神祭祀为中心的地方群体的承认……明初政府，除了把户口登记系统化之外，试图以同样的方式把地方祭祀系统化。把土地神祭祀整合到国家礼仪之中，称为'社稷'，允许定期祭祀。倘无特别原因，地方官员有责任代表皇帝祭祀那些在国家法令中有独立祭祀规定的神祇。'祀典'实际上是在确认地方保护神。至于其他的神祇，则统称为'无祀鬼神'，另立特别的规定"。②

华南学派的研究表明："在中国南方，乡村庙宇往往是社会地缘关系的最重

---

① 参见杨丽：华南研究的历史人类学实践——读《皇帝与祖宗：华南的国家与宗族》，《东方论坛》2011年第5期。

② 科大卫：《明清社会和礼仪》，北京师范大学出版社，2016年，第8页。

要标志和象征,同时也是地方社会认同国家的重要象征场所。"①如刘志伟认为,"珠江三角洲北帝崇拜既是标准化神明信仰地方化的过程,也是地域社会在文化上进一步整合到大传统中的过程,两者相互渗透"。② 陈春声认为,"宋代至清代双忠公信仰在潮州出现和流播的历史,与潮州地区农村社会逐步融入'国家'体制的过程是相一致的。这个过程,又可能被当地士绅作为培养民众对王朝和国家的认同感的机会"。③

但地域文化传统"整合"到国家的政治文化的大传统中的过程并不总是顺遂和愉快的,政治文化的"大传统"与地域文化的"小传统"在某个时段也会产生"不合"乃至激烈冲突。可想而知,民间那些没有被朝廷认可的称为"淫祠"的庙宇按规定是要被废禁或被毁掉的,那些未被列为官方"正祀"的神祇也不能得以继续享有百姓的祭祀,而明眼人一看就明白,对民间信仰打击背后的真正目的是为了加强对地方的控制。珠江三角洲一带由于有较强大的经济支撑,"淫祀"的问题比较突出。黄佐的《广东通志》曰:"国之大事,以正祠典为先,虽在一方,而天下公论存焉,如此而淫祀而已矣。淫祀者弗福。"④因此,明朝自始至终在广东要面对的一个问题就是:地方官员要毁掉"淫祠",而老百姓则要捍卫他们的庙宇,实则捍卫的是当地的信仰与历史传统。在此过程中,所毁的"淫祀"亦"旋毁旋复"。这种冲突在广东地区持续了几百年。

如明成化年间,顺德县令吴廷举下令拆毁了 250 座淫祠。明朝嘉靖年间,笃信理学的江苏昆山人魏校督学广东,他又在广东掀起了新的一轮"毁淫祀"行动,这是广东地区最有影响的"毁淫祀"事件。他下令把不合国家"祀典"的民间信仰庙宇全部拆除,只允许留下被朝廷认可的"正统"神祇。魏校毁淫祠的行动以珠江三角洲为中心展开,也涉及到邻近的高明、四会、增城、新会、从化、新宁等县。据日本学者井上彻先生对魏校在广东提学副使时所发布的各种公文的详细爬梳,他指出魏校毁淫祠的行动甚至还波及到较偏远的粤西地区。"在发给雷州府

---

① 肖文评:《明清之际粤东北地区的民间信仰与社会变迁——以大埔县白堠村为例》,《赣南师范学院学报》2008 年第 4 期。

② 参见刘志伟:《神明的正统性与地方化——关于珠江三角洲北帝崇拜的一个解释》,载《中山大学史学集刊(第二辑)》,广东人民出版社,1994 年版;刘志伟:《大族阴影下民间祭祀:沙湾的北帝崇拜》,载《寺庙与民间文化》,台湾汉学研究中心,1995 年版。

③ 参见陈春声:《正统性、地方化与文化的创制——潮州民间神信仰的象征与历史意义》,《史学月刊》,2001 年第 1 期;《官员、士绅与正统神明的地方化——潮州地区双忠公崇拜的研究》,载郑振满、陈春声主编:《民间信仰与社会空间》,福建人民出版社,2002 年版;《明末东南沿海社会重建与乡绅之角色——以林大春与潮州双忠公信仰的关系为中心》,《中山大学学报》2002 年第 4 期。

④ 明嘉靖《广东通志》第三十卷《政事志三坛庙》。

的公文里,魏校特别强调,要对淫祠活动甚为猖獗的雷州淫祠进行捣毁。而在给廉州府的公文中,魏校还详细提出根据当地实际情况捣毁淫祠的方法以及设置取代淫祠的社学的要求。"①魏校毁淫祠的意图,在于正风化,兴社学,普及儒教教化。在其看来,粤西虽然地处偏远,但"淫祠布列,巫觋盛行",这里更是需要下大力普及儒教教化的重点地区。但往往是这边毁掉,那边又重新建起来,由此显示出国家力量对地方民间信仰的影响和干预以及地方势力对此种影响和干预的反弹。又如金花夫人庙也在魏校毁淫祠的名册内,但金花夫人香火依旧旺盛。"到了嘉靖中叶,广州民众成立了金花会,但信仰中心已转移到广州河南石鳌村的金花庙,仙湖金花祠。'嘉靖中,魏校毁之。粤人奉神像于南岸石鳌村,其后复建故处,即今仙湖庙是也。'"②

令人惊异的是,顺德县令吴廷举后来以毁祠宇"贪污竹木"获罪,被广东御史监禁,不巧的是,督学广东的魏校之独子又因病不治而亡。人们以为这是他们一意孤行地推行"毁淫祀"遭人神共愤所受到的天谴,也是他们自己罪有应得的报应。如此,毁淫祠最终也不了了之。

当然也有某些开明务实的地方官员和地方士绅对民间信仰的社会功能与作用有着深刻的认识与体察,因为这些"淫祀"在历史上对南方地区社会的开发、稳定和运作还是有某些积极作用,贸然毁掉不但得罪了当地百姓要遭骂名,给地方政府行政的正常运转也增加了不少开支和麻烦。可以说,吴廷举、魏校之流的"毁淫祀"在某种程度上对地域社会的稳定和正常运行是有害而无利,他们既短视,也缺乏全局整体的观念。

诚然,广东人历来脑子既务实又灵活,为了保护自己的信仰传统,也会采取变通方式,如广泛建议朝廷明令在"祀典"里面的神祇,且多建朝廷"祀典"里面有的北帝、南海洪圣大王、天后、龙母、冼夫人、关公、康王、三山国王、城隍神、社稷神等神庙。这就是当代民间信仰在改革开放以来逐渐复兴后,这类在历史上被朝廷赐封过的神祇的庙宇在广东特别多的重要原因。它们在其祭祀圈内,几乎村村都有。

清初顺治年间,广东又有一次较大规模的清理民间神祇系统的行动。这当然是刚建立政权的满清统治者重建社会秩序的重要举措之一。以东莞为例,其县志载:"社稷坛,在县城西门处,明洪武初年制社稷自为一处,同坛并设……顺

---

① 朱爱东:《民国时期的反迷信运动与民间信仰空间——以粤西地区为例》,《文化遗产》2013 年第 3 期。
② 转引自顾书娟:《明清广东民间信仰研究——以地方志为中心》,南方日报出版社,2015 年,第 172 页。

治三年,定府州县建社稷坛,雍正二年奏准称县社之神、县稷之神。""风云雷雨山川坛在县城南门外,明洪武二年诏以风雷雨从合祭。六年,以风云之神共为一坛合祭。后又以城隍合祭于坛。"①显而易见,与前朝"毁淫祠"行动的结果一样,这种大规模的清理最后也是不了了之。

"清朝大体沿袭明朝的宗教政策,各省祭祀社稷、先农、风雷、境内山川、城隍、厉坛、帝王陵寝以及先师、关帝、文昌、名宦、贤良等祠。"②官方的这些做法无疑对广东的民间信仰和民众的日常生活与神祇之关系的影响更为深远,民间神祇迅速扩张。而"在褒扬贤良忠义节烈的正统观念为宗旨的神明不断涌现的同时,民间更为普遍尊奉的功利神也应运而生,从明中叶起其势甚盛,至清中叶以后更是遍布城乡。这类神明数目繁多,而且身份十分庞杂,主要因为明中叶以来,广东的社会经济迅猛发展,重利务实之风气已形成岭南风尚之主流,社会矛盾的激化又使人无时不感到难以掌握自身命运之紧张压抑,于是便形成无事不求神灵,无处不设神灵的社会氛围"。③ 一直到清末,清代戴肇辰的《广州府志》还记载,"粤俗尚鬼",迎神赛会"无月无之"。

由上可见,隋唐以前,中央政权对岭南的经略有限,对民间信仰事务谈不上有啥管理,但是随着中原移民一波波的到来,中原文化与岭南文化的融合早已开启,从隋朝开始,历经唐、宋、元,随着岭南的开发以及在国家财政中的地位之重要,随着中央政权对岭南经略的扩大与加强,中央政权对岭南民间神祇有所重视,岭南的神祇在国家祀典中逐渐增多。而到了明清时期,随着国家在政治上对岭南经略的加强以及国家宗法宗教传统的成熟,对地方民间信仰事务才有所干预和整顿。

但总的来说,在近代以前的传统社会中,国家政权对民间信仰事务的干预和整顿比较有限,主要还是以利用为主,对于纳入国家正祀的民间神祇以扶持为主,对于还未纳入国家正祀的民间神祇则是睁只眼闭只眼,只在某一特定的时期才对其有激烈打击。正如有学者指出的"事实上,在赈灾体系极不完备、政府干预能力有限且吏治腐败的乡土社会中,灾难诱发的社会恐慌和普遍紧张,往往伴随着不同形式、不同规模、不同程度的求神拜佛行为,打醮念经、游神赛会等等,人们试图借助于这种方式以消弥灾难,并由此获得一种必要的精神心理方面的

---

① 陈泽泓:《广东历代祀典及其对民间信仰的影响》,《广东史志》2002 年第 8 期。
② 陈泽泓:《广东历代祀典及其对民间信仰的影响》,《广东史志》2002 年第 8 期。
③ 陈泽泓《广东历代官方祀典及其对民间信仰的影响》,广东省民族宗教研究院编:《民族宗教研究(第 1 辑)》,广东人民出版社,2011 年,第 200 页。

救援。"①同时中央政权也会因其自身需要，尤其是控制地方社会与道德教化的需要等对民间信仰进行综合考量，从而顺应民众的需要。而真正对民间信仰造成大规模冲击和具有杀伤力毁损的则是历史进入到近代乃至民国以后的事。

二、民国时期广东民间信仰开始受到外来冲击(1912—1949)

自 1840 年始，西方殖民者以武力强行敲开古老中国的大门，如同李鸿章所说，鸦片战争后，中国当时面临的是"此三千年未有之大变局也"。辛亥革命推翻了帝制，传统的国家宗法宗教在总体性土崩瓦解。与此同时，在科学、理性主义、现代性与现代国家建构等宏大话语下，科学与启蒙的口号在近代中国大行其道。因此，民间信仰则被视为了封建迷信，而封建迷信则成了"愚昧落后"的代名词，要为中国在近代的落后挨打负上责任。于是当时传统社会对民间信仰的"正祀"和"淫祀"的区分在现代成了科学与迷信、先进与落后的分判依据。

戊戌变法时期，康有为、梁启超及谭嗣同等维新派开展了"鼓民力、开民智、兴民德"的社会启蒙运动，康有为呈送《请饬各省改书院淫祠为学堂折》中，建议废天下淫祠，以其宫宇充学舍，以其租入供学费。而后革命派更是提出了"毁神庙、弃鬼像、绝鬼祠"的激进主张。从辛亥革命到五四运动这段时间，对科学主义的宣扬更加普遍，这种弘扬"科学主义"知识"霸权"的做法在当时的知识界也遭到一些质疑，如"章太炎并不强调'科学'与'迷信'是绝对对立的，认为'科学'和'迷信'都可能会对人性造成压抑。他在反对'迷信'的时候，也对'科学'的解释力提出了质疑。他对民间信仰的表述框架更接近儒家的'敬鬼神而远之'。王国维也撰文对民间宗教信仰的合理性进行了辩护"。② 但在当时，可惜像他们这样的有识之士甚少，其声音很快就被一浪高过一浪的反传统反迷信的声音淹没了。

到了民国，在面临帝国主义侵略及国内不稳定、战乱不断、国家软弱的情况下，此时社会各界的主要任务是将中国重新改造成为一个现代国家。因此，当时的社会大众普遍接受了国家衰败是因为传统和迷信的过错，这几乎成了一种价值判断。因而当时思想界的主流大力提倡"以科学知识去神权之迷信"，高呼"戒除迎神、建醮、拜经及诸迷信鬼神之习，戒除供奉偶像牌位、风水及阴阳禁忌之迷

---

① 梁景之：《清代民间宗教后畀乡土社会》，社会科学文献出版社，2004 年，第 274 页。

② 徐志伟：《一种"他者化"的话语建构与制度实践——对清季至民国反"迷信"运动的再认识》，《学术月刊》2009 年第 7 期。

信"的口号。民间信仰受到知识阶层和政府层面的坚决批判、抵制和毫不犹豫地予以坚决丢弃。

民国时期大规模的破坏迷信运动主要发生在民国初年与五四运动前后，1905年5月28日的《东方杂志》第2卷第4期上登出了标题为"论革除迷信鬼神之法"的文章，该篇文章的中心思想就是要"革除"神鬼迷信。1912年4月1日孙中山在南京参议院解职辞中云："又凡政治、法律、风俗、民智种种之事业，均需改良，始能与世界竞争。"①而后，当时各地的报纸杂志等也纷纷运用媒体的力量，进一步声讨"迷信"与旧风俗。就以地处偏远的粤西为例，在1912年3月出版的《高州日报》(《高州日报》民国元年创刊，民国三年停刊)，开广东南路(广东南路，即是指民国时期广东省高州六属、雷州三属、钦廉四属和两阳，具体包括茂名、信宜、电白、化县、吴川、廉江、遂溪、海康、徐闻、灵山、合浦、钦县、防城、阳江、阳春十五个县和梅菉一个市)日报之先河，之后又有《高州报》(《高州报》民国三年创刊，民国七年停刊)《高州新报》(《高州新报》民国七年创刊，民国十二年停刊)和《高州民国日报》(《高州民国日报》民国十四年创刊，民国三十八年停刊)相继创刊发行。这些报纸尽管大多存在时间短，且发行量也不多，但从这些报纸中不难发现当时舆论对于粤西这个地处偏远的地方社会最为关注的是两方面的问题，其一是危及地方安全的匪患问题，另一个就是以"反迷信"和"禁烟赌"为中心的所谓移风易俗问题。

另外，当时接受科学观念与知识的一些知识分子和地方官僚引领时尚，其已完全不相信有鬼神之说，并自觉铲除迷信。早在1883年7月，民主革命的先行者孙中山就曾经与好友陆皓东一起毁坏自己村子里北帝庙的数尊神像，他因这一举动受到乡民围攻而不得不逃亡香港。又如民国初年首任潮阳中学校长的萧凤翥就是这样一类人，他此前在"任东山书院高小学堂总教习时，其校址附近神庙甚多，迷信风极盛。当时东山校门前是'望仙桥'旧址，有两棵大槐树，被一些善男信女当作树神祭拜。人来人往，烟火缭绕。他命校工搬掉香炉，将地方清扫干净"。②不久，"萧凤翥将东山古迹'曲水流'附近庙内的'水仙爷'及'注生娘'等神像搬出焚毁，引起县城当时一番轰动"。③

十九年后，则有一大批反对迷信的书籍问世，如1920年出版的陈大齐的《迷信与心理》(北京大学新潮社《新潮丛书》)，1923年出版的颂久、愈之、乔峰、幼雄

①《孙中山全集(第2卷)》，中华书局，1982年，第317页。

②《破除迷信》，http://www.chaoshanw.com。

③《破除迷信》，http://www.chaoshanw.com。

的《迷信与科学》（商务印书馆《东方文库》），1924 年李干忱所著的《破除迷信全书》（美以美会全国书报部），1928 年江绍原的《发须爪——关于它们的迷信》（开明书店），1929 年容肇祖的《迷信与传说》（中山大学民俗学会《民俗丛书》）等等①。

　　1927 年 4 月，南京国民政府建立后，大规模的破除迷信运动随之在国民政府执政初期达到高潮。与历代王朝多少都为民间信仰留下一些合法性空间的做法不同，提倡“现代性”的国民政府，竭力推行“改革风俗，破除迷信”运动，对民间信仰及其活动采取了较为严厉的禁止措施。1928 年 9 月，国民政府内政部公布了《废除卜筮星相巫觋堪舆办法》，要求：“各地方卜筮星相、巫觋堪舆及其他以传布迷信为营业者，应由各省市政府督饬公安局于奉文到后三个月内强制改营他项正当职业。”紧接着，1928 年 10 月，国民政府又制定了《神祠存废标准》（下文简称《标准》），要求各地禁止“男女进香朝山，各寺庙之抽笺礼忏，设道场放焰口等陋俗。”后来在 1929 年颁布了《取缔巫医》以及 1930 年又颁布《取缔经营迷信物品办法》等法规。通过这些“管制”“废除”“取缔”等行政命令，从而“成功地创造出了一种既包含儒家又包含有组织的宗教乃至反迷信运动的理念在内的‘精英’传统。这就是合法的传统，用来反对迷信与民间宗教的世界”。②

　　另外，在经济手段上虽有针对佛教“庙产兴学”（即利用各地寺庙财产来兴办教育，包括庙产补助学费、寺庙为校等形式）的运动，但也波及到了民间信仰。“国民政府所力图贯彻的也是一箭双雕的政策，即通过破坏那些作为阻碍政府与农民接触的势力象征的神像，达到启蒙、教育农民的目的；同时，又能通过没收寺产、庙产，将其转为学校或者地方事业的经费。”此《标准》的颁布实施，“特别是受其‘前言’激进言辞的影响，结果适得其反，很多官员将《标准》的颁布理解为是为反‘迷信’运动提供了法律依据，更有甚者将其作为国民政府内政部的命令来贯彻执行”。③

　　反迷信思潮与废庙兴学，其集中反映了民间信仰及其行为在民国新政权的意识形态中毫无合法性可言。虽然上世纪二十年代的反迷信运动主要集中在华北地区，但在广东各地，甚至在广东不那么中心的地方也同样激起了涟漪。“如

---

① 参见王守恩：《民间信仰研究的价值、成就与未来趋向》，《山西大学学报（哲学社会科学版）》2008 年第 9 期。
② ［美］杜赞奇著，王宪明等译：《从民族国家拯救历史》，江苏人民出版社，2008 年，第 109 页。
③ 徐志伟：《一种“他者化”的话语建构与制度实践——对清季至民国反“迷信”运动的再认识》，《学术月刊》2009 年第 7 期。

1929年揭阳县长吟学吕就曾派兵将城隍神扣留至县衙内,故有五年间揭阳城没有游城隍神。"①

在这一浪接一浪反迷信运动的风波中,广东各地许多的民间庙宇,甚至包括许多佛寺往往还来不及留下记录与照片,便被霸占没收甚至被夷为平地。如据民国《茂名县志稿·教育志·小学部》的记载,清末废科举而兴起办现代意义上的学校,茂名县的小学也随中学的开办而相继开办:"从统计材料看,当时这些学校的校址多设在宗祠和庙宇中。以县城为例,当时,附城乡共14间学校,其中有11间分别设校在学宫、华光庙、关帝庙、亭梓堂、伍粮庙、社庙、三元宫、灵惠寺、榭村庙、南坑庙、关岳庙。"②"再以高州地区影响最大,数量最多,曾入官方祀典的洗太庙为例。据民国《茂名县志稿》资料进行统计,民国时期,当地共有庙宇135座,其中洗太庙63座,约占45%。"③本来,按照1928年国民政府内政部颁布的《神祠存废标准》,"'先哲类'和'宗教类'属于保留之列,而'古神类'和'淫祠类'在拆毁之列。依'有功德名贤'之标准衡量,洗庙应该不在禁毁之列。但在民国时期,洗庙被充公使用者也不在少数"。④废庙兴学的目的从表面上看是实现了。

民间信仰的传承自古以来均是以普通百姓的日常生活为基础,老百姓世代就是如此过来的。民国时期广东某些地方政权在接受时代的新思想、新观念方面走得太远,以为新与旧就是不可调和的,中国在近代史上的屈辱、落后与挨打就是包括民间信仰在内的传统造成的,他们恨不得一扫帚将所有包括民间信仰在内的传统一扫而去,所以他们的做法显得过于轻率与急躁,结果遭到了老百姓的不满和抵制,况且老百姓自有老百姓的变通之法。不久,广东地方政府就发现广东民间信仰的仪式活动依然照旧,反迷信的实际成效甚微。如反迷信运动期间,官方虽一再颁布禁令和强力阻止,但是似乎并没多大效力,如"民国17年(1928年)潮安县长阮淑清借当时提倡民主科学之风,明令禁止游神活动,民众不能接受,后经乡绅联名请愿,改为罚款5千元即可游神,竟成惯例,一场改革成了政府生财之道。"⑤而巫术、占卜、星象、风水、灵物、祈禳等依然被人们看成人神交流的重要方式,在短时间内不可能被彻底破除,所谓"穷乡僻壤巫风最盛"。

---

① 《破除迷信》,http://www.chaoshanw.com。
② 朱爱东:《民国时期的反迷信运动与民间信仰空间——以粤西地区为例》,《文化遗产》2013年第3期。
③ 朱爱东:《民国时期的反迷信运动与民间信仰空间——以粤西地区为例》,《文化遗产》2013年第3期。
④ 朱爱东:《民国时期的反迷信运动与民间信仰空间——以粤西地区为例》,《文化遗产》2013年第3期。
⑤ 陈泽泓:《广东历代官方祀典及其对民间信仰的影响》,载广东省民族宗教研究院编:《民族宗教研究(第1辑)》,广东人民出版社,2011年,第201页。

虽政府有破除迷信举措，但"信仰既深，尚非仓猝所能挽回焉"。

另外，有些地方政府也不是一以贯之地执行中央政府的政策，他们也懂得适当变通。如在 1928 年（民国 17 年），国民政府发布"废除淫庙"的命令中，潮汕善堂也属废除之列："堂友闻之哗然。时由潮阳棉安善堂总理、汕头存心善堂董事詹天眼先生主持，在汕头存心善堂召开潮汕各地善堂代表大会。通过决议公推詹先生为大会主席，结合当时民国政府内政部颁发废除的标准，列举潮汕善堂乃为弘扬宋大峰祖师慈善博爱精神而创办的正当福利组织，而非迷信机构，并由 54 个善堂（社）联名向当局上书请愿，越年 2 月 9 日获国民政府内政部核准，称'查本部前颁发神祠废除标准，存为尊崇先贤，破除迷信起见。拟呈大峰祖师善行各节，考之典籍，确有其人，综其生平善行劝化，为善不倦，实与各项淫祠神怪、庙祝之类不同。仰候另行广东省民政厅，转饬保护，以志景仰，而昭教劝'。"[①]当地潮汕善堂因而得以保存，并于同年刻成《祖师纪念碑》，一式四块，分别立于潮阳和平报德堂、潮阳和平大峰墓前（宋大峰墓始建于南宋建炎丁未年[1127 年]，历经多次修整）、潮阳棉城棉安善堂和汕头存心善堂。在文革期间，这四块石碑的前两块被毁，后两块则被当地民众藏了起来，并完好地保存至今。

三、1949 年后——改革开放前（1949—1979）

1949 年 10 月 1 日，中华人民共和国成立。主张"唯物论"和"无神论"的中国共产党和各级人民政府仍旧坚持反对"封建迷信"的观念，延续了对传统民间信仰某种坚定的抑制和打击政策。1950 年 6 月 28 日中央人民政府委员会第八次会议上通过了《中华人民共和国土地改革法》，该法明确规定"征收祠堂、庙宇、寺院、学校和团体在农村中的土地及其他公地"。尤其在 20 世纪 60、70 年代，民间信仰经历了一场扫荡。

实际上，无论是 1949 年前的国民政府，还是 1949 年后到改革开放之前的中华人民共和国政府，在抵制迷信以及反对民间信仰方面并无二致。在此期间，广东乡村的许多民间信仰庙宇或被毁或被挪作它用，民间信仰仪式及其活动一律停止举行。广东各地的民间信仰几乎失去了他们赖以生存的空间。

但即使在"那些年"中，民间信仰也依然顽强地隐蔽地生存着，其根从来就没有断过。以汕头的宋大峰遗迹为例，前文提到宋大峰墓始建于南宋建炎丁未年

---

① 马东涛：《潮汕善堂史话》，载马希民、际云：《潮汕善堂大观》，汕头大学出版社，2001 年。

(1127年),期间历经多次修整。如前所言,就在民国十八年(1929年)时,当时的国民政府还在当地民众的吁求下颁发文件保护宋大峰墓,并勒石为念,共刻有四块石碑,两块被毁坏了,另两块则被当地民众完好地保存下来。揭阳及汕头等地还有一些年代久远的民间信仰庙宇的碑刻、房檐、木雕、神像等也是如此这般地被保存下来。在笔者的访谈中,常有当地老人告诉笔者,民间信仰的活动在"文革"前时常还会半公开半隐蔽地举行,还是有人在家中,或是几个人找一处隐蔽之地偷偷地拜自己心目中的各路神灵。他们不能想象没有神的生活以及不与神灵交流沟通的日子。[①]

笔者在中山各区县调研时,经常有当地老人告诉笔者,在那段期间,常常有人将庙里的神像、木雕、瓷雕、神龛、牌匾等"偷"去并悄悄藏起来,以免其遭到破坏。当民间信仰的庙宇又恢复或重建时,这些人就把这些东西物归原处。还有人甚至会得意地告诉笔者,当年带头拆庙、砸神像、砸牌匾的人后来怎样得了怪病重病,甚至壮年时便去世了。他们还认为这是这些人当年带头破坏庙宇行为的报应。在他们看来,神报应人,屡试不爽,所以神是千万不能得罪的。

由此可见,民间信仰的场所与活动尽管在历次政治运动中遭到破坏,但它的根,在人们心中牢牢扎下的根,并未遭到破坏,被破坏的仅是其外观和外在的表现形式。年轻人可能会轻率地反传统,而传统并不会轻易被反掉,总是会有守望传统的人。

令笔者一再感慨的是,当中国20世纪末进入改革开放以后,随着中国政治上的逐渐宽松与宗教信仰自由政策的重申,民间信仰在包括广东在内的中国大地上渐渐复苏。民间信仰的场所或重修重整,或易地重建,或另起炉灶地新建,一下子像雨后春笋般地冒出来,广布于乡村市区。人们在信仰的路子上轻车熟路地就回到了从前,甚至回到了从前的从前,好像历史的长河就从未中断过,只是兜兜转转了几个圈,又回到了它原来的"航道"上。

由此可见,民间信仰的深厚韧性和强大的生命力,反映了民间信仰在民众中的传统之深厚。笔者通过这几年的田野调查,非常认同乌丙安的下述看法,即民间信仰"还将继续以其特有的相容性和互不侵扰的特点自然而然地发展下去,只要人们在天灾人祸面前无能为力,只要人们无休止的广泛需求还不能得到满足,人们就会使这种看起来杂乱无章的民间信仰发展下去,在某种程度上还会发展

---

① 参见贺璋瑢:《潮汕民间信仰的历史、现状与管理探略》,《山东社会科学》2016年第9期。

很久,很久。中国民间信仰文化的历史不会就此终结"。①

第二节　广东民间信仰事务的管理现状

目前中国大陆在政府层面对五大制度性宗教的正规场所的管理是通过各类宗教团体或宗教协会如佛教协会、道教协会、天主教三自爱国会、天主教教务委员会、基督教协会、基督教三自爱国运动委员会、伊斯兰教协会等来实行的。但各级政府和有关基层对民间信仰的管理基本上处于"探索着管理"的状态。

2004年,中央编办批复同意国家宗教局增设专门业务司(即业务四司),该司的设立标志着国家正式将民间信仰或其他传统宗教等纳入依法管理的轨道。随即该司就积极开展了民间信仰的调研工作。随后,广东省民宗委也紧锣密鼓地布置各市县开展了民间信仰情况的摸底普查工作。广东不少地市,如广州市、中山市等早在2009年以前,就开始了对民间信仰的摸底与调研工作。但综合各方面的调查资料显示,"广东各地民间信仰的治理模式形式多样,无论是由国家力量进行有效的'控制管理'还是由地方社会'自主组织'以维持'自主治理'都未获得'最佳治理'(善治)的理想状态"。②

但也要看到,在政府和有关基层对民间信仰事务"探索着管理"的同时,民间也有民间的智慧,在田野考察中笔者常常发现民间或基层社会常以想不到的方式,以其天然的灵活性和务实态度来实行对民间信仰的有序管理。从笔者近些年来的田野调查中可归纳出广东有代表性的管理模式主要有如下几种:

一、已纳入政府有关机构管理的民间信仰场所

目前在广东地区纳入政府有关机构管理的一般都是名气响亮、历史悠久、规模较大、迄今在海内外影响也颇大的民间信仰场所,这些场所同时也常被列为国

---

① 乌丙安:《中国民间信仰》,上海人民出版社,1996年,第302页。
② 陈晓毅、陈进国:《民间信仰的自主治理之道——以广东省为例》,载邱永辉主编:《中国宗教报告(2016)》,社会科学文献出版社,第162页。

家级或省级文物保护单位,或是已被列入国家级或省级非遗保护场所,这些场所一般在当地文广新局管辖的名义下有自己的管委会。

如深圳市南山区南头的关帝庙,属于省级文物保护单位,管理权归南头古城管理处,该庙的经营管理事务也全部纳入政府管理。再如南山区的天后庙,是市级文物保护单位,管理权归属于南山区文化局。该庙由区财政拨款修复,政府管理其所有事务,包括聘用相关工作人员、制定维护方案以及统一收支等。又如海丰县城的城隍庙管理组织隶属县博物馆,负责人由县文化局派出,并聘几位群众参与庙宇的管理。又如粤西高州高城的冼太庙由于是广东省文物保护单位,由高州市政府牵头成立了高州冼太庙管理所负责管理,归由高州市文广新局领导。

即便是这些已纳入政府有关机构管理的民间信仰场所,也有着各自不同的管理模式。有的地方的民间信仰场所仅是名义上纳入政府管理的范畴,但实际上实行管理的是民间信仰场所自己的管委会,如位于揭阳市区的城隍庙目前是广东省内现存最大规模的城隍庙,1989 年被广东省人民政府公布为第三批省级文物保护单位,其名义上属于揭阳市文广新局(即文化广播新闻局)的管辖范围,但实际上的管理工作主要是由城隍庙的管委会自行管理,文广新局并不干涉城隍庙管委会的各项工作。又如揭西河婆街的三山国王祖庙,2007 年时三山国王祭典被省政府批准为广东省第二批省级非物质文化遗产,其名义上也属于文广新局的管辖范围,而文广新局的主要职责是向政府打报告,申请经费作为三山国王祖庙的修缮费用(由此可见,文广新局主要从文物保护,而非从宗教或信仰的角度来考虑问题,无疑他们对此的"管理"有经济利益的考量),实际上祖庙的各项管理工作主要是由祖庙的管委会自行管理。

管委会的成员由当地年纪较大且德高望重的人组成或选出。这类人热心又有闲,也不图报酬的有无或多少,但他们在庙里的工作成了他们与这个社会,与当地的公众事务以及邻里乡亲保持联系与沟通的最重要渠道与方式,也算是他们老来有所为的一种工作方式,他们在此找到了自己的生活意义和话语空间。这些人算是当地年长的男性精英,他们当中有的人年轻时也在外闯荡过。如揭阳城隍庙的管委会成员中就有从部队转业复员的人,也有曾经当过中小学教师或是乡干部以及村长之类的人。这些人的一个共同特点就是比较健谈,比较关心时政要闻,更是关心家乡的经济发展及地方文化建设等,笔者在与他们的一番交谈中,可明显感受到他们的谈吐不俗,颇有见识。

二、由村委会或街道居委会管理的民间信仰场所

广东地区还有大量庙宇的管理是在村委会或村属股份公司或街道居委会的领导下进行。村委会或街道居委会属于政府的最基层单位,民宗局的官员常将这种管理模式称之为"属地管理"。当地村委会或街道居委会的领导亦是通过任命或授权被选出的庙宇管理小组来实行管理的。

一般而言,这种管理能有条不紊且按部就班地进行。就乡间规模不大的村头村尾的民间信仰庙宇而言,除了节假日及每月的初一、十五外,有关庙务管理的事情不多也不复杂。若是遇到各种庙诞、神诞或农历的某重大节日,需要举行各种游神、庙会的各种仪式时,出于安全的考虑,村委会或街道居委会或者更上一级的镇一级的综合治理办公室都会对这些仪式或活动事先有较为周密的计划、准备与安排。如笔者在珠海市田野调查时,当地宗教科的干部介绍说:"珠海市由村委会或村属股份公司负责管理的民间信仰场所,香火一般较旺,地理环境及位置较好,也有较好的经济效益,并建立一定的管理制度、财务制度,设有财务人员和管理工作人员等,场所的环境卫生、消防设备、治安管理、活动秩序相对较好,如高新区唐家东岸村观音庙。"[①]

笔者还专门去珠海高新区唐家东岸村观音庙调研过,此村在历史上出过中国近代史上去美国留学的第一人容闳。笔者在观音庙确实感受到他们的管理井井有条,年轻的村委会成员还不无自豪地告诉笔者,村委会在讨论工作时,观音庙的日常管理工作也常是他们讨论的内容之一。观音庙所在的小山上有一处泉眼,终年泉水不断,据说用此泉水泡茶口感颇佳,于是远近的人常来此打水,观音庙按一桶水 2 元钱收费。其所收费用连同其他庙里的收支,每月都会张榜公布,并汇报给村委会。庙里的收入全部用于村里的公益慈善事业,如重要节日或观音诞时全村人的聚餐费用,每月给年过 65 岁以上的老人 300—500 元不等的生活费以及村里无论谁家的孩子考上大学,一律给予 2000 元的奖励等。笔者在观音庙和村民们举行座谈时,村民们对当地观音庙的管理可谓是赞赏有加。

又如汕头龙湖区珠池爵道妈屿村的妈祖宫,亦属于这种管理类型。妈祖宫始建于元代,是潮汕地区较早兴建的妈祖宫(也称妈宫)。但文革时曾一度变成羊栏猪舍。1979 年妈屿岛开放为旅游区后,妈屿村颇有眼光地在次年成立了集体管理组织——妈宫理事会,并建立了规章和财务管理制度。其规定了乐善捐

---

① 珠海市民宗局宗教科提供的"珠海市民间信仰活动场所基本情况"介绍。

款主要用于庙宇修建和环境建设,善信捐助钱物则归集体所有。1988年,妈屿妈宫被列为汕头市文物保护单位。1990年,妈宫需要扩建,一时间获得海内外的善男信女的热烈响应,并于1993年竣工落成。扩建后的妈屿妈宫成为了一座极具潮汕特色的古建筑庙宇,被列为汕头市文物保护单位,每年来此参观游览的人都有很多,尤其是每逢妈祖诞辰的农历三月时,海内外来敬拜的善信更是络绎不绝。因此,对妈宫的管理自然是妈屿村村委会的一项重中之重的工作,目前妈宫的管委会由4人组成,他们全是由村委会直接任命的,其中一位成员曾担任过村委会党支部的副书记(这种从村委会退下来成为民间信仰庙宇管委会成员,在笔者所调研的地方似是普遍现象)。管委会的"一号"负责人是一年过六旬的女性,比较健谈,看上去就知道这是个精明能干之人。她告诉我们,妈屿村原来是个渔村,该村有十多个姓氏,以林姓为主,村里人但凡有事,如遇生病、生孩子、结婚、升学、换岗位、找工作、做生意等,人们都会来妈宫祈求妈祖保佑。家人之间、邻里之间有冲突时也会来妈宫祈求,求个诸事顺遂、家人和谐、邻里和谐和婆媳和谐等。据说妈祖宫一年的年收入有40万到50万不等,这笔钱就是妈屿村的集体收入的来源之一,主要用于妈宫的维修和村里的公益慈善事业,每笔开支都清清楚楚,记录在案,每个季度都会张榜公布于妈宫的墙上。妈祖宫管委会的4个成员每天来妈宫上班,每人每月象征性地领取八百多元的工资。此外,村里总有人来妈宫作义工,尤其是妈祖生日或重要的节日时,来此的义工人数就更多了,义工是没有报酬的,忙时义工可以领到一盒由庙里出钱买的免费快餐而已。

笔者在江门开平市的水口镇调研时,被告知民间庙宇若是在集体土地上兴建并由信众集资建成,那该庙宇则由村委会统一管理或是成立理事会管理。如水口镇塘口村的龙冈古庙(此庙建于清朝康熙年间,供有刘备、关羽、张飞、赵云塑像,供刘、关、张、赵四姓人士祭祀之用①),由当地刘、关、张、赵四姓宗亲会的四姓群众组成龙冈古庙管理委员会在村委会的领导下进行管理。国内外刘、关、张、赵四姓人士的捐款收入也是作为该村村委会集体收入的来源之一,主要用于龙冈古庙的修缮,请人做清洁与村里的公益慈善事业,收入来源与支出也会定期张榜公布。

笔者所调研过的中山市比较多的民间庙宇的管理形式也是由村委会起主导作用,如中山市南朗镇崖口村的庙宇群,崖口村位于广东省中山市东南部,是珠江口伶仃洋边一个村庄,与孙中山故居所在的翠亨村毗邻。此海边村庄声名远

---

① 据考证,目前国内许多该四姓人士聚居地,包括香港、台湾以及国外如美国、加拿大、墨西哥等地都成立有龙冈庙,而开平龙冈古庙则为鼻祖。2000年,此庙列入开平市文物保护单位。

播,是因为村里至今仍实行全国其它地方少见的人民公社制度,保持着集体生产、按劳分配的传统,该村恰似一艘在珠三角繁喧的市场经济大海里航行的独木舟。与此种经济模式相匹配的是,崖口村委会具有较为强大的权力与权威。正是在村委会的强力介入下,原来散布在村里的十一间庙宇被集中在一起重建,从而形成了今天崖口民间庙宇群。崖口村民间庙宇群共有 11 间,背山面海,占地约二百亩,建筑面积一万多平方米。"最早的是于 1924 年建的大湾古庙,约十五平方米,内设有天后圣母,上世纪 90 年代后,陆续又兴建有大王殿、飞来禅院、南海慈航、星君府、天后宫、瑶灵洞府(内设八仙像)等庙宇,构成一个建筑群。"①这 11 间庙宇群中唯有一间纳入中山市佛教协会管理的是规模较为完整的集益寺②,其余都属于民间庙宇。因而除集益寺外,民间庙宇的收益则由村委会统一安排,每个民间庙宇都由村里的老人负责打扫清洁等,村委会则给这些老人一定的报酬。每逢神诞、初一、十五,不少村里的民众前往上香祈福。庙群周围有几处算命、看风水、解签摊档,常年向香客群众兜售推介生意。每年农历五月初六,崖口村口就会人头涌涌,崖口村的飘色文化节就上场了,巡游、龙狮、折子戏、私伙局、鱼灯,悉数登场。这里现在成了中山市著名的宗教旅游胜地。崖口村的地理位置较好,该村正面隔海与香港相望,右边紧靠珠海,北边与深圳相邻,而且崖口村还有着令人心怡的美丽海景与田园风光。崖口村荣获诸多殊荣,2006 年广东省最美丽乡村示范区、2008 年广东省旅游特色村、2011 年广东省家居示范村庄、2013 年中山市生态示范村、2013 年全国综合减灾示范社区等。现如今,崖口村的村委会正在打造旅游生态产业,崖口庙宇群是其中的一个重要环节。在庙宇群的前面已经种植了大片荷花,这里既是远近有名的荷花赏花基地,而庙宇亦成为当地重要的景点。③

三、自发性由村里老人小组或老委会管理的民间信仰场所

此类民间庙宇与村委会或街道居委会并无上下级的关系,如笔者一行在揭

---

① 林泉诗音:《腊八初游崖口图片纪行(8)》,http://blog. tianya. com。
② 笔者在崖口村调研时,当地群众反映该寺主要是由澳门的一位著名的大老板赞助兴建的。因为统战工作的需要,应这位老板的要求,在中山市民宗局的斡旋下该寺于 2002 年划由市佛教协会管理。2002 年 12 月 25 日,集益寺与南朗镇崖口村委会达成 6 条协议,其中集益寺日常收入(扣除水电、清洁、购物资费)的 50%用于回报崖口村社会福利事业(每半年结算一次),2003 年 1 月起实施。不过村民们迄今对集益寺划归市佛教协会管理的做法很不满,但亦无可奈何。
③ 2016 年 6 月 21 日,中山市南朗镇调研。

东县登岗镇孙畔村的风雨圣者古庙所看到的情形便是如此。据说当地的风雨圣者古庙最初创建于宋代，是全潮汕地区的风雨圣者的祖庙。古庙虽历经多次重修，但看上去玲珑典雅，"古"味十足。古庙虽小，古迹却不少，至今古庙门前还保留着一些古碑石刻。风雨圣者古庙现今是由几位老人自发组成的老人小组管理，这些老人笃信"雨仙"信仰且对坚守传统十分热心。笔者与其谈起古庙的历史和其所拜祭的神明时，他们如数家珍，不无自豪。该老人小组对古庙的管理全是出于自愿，属于义工不拿报酬的，而且此古庙不比前面提及的妈宫，平常来此古庙的善信并不多，庙里香油钱的收入也很微薄。但这点微薄的收入也会用于买香烛什么的，收支多少也会在庙里的墙上张榜公布。这几位老人每天来此除做庙里与庙周围的清洁外，也无更多的事可做。村里的其他老人则把古庙视为村里的一个公共空间，没事就来庙里唠嗑。大家坐在一起喝喝茶，有事也在此拜拜神，老人们的日子倒也过得悠闲自在。

又如江门市荷塘镇的霞村，其有天后庙、华佗庙等村庙。这些庙宇由村庙协会来管理。村庙协会往往采取三年一轮的方式，让村民推选村里德高望重的人来担任会长一职，并由热心于村庙事务且有一定威望的老年村民担任协会成员。虽村民们担任"老年协会成员"无任何报酬，但他们都乐此不疲。而这些老人也都是在村子里有一定影响力的人，他们过去都曾从事于民办教师、村委会干部或管理人员等工作，也能算是本村的"地方精英人士"。正因为该村庙协会所发挥的作用与影响赢得了当地村民的信任，所以他们在村里的地位和作用不可小觑。村庙协会将村里的民间庙宇管理得井井有条，并制定了较为规范的管理制度和财务制度。村庙的收支会及时与定期公开，接受群众监督，而且还为村里的老人协会（村庙协会与老人协会在同一处办公，村庙协会和老人协会的成员其实是一套人马，两块牌子）提供必要的资金支持和各类社会网络的支持，加之村庙协会与村中老人的紧密联系，并经常向村委会反映社情民意，协助并监督村委会的工作。村庙协会也在村庄建设上，如霞村的道路建设、学校、幼儿园以及文化广场等设施的建设与建设资金的筹措中均发挥了重要作用。

再如中山市沙溪镇坐落于虎逊岩下的高大元帅庙，其庙宇的管理事务也是由老人协会主导，该庙宇于2009年由老人协会发动筹建，于2013年落成。这座新建成的庙宇建设款共计二百七十余万元，大部分为村民集资。庙宇落成后，在当地村委的主持下由该村的老人协会具体负责庙宇的日常管理。现今，老人协会由198位老人组成，其中5人构成具有领导地位的理事会，但此理事会主要是向老人协会负责而不是向村委会负责。但据老人协会中的老人讲，"老人协会是村委会下属民间组织,受村委会领导,向村委会汇报工作"。① 但实际上,村委会不太干涉与过问老人协会与理事会的工作。高大元帅庙的产权归集体(村委会),实际的使用权、经营权和收益权则主要由老人协会掌管。高大元帅庙的收益也主要应用于该村的老人身上,如重要的节假日给老人以及患病的老人发慰问金,给孤寡老人每月发一定的生活津贴等。理事会的成员告诉笔者,他们在高大元帅庙的管理中,老人协会与村委会的关系密切,合作顺畅。他们并不认为自己在接受村委会的领导,而且也认为自己有较大的自主权。

据汕尾市民宗局的调研,汕尾市内分布在各社区及乡村的民间信仰场所的管理形式绝大部分亦为类似于这种自发式的管理形式,而这种"自发管理"在汕尾又存在两种情况:一是分布在城镇、大型乡村和香火旺盛的庙宇由当地群众组成"理事会"自行管理,其负责人多是由当地热心者参与,有的以公开投票形式,有的在神灵前以"投圣杯"(即卜杯)为形式,从中选举理事会相关负责人,理事会的换届也多以神灵前"投圣杯"的方式产生;二是由当地群众、捐建者、德高望重的老人或家族带头人组成"理事会"或"庙宇管理小组"自行管理,这种管理模式在汕尾农村普遍存在。除固定年限换届的外,亦有常年不换届的,所以有的理事会比较稳定,可常年管理庙务。

同时,广东部分民间信仰场所是由已经退休,回到家乡的人士商议而集合各方力量在异地重建的,这些发起人自然就成为重建场所的组织者和管理者。如位于梅州兴宁市永和镇正在建设中的鹅峰山景区的"武仙祖师"庙。因原有的老庙早就破烂不堪,7位平均年龄七十岁以上的老人(这些老人有的是从镇里的领导岗位上退下来的,有的是曾当过老师的人,都有一定的文化和素养)发起在鹅峰山重建老庙的倡议。2007年,以何某某为首的7位发起人在鹅峰山景区选址重建"祖师宫",得到各方善信支持,很快落成开光。如今这里平日香火不断,节日里更是热闹非凡。"武仙祖师"庙供奉的神祇以武仙祖师②为主,还有其他十多位神明。武仙庙由老人会管理(其成员就是7个发起人),该庙现在不仅是民间信仰的活动场所,也是该镇的文化体育中心和老年人活动中心,同时还是当地有名的慈善公益中心。在《鹅峰旅游景区十周年庆典专辑》的纪念册中,分别有捐资二十万元以上、捐资十万元以上、捐资五万元以上、捐资一万元以上、捐资五

---

① 2016年5月30日,中山市沙溪镇调研。
② 武仙,相传是古代东洲列国镇守山海关的武将,民族英雄,是为民造福、深受百姓爱戴的有功之臣,后来各地设坛纪念他,尊其为道教"武仙祖师",明清时传至当地,建祖师殿。2007年,七位发起人在鹅峰山景区选址重建"祖师宫",很快落成开光。

千元以上、捐资三千元以上、捐资二千元以上、捐资一千元以上的芳名录。在该专辑的最后一页,还附有成立"永和镇鹅公山工艺慈善中心"的倡议书。每年的农历九月初四,是"祖师下山"日。如今每年的这一天,永和镇都会举办盛大的祖师下山的盛典。

当然,许多村民居住区附近还有一些名气小,庙小,来的人少,也无啥仪式活动的民间信仰场所。它们往往只有 1—2 名热心老人看管,有的则由村里委托 1—2 名老人看管,他们每月能得到 150—300 元不等的薪酬,其主要职责是负责清扫场所以及收取微薄的香油钱而已,有的看庙老人甚至无任何薪酬,微薄的香油钱就算是他们的薪酬了。这类庙宇的管理模式在广东也为数不少。

四、多层的管理格局

这种管理模式在广州南沙天后宫表现的尤为典型。[①] 位于广州南沙区大角山东南麓,紧临珠江出海口伶仃洋的天后宫,其前身一说是南沙鹿颈村在明代修建的天妃庙(当地村民并不认可此说法,他们说自己的村庙是龙母庙)。清乾隆年间,经重修定名为"元君古庙",后被毁。上世纪末,时任国家政协副主席的霍英东先生倡议并捐资重建南沙天后宫,1993 年 12 月南沙天后宫奠基,1996 年农历 3 月 23 日(天后诞辰)举行了隆重的落成开光庆典。据说落成后的"天后宫"可算是整个华南地区规模最大的天后宫,被誉为"天下天后第一宫"。

但从一开始,天后宫的管理模式就陷入尴尬的境地,早在天后宫动工修建时,地方政府(南沙时属番禺政府管辖)即以几大公司合股的名义组建广州南沙福源有限公司(天后宫),由于番禺区政府和霍氏家族在天后宫的管理权限和利益分配上的模糊与分歧,双方之后提供的支持不多,天后宫当时以旅游收入为主,但也是惨淡经营。2006 年后,霍氏集团逐渐退出管理,天后宫的经营状况逐渐有所改善,但这种情况直到 2008 年才有重大改变,而改变源于一位广东潮阳人,他出资并募集捐款,将天后宫寝殿、正殿神龛重新设计装饰,以更符合规制。这年 10 月,"广州南沙天后文化学会成立暨妈祖圣像重光仪式在天后宫广场举行",可见圣像重光之日也是广州南沙天后文化学会宣告成立之时,自然天后文化学会开始参与对天后宫的管理,而天后文化学会的成员大部分是潮汕人,天后

---

① 参见杨培娜:《当代珠江口民间信仰发展机制的探讨——基于对广州南沙天后宫的深描》,《宗教学研究》2018 年第 4 期。

宫所募集来的款项也是以潮汕籍的人士为主。2009 年 9 月 30 日"妈祖信俗"成为中国首个与"信仰"有关的世界文化遗产。[①] 2011 年,南沙区政府明确了要打造南沙妈祖文化的旅游品牌,天后诞也成为南沙区着力推广的重头项目。

而随着南沙天后宫的名气越来越大,信仰活动的规模也越来越大,新的多层管理格局也逐渐形成,如有政府(区民宗局的监管)的适度介入,也有以潮商为背景的天后文化学会作为管理的主导者,还有南沙旅游公司越来越多的介入(前面提到的福源公司被整合进南沙旅游公司中,南沙旅游公司办公室就设在天后宫内)。这种多层管理格局的背后无疑会产生经济利益的分配问题。当然,这种多层管理格局的庙宇在广东并不多见。

从上述现有的广东民间信仰场所的几种管理模式,人们也能了解到现在广东乡村与基层社会的权力格局。各地都有党的系统、政府的系统,有管委会、居委会、村委会、村民小组等,这是公开的权力格局;此外,隐性的权力格局还有民间信仰庙宇的管委会、老人会、老人协会等,如前述的汕头龙湖区珠池爵道妈屿村的妈宫、梅州兴宁市永和镇鹅峰山景区的"武仙祖师"庙的老人会以及中山不少村子里的老人会等。他们在当地的民间信仰庙宇收入分配方面,在当地公益活动中所出的份额与分配方面,在当地社区的公共事务参与方面,尤其在整个村子以及相邻村需要被动员起来,举行民间信仰大规模的仪式活动与安排等方面的话语权是显而易见的。

公开的权力格局与隐性的权力格局之间大都有良好的互动,即便有着不同意见和小冲突,也是能通过对话以及商量的方式来沟通解决的。笔者在中山各地进行调研时,许多村委会的村长或书记都主动告知笔者,在决定村里村民的福利、老人的福利等事务时,他们都要主动和管理民间信仰场所的老人会、理事会等商量,充分听取他们的意见。另外,当村里的庙宇需要修缮、扩建和增加设备时,他们也会予以经济上的一定资助。因此,在建设和谐社区与整合当地社会资源,促进当地公共文化生活的健康发展以及更好地发挥民间信仰的公益慈善功能等方面,村庙的老人会、老人协会、理事会等所能发挥的作用都是不可忽视的。

五、由公司或企业实行管理的民间信仰场所

这类民间信仰场所大多设在景区或公园内,基本上由负责管理景区或公园

---

① 联合国教科文组织政府间保护非物质文化遗产委员会第四次会议关于"妈祖信俗"列入人类非物质文化遗产代表作名录的决议(Decision 4. COM 13. 18)。

的公司对场所进行维护和管理，这些场所一般有较完备的管理组织和管理制度，财务管理也比较规范，并设有专门的财务人员和场所工作人员等，其场所的环境卫生、消防设备、治安管理、活动秩序都较为规范。如珠海市的吉大白莲洞观音庙由粤华园林管理公司管理，南屏竹仙洞观音庙由市对外供水公司管理，江门开平长沙街道的胜莲庵由开平市国有资产管理公司进行管理，还有江门市蓬江区潮连镇的洪圣公园里的洪圣庙①，洪圣公园本就是在原洪圣殿的基础上于1984年扩建而成，面积约为一万五千余平方米，公园内主要历史景点有洪圣庙、慈母亭、四眼井等。

还有为筹集资金对民间信仰场所进行修复和维护而自发成立的管理组织也属于此类管理形式的。这类管理组织以理事会、筹委会、联谊会等形式存在。这类管理相对也比较规范，并也有一定的管理制度、财务制度等。如珠海市的南屏观音庙由南屏镇濂泉洞重修古迹筹委会管理，拱北福德圣庙由福德圣庙理事会管理，前山观音庙由澳门前山联谊会管理等。

当然，有的地方庙宇并不是直接由公司或企业实行管理，但人们在这些庙宇所举行的活动背后，不难窥见有地方经济力量如公司、企业或工厂等的支持与影响。以广州番禺钟村镇的"康公出会"②为例，康公本是北宋时的抗辽将领，河南洛阳人。有意思的是，这里的村民认为其所信仰的神祇康公就是钟村本地人，他们称其为"村主"。据《钟村镇志》所记载："康公名保裔，骁勇善战，宋真宗咸丰三年(1000年)，辽兵入寇，康保裔任高阳关主帅，坚决抵抗……终寡不敌众，全军捐躯。后人感其节烈，立庙祀奉。"康公古庙始建于明朝崇祯元年(1628年)，"康公出会"仪式也早在明朝时就有了。文革时期，康公庙被毁，神像也被丢弃，原址成了村生产大队编竹器的地方。但仍有一些村民在家里某个不太显眼或不太让人看得出的地方贴上"康公坐镇"的红纸，并不时对此红纸上香敬拜，不管贴的是什么，真是"敬神如身在"。

2003年夏，在钟村香港同乡会会长何某某的号召与带领下，在钟村出生的祈福集团董事长彭某某(亦为香港同胞)等企业家慷慨解囊，出资重新修葺康公

① 洪圣庙供奉的洪圣公，这里俗称大王庙，洪圣公曾被敕封"南海洪圣广利昭明龙王"。该庙始建于明万历二十八年(1600年)为二进三楹，集砖雕、灰雕、木雕、古刻于一体的建筑物。在历史的长河中，几经风霜，几经重修，由于它的建筑独特，也代表着广东民间艺术精华。经有关学者考察鉴定，认为该庙建筑有研究价值，在1998年被定为江门市重点文物保护单位。
② 朱光文的《珠江三角洲康公祭祀初探》一文对珠江三角洲康公故事的构成、地方化的康公类型及其意义等做了详尽分析；中山大学哲学系2016届的硕士研究生陈韵如的硕士论文对钟村的"康公出会"作了个案性的研究。

庙。2005年,中断几十年的"康公出会"仪式复办。自此以后,康公出会每年在正月十八和正月十九两日举行,该仪式的主要活动就是抬着康公神像巡游村落以及迎神、围餐等。一年后,钟村香港同乡会建议该活动由钟村的六个行政村联办,各村派人来具体操办出会的大小事宜,他们还提议最好参与联办的六个村彼此之间要多多协商,相互通报与监督,以免引起不必要的误会与猜忌,导致不和。钟村的六个行政村接受了钟村香港同乡会的提议,各村派2人担任康公主帅庙负责人,如此,就组成了12人的康公庙理事会(理事会的成员除了品德和文化水平的考量外,还有头脑灵活、见识丰富、人脉广、经商经历等因素的考量)。每年都由该理事会来商讨康公出会的活动事宜。据说在商讨当年出会所需的资金时,都有安排理事会成员去当地工厂、企业、公司等游说筹资事宜,出会队伍最前列的捐资牌匾则会展示当年捐资最多的单位的名称和金额。另外,"康公出会"的巡游路线,除了镇政府与六村的村委会、六村的宗族祠堂与庙宇是必经之地外,还包括捐资的各单位。而那些没有任何捐助表示的本地工厂、企业、公司等,则根本不会放在设点巡游的考虑之列。当"康公出会"的活动结束后,理事会成员还会亲自上门给这些单位送锦旗以示谢意。后来"康公出会"的组织者对一些捐资数量少且路程也比较远的单位,不再单独设点巡游,只用牌匾昭示单位名称和捐助数额。

由此可见,随着捐助数额的有无与多寡的变动,巡游牌匾的展示和巡游地点的设定都会随之有所变动,这就说明地方企业与公司等在其中所起的作用及所占分量的影响。这种作用与影响甚至还会影响"康公出会"巡游队伍的规模等,近年来随着经济的不景气,愿意捐资的单位在逐渐减少,捐资数额也在逐渐减少,自然巡游队伍的规模也有所缩小。

再如中山市东凤镇穗成村的孖水天后宫(人们现在提到该宫时一般不提这个村的村名)、南头镇纱灵宫等。东凤镇孖水天后宫始建于清道光年间,文革期间遭拆毁。1986年,当地村民集资重建了一座八十平方左右的天后宫,由于座落在防洪堤外,每遇洪水便被淹没。2009年8月,当地一位商界人士何先生倡议另行择地重建天后宫,且个人出资三千余万元。2012年农历九月初九举行了天后宫重建开光落成典礼。新的天后宫位处穗成水闸河道与鸡鸦河道交汇处,分广场与宫殿两部分。广场正中处矗立天后宫圣像,高达26米。宫殿按清代皇宫建筑风格设计,按全宫中轴线,依次为牌坊、金水桥(八卦池)、左右钟楼与碑亭、幡杆、长廊、正殿(长60米,宽22米,共1452平方米)。正殿为主体建筑,供奉天后圣像,像为漆楼贴金,其前奉出巡软身天后,自天后宫湄洲祖庙点睛分灵而来。两旁立有八位文臣武将为陪神,均与天后传说有关。天后宫广场设有停车场、道路、草坪、树木,宫殿外及两旁有天后灵佑故事长廊、辅房、用房。广场外设有防洪堤。孖水天后宫广场与宫殿共计三十余亩,建筑巍峨,设施齐备。东凤孖水天后宫目前可谓是最能体现东凤镇民俗与美景特色的著名旅游景点。

当然,孖水天后宫的管理不属于穗成村的村委会及村老人会,或经由民主选举出的管委会管理,而是另行成立了以这位何先生为理事长的理事会来管理。据说理事会曾一度邀请专职的道教的道长前来参与管理,主持法务,但因为意见不合该道长拂袖而去。天后宫内还建有素食餐馆(延寿堂),进行商业经营。①从法律上讲,这间素食餐馆是该场所唯一获得法律资质的场所。孖水天后宫现在有自己的网站,网页上有"慈善公益""天后宫义诊""庙会庆典""延寿堂"(延寿堂的套餐明码标价,可常年订餐)等栏目。

现在东凤镇孖水天后宫每年正月十五元宵节、三月廿三天后诞、九月初九重阳节(天后升天)均举行盛大的请神和庆祝活动,并安排信众捐款及慈善活动。据说这些活动都会遵照道教的仪式祈求风调雨顺,这些仪式是否真的是由有资格的道教协会的道长们参加及参与策划就不得而知了,反正没有相关部门来审查。此外,孖水天后宫自称每年都会组织多场爱心慈善活动,资助该镇的教育事业以及帮助社会上有需要的困难群体。如2016年教师节时,东凤镇举行了教奖教基金捐赠仪式,由东凤镇商会及孖水天后宫理事会筹集共1000万元,用于今后5年该镇的教师培训项目,奖励优秀教师骨干及加大学校特色教育支持力度等。又如2017年东凤镇红十字会、孖水天后宫联合举办2017年现场助学活动暨感恩分享会,为全镇23名学子以及邻近镇区学子送上助学金。据悉,本次活动的善款来自天后宫爱心基金以及社会热心人士资助,按高中(中专)生、大学生分别资助3000元、5000元助学金。

即便如此,东凤镇孖水天后宫的法律地位仍是模糊不清,实际上其就是作为私人庙产、按照企业化的商业模式来运作的。但庙里一年究竟有多少财政收入和支出却无人监管,只有老板自己最清楚。笔者一行在该天后宫调研时,只有素食餐馆办公室的数人与我们寒暄了几句。问起天后宫的管理情况,他们说自己只是工作人员并不知情,我们自己在宫里逛了一圈,空旷的宫庙里行人寥寥,可能平素日都如此。倒是有一算命解签的人(是请来的外地人)每日坐班似地坐镇在此,据说这里算命解签挺灵验的,每日平均都有三五人来此求签,节假日时人就多些。

---

① 2016年6月1日,中山市东凤镇调研。《东凤孖水天后宫2015年画册》,内部资料。

　　类似的民间信仰场所还有中山市南头镇的纱灵宫（也是天后宫）。该宫始建于 1897 年,已有一百多年的历史。2006 年以前,纱灵宫由于缺乏维护资金,常年失修,破烂不堪几度面临危机。据说在 2006 年时,纱灵宫的管理经营不善,当地一位欧姓人士带头认捐灯酒会。从此庙宇开始有盈余,欧先生也就接管了此庙,成为纱灵宫理事会的会长,具体管理、经营纱灵宫。他成立了纱灵宫基金会,用于颁发纱灵宫所在的民安社区内近百岁或百岁以上的老人慰问金。除纱灵宫基金会外,欧先生还创立了纱灵宫画院,不定期邀请一些著名书画家来此挥毫泼墨、献书献画,书画所卖的收入,据说也是用于公益慈善。在该庙宇的办公室中,笔者看到纱灵宫纸品店的税务登记证以及"纱灵宫"商标注册证等具有法律效力的证书,其法人名称是：中山市南头镇纱灵宫画苑;主要经营产品：销售：字画、工艺品;营业执照号码：442000602710499;发证机关：中山市工商行政管理局;成立时间：2013 年 04 月 03 日。笔者一行在此考察时,当地人明言"这个庙宇实际上是以一个公司形式对外示人"。[①] 笔者也一时恍惚,这里到底是拜天后的民间信仰场所还是一个卖字画与工艺品的商业公司。

图一　说明

　　上述东凤镇孖水天后宫和南头镇的纱灵宫以商业经营模式经营民间信仰庙宇的情况在中山市有一定的市场,这与当下广东各地的市场经济取向有关。应

① 2016 年 6 月 22 日,中山市南头镇调研。

该说,那些对民间庙宇进行商业投资的人士一般具有较敏锐的市场头脑和广泛的社会资源。他们管理下的民间庙宇起码在经济财务层面表现出色,他们也会做一定规模的慈善公益活动。但如此一来,民间信仰场所的宗教特性亦有可能被商业化,宗教活动与商业营销活动捆绑在一起,难免让人觉得会有"借神敛财"或不当宗教活动的嫌疑与可能。

六、承包给个人或某个组织实行管理的民间信仰场所

此类庙宇多是因私人筹款所建或由村集体管理衍生出来的承包制,由村委会每年以类似投标的形式将场所管理权下放给村民个人。汕尾市的部分庙宇的管理便属于此种情况。

这类承包管理在中山民间信仰场所较为多见,代表性场所有沙溪镇虎逊岩观音庙、三乡镇三山古庙等。这些民间信仰场所的产权虽属于集体所有,但村委会、居委会并不直接涉入民间信仰场所的日常管理中,而是把它承包给个人或组织,代为管理、经营。笔者在中山沙溪镇虎逊岩观音庙了解到,老人协会虽有时会监督观音庙管理小组的工作,但庙宇的日常管理均由该小组负责,管理小组成员由外乡人构成,其中的两个人和村委会签订协议,组织承包。常驻观音庙的是一位老婆婆,她受管理小组委托,具体处理庙宇日常工作,包括制作祭祀用品、解签、代祷等。[1] 三乡镇三山古庙也是承包管理,当地的老人协会几乎从不过问庙宇管理问题。[2]

此类管理模式的好处是,基层村集体对民间庙宇的所有权表达清晰。通过个人或某一集体承包,实现了管理权与收益权的下放,在很大程度上可以保障庙宇的正常运转。但存在的弊病是:承包者往往兼有数种身份,如既是村委会或老人协会中的一员,亦具有某种神职人员的身份(如可以算命、解签等)。这类承包场所的监督机制不太完善,不够健全,亦无规范的财务制度。不少庙宇以承包者的个人名义开设账户,接受香火钱或捐赠,因而存在较大的经济隐患。

七、港澳人士投资或经营的民间信仰场所

这类场所多见于珠江三角洲的一些地方,代表性场所是中山市古镇曹三村

---

① 2016 年 5 月 30 日,中山市沙溪镇调研。
② 2016 年 6 月 21 日,中山市沙溪镇调研。

的曹步观音庙、中山市坦洲镇的东井园等。曹步观音庙原由 8 名居住在香港的姑婆(即自梳女①)带头集资重建(现 8 名姑婆中只有 4 人在世,且都已 80 多岁高龄)。在重建过程中曹步三个村的信众虽均有参与,但因为主要集资是来自于这 8 名姑婆,所以这在一定程度上使得观音庙所在的曹三村不好介入到该庙的日常管理中。现如今远在香港的自梳女无法直接管理庙宇,便指派她们信得过的村中两位年长的妇女(庙祝)义务管理该庙。自梳女一般每年只回来两到四次(均在庙诞或观音诞的时候,且回来次数日渐减少),指导庙祝怎么拜祭,怎么读经解经以及如何运用资金等。观音庙的收入存入庙祝的账户名下,但庙祝如何处理其账户名下的钱,或是否将钱又打入自梳女的账户里,旁人就不得而知了。观音庙中虽然也有账本,但账本是不会公布出来的。不管是庙里的财务还是其它庙务,庙祝只对香港的自梳女负责,并汇报工作。该村村委会及其老人协会也从不过问观音庙的财务和其它情况,仅在庙宇搞活动时负责照管安全及卫生事宜。②

　　中山市坦洲镇东井圆(又称东井圆佛堂)的管理模式与曹步观音庙类似,它由澳门籍的林先生于 1997 年在澳门创办,现在为澳门特区政府注册之非牟利宗教慈善团体。东井圆总堂设在中山坦洲,在澳门、加拿大、东非和香港亦设有分堂。与曹步观音庙委托当地人管理不同的是,坦洲镇东井圆一直是由这位林先生亲自主持和管理,当然他周围也有几位澳门人士及当地人追随左右并协助其管理。这位林先生以当代"济公"自称(他的道场里有很多樽真人般高的济公雕塑像,有的济公像和他本人还十分相像),颇具传奇色彩。虽无多少文化,识字不多,据说其中年时生过一场怪病,濒临死亡,医院让其家人抬回家里,家人就在院子里搭了一个草棚,将其放在里面,按时送点吃的喝的给他,他不久却奇迹般地痊愈了,而且病好后就无师自通地为人治起病来,还治好了一些疑难杂症,从此名声大噪。

　　20 世纪 90 年代末他移民澳门,如今在澳门颇有影响力,也有一些文化人追随他,据说其治病的神通连美国、加拿大的一些华人都知晓,有人还专程万里迢迢来找他治病,并成了他的信徒。多年来,东井圆佛堂不仅在澳门参与了公益金

---

① 自梳女也称妈姐或姑婆,是指未婚女性把头发像已婚妇女一样自行盘起,以示终生不嫁、独身终老。死后称净女,是古代中国女性文化的一种。中国古代封建礼法严苛,部分女性不甘受虐待,矢志不嫁,或与女伴相互扶持以终老,这就是自梳女的雏形。明代中后期珠江三角洲一带由于蚕丝业的兴起为女性提供了独立谋生的机会,自梳女的习俗在封建礼法的压迫下,得以延续三百余年,在晚清与民国前期达到高潮。直至 20 世纪 30 年代后,随着女性社会地位提高和战乱的影响而渐趋消失。

② 2016 年 7 月 11 日,中山市古镇调研。

筹款活动并举办多项公益活动，如举行"慈善敬老福寿宴"，招待上千老人，佛堂亦曾多次拨款赞助有需要的慈善机构。林先生亦参与家乡的公益活动，因其对当地一所小学的捐赠，该小学还以他的名字命名；他曾向中国侨联的"侨心工程"捐款二百多万元，被传媒冠以"平民慈善家"的称号。

但要指出的是，坦洲东井圆是林先生的道场，却不受坦洲当地村委、街道或当地其他政府机构的任何管辖。倒是经常有从澳门来的人士或中山本地人士追随其左右，帮助其开展各项活动，至于其活动的具体策划过程，具体内容与开展过程，筹募资金的款项与具体用途，收入与支出的大体情况等，外人一概不知晓。

上述由港澳人士倡议兴建并主导管理的场所体现了中山地区民间信仰与港澳间的密切关系。中山与香港、澳门在地理位置上相近，在文化传统上相近，具有内在的一致性。不少港澳同胞原籍就是中山，他们返乡建庙经营，并不令人意外。但港澳地区与中国大陆在社会体制与庙宇管理方面还存在明显差异，港澳人士在中山所施行的管理模式多取自港澳社会，但并不见得符合我国目前的宗教政策。加之这些人士身份独特，在港澳乃至海外拥有为数众多的信众，因而具有一定的国际影响力。对于由他们建造或主持的庙宇，中山相关部门无论是民宗局还是镇区一级的地方基层政府机构、街道居委会、村委会等在管理上往往进退维谷，不知如何同其打交道以及处理与他们的关系。事实上这类庙宇不管是财物、消防以及举行活动是未曾受到任何"属地管理"的。

八、无人管理的民间信仰场所

这种无人管理的民间信仰场所或许还不够资格称为"场所"。这种地方多是那种规模极小，设在村头、村屋、路边等的土地公或土地婆的神龛等，外表看上去就是一些比较简陋的台子而已，由附近百姓不定期自发自愿地去清扫一下，平时也无人前去上香，偶尔也有人自发自愿去上几支香。但也有一些较小也无啥名气的民间信仰的小庙由当地一到两名的贫困老人看管，那点微薄的香火钱可能就是他们的生活费来源之一。

对上述这些数量极其庞大的且广布广东城镇乡村的民间信仰场所是否需要各级政府的民宗部门的统一管理。笔者在调研过程中常与各地的民宗部门的官员们讨论或座谈，他们普遍认为目前自然形成的各种管理模式应该还算是比较合理的，政府对民间信仰的管理模式最好不要像现行的对其他制度性宗教的管理模式一样，还是应有所区别。

这其中可能也有不得为之的苦衷和具体情况,即市县级民宗部门的人员与编制有限。以揭阳为例,像揭阳这样一个较大的地级市,民宗局宗教科的专职人员只有 4 人。而揭阳全市所有的庙宇数量加起来约有五千处之多,这还不算制度性宗教的场所。大家能够想象若是民间信仰也参考制度性宗教的管理模式,那工作量何其之大之艰巨。此外,在区县一级的民宗局的人员就更是有限,有的地方就只有一到两人而已,连办公经费都非常有限,就更别说什么"管理"了,光是应付上面交代下来的工作就忙得焦头烂额了。有的区一级、镇一级的"管理"就索性由其分管统战工作的工作人员,在有外来人士来此地参观或调研的情况下帮着介绍介绍情况而已。所以,每当谈起民宗局作为职能机构,是否应接手来管理民间信仰的事务时,民宗部门的官员常作无可奈何状,感觉有心无力,根本就"管"不过来。笔者多次前往广东各地调研,就很能感受到基层民宗部门干部的苦衷和难处。再加之官员们对各级政府机构改革的前景难以预料,自己所在的机构能否在机构改革后保存下来以及自己以后的去向都不甚了解,平常关于制度性宗教的场所的工作就已经够他们忙了,若再来与其谈民间信仰的管理工作他们真是有心无力,唯有苦笑了。

第三节　民间信仰场所管理的问题与隐患

前述几种管理模式,基本上可视为广东民间信仰管理现状的一个缩影。每种管理模式大多出于各自庙宇或所处之地的历史与现实情况,被当地信众所认可与接纳。每种模式都有其特征与优点,同时在所属产权、日常管理等方面也存在显而易见的隐患和不足之处。这些自然形成的自我管理模式由于目前没有纳入到统一的政务管理系统中,实际上呈现出某种"自行其是"和"自生自灭"的局面。全局管理的缺位,自然会有一种潜在的"失序"的可能性(当然,只是一种潜在的可能性而已,目前这种可能性的凸显尚不明显),不可否认,民间庙宇在产权、财务管理以及日常庙务管理等方面存在显而易见的问题与隐患,这些问题与隐患主要有如下几方面:

一、不少民间信仰活动场所的内部管理制度不完善

民间信仰活动场所的内部管理制度不完善主要表现在:缺乏明确的组织管

理制度规章,组织架构和人员架构松散等问题。有些场所谈不上有什么管理水平,管理方式比较原始且随心所欲,而像梅州兴宁永和镇鹅峰山祖师宫庙成员文化素质较高的老人会则比较少见。一般村社的老人会成员年龄颇大,基本都在60或65岁以上,他们的优势是对当地的信仰、历史传统较为熟悉与了解且有丰厚的人生阅历。但劣势也显而易见,由于文化水平不高,对政策和法律层面的了解比较有限。这些老人对平常日子里庙里的清洁和香火的维持还是能够负责的,但每逢神诞,要举行大的仪式活动时,村里就需要临时组织人员,搭建班子来组织活动。此外,影响较大的民间信仰场所虽然已经有了相对稳定的管委会,场所内也张贴有相关的制度与规定等,但是否能执行到位就不得而知了。笔者调研时,就常有人告诉笔者,制度与规定是死的,人是活的,有时在执行相关制度与规定时还是要因时因地因人而异,但他们也承认有制度与规定总比没有好。

在粤西的茂名,笔者在调研中了解到当地民间信仰场所的管理大多比较混乱。大多是由乡村"长老"出面管理,他们大都年事已高,文化素质低;有的管理者由村民推选,轮流坐庄;有的作为老人活动中心由老人会监管,但其管理能力与素质和珠三角乡村的老人会相比则相去甚远。在高州地区,大部分的冼太庙由所在的村、社区的村民代表、社区代表或庙筹委会成员自行推选组织机构进行管理,但这种管理并非有规有责,而是十分随意。

二、民间庙宇普遍存在消防隐患问题

民间庙宇的消防隐患问题又具体表现在:一是20世纪80年代末随着民间信仰的复兴,广东各地兴起民间信仰庙宇重建、重修扩建之风。其中多数庙宇为民众自发筹资而建,缺乏相关部门的统一规划和监管,因而不可避免地存在违章建筑,容易形成建筑工程质量安全隐患,且消防安全及卫生防疫等措施不到位。

二是香客们进入庙宇的一个主要目的就是燃香拜神,故而民间庙宇内多设有香火或香炉,且里面的油灯及塔香日以继夜地燃烧。因此,规模越大、名气越响的庙宇香火越盛,香火旺盛历来是神明灵验的外在象征。有的庙宇常年信徒不断,每日香火燎绕,而香客们供请的香、烛、纸等都属于易燃物品,这些易燃物品遍布寺庙各处,一旦有香客或是僧侣不慎在寺庙内造成火灾,后果就会不堪设想。尤其那些悬挂在庙宇内的一圈圈的香火给当地的消防安全带来极大挑战。中山庙宇里常见的香火不是人们平常司空见惯的插在香炉里的一柱柱的香,而是挂在屋梁上一圈圈的塔香,有的塔香挂上去可以连续几周乃至几月不等地持续燃烧，更有些庙宇是全年不休地燃放塔香，有信众年三十或年初一就买了一年的塔香，也有信众买一月或几个月或半年的塔香。只要交了这些香火钱，庙里的庙祝或相关人员就会负责给他们照看或换香。虽有些民间庙宇意识到此种问题，另建与主体庙宇分开的焚香阁，塔香就挂在焚香阁内或者在庙宇内用电香替代，但碍于传统思维及庙宇经济收入的考量，此种做法并不普遍，用电香替代塔香的庙宇在中山市内是极少数的。笔者曾多次问庙祝或信众，可否用既安全又经济实惠的电香烛代替那些传统香烛，他们总是一脸疑惑地问道：这怎么可以呢？

台湾"中研院"研究员刘枝万先生有言："香在中国民间信仰上，实有通神、驱鬼、辟邪、祛魅、逐疫、返魂、净秽、保健等多方面作用，尤以通神与辟邪为最，则由香烟与香气之而要素而演成者。盖香烟袅袅直上升天，可以通达神明，香气荡漾，自可避于邪恶，乃是人类所易于联想到之作用。"[①]在庙祝和信众看来，若是用电香替代塔香了，没有了"香烟袅袅直上升天"，哪还有"通神与辟邪"之作用？这种观念的根深蒂固岂是一朝一夕可以改变的？

笔者去过的许多名气不甚大的民间庙宇，多为老旧的木质建筑，庙宇的房梁黑不溜秋且光线不甚明亮。这些木质建筑本就易燃，随着时间的推移，且年代愈长建筑材料愈是干燥松脆，加之木料外层包裹的油漆更有易燃助燃效果，加之这些庙宇或是与民居杂处，或是地处小街窄巷，一旦发生火情，很容易在短时间内迅速蔓延扩散导致难以救援。另外，尽管这些庙宇一般都配置有灭火器等消防器材，但也有部分庙宇明显存在灭火器数量不足、电线未穿管保护、杂物堆放等问题。

另外，平常待在庙宇里的人员和来到庙里的信众以中老年人和妇女为多，他们大多文化水平较低。庙里的日常管理人员多为老人，缺乏专门的电工知识与技能，更缺乏消防安全常识，能否娴熟地使用灭火器都是问题。因此，即使有消防栓也存在无法使用或无人会用的可能性，许多庙宇内电线线路老化，少有专人检修，而珠江三角洲一带又常有雷电天气，这些因素更使得民间庙宇的安全问题非常突出。笔者在实地考察过程中了解到，因民间庙宇的香火而导致的火灾事件或小型事故偶有发生。民间庙宇广布于各处，与民居、山林相邻，一旦发生火灾，后果不堪设想。而一些乱建扩建的场所也存在安全消防设施不足，管理者安

---

① 刘枝万：《台北市松山祈安建醮祭典：台湾祈安醮习俗研究之一》，《中研院民族所专刊》，1967年，第129页。

全意识淡薄等问题,消防安全隐患的问题同样突出。一言以蔽之,消防安全是这些民间庙宇令人揪心的共同问题。

三、庙宇的财务管理存在诸多问题

广东许多民间庙宇在财务管理上比较公开透明,经常按月、按季度、按半年或按大型活动将收入支出情况在庙宇的墙壁上张榜公布,但也有部分庙宇的财务管理缺乏透明度,收支情况比较混乱,挫伤了信众的积极性。这个"混乱"表现在两方面:一是庙宇资金的用途上。有个别庙宇将香火钱挪作他用,从而引起信众不满;有的活动场所资金多了却使用不当,也会引起信众不满;还有的场所认为寺庙的钱只能用在烧香敬神上,济贫扶困是政府的事,不将钱拿出来做公益慈善。二是庙宇财务收支账目本身较为混乱。造成此情况既与庙宇缺乏具有财务专门知识的人员参与管理有关,也与民间信仰活动场所普遍没有制定规范的财务管理制度,财务收支也缺少正面引导和外部监督机制等相关。因为财务收支情况不公开透明或场所财务收支没有定期向信众和社会公布,所以导致庙宇的公信力下降。个别管理人员甚至想把场所当作私人财产占为己有,借机敛财或贪污,这类投诉也时有发生。而有的场所被个人、家族经营成为私人营利的渠道。还有少数场所打着慈善幌子,实则成为少数人谋财的场所。在有些地方,不少民间信仰场所"负责人(或团队)"擅自召请游僧游尼讲经传道做法事活动,借机敛财,同时为游僧游尼提供了生存空间。另外,违规或随意设置功德箱的现象也普遍存在,这些都扰乱了正常的管理秩序。

尤其值得注意的是,进入 21 世纪后,民间庙宇的基建任务已然完成。因而许多庙宇的经费情况渐渐也有了一些盈余,尤其那些所谓香火旺盛的庙宇,收入逐年增多。在中山市,不少庙宇的收入颇为可观。为了便于财务管理,一些庙宇开设了银行账户,但因其无法取得独立法人资格,而只能用私人名义开户。这又带来了财务安全及财务管理规范方面的较大隐患。其实在广东的绝大多数民间信仰活动场所,均在场所内设立功德箱,接受捐款的现象,这也很容易被信众误认为这些民间信仰活动就是符合宗教信仰政策的合法宗教场所。

那些按商业模式运作的民间庙宇,其中隐含的经济问题更为突出。如潮州的"王伉研究会"即是突出一例,前面已有提及青龙庙的基本规模形成于明代,青龙庙供奉的神祇是当地人尊称为"大老爷"的三国时期的蜀国忠臣王伉。"2011年,经多方筹措,潮州市湘桥区王伉传统文化研究会(简称'王研会')正式成立,将过往由当地老人组织自行管理青龙古庙的传统,转变为由民间文化组织管理的新模式。该会提出:希望将'青龙庙会'这一潮州民俗活动打造成为弘扬潮州文化,联结海外华侨同胞敦睦乡谊,凝聚世界潮人乡情的重要平台,随后开展了一系列文化挖掘、整理研究和扶贫济困活动。"①

这些活动受到海内外信众的肯定与认同。该会会长曾无不自豪地对记者透露,"'王研会'成立之初,原青龙庙财务账目总资产只有七十多万元人民币,该会自成立后推动了青龙庙的系列发展获得海内外潮人认同,接受了大量捐助,资产激增到逾千万元"。② 但其后"王研会"有成员通过网上发帖等方式,指控"王研会"的会长在任职期间,存在诸多财务问题,诸如"私占海内外信众善款、不公开账目"等,且在换届选举过程中存在"党同伐异"的情况,甚至还指控该会长涉嫌"贪污款项"乃至携款潜逃等问题。"这场'内讧'持续近两年,让该会日常工作无法正常开展,2015 年、2016 年青龙庙会文化巡游活动连续两年停摆。当地官方随之介入调查。潮州市湘桥区审计局在对该会 2011 年 4 月至 2014 年财务收支情况进行审计后发现,该研究会存在私设'小金库'、公款私存、抽逃注册资金、账实不符等违反财务管理法规的问题。作为该会主管部门,潮州市湘桥区民政局于 11 月 11 日向该会发出责令整改通知书……该责令整改通知书指出'王研会'存在章程执行不严、内部管理不善及违反财务管理法规的行为,责令该会在限期内落实整改。"③后来,该会会长向"王研会"递交辞呈,且在辞呈中称,"感谢政府调查组的审核调查,明确了他不存在贪污侵占行为,他已在一年多的'折腾'中身心饱受重创,因此提出辞职"。④ 尽管前会长已"清白"地离开,但以商业模式来运作民间庙宇所存在的财务问题在此可见一斑。

四、借民间巫术活动而敛财的现象

近年来,随着阴阳八卦、算命问卜、堪舆风水等具有"巫术"元素的活动日益公开流行,有的民间信仰庙宇还时不时地存在一些民间巫术活动。道教的某些斋醮仪式同样有关涉"驱病赶鬼"的内容,"跳大神"同样也可视为巫术治病问吉凶的常规仪式。而民间的"神婆神汉"往往依附于民间庙宇,以解签、占卜、跳大

① 青龙潮州研究会:《广东潮州王伉研究会内讧青龙庙会停摆,官方责令整改》,http://news.sina.com。
② 青龙潮州研究会:《广东潮州王伉研究会内讧青龙庙会停摆,官方责令整改》,http://news.sina.com。
③ 青龙潮州研究会:《广东潮州王伉研究会内讧青龙庙会停摆,官方责令整改》,http://news.sina.com。
④ 青龙潮州研究会:《广东潮州王伉研究会内讧青龙庙会停摆,官方责令整改》,http://news.sina.com。

神等形式敛取钱财,并且明码标价。一些神汉巫婆还利用巫术装神弄鬼,假借看病、预言病人吉凶,借机敛财现象等时有发生。有的人家若遇有家人生病,一边去医院治病,一边也不忘向这些神汉巫婆预卜病人的吉凶;还有人生病不去医院看医生,而是求神问卦,请巫师开药作法、驱鬼治病以及吃香灰,喝符水等现象依然不同程度地存在,致使病人延误病情。

岭南这块土地历史上就"巫风"甚浓,乡间社会至今仍有许多人为辟邪而求签占卜、捉鬼拿妖;一些人家里遇到不顺利的事情就将其归结为流年不利、风水不好,作法避凶,导致引发家庭矛盾、邻里矛盾;还有民间的游子僧尼私设讲坛,还兜售护身符等,从中收取钱财。上述现象都具有较强的隐蔽性,信众往往也多是自愿上当,其社会危害性值得注意。

但笔者也有某种疑惑:民间的巫术活动如驱病赶鬼、跳神放阴等是否应禁止?若是基于"必须遵守宪法、法律和法规"和遵守公共秩序的原则下,禁止这些或许涉嫌过度限制,但不禁止又恐涉及到不正当的敛财?若是上述巫术活动是依照传统信仰习惯来进行的,又未对公共利益造成危害,是否就可以继续存在?就算是敛财,也是一个愿打,一个愿挨,旁人又如何评判?

五、违章乱建及滥建庙宇的现象

违章乱建及滥建庙宇的现象在上世纪末民间信仰刚开始复兴时比较普遍,随着时间的推移,以及民间信仰事务管理的逐渐"有序化",这种现象在逐渐减少,但一些地方仍然不时有违章乱建及滥建庙宇的现象。据了解,江门市新修建的庙宇场所基本上在原地上扩建或在租赁土地上进行建造,建设资金主要是村民自发集资、个人出资承包或转租等。大多是未经过当地城建规划部门审批报建,亦没有办理土地证和房产证,容易造成土地使用权和房产权属纠纷隐患。这类现象在广东境内并不鲜见。笔者在广东汕尾地区调研时,当地民宗局官员反映:部分民间庙宇,未取得合法手续,违章乱建。某些地方出现以申报老人会或老人活动中心的名义建庙,有的甚至得到基层干部的默认、参与和支持。在韶关地区,滥建、新建、扩建民间庙宇的现象也较为普遍。大部分民间庙宇是历史遗留下来的场所,经过不断翻新扩建,并无土地产权;小部分场所为近代新建,也未办理征地建设手续。但因大多数场所位于乡镇农村,所以缺乏管理和制止。又如汕头市金平区大窖村一"伯公宫"由当地人建宫至今已二十多年,吸引了汕头市区规模不小的一批信众,平时初一、十五来此上香的就有四五百人,每逢农历三月、九月等重要节日时则多达几千人。"伯公宫"并列供奉着一个伯公、一个伯妈，两个将军爷（还各配有一个将军夫人）和圣人爷。

早在2006年，笔者在中山进行调研时就了解到此问题的严重性。民间信仰的复兴，其外在表现便是民间庙宇的重建与扩建。据统计，当时现存的民间庙宇中，多达330间是改革开放后重建或扩建的。但由于缺乏统一的规划及相应的监管，导致庙宇的违章建筑颇多，非法占用了大量耕地、宅基地，造成土地资源的流失。另外，这也严重破坏和影响了城镇和建设社会主义新农村的整体规划，妨碍公共设施的建设。①

六、民间信仰活动中的攀比现象

在传统节庆或庙诞神诞等日子举办的一些民间信仰仪式活动，容易存在攀比现象。这种现象在广东某些地方还比较普遍，有些场所甚至有借机敛财的嫌疑，在社会上产生了一定的负面影响。而且村庙既是村庄的象征，也是一个村庄的名片。既然村村都有村庙，在民间信仰的各种仪式活动中难免出现互相攀比现象，如有某些比较富裕的村子，出于面子思想，会带头捐款来推动地方的村庙建设，且在组织地方神灵祭祀及相关活动方面不惜花钱花力。据调查，许多乡村因重建或修缮庙宇、组织神诞庆祝等活动，花费颇大。尤其那些神祇"灵验"、颇有影响力的村庙，出于经济利益的驱使，更是被开发成旅游景点，香火钱也比通常要贵许多。有些较为大型的祭拜仪式活动，因为在组织和规划性等方面的欠缺，有的活动甚至游离于地方政府的监管外，也容易出现因管理不善、人多事杂产生交通堵塞、拥挤踩踏、滋事扰民等恶性事件，甚至影响生产和社会秩序，影响周边居民的生活秩序，危及社会安全和群众利益。如韶关市区新华街沙洲社区的大王公庙，每年举办三次法事活动期间，锣鼓声、镲钹声、鞭炮声和烧纸钱时影响周边民众休息、生活。而且香客信众迎神接神，络绎不绝，道路交通受阻，同时也存在严重的安全隐患，这无疑不利于文明乡村与和谐社区的建设。

又如在广东粤西地区，年例是当地一种独特的贺岁方式。持续时间主要从大年初二到农历二月底，不同地方举办年例的日期不尽相同，同一个村庄则一般为同一天。在举办年例那天，除传统的祭拜仪式外，就是宴请亲朋好友。"年例

---

① 参见贺璋瑢、代国庆：《2006年中山市民间庙宇调研结题报告》。

大过年",此俗语反映的是粤西地区祖祖辈辈传承下来的习俗。近年来粤西年例攀比的风气越来越夸张,年例期间宴请的规模越来越大,娱乐方式越来越多样,"睇年例"之风盛行。但在攀比心理的作祟下,有的家庭来客数十甚至百人以上,大摆宴席,以客多为荣,为做年例,往往花数月之积蓄,年例的宴席成为了让大家互相攀比的竞技台。攀比之下,铺张浪费的弊端也愈发明显。原本"歌舞媚神"和"演戏酬神"的地方传统,是因为会给越来越凋零的乡村社区文化生活带来一些热闹和喧哗,才一直受到人们的欢迎与追捧,经久不衰。但近些年来,民间信仰活动中的"娱乐性"显得有些夸张和过度,粤西年例中的夸张和过度不仅导致了其仪式活动中本有的神圣性的褪色,也导致了信众对"年例"的热情之下降。

再如潮汕地区的"营老爷"活动,也存在铺张浪费的现象。有一首潮汕歌谣:"老爷一出游,心肝结一球。门前留人客,后门当破裘。老爷到门脚,心肝结一桠。门前留人客,后门当破衫。"这首民谣直接反映了"营老爷"给人们带来的经济负担,营老爷的供品五花八门,营老爷的队伍所需经费更是不少。潮汕话中有一句话说:"无脸当死父。"营老爷在某种程度上可以说满足了潮汕人的爱面子及炫耀财富的心理需求,因为祭品的丰盛程度,鞭炮、香烛、纸品等的多少,都可以成为"炫耀"的方式。

七、因利益纷争而产生的隐患

就微观而言,即使同一村的不同庙宇(广东的许多村落都不止一处庙宇,多处庙宇并存是常见现象)有时也会因为管理人的不同以及利益纷争而产生纠葛或矛盾,并对地方的"不和谐"产生隐患。中山黄圃镇横档村的情形尤为典型,在笔者的调研中,黄圃镇横档村的原天后庙始建于清末民初,原址由于后来被规划建设横档小学故天后庙被拆除。1996 年秋,部分港澳返乡探亲的人欲重建该村的天后庙,并以慈善会名义组织发动该村籍的港澳乡亲捐资筹建。其后,村委会安排地块(约一百九十平方米的现址)准许重新兴建,并允其无偿使用,慈善会于1996 年底兴建了"天后庙",1997 年秋该村籍的港澳乡亲多人再捐资加建"祥好亭",1998 年春慈善会又加建"观音阁",这三处建筑物(天后庙、祥好亭与观音阁)均建设在上述由村委会无偿提供的同一地块上,并至今未收取其任何租金。三处建筑物是一个整体,同门出入,由该慈善会自行管理。

1998 年慈善会因天后庙场地问题,欲购买庙前的空地以作使用。但因该地块属于某位村民的自留地,当时不同意出售该地块,后经村委会协调后,该村民同意调地处理。最后慈善会人员以个人(蒋某某)名义于 1998 年 8 月 1 日筹集资金 6000 元向村委会购买此地块,面积约九十平方米。

自 1998 年观音阁建成后至 2001 年其收入也一直是被上交到管理天后庙的两位蒋姓人士手里,这两人均属慈善会的成员。2001 年,观音阁的拜佛弟子们要求从观音阁交纳的款项中抽调部分来做善事,两位蒋姓人士却不同意,故此天后庙的管理人员与观音阁的拜佛弟子们产生了矛盾,从此两处分开管理。这两位管理天后庙的蒋姓人士继续管理天后庙,观音阁则由另外的群体管理,天后庙与观音阁的财政收支也各自独立。

观音阁的管理人员后来想扩大影响力,就发动村民捐资,并得到香港某某师傅的赞助,共筹集了四十多万元。于是他们在天后庙以东向本村两村民购买土地,并建起一座民宅,作为"斋堂"使用(当地村民称"佛堂")。因报建及办理土地使用证、房产证等需要,经本次有份捐资的拜佛弟子们讨论研究,集体决定以观音阁的这两位管理人员许某某、蒋某某两人名义办理相关手续(当时有一份简易证明书),土地使用证内注明许某某占地 101.8 平方米、蒋某某占地 108.6 平方米。2003 年,"斋堂"建成,占地面积 210.4 平方米,三层建筑,建筑面积共六百三十多平方米。2003 年 5 月 11 日,在当时村委会的见证下,对该"斋堂"的权属问题进行了讨论,拜佛弟子们现场研究决定将该"斋堂"的土地及房产权永久性归于横档观音阁拜佛弟子共同所有,不属于个人所有。任何个人都没有权转让和拍卖,世代传下去,如国家法律有不准许的,管理人和所有拜佛弟子须无条件服从。

"斋堂"管理者为方便群众出行,欲在"斋堂"以西开设后门,与天后庙同大门出入。原天后庙两位管理人员的其中一位蒋某某(现已亡故)答应可同门出入,但另一管理者却不同意,后在当时村委会干部的协调下,终同意进入"斋堂"的人可经天后庙大门进出。但此后双方却争吵不断。

2013 年,因为观音阁日久失修,形成安全隐患,观音阁拜佛弟子在未请示村委会的情况下,私自动工重建。当群众反映给村委会的时候,观音阁主体结构墙已全部被拆除,只剩摇摇欲坠的屋顶围梁。该村国土管理员立即要求观音阁管理者停工,并责令其做好安全措施,尽快消除安全隐患。后观音阁在村委会的监督下只得拆除了余下的工程,清除了安全隐患。2013 年农历八月,部分群众和观音阁拜佛弟子又自行筹集资金,并多次到村委会要求重建观音阁。最后经村委会研究,同意其在做好与天后庙管理者的沟通并争取对方支持的前提下,可在原址重建。观音阁启动重建期间，两处管理者双方为了天后庙后的树木和观音阁重建而拆除了部分"祥好亭"的围栏等多次发生口角，观音阁重建落成后，就形成同一位置内出现天后庙、观音阁、祥好亭、"斋堂"四处建筑的情形。

2015年8月份，黄圃镇统侨办公室按照上级文件精神，要求各村对辖区内有私设功德箱的民间信仰点管理人，进行劝导自行清理。为此，天后庙与观音阁管理双方又针对对方设立的功德箱、香油箱、放生箱等问题针锋相对。8月26日，村委会联同治保会，邀请两处的管理者进行调解，双方在调解期间亦争吵不断，并未达成共识，并且双方老是不断向村委会和驻村工作组告对方的状。而且，除了横档村天后庙与观音阁的双方管理人之间有矛盾纷争外，观音阁管理人员内部又因"斋堂"问题起了纷争以及"斋堂"所处的民宅产权问题的隐患。值得注意的是，天后庙前的空地与"斋堂"的产权所有人写的正是这两处庙宇的管理者的名字，这本身就极为不妥，其中隐患可想而知。直到现在，上述情况也仍未真正得到解决。上述横档村的例子比较典型，其所反映出来的问题在广东的许多地区都或多或少、或明或暗不同程度地存在着。

八、借民间信仰拉帮结伙，搞宗族势力甚至非法活动

改革开放以来，随着相关政策的逐渐宽松，地方庙会、宗族、家族祭祀仪式等民间信仰活动得以恢复，一些非法宗教活动时常借助民间信仰的场所进行，缺乏有效的监管与制止。此外，还有民间信仰或以扩建民间庙宇，或举办诸如庙诞等活动为由，强行集资。当然，在笔者调研过的民间庙宇场所，这类情况的发生还不算多。此外，民间信仰与宗族、地方利益密切相关，管理上的混乱使得有人借民间信仰拉帮结伙，搞宗族势力甚至打着民间信仰的幌子从事违法活动。

此外，曾经在20世纪50年代被我国政府宣布为非法组织的一些传统教门如真空教、会道门等在海外早就有了很大发展，他们也寻求在大陆地区的合法化、阳光化与脱敏化。"像德教会阁在潮阳、潮州、普宁、广州、深圳丰顺等地创建或复建了二十多间'紫系''济系'的会阁。而闽、粤、赣等地的真空教道堂也加强内外联络，扶宿尾村落或社区的民俗信仰，并与民间庙宇形成了有机的结合……港澳台地区的一贯道在广东地区开荒布道。以发一崇德组线为例，至2012年共有74个单位在中国大陆弘道，其中广东有29位点传师在开荒。如何处理好这些教派团体的合法化、阳光化与脱敏化，并且正视它们作为民间信仰或民俗宗教

形态的存在形式,应提上依法管治的日程。"①

　　上述民间信仰管理上的问题与隐患,无疑不利于和谐、文明的乡村与社区建设,无疑亦为民间信仰治理工作的重点与难点。

第四节　广东各级地方政府在民间信仰事务管理上的探索

　　综上所述,历史悠久、根基深厚、影响广泛的民间信仰及其活动,在改革开放以后日益活跃起来。广东地区的民间信仰,无论在庙宇数量、信众人数还是在仪式活动举办的频率和规模上,都要远超五大制度性的宗教,广府地区如此,客家地区如此,潮汕地区如此,粤西地区也是如此,而且这种势头从目前来看还有继续下去的势头。与此相应的是,民间信仰日常事务的管理问题也日渐凸显。

　　2004 年以前,对民间信仰的管理工作无论是国家层面,还是地方层面,都处于某种"缺位"或"不到位"状态,形成了社会管理或治理的一个漏洞。2004 年以后,随着国家宗教局业务四司的增设,标志着国家正式将民间信仰纳入依法管理的轨道,各地都陆续开展了民间信仰的调研和"探索着管理"的工作,广东也不例外。民间信仰事务的管理问题正在成为或已经成为政界与学界不容忽视的重要课题。近年来,广东各地的地方政府其实已经就民间信仰事务的管理做出了一些实际的较有成效的探索,这是需要认真加以总结和归纳的。

一、广州市在民间信仰事务管理上的探索

　　广州市民宗局从 2011 年开始,周密部署,稳步推进,主动将全市民间信仰庙宇纳入了规范管理范畴,并在花都区选择了四间民间信仰庙宇(即炭步镇水口村的康公庙、茶塘村的洪圣古庙、藏书院村的洪圣古庙和新华街的水仙古庙),进行了民间信仰规范管理工作的先行试点。在取得初步成效后,广州市民宗局于2014 年 5 月召开全市民间信仰庙宇实行管理工作现场会,并在同月经广州市委、市政府批示同意,由市法制办统一编号,出台了《关于开展广州市民间信仰庙宇试行管理的意见》,由民宗局作为部门规范性文件,于 2014 年 5 月 6 日正式下

---

① 陈晓毅、陈进国:《民间信仰的自主治理之道——以广东省为例》,载邱永辉主编:《中国宗教报告(2016)》,社会科学文献出版社,2017 年,第 164—165 页。

发实施。该意见提到了对民间信仰的"管理原则"是遵循"'党委领导、政府负责、社会协同、公众参与、法制保护'的社会管理原则,按照'禁新建、慎重建、强管理'的基本思路,将民间信仰庙宇纳入规范化管理轨道;坚持属地管理,建立运行规范的日常管理机制,确立镇政府(街道办事处)和村委会(居委会)服务管理民间信仰庙宇的工作职责,形成以镇政府、街道办事处为主管单位,村委会(居委会)为主体单位,部门指导管理,庙宇自我管理的工作格局,积极引导民间庙宇活动迈上健康规范轨道,服务广州新型城市化发展大局"。

该意见中提到了广州民间信仰管理的主要任务是:重点抓好"五项建设"和"一项管理":(一)加强档案建设。由区民宗局指导,属地镇政府(街道办事处)组织村委会(居委会)全面采集本行政区域内拥有礼拜设施,有一定历史传承、规模和信众,能为信众的信仰生活提供朝拜神灵服务,建筑面积 100 平方米以上固定的民间信仰庙宇的信息、收集的信息包括以下内容:1、当地群众经常进行民间信仰活动的情况;2、庙宇管理组织和管理制度情况;3、民间信仰活动经费来源及管理情况;4、民间信仰庙宇的具体地址和占地面积;5、财产权属情况(如无房产证,可由庙宇提供经镇政府《街道办事处》加具意见的庙宇使用土地和房屋无争议的有关证明);6、其他有关材料。统一填表(由市民宗局统一制定《民间信仰庙宇基本情况调查表》样表)造册,建立完整详实的信息数据资料库。

(二)推进组织建设。凡具备条件的民间信仰庙宇应在村委会(居委会)的主持下,建立庙宇民主管理组织,设立若干名成员(不少于 3 人),制定管理小组职责,报镇政府(街道办事处)和区民宗局。

(三)抓好制度建设。凡纳入试行管理的民间信仰庙宇,应建立财务、治安消防、卫生防疫、文物保护等制度,由民主管理组织成员实行职责分工,自主管理。中等规模(500 平方米)以上,有一定经济收入的庙宇均须参照有关财务规定,建立财务会计管理制度,成立由本庙宇管理组织负责人、会计及出纳人员(或熟悉财务管理知识的人员)组成的财务管理小组,规范庙宇收支管理,定期不定期公布财务收支情况,接受信众的监督和村委会(居委会)、镇政府(街道办事处)以及有关部门的检查指导。

(四)狠抓安全建设。各相关部门应加强对民间信仰庙宇安全知识培训和安全检查,及时排查事故隐患,杜绝重大安全事故发生,按照属地管理和"谁主管、谁负责"的原则,严格落实安全工作责任,明确责任追究。村委会(居委会)应与民间信仰庙宇签订安全工作责任书,明确任务、责任、要求,村委会(居委会)分管负责人为安全管理责任人,应指导督促庙宇负责人认真履行庙宇第一安全责任人职责。民间信仰庙宇应制订和落实安全管理措施,配备、完善安全设施,提高安全管理能力。市和区民宗局应加强对在海内外有重大影响的大型民间信仰庙宇活动的协调和指导。民间信仰庙宇举行大型民间信仰活动时,须认真执行国务院《大型群众性活动安全管理条例》,制订大型群众性活动安全工作方案报当地公安部门审批。

(五)重视文化建设。凡具有历史文化底蕴和社会影响的庙宇,应积极挖掘和运用民间信仰优良文化内涵,加强传统文化建设,重视保护文物,主管部门和镇政府(街道办事处)应指导属文物保护单位的庙宇按照有关规定做好文物保养维护工作;庙宇所在地区以上人民政府应当依法协调、妥善处理民间信仰庙宇与园林、旅游等方面的利益关系,维护合法权益。

(六)严格审批管理。纳入试行管理的民间信仰庙宇经文化、文物、历史、宗教、民族、民俗等方面的专家核实为确有历史文化传承价值需要原址复建或易地重建的,必须严格按照城市规划建设审批程序申报,国土、规划部门应征询文化、宗教等部门意见后依法审批。未经批准,不得擅自复建、重建。出现损毁等情况需要修缮的庙宇,经村委会(居委会)和镇政府(街道办事处)同意,按照修旧如旧的原则,属于文物建筑、历史建筑的庙宇,其修缮应当依照文物保护、历史建筑保护有关规定执行。修缮、重建、改建、扩建的经费由该庙宇管理组织自筹。民间信仰庙宇需停止活动由其管理组织提交报告,说明理由,经报村委会(居委会)和镇政府(街道办事处)同意,报区民宗局。

工作保障

(一)加强组织领导。成立广州市民间信仰庙宇管理协调工作组(下称"协调工作组"),加强对民间信仰庙宇试行管理工作的统筹协调。市民宗局为民间信仰庙宇试行管理牵头单位,具体负责业务指导、统筹协调,其他有关部门在各自职责范围内做好相关工作。各区参照市的做法,成立民间信仰庙宇管理协调工作组。

广州市民间信仰庙宇协调工作组在广州市民族宗教工作协调领导小组统筹领导下开展工作,依照有关政策法规统筹部署和组织民间信仰庙宇试行管理工作,进行政策指导和检查督促管理情况,组织开展调研,研定工作措施,综合情况上报市民族宗教工作协调领导小组。

(二)坚持属地管理。镇政府(街道办)应担负管理主体责任,按市、区的部署要求,组织民间信仰庙宇的试行管理工作,指定领导分管和专人负责,督促和指导村委会(居委会)按要求履行管理职责;村委会(居委会)具体负责民间信仰庙宇管理工作,指导检查庙宇日常管理。凡有试行管理民间信仰庙宇的村委会(居委会)主要负责人是庙宇管理工作第一责任人,并指定联系干部,负责宣传有关政策法规,及时上报重要信息。

(三)推行分类指导。建立市、区、镇(街)、村(居)四级民间信仰庙宇管理工作机制,根据民间信仰庙宇建筑规模实行分类指导,规范管理:面积2000平方米(含)以上的庙宇由市民宗局作为联系点加强政策指导,所在区民宗局应履行属地管理职责,紧密协同指导管理;1000平方米(含)以上的庙宇,由区民宗局作为联系点进行重点指导。民间信仰庙宇禁止聘用佛教僧尼和道教人士开展宗教活动,违反的,按《广东省宗教事务条例》第五十九条第五款处理。民间信仰庙宇如符合佛、道教仪轨,当地群众迫切要求,又具有一定数量信教群众,可按《宗教事务条例》规定,经市宗教团体认可,报市民宗局审批,纳入佛、道教寺庙进行管理。

(四)实施民主管理。庙宇管理组织应实行集体领导、民主决策,并履行以下职责:1、负责本庙宇人员和经常参加该庙宇民间信仰活动群众的教育和管理;2、安排本庙宇民间信仰活动和内部事务;3、管理、使用本庙宇的房屋、收入及其他财产,维护本庙宇合法权益;4、每年向村委会(居委会)、镇政府(街道办事处)以及区民宗局报告上年度的管理和财物情况;5、管理本庙宇其他事务。

广州市民宗局还选择了花都区作为开展民间信仰庙宇管理工作的试点。同年,花都区人民政府办公室于印发了《花都区民间信仰庙宇管理办法》。花都区遵循"党委领导、政府负责、社会协同、公众参与、法制保护"的社会管理原则,按照"禁新建、慎重建、强管理"的基本思路,将民间信仰庙宇纳入规范化管理轨道;坚持属地管理,建立运行规范的日常管理机制,确立镇政府(街道办事处)和村委会(居委会)服务管理民间信仰庙宇的工作职责,形成以镇政府、街道办事处为主管单位,村委会(居委会)为主体单位,部门指导管理,庙宇自我管理的工作格局,积极引导民间庙宇活动迈上健康规范轨道,服务广州新型城市化发展大局。

由上述管理原则、主要任务、工作保障以及具体的办法措施等不难看出广州市民宗局在民间信仰管理事务上积极主动的探索精神。2016年11月,广州市民宗局还召开了广州市民间信仰工作座谈会,对全市铺开规范管理以来的工作情况和存在问题进行了小结,并推广海珠区等地立足实际、因俗而治的成功做法。

二、中山市在民间信仰事务管理上的探索

中山市的宗教管理部门比较早就意识到民间信仰及庙宇的规范管理问题。2006 年,中山市民宗局与华南师范大学宗教文化研究所(现更名为华南师范大学华南宗教研究中心)合作,由贺璋瑢教授负责,对辖区内 24 个镇区的民间信仰场所进行了全面调查,并撰写成《关于中山市民间信仰问题的调研报告》一文。2008 年,中山市民宗局就民间信仰的现状及管理问题在国家宗教事务局主持的全国性会议上作典型发言并受到嘉奖。

十年过去了,中山市的民间信仰在原有基础上亦有一定的平稳发展。这势必要求在原有基础上更新对中山市民间信仰现状的认知,并提出更有针对性的管理对策。2016 年,由中山市委统战部、中山市民宗局牵头,联合华南师范大学华南宗教研究中心,决定再次合作,对中山市民间信仰及场所进行有侧重性、有选择性的调查研究,并将此作为 2016 年度重点工作并安排了涵盖全市各镇区范围的民间信仰调研活动。

为确保课题调研工作的顺利开展,特成立由市委统战部、市民宗局、华南师范大学历史文化学院、市公安局、市文广新局、市旅游局等单位相关人员组成的联合调研组,分为三个环节开展本次调研。第一环节为实地走访调研,时间为 2016 年 5 月至 7 月。调研组分别走访了中山市开发区、东区、南区、石岐区、三乡镇、南朗镇、南头镇、大涌镇、沙溪镇、东凤镇、小榄镇、古镇、板芙镇、黄圃镇等 24 个镇区,考察了四十余处民间信仰庙宇、场所,举行了二十多场座谈会。在田野调研的过程中,调研组还注重对文字材料的搜集与汇总,民间信仰庙宇中的碑刻、对联、科仪文本、账本等宗教文献,以及相关的庙志、村志族谱、乡镇志、统计年鉴等史志资料一并纳入到调研组的考察视野,形成一颇具规模的中山民间信仰资料集。基于此做法,调研组较为全面地了解了中山市民间信仰的历史流变、现状特色、管理模式以及目前的治理短板等情况。第二个环节为座谈研讨,时间为 2016 年 7 月至 8 月。针对中山市民间信仰的历史与现状,调研组举行了数次研讨会,在调研问卷的基础上建立了中山市民间信仰数据库,基于此分析中山市民间信仰特色及其社会功用,结合现有的法律、法规,并借鉴其他省市民间信仰的管理经验,提出相应的治理对策建议。第三个环节为学习取经,时间为 2016 年 9 月至 10 月。调研组先后到湖南长沙、浏阳,福建泉州,广州等地调研,了解当地民间信仰情况,学习当地民间信仰管理先进经验做法。在上述三个环节的基础上,撰写完成调研报告:《中山市民间信仰现状及治理对策》(见附录一)。该

报告力图呈现出中山市民间信仰的当下状况、管理模式,分析存在的问题、隐患并提出建设性的治理对策建议。

三、佛山市在民间信仰事务管理上的探索

以佛山市禅城区为例,2010 年 5 月,佛山市禅城区法制办就印发了《佛山市禅城区民族宗教事务局民间信仰及活动场所管理办法(试行)》,以规范性文件的形式规范了辖区内的民间信仰及活动场所。明确了区民族宗教事务局为业务主管部门,在业务上加强指导,民间信仰及活动场所实行属地管理和分级管理,属地管理是指村(居)委为第一责任单位,镇(街道)为第二责任单位,切实负起属地管理责任,分级管理是指根据民间信仰场所的大小、功能,确定具体的管理主体和登记备案程序。该办法还明确了民间信仰活动、民间信仰活动场所及其财务管理规则。该办法的颁布实施,使得辖区内的民间信仰管理工作在一定程度上做到了有章可循。

以佛山市顺德区为例,他们曾用 3 个月时间,完成《顺德区民间信仰活动场所普查资料汇总》,在此基础上完成《民间信仰管理工作责任书》请相关律师事务所审查责任书的合法性,要求镇街、村居(即村委会、居委会)及场所负责人层层参照区镇签订管理责任书,真正将民间信仰场所纳入村居管理范畴。各镇街要按区普查的民间信仰场所理清当前责任人,严格落实责任人负责制度,并上报区民宗局备案。

四、其他城市在民间信仰事务管理上的探索

以汕尾市为例,广东省汕尾市被列入省民间信仰事务管理工作的试点单位后,汕尾市民宗局为此专门制定了《关于加强民间信仰活动场所试点管理的意见》。它提出,按照"抓大放小、循序渐进、依法管理、分级负责"的原则,对民间信仰活动场所实行登记管理,且明确了场所须具备的具体条件和登记备案的具体程序;落实民主管理形式,要求试点的民间信仰活动场所管理组织应经民主推选并备案,严格履行职责;规定按照属地原则实行大型和跨行政区域的民间信仰活动备案管理,明确了不同规模活动的具体备案流程;落实责任追究制度,明确将依法追究利用民间信仰活动场所及其活动进行违法犯罪的行为。

以梅州市为例,梅州的民间信仰庙宇和场所颇多,全年下来,与民间信仰相

关的各样仪式活动也不少,尤其是基层以及乡村社会的各样民间信仰活动更是不少,在有效的管理上当然存在诸多困难。对此,梅州市的主要思路和做法是:"1、分门别类,科学动态管理。由市、县(市、区)民族宗教部门牵头,以乡镇(街道)为主体,对全市民间信仰活动场所进行普查,全面摸清数量分布、历史沿革、信仰特征、建筑年代、面积规模、管理方式等情况。在普查的基础上,根据信仰场所的文化传承和现实状况进行分类,按照'纳入管理一批''整改规范一批''取缔拆除一批'等三个'一批'的原则,分别采取保留提升、整改整治、改用拆除等方式进行处理,有效杜绝了以往不予管理任其发展的状态,为信教民众依法依规开展信仰活动创造了有利条件。2、依法推进,有序规范管理。以全市'纳入管理一批'民间信仰活动场所为重点,大力推进规范化制度化管理,以此带动其他场所的整改提升。[①] 3、拓宽途径,社会参与管理。探索有关机构也参与民间组织管理尤其是参与到财务管理方面来,'推动财务协同监管,创新财务有效监管手段,积极争取地方银行和金融机构的政策支持,稳步推进民间信仰活动场所开立单位临时账户试点工作,以解决当前民间信仰活动场所由于没有法律主体地位而无法开立单位银行结算账户的问题,为民间信仰场所组织正常活动扫除障碍'。"[②]第三点真可谓是"亮点",也真的体现了"创新"。

以东莞市为例,东莞民间信仰活动场所共有 1227 处。数年前,东莞市在对全市所有民间信仰活动场所进行走访调研,对各民间信仰活动场所的地理位置、历史沿革、建筑格局、土地性质、活动形式、信众范围及人数、管理组织等基础信息有所了解的基础上,出台了《民间信仰场所管理工作实施意见》及《民间信仰活动场所管理公约》两份文件,并选取了企石镇黄大仙庙与石龙镇欧公祠两处场所作为管理试点,以"逐步建立完善试点内民间信仰活动场所相关信息资料库和工作机制制度"作为工作目标,想取得经验后逐渐推广,以规范民间信仰活动场所管理。

从上述例子中不难看出广东各级政府的相关部门近几年来确实在如何加强民间信仰事务的管理上动了脑筋,想了办法,也做出了切实有效的努力。但实在地说,到底对民间信仰事务怎么"管理",政府的相关管理者心里还是没有底气。尤其是现有"各级宗教事务部门普遍存在着机构缩减、人力不足、经费紧张、干部素质跟不上等问题。既要管理五大宗教,又要管理民间信仰,真是有点显得力不

① 《广东省梅州市采取三项措施为民间信仰活动保驾护航》,http://www.mzb.com.com。
② 《广东省梅州市采取三项措施为民间信仰活动保驾护航》,http://www.mzb.com.com。

从心,其结果是各地宗教事务部门在人力、物力、能力和权力上都无法完全进行有效的治理,完成省委、省政府的治理要求显得遥遥无期,有些县区基本处于放任自流的状态"。①

以汕头市为例,汕头市民宗局并无设立专门的民间信仰的业务科室(广东省的其他城市的民宗局普遍如此),各区县民宗局的宗教科约配备1—2人。如此薄弱的工作力量,除要进行五大制度性的宗教形态管理外,还要加上民间信仰事务的管理工作任务,其管理难度可想有多大。还有广东粤西的高州市,2013年全市进行机构改革,市民宗局属于统战部挂牌单位,不再列入政府序列,由统战部统一管理,没有专职的编制人员。可想而知,若是全市几百间民间信仰场所由民宗局来管理的话,工作根本就无法开展。更重要的是,各级宗教事务部门的人员对民间信仰到底是否属于宗教以及到底是否属于自己的职责管理范围也有不同的认识与看法。"广东省党政部门一般使用'民间信仰'来表述,但各级干部主张'民间信仰是宗教'者有之,主张'民间信仰与宗教具有关联性'者有之,主张'民间信仰不是宗教'者有之,有的甚至认为本质上'民间信仰是封建迷信',是属于低劣化、愚昧化的'原始宗教'。"②但也有人认为宗教事务部门对"民间信仰"进行"宗教事务"管理显得有点名不正言不顺,现有的五大制度性的宗教事务管理就够忙乎了,再去管理民间信仰更是心有余而力不足。笔者在进行田野调查时对上述民宗部门的现状均有所了解,对基层相关干部的"叫苦"也颇能理解。

五、一些城市对民间信仰庙宇的"收编式"的管理探索

所谓"收编式"的管理,即将原本属于民间信仰的场所收编为"道观"或"佛寺",从而纳入道教协会或佛教协会,即纳入到制度性宗教的管理范围。这可谓是地方民宗局对民间信仰管理采取的"积极有为或开拓进取"的一种探索。

以中山市的这类"收编式"的探索为例,具有代表性的收编场所为黄圃镇的报恩禅寺与港口镇的天后宫。报恩禅寺位于黄圃镇观仙路1号,原为民间崇奉的观音庙,古称德星堂。其始建于清康熙年间,清嘉庆年间曾迁址重建。长久以来,观音庙空间狭窄,香火并不算旺盛,以致逐渐破落,1964年遭强台风袭击而

---

① 陈晓毅、陈进国:《民间信仰的自主治理之道》,载邱永辉主编:《中国宗教报告(2016)》,社会科学文献出版社,2017年,第165页。

② 陈晓毅、陈进国:《民间信仰的自主治理之道》,载邱永辉主编:《中国宗教报告(2016)》,社会科学文献出版社,2017年,第165—166页。

损坏。1988 年,在祖籍黄圃镇的香港比丘尼慧皆法师的倡议和资助下观音庙得以重建,1995 年再度扩建,慧皆师父再次为此筹资,这次扩建了大雄宝殿、天王殿、斋堂和僧舍等,观音庙在这次扩建后已初具规模,并易名为"甘露寺"。由于该建筑事前未经省、市宗教事务部门审批及向有关部门报建,且并未按照佛教寺院传统建筑风格兴建,各殿、亭台、僧舍、斋堂的布局比较随意。在中山市民宗局的斡旋下,几经协商,2001 年 2 月,中山市佛教协会接管了"甘露寺",将该寺开放为佛教活动场所(未领土地房产证),并请来原广州市著名佛寺之一的六榕寺的青年僧人释明一法师为首任住持,观音庙再次更名为报恩禅寺。由此,观音庙从民间庙宇转变为正式的佛寺。报恩禅寺正式对外开放后,终年香火不断。2002 年,明一住持被评为全省宗教界为社会主义现代化建设做贡献先进个人。2005 年至 2007 年,报恩禅寺被评为省模范宗教活动场所。此后,报恩禅寺又进一步扩建,占地面积现在已达近七千平方米,建筑面积超过三千五百平方米。①

现在,当人们来到山门前就不得不驻足观看,只见排楼式的红墙绿瓦的山门上书有"报恩禅寺,知恩报恩"八个大字,这八个苍劲大字为第一任住持明一大师的手迹,还有前中国佛教协会会长赵朴初先生所书的对联"纵横十方谈经地,烂漫千花送佛场"。此外,原广东省、广州市佛教协会会长、广州市六榕寺住持释云峰老和尚所书的对联也很有意思:"报感佛陀求甘露广施福地,恩怀法乳仰慈云普荫香山。"有心人不难发现该对联内含有"报恩"(现报恩禅寺的寺名),"甘露"(该寺原来的寺名),"福地香山"(中山市前身香山县)等字。

港口镇的天后宫历来在中山市都属于民间信仰的庙宇。据传,明崇祯三年,当地渔民择"鲤鱼地"(一种地势低洼的风水宝地)搭建茅棚供奉天后娘娘,至清咸丰年间,有感天后灵验,因而正式建庙祭祀,从此天后香火更盛,其名远播至港澳一带。每逢天后圣诞(农历三月二十三日),两岸张灯结彩,过往船只鸣炮拜祭,更有粤剧名角献演祝寿,其场面十分热闹。《香山县志》记载:"天后宇宙,每岁春、秋仲月上癸日致祭,祭品未有定例,仪注与文昌庙同。"

该庙距今已有三百七十多年历史,是中山地区较早供奉天后圣母的专祀庙宇之一,此宫原本坐落于中山市港口镇浅水湖河与沥河交汇处,其后于清末时期历经两次重修。该庙于上世纪六十年代遭拆毁,所存的石刻碑记等各类历史文物遗落民间。1999 年,港口镇民众追思天后神功,共襄善举,决定恢复古迹。因原址已被市场占用,信众们又另选宝地(离原来的地方并不太远),并建立起一座

---

① 参见《黄圃历史文化》编委会编:《黄圃历史文化》,2010 年,91—92 页。

琉璃生辉、殿宇华丽,占地约一千二百平方米的天后宫。整个工程耗资三百多万,经信众多方筹措,尚有 90 万的缺口。于是当时负责筹建天后宫的老人会向一位老板借款 90 万,并以出让庙宇经营权 6 年的方式,与老板达成协议。协议到期后,庙宇无人接手,老板又管理了 6 年。或是因为老板的管理不善,当地群众信众越来越有意见,并上报居委会,要求收回庙宇的经营权。居委会一时找不到合适的接手者管理此庙,就上报给镇、市有关部门。针对道教信仰在中山市历来都比较弱势的情况,也没有正式的挂牌的道教场所和道教协会,中山市民宗局一直在酝酿将天后宫纳入到道教场所和道教协会中来。2007 年,笔者曾带领学生对中山的民间信仰庙宇进行调研,来到天后宫,当时的港口天后宫还是属于民间信仰场所。

从 2009 年开始,经广东省民族宗教委员会审批同意,港口镇天后宫的"道教"身份就开始正式筹备。三年后,即 2012 年 4 月 13 日(即农历三月廿三日,也是天后诞辰),经中山市民族宗教事务局依法登记,港口镇天后宫正式挂牌,成为中山市的第一个"道观",获得了合法宗教活动场所的身份。这天上午,市委常委、市委统战部部长梁某某向天后宫颁发了《宗教活动场所登记证》,并与从江门新会紫云观礼聘而来的第一任住持彭某某道长等一起为"中山市道教港口天后宫"揭幕,中山市道教协会也挂靠在此场所正式成立,该天后宫因此名正言顺地纳入中山市道教协会的管理,且接受民宗局的监督指导。

当天中山网的"新闻"网页上关于天后宫挂牌的新闻上写道:"13 日上午,市委常委、市委统战部部长梁丽娴向天后宫颁发了《宗教活动场所登记证》,并与住持彭兴宗道长等一道为'中山市道教港口天后宫'揭幕。港口天后宫正式从一座乡村庙宇转变成为我市首个合法道教活动场所。据悉,首个道教活动场所挂牌后,我市目前已拥有佛教、道教、基督教、天主教四大宗教场所。"[1]新闻中还说,"在市镇两级政府的关怀和支持下,成立了以道教全真派道长彭兴宗住持等教职人员为管理主体,信教群众共同参与的民主管理委员会,各项管理制度日趋完善。"2016 年,当笔者一行再次造访天后宫时,已显殿宇巍峨的天后宫仍在建设中,现已建成天后殿、观音殿及生活、办公等配套设施建筑,宫内供奉天后、龙母、慈航真人三位道教祖师。彭道长兴致勃勃地向我们介绍了天后宫的规划与发展蓝图。

当笔者一行在中山调研时,曾就民间信仰的庙宇是否有意愿纳入或挂靠到

---

① 《港口天后宫正式挂牌成为我市首个道教活动场所》,http://news.dayoo.com。

佛教协会或道教协会的名下进行询问,大部分的民间信仰庙宇都给出了否定的回答,他们更愿意保持自己的独立性,而已经纳入到佛教协会和道教协会的寺庙和道观多少都有政府"有意为之"的因素。而有意愿纳入或挂靠到佛教协会的又比有意愿纳入或挂靠到道教协会的多,这或许是因为中山的民间信仰庙宇本来就以"寺"冠名的居多,道观本来就寥寥可数。

再以深圳市的这类"收编式"的探索为例,深圳龙岗区的平湖玄武观,它也是由民间信仰庙宇转变为"道观"的例证。玄武观坐落在深圳市龙岗区平湖街道东北翼的凤凰山北麓山脚。早在明朝万历年间,此地就建有真武庙,历来供奉玄武大帝[①],后更名为玄武庙。但历经时代变迁,历史上的玄武庙早已不复存在了。

如今平湖玄武观的住持是一位年过六旬的妇人张女士,讲起她还有一段故事。据说1990年代初,四十多岁的张女士从东莞雁田搬来平湖居住。大女儿嫁给了港商,她和丈夫带着3个儿子在这里安了家。张女士生于潮汕,潮汕地区历来有拜玄武大帝的习俗,叫做"祈福"。但玄武大帝究竟是民间信仰的神灵还是道教的神灵,她其实并不清楚。她从小信佛信菩萨,在其心目中,玄武也是菩萨。1990年代末,张女士的儿女均已事业有成,小儿子庄某某在东莞五联镇投资实业建了工厂。为扩大生产,他买下了平湖新南村一块6500平方米的地,准备建厂房。张女士看后,觉得这块地是建庙的福地。孝顺的儿子当即找了村里的干部商量,建庙的想法得到了村干部和村民们的支持。建庙投入的七百多万元中,其中的90%由他出资。1999年,玄武庙建成,继而挂牌"新南村老年人活动中心",还配套一个斋堂,不管是村里人还是外地人来到此,都有饭吃,多少带有一点公益色彩。除热心帮助邻里乡亲外,对于不少慕名而来及寻求帮助的人,张女士从不吝啬,给人拿钱医病吃饭是常事。她还喜欢外出捐款建庙,此时的"玄武庙"自然属于典型的民间信仰的场所。

从玄武庙到玄武观的过程,当然离不开政府有关部门的建议与支持。2012年以前,深圳市在道教领域还是空白,即没有一处道观,也没有一个道士。深圳市民族宗教事务局的有关人员多次到平湖实地考察,认为这是道缘巧合,玄武庙有着很好的基础和条件,可将其改造为深圳市的第一个"道观"。

因为平湖诸多村民始终保留了对玄武大帝的信仰(平湖由于其自身的地理环境,历史上总是缺乏水资源,每每遭逢大旱年更是水贵如油。从前平湖人许多

---

① 玄武大帝又称真武大帝或"北帝",是珠三角一带民间信仰的主要神祇。该神被民众奉为"水神",他拥有消灾解困,治水御火及延年益寿的神力,故颇受拥戴。珠三角一带各地分布的玄武大帝庙较多。

的宗教祭祀活动都与求雨相关,而节庆打醮等祈福消灾活动也可视为道教的宗教仪式),于是建议将玄武庙改为玄武观。时年66岁的张女士对此有些不解,从小到大,一向尊玄武大帝为佛祖,怎么这尊神又是道教的祖师爷呢?在道教协会工作人员的耐心讲解下张某某终于解惑,消除了疑虑,她满心欢喜地在深圳市民宗局的有关人员和儿子的带领下到武当山拜师,由此成为深圳市第一位道观住持。

2012年10月27日,深圳市道教协会成立。2014年8月8日,玄武庙正式更名为玄武观,同年11月,深圳市平湖玄武观作为深圳市第一处向社会开放的道教活动场所,正式登记挂牌,从而结束了深圳市没有合法正规之道教宫观的历史。同时也正因有了平湖玄武观的正式登记挂牌,深圳市从此就有了道教、佛教、天主教、基督教、伊斯兰教五大宗教并存的局面。

图二

作为深圳市的第一座正规道场,玄武观收归深圳市道教协会统一管理,而玄武观产权所有人不变,即张女士仍是这座道观的产权所有人。深圳市道教协会成立后,一直未找到合适的办公场所。张女士的儿子,老板庄某某将自己在文锦广场四层的办公楼中的一层无偿拿出来作为深圳市道协办公场地。历经500年香火传续后,玄武观变身成为深圳第一座道教道场,成了深圳道教的重要活动场所与重要的人文景观。每逢祈福盛会举办,这里就会人头涌涌,热闹非凡。

有趣的是,笔者2016年来此调研时,玄武观的一楼仍是摆满了许多佛教的神像和对联等;二楼才是道教的神像和对联等,或许在张道长的心中,不管菩萨还是神仙,都是劝人为善的,知道这点即可。将民间信仰的庙宇收归于"佛寺"

"道观"的模式或许是民间信仰场所合法化、规范化的发展方向之一。

上述两个案列可算是成功转型的典范，这与当地政府的强有力支持、佛道协会与僧人、道教协会与道士的大力配合密切相关。但这也与民间信仰场所本身的规模、资质以及信众、相关部门的管理意愿有关。据笔者调研所知，现今中山市有几处民间场所曾与中山市的道教协会联系，力图被纳入其中，但因双方在管理理念、管理方式、产权划分等方面存在分歧而无法达成一致。① 至今在中山仍有许多天后宫依然是民间信仰庙宇的身份。

类似的将民间信仰场所纳入到佛教协会与道教协会中的例子并不仅存在于中山、深圳等地，这种"收编式"的管理也没有在社会上或学界引起大的争议。但有些地市的类似做法就引起了一定争议，如广东梅州比较特别的信仰形态——"香花"及科仪是否算是佛教？将其纳入佛教协会的管理是否恰当？尽管如今梅州的民宗局已将香花场所及其人员纳入到梅州市佛教协会的管理中，但不等于争议就不存在了。

对香花信仰起源的研究，学界已有不少成果面世，但尚无定论性描述，这种信仰属性在归类上迄今仍存很大争议。但学者大都认为梅州地区的香花产生于明代。人们常将"香花"与佛教相联系。事实上，香花信仰中的大量地方色彩并非佛教形态，如从业人员食用荤腥、不独身、不戒烟酒等，与正统佛教相较还是有较大区别。笔者认为，"香花"有可能是佛教与客家地区的民间信仰、当地传统的巫觋文化融为一体的产物，是客家丧葬、祈福、消灾仪式中的重要组成部分，也是当地客家丧葬习俗的基本仪式。

现在梅州的登记在册的属于佛教协会下属的香花场所有 290 处之多。"佛教香花"的表述表明了"香花"隶属于"佛教"。但笔者和专门研究广东佛教史的学者江泓基于田野调查研究而得出的结论是否定的，香花不属于佛教，香花只是梅州客家地区众多的民间信仰和民间信仰的表现形式"之一"。正因如此，若只是为了管理的方便，硬是把香花场所纳入"佛教协会"既不明智也不妥当，其理由有下列几点：

其一，所谓香花科仪葬礼习俗是客家超度亡魂的法事，它是基于中国传统社会中鬼神崇拜的观念而不是基于佛教。虽然在这些仪式中加入了佛教的元素，但这种丧葬习俗的基本仪式及仪式背后的死亡观与主流佛教丧葬习俗的基本仪式及仪式背后的死亡观迥然有别。香花科仪的葬礼习俗寻源可上溯到先秦时

---

① 2016 年 6 月 22 日，中山市港口镇调研。

代,古人基于鬼神崇拜的观念——"鬼有所归,乃不为厉"——而规定出的具有一定系统的丧葬仪式。香花仪式中的一些套路,虽吸纳了佛门经忏的某些元素,但基本都经过改编和加工,其客家文化传统韵味浓厚。仔细考察,这种"韵味"更多的是带有"巫术"而不是"佛教"的韵味。总之,香花信仰保存了一种更接近华夏汉族人自远古以来形成的鬼神观念下的生死观和儒家导向的伦理价值体系。

在中国传统的宇宙观中,认为世界之中,天、地、人三者互相影响,形成一套平衡系统。日月星辰山川河流等所有天空及地面的景象皆有不同的神灵掌管,人生存在天地间,死后魂魄离开身体,转变为另一种样态继续存在。因此,对于传统中国人来说,死亡并不是终结,亡者也并不就此消失。死后的冥界依旧有如人间一般的秩序,人死后若无人掩埋或祭祀,则亡灵于冥界(阴间)感到困苦,会依附于枯骨在人间作祟。人们还认为当死亡是自然死亡时,如果有恰当的祭仪祀奉,则可顺利往生冥界;若不然,则成为滞留在人世间的孤魂。若死因是非自然死亡,则是不祥之死,更需要透过适当的丧礼、祭仪予以帮助,否则亡魂怀着生前的罪与恶,会化为厉鬼,贻害人间。关于民间"厉鬼"信仰的研究很多,本文此处不再展开。

总之,中国传统的生死观是人、鬼二分的,而佛教的生死观,是众生神识的六道轮回。换句话说,从无始以来,所有天、人、阿修罗、畜生、恶鬼、地狱的六道众生,在其死后,都依据自身的业力而轮回于六道中的一道再次出生,周而复始。打破这种生死循环、无尽轮回的办法只有依照佛法修持,达到觉悟。显然,香花的生死观基本上与中国传统的人、鬼二分的生死观是一致的[①],与佛教六道轮回的生死观不同。并且基于对生死认识的不同,香花与佛教超度科仪的目标、内容都迥然不同。

其二,香花既不是佛教,也不属于佛教的某个派别。香花人员与佛教僧尼有着本质区别。关于一种信仰的宗教类属判别有许多需要考察的要点,比如根本教义及教理开展逻辑(若无体系性理论则需考察其世界观、生死观等)、习俗禁忌、崇拜对象、宗教仪式、宗教经验等等。若基于比较宗教学的立场将香花信仰与佛教传统作全面的比较可得知,从事香花的人员多有家室子女,食用荤腥、不戒烟酒、蓄发俗服等等,与正统佛教相较显得颇为刺眼。据官方数据称,少部分香花人员因经历文革时期等历史原因,结婚,有子嗣,拥有家庭。据江泓于

---

① 参看香花科仪内容就不难发现这种人鬼二分生死观的情况。广东佛教研究学者江泓自 2008 年以来走访多个香花寺庙,与十数位从事香花的斋公、斋嬷的访谈也是有力佐证。访谈人员无一人可以说出六道是哪六道,并且绝大多数根本不知道六道轮回的含义。某知名的香花大庙,其斋嬷深信颇有道行的师公死后还留在本庙里,偶尔会显露神迹,这样的观念都与佛教的生死观念和价值判断迥然不同。

2008、2009 两年间所做田野调研的不完全统计,年长香花人员,特别是新生代香花人员中,拥有家庭者占大多数。笔者 2015 年在梅州所做的田野调查也再次证实中年的香花人员中几乎均拥有家庭(个别育有儿女的香花人员有离婚的现象)、子女,除了住持常住庙中(偶尔也能回家打个转),其他的香花人员与家庭、子女的关系是很密切的,他们可经常回家。

佛教作为制度性宗教,神圣性是其核心观念之一。在佛教组织内部,教义、仪式、出家僧众德等象征着这种神圣性。神圣性在现实中的维系深涉到佛教信仰的"表达力"与佛教的"生命力"等层面。这其中"僧伽以其'表象''中介''模范'的三大功能,成为佛教神圣性的最主要'表达'"[1];"因此僧伽身份的'端正'与否成为至关重要的问题,这涉及到佛教信仰的'表达力'与佛教的'生命力'问题"。[2] 而戒律则是僧伽乃至佛教神圣性的"保证",在佛教建构神圣价值体系中具有核心价值。所以,佛教界常说"以戒为师"是正法久住的前提。因此,要被认定为佛教教职人员必须是受持佛教三坛大戒的出家僧众,这是佛教教职人员认定的底线。如果不尊重这一古老的传统,不但会破坏汉传佛教两千年来的悠久历史传统,还会给今后的宗教管理工作带来许多不确定的因素。在汉传佛教这样一个本身平衡丰富的文化系统中加入这样一大变量是极其危险的举动。中国的民众对于佛教的教职人员有着较为统一的印象与界定——茹素、独身、自律、威仪。僧人若有违反民众约定俗成印象的举动,都会对佛教界造成恶劣的影响,引发舆论的哗然。如果将香花人员都认定为佛教教职人员,对正统佛教的形象,乃至对广东佛教的形象将会是一更大冲击,这种冲击的力度与后果是难以事先尽述的,也难以事后逆转的。另外,这种恶劣的影响不是靠单一地区的行政力量可以化解的,会导致一系列的多米诺效应。

其三,若从学理角度审视,将香花信仰归为"民间信仰"则可以自圆其说,且更具合理性。民间信仰无疑有源自民间及贴近民间的独特性,而香花信仰及科仪在梅州客家人的生活中有不可替代的作用和地位。梅州人民也认为这一信仰传统以浓郁的客家文化方式,起到了教化民俗、熏染人心、凝聚一方、维系族群秩序等作用。香花科仪在保存客家文化传统与发挥正面社会功能上的成功,完全得益于其源自民间、贴近民间的"小传统"独特性。可以说,香花信仰是梅州客家文化和民间信仰的代表之一,将它归于民间信仰是最为贴切和妥当的。

---

① 圣凯:《印度佛教僧俗关系的基本模式》,《世界宗教研究》2011 年第 6 期。

② 圣凯:《印度佛教僧俗关系的基本模式》,《世界宗教研究》2011 年第 6 期。

2008年,香花科仪作为来自粤东客家山区的宗教艺术与昆曲等具有代表性的中国当代音乐艺术,在美国斯坦福大学"泛亚音乐节"参加展演。作为整个音乐节中唯一按照所谓"原生态方式"进行表演的宗教艺术形式,"香花"展演获得了人们的高度赞赏,这种"原生态方式"的表演正是其"非物质文化遗产"特征的一个完美诠释和展现。香花科仪共有三十多套,目前,香花科仪中的"席狮舞"和"铙钹花"已分别列入国家非物质遗产项目和省级非物质文化遗产项目进行保护,"打莲池""鲫鱼穿花"被列为市级非物质文化遗产。几年前,在梅州市梅江区委宣传部的网站上是如此介绍"席狮舞"和"铙钹花"的:

"席狮舞"项目简介:

"席狮舞"是梅州客家人特有的一种传统民间舞蹈,起源于唐朝文宗太和年间,是梅州城区民众进行香花佛事间的一种技艺表演。"席狮舞"最大的特点是就地取材、卷席为"狮",另一个和尚(这种身份的认定是草率的——笔者注)拿"青"(长命草和柏树叶)持扇伴舞,表演有引狮、舞狮、种青、偷青、藏青、抢青、逗狮、入狮等多个程式,模仿狮的行走跳跃形态,加上舞者右手手腕的灵活绕动、舞步的灵活配合,在似狮非狮中显现出狮的神气、精猛。用锣、鼓、钹等禅器,按客家锣鼓谱伴奏,整个表演约需二十分钟,其寓意是驱邪并有祝愿和保佑在世之人安康祥和之意,深受民众喜欢。由于这种表演难度大、技巧性强,已属濒危,目前我区已加大力度宣传保护、传承发展。①

"铙钹花"项目简介:

"铙钹花"是梅州客家传统的,至今仍然盛行的"香花佛事"项目之一,是一种相似杂耍的技艺表演。"铙钹花"的道具是铜制大钹,重约一公斤,直径有40厘米,通常有一个僧(尼)(这种身份的认定同样也是草率的——笔者注)持钹表演,三四个僧(尼)边上鼓乐伴奏,表演的花样套式主要有:单转钹、双转钹、高空飞钹、黄龙缠身、秕谷斗鸡、罗汉翻身等数十种。最惊险的是高空飞钹,将铜钹抛高一二十米之后用手或小竹竿接住快速旋转,难度较大,富有技巧性和观赏性。具有调解气氛和聚集民众观赏功能,因而深受广大民众喜爱。②

由此可见,"席狮舞"和"铙钹花"的表演类似高难度的杂耍,是一种"富有技巧性和观赏性"且"表演难度大""已属濒危"的民间技艺表演。在笔者对香花人员的访谈中,曾有一位香花的住持说,"我们去主家做丧事,来的人多(来的人越

---

① 参见《中国·梅江》,http://www.meijiang.com。

② 参见《中国·梅江》,http://www.meijiang.com。

多说明主家的人缘越好），主家难以安排住宿，大家就聚在一起，看看香花表演，既打发时间，又图个热闹，而且'喜庆'的气氛比阴郁的气氛好，这对逝者转世升天有帮助，所以是否请香花也表明了主家是否对逝者尽孝"。[①] 这从侧面佐证了香花科仪"有调解气氛和聚集民众观赏功能"。香花人员需要的是技艺的训练和表演而不是对佛教的死亡观与佛教超度科仪的目标、内容的了解，这些都很好地说明了香花的"民间性"和其"民间习俗"的渊源。

在 2008 年前，梅州政府部门对于香花传统并未予以充分重视，但 2008 年香花科仪在美国斯坦福大学"泛亚音乐节"的展演改变了政府部门认识香花传统及其文化价值的视角。梅州当地的政府部门亦以此为契机，逐步认识到保存和挖掘香花传统文化价值对客家文化体系的意义和重要性。这本无可厚非并值得肯定，但问题是：保存和挖掘香花传统文化价值是否一定要动用行政力量将其纳入到佛教的管理范畴中来？当然，政府部门初衷是好的，本着保护客家文化元素及关切香花人士切实困难的生活处境（香花人员主要靠做"法事"的收入自养。有部分乡间、山区小庙，人员单薄、年龄偏大、信众资源少，又或有残障、无法单独承担法事，生活艰苦，自养困难）的考虑，若将其认定为佛教的教职人员，就能享受宗教教职人员的医保、社保等各种优惠政策。

从 2012 年前后起，梅州市民宗局将香花的从业人员纳入到佛教协会里，这一来壮大了梅州佛教的力量（梅州历来主流佛教的力量显得比较薄弱），二来对香花的管理可以借助现有的佛教体系和政府管理办法，香花人士可以享有宗教教职人员的各种优惠政策，改善生活境遇，更好地从事香花信仰的传承与保护。据梅州官方的数据显示，全市目前开放的列属于佛教的场所共二百九十余处，其中 80% 是香花信仰，教职人员保守估计有五百人以上。

如前所述，香花信仰与制度性的佛教间的千差万别是明眼人一看就明白的，它们是完全不一样的宗教形态，硬要将它们"捆"在一起，对彼此都是有弊而无利。如为了将香花与正统佛教相统一，梅州各级政府部门曾多次引导梅州佛教协会举办培训班，对香花人员进行佛教培训，以帮助香花人员了解佛教的教义教理等。实事求是地看，培训班的效果并不理想，主要出现两种状况：一是乐于接受正统佛教培训的香花人士在参加培训班一段时间后，往往萌生皈依正统佛教的想法，导致香花传统认为人才正在流失；二是不能接受佛教清规戒律的香花人士，对培训班期间的种种规约感到压力颇大，并且有佛教大传统要吞并香花小传

---

① 2015 年 7 月 7 日，贺璋瑢对梅州梅县区松口镇径礤村梅溪圣宫的住持宏惠师的采访记录。

统的压迫感。因此，大批资深香花人士表示不愿参加培训班，也不愿选派场所中年轻的新生代力量加入培训班。

更为重要的是，若将香花信仰认定为佛教，还有两方面的"说不通"。一方面，如果将香花人员都认定为佛教教职人员，对于正统佛教的形象，以及对广东佛教的形象都将会是一大冲击。这种冲击的一个显而易见的后果是容易导致为了保护香花小传统，而伤害到佛教大传统。一个较为现实的问题是：如果严格按照佛教教职人员认定标准进行认定的话，需要香花人士对现有的生活状态做出很大的调整。这些调整如果只是在面上实行不能落到实际，则人们对梅州地区的佛教会另眼相看；若要切实推行，又恐会引发一些家庭或是社会问题。况且，只要走出梅州，香花人员作为"佛教教职人员"的身份认定不为社会大众承认。即使在梅州区域，香花人员的文化水平偏低及对佛教经典、历史与传统以及科仪的不甚了解都很难使得他们在佛教内部有话语权。

另一方面，为宗教管理工作带来后续棘手问题。根据我国的宪法及相关宗教条例规定，宗教活动必须严格控制在宗教场所内进行。香花信仰的法事活动以丧葬科仪为主，除去年初祈福、年中暖福、年末完福以及"出花园"①之外，极少有仪式是在香花场所内进行的，一般都是应邀入户进行一系列半宗教半表演性质的仪式活动。若明确将香花作为五大宗教之佛教进行认定和管理，则不能无视相关法律法规的规定，不能再从事类似的法事活动，这对香花信仰来说，无疑是一致命的打击。一是废除类似入户法事活动，香花信仰就不能再为梅州客家民众的丧葬习俗提供服务，从而截断了其主要经济来源；二是丧葬仪式需求是香花传统产生之来源与根本，香花法事的大半是应用在丧葬活动中的，取消类似法事，则香花独有的科仪传统会面临传承断续的危机。这种结果是完全违背政府部门积极举措之初衷的。但若考虑到香花信仰的特殊性和梅州地区的习俗而开例批准，则一来违背相关法律法规，二来会带来管理上的困境。此特例一开，其他宗教各教派都会有依例提出各自特殊要求的可能性，从而使得当地宗教管理工作陷入被动。尽管目前梅州地区将香花人员纳入佛协的做法并没有在当地引起过多的质疑和反对（这与政府对本来就显薄弱的主流佛教寺院的僧尼人员所做的工作不无关系），但不等于这种"管理的隐患和风险"不存在而可忽略。笔者

---

① 广东梅州、潮汕等地区一种特有的成人礼。有 15 岁男女孩子的家庭，要在阴历七月初七乞巧节和七月十五中元节或另择日为孩子备办三牲果品拜别公婆神（俗称公婆母）。以此表示孩子已经长大，可以走出花园，不再是终日在花园里玩闹的孩童了。在当地人的眼里，未成年的孩子就像是生活在花园里一样，等到其成年时就要将孩子"牵出花园"，表示其已成年能独立生活。

仍然对此"拭目以待"。

由上可见,民间信仰事务管理的复杂性。笔者在此需要指出的是,香港台湾地区也有类似的"收编"现象,但管理权责却未被"收编"。"从历史传承上看,港台地区的民间信仰与道教信仰谱系水乳交融,形成有趣的相互依存特征,比如庙会的仪式活动基本上是由专业道士来主持,但在管理体制上则有财团法人、社团法人、宗教法人、管理人等模式,主要是地方贤达人士担任……有些庙宇被冠有'道教'称号的联合团体所收编、扩容,呈现了'泛道教化'的组织特征,但并未因此改变原有的管理权责,道士等仪式专家并非管理主体。"①下一章将对此有探讨。

行笔至此,笔者不免又想起"华南学派"的研究工作,思来想去,笔者对广东民间信仰事务的管理之探讨虽然与华南学派对广东地方社会的明清史研究有相似之处,如都有关于广东民间信仰现象的探讨,但着力点的不同显而易见。这是因为:"近代以前民间信仰的发展和演变伴随着'国家'和地方史发展历程。民间信仰在不同历史时期的'兴'与'废',是中央和地方政权'自上而下'乡村治理与控制的产物,同时也是中央王权对于地方社会权力渗透和社会治理的手段和途径。在我国传统乡土社会,民间信仰及其关涉的节日、仪式及结社组织等,已嵌入当地乡村社会结构和文化网络中,逐渐内化为乡村的内组织机制和内生文化,成为乡村秩序的维系机制之一。近代以来,随着清末'皇权不下县'的传统治理体制逐渐瓦解,在现代民族——国家进程中,乡村从相对独立的、与国家保持距离的社会因子逐渐演变为国家行政细胞。民间信仰作为传统乡村社会结构和文化网络的组成部分,在乡村治理格局及治理机制的变革中遭遇重大变迁。"②

笔者的研究与华南学派的研究"着力点的不同"具体表现在:其一,"华南学派"以明清的珠江三角洲为例,探讨地域文化传统如何"整合"到国家的政治文化的大传统中,这从科大卫的《明清社会和礼仪》这本书的目录中就可窥见一二,这本书可分为六大部分,即"从礼仪到国家""从社会史出发""从祖宗到皇帝""从明代到民国""从华南到华北""从身份到礼仪"。与民间信仰现象相关的主要是"从礼仪到国家""从祖宗到皇帝"这两部分,统观全书,不难发现,作者其实着力最多的是"小传统"整合到"大传统"的过程中宗族势力是如何日渐强大,民间社会是

① 陈进国:《中华信仰版图的建构与民间形态的发展》,载邱永辉主编:《中国宗教报告(2013)》,社会科学文献出版社,2013 年,第 209 页。

② 张翠霞:《民间信仰与乡村社会治理——从民间信仰研究的现代遭遇谈起》,《中央民族大学学报(哲学社会科学版)》2018 年第 4 期。

如何与国家礼仪成为"一体"的。笔者的探讨则不是以"宗族势力"为主,而是以"当代民间信仰事务的管理"为主,当代社会,"宗族势力"虽仍然不时见到存在的身影,但整体而言,其"势力"并没有明清时那么大(不排除在某些地方依然较有影响)。笔者几年来田野调查的也是围绕现如今的民间信仰事务究竟是怎样进行管理的主旨展开。

其二,在当代,国家意志能够一以贯之地贯彻到基层,即街道居委会或村委会,不存在"整合"的问题,况且民间信仰所能发挥的功能与作用除了"公益与慈善""道德教化与心理疏解""社区整合"外,已经不同于明清时期。这在第三章的第二节(与港澳台和东南亚民间信仰的同源性与紧密联系)和第三节(民间信仰与自然生态和宗教生态之间的平衡关系)中已有详述。

其三,如果说明清时期的宗族精英可以运用民间信仰或者祠堂、家庙来壮大宗族、发展经济的话,当代的民间信仰的宫庙如本章所述,大都还是由街道居委会或村委会或老人会等机构或组织来进行"管理"的,而参与管理的人不乏地方上的文化精英,如退休干部、退休教师,村落中有阅历、有资历的年长者,也不乏本地老板的偶尔参与等。在中山市南头镇由村委会主导的北帝庙的管理模式是对笔者上述理论的最好证明。

北帝信仰在珠江三角洲地区广受百姓崇拜。南头镇当地村民十分崇奉北帝,将建有北帝庙(南头镇北帝庙最早是 1828 年,即清代道光八年建的)所在的村起名为"北帝村",庙宇的修建及日常维护均由村民自发捐资。一年中的重要岁时节令,当地百姓都会到北帝庙进行祭祀。该村曾于 1867 年、1921 年、1987年多次重建北帝庙。如今,北帝庙依然保留着 1867 年同治丁卯年间第一次重建时刻有"玉虚宫"等文字的三块门石以及一个玉香炉和一块石碑等。

自北帝庙在 20 世纪 80 年代末重新修缮后,其在管理上一直都比较混乱。2012 年,北帝村的村委会开始意识到原有的管理模式走不通,主要是财务的运作不透明,群众常会质问香资、捐款等的去向。当时村委会首先引入了财务监督,庙里的所有款项以及收支要交由村委会审批,就和村委会的收入支出一样。2013 年,北帝庙重建,花了三百多万,2015 年,北帝庙又进行进一步的修缮,在村委会的几经讨论后,决定成立庙宇理事会,并确定理事会要在村委会的指导下进行工作,并由村委会对理事会进行政策性指导管理,告诉庙里什么事情可以做,什么事情不可以做。在村委会的主导下成立的庙宇理事会,主要工作之一就是"发动群众,给庙里筹款"。理事会的成员有的本身就是村委会的成员,当笔者一行去到那里调研时,村委会年轻的胡书记告诉笔者,北帝庙理事会的人"都是村里的人,有的本身就在村委会工作。理事会成员是通过不记名投票选举出来的,这些人多是村里的经济能人,也就是过去称为是'乡绅'的人,是社会的中坚力量"。

几年来,北帝村获慈善捐款累计有五百多万,村委会又在北帝庙旁边建篮球场、健身广场、读书室等配套设施,以便村里人来此开展文化、健身等活动。此外,该村每年的灯酒会①有三百多席,参与的人数约有三千五百人,包括全村的男女老幼,附近的企业也会参与并捐款。灯酒会是北帝村每年一次的盛会。胡书记不无自豪地告诉笔者,"我们的筹款除了修缮庙宇外,就是用来做慈善、扶贫等。这样起到社会润滑剂的作用。同时,村民也相信村委会的作用,相信村委会的管理。我们思路清晰,北帝庙一是不封建迷信,二是接受党的管理,三是接受群众的监督。我们花那么大的力气来建庙修缮庙宇,并不是在意庙的建筑大小的问题,而是庙背后的文化意义,因为它是我们整个村的精神图腾"。② 近年来,北帝村村委会还将当地灯酒会申报非物质文化遗产等事宜都纳入到村委会的工作日程,并在村委会的组织及领导下取得显著成效。

南头灯酒会一般都是由村民自发筹集资金来举行,灯酒会包括了扎灯、开灯(农历正月初六行拜祭后才能开灯)、挂灯(即将花灯挂于北帝庙前供村民欣赏祈福,又曰祈灯,一般在正月十四、十五日进行)、投灯(一般在正月十六日进行)、饮灯酒(一般在正月十六日进行)等系列民俗活动。投灯与饮灯酒是同时进行的,即正月十六日这一天,村民们要在庙前空地筵开几百席摆灯酒,几乎全部村民都参加灯酒宴,灯酒宴上,热心村民更是踊跃参与花灯竞投,每年六盏作为投灯的花灯价高者得,竞投款项全部归入北帝庙日常运作经费及用于村中老人福利。

据村委会摘取的网上报道:"2016 年 2 月 23 日晚,中山市南头镇北帝庙举行了大型的慈善花灯酒会活动,当晚的灯酒宴筵开 360 围,北帝社区乃至全镇的善长仁翁都前来参与,社区居民在花灯酒会凝聚乡情,举杯畅饮,现场一派欢庆的景象。按照往年习俗,花灯酒会设置头尾炮、花灯、聪明书包等多个吉祥物品供社会热心人士进行竞投。居民群众一边享受着宴席,一边慷慨解囊,弘扬慈善。一番激烈角逐后,头尾炮、花灯等多个吉祥物品均被热心人士所投得。据统计,当晚共筹集善款五十多万元,这些善款将用于社区内老人福利等公益事业

---

① 中山自古有春节过后开灯、挂灯、唱灯歌和摆灯酒之习俗。清代同治年间出版的《香山县志》也有关灯节的文字记载:"正月灯节添丁者挂花灯于祠以酒脯祀其先曰开灯亦曰挂灯"。每年正月十六举办的灯酒习俗是北帝庙最为热闹的庙会活动。从清代建成北帝庙之后,南头北帝庙村中就有开展灯酒活动。
② 2016 年 6 月 22 日,中山市南头镇调研。

开支。"

由上可见,时代不同,民间信仰在地方社会的运作,所发挥的功能以及管理模式等均有不同。学者在进行研究时,既要有历史的眼光,穿越回去做一番比较,同时也要更具当代的问题意识。究竟如何认识民间信仰的属性?民间信仰事务到底是否需要管理?且民间信仰的这种"管理"又该如何与五大制度性宗教的管理有所区别?他山之石可以攻玉,这就是下一章笔者关于华南的其他地区即福建、香港、澳门与台湾等地的民间信仰事务管理所要探讨的内容。

第五章

福建与港澳台的民间信仰事务之管窥

本章将对福建、香港、澳门与台湾的民间信仰事务的管理做些探讨,为什么要把这四地放在一起来讨论,主要基于以下理由:其一,这四地与广东一样,在地理位置上同属于华南,将这四地放进来探讨,可在广东之外的更宏阔的视阈内来观照华南的民间信仰;其二,福建与广东是邻省,两省内的许多民间信仰的神祇可谓同源同根,且都同为民间信仰的大省,又都在大陆境内,制度环境大致相同;其三,广东毗邻港澳,港澳最早的移民与民间信仰的神祇也大致与广东同源同根,但因港澳地区实行"一国两制",民间信仰事务的治理方式也因之与大陆有很大不同,而台湾现行制度与香港澳门又有许多相似。不管怎样,他山之石可以攻玉,福建、香港、澳门与台湾的民间信仰事务的管理或许都可以为广东民间信仰的管理方式提供借鉴与参考。

第一节 福建民间信仰事务的管理现状

一、福建与广东的民间信仰神祇渊源

笔者在第一章讨论"广东民间信仰的源流"时,曾提到广东"东邻福建",也提及广东与福建的先民在上古时代都属于"百越"(所谓"百越"只是"越"这一民族群的统称)或都能称为古越人。尤其粤东的先民和福建的先民本都属闽越人,所

以"断发文身"的习俗与"好巫尚鬼"的原始信仰传统大致相同。《史记·封禅书》上关于越人的"俗鬼""鸡卜"等记载对于这两地越人的先民都是适用的。

历史上，尤其是三国至唐宋元时期，中原汉人移民大量进入粤东地区，这些人中大多就是从福建进入粤东地区定居的："东晋南朝大量进入福建的北方移民有一部分从海陆两个方向进入潮汕地区，成为继秦汉以来人数较多的一批移民。"①唐末宋元时大量闽南移民又迁入潮州（潮州至今还流传着"潮州民，福建祖"的说法），更是推动了闽地民间信仰的传入，潮地可谓是闽地文化的主要辐射地之一。而粤西的移民历史要比粤东晚点，南北朝后，尤其是唐宋以后，迫于人口压力，闽人除移民潮州外，也向粤西大量移民。

正因为上述历史的渊源，所以粤东粤西民间信仰的神祇与福建地区民间信仰的神祇有着不少相似的地方。因为移民与移神基本是同时进行的，福建移民进入粤东粤西时，就带来了他们的神祇与信仰。妈祖（天后）来自于福建自不必待言，如第一章提及的客家人所信的伏虎佛与定光佛本就是闽西的名僧惠宽和定光，还有对女神临水夫人与三奶娘、医神保生大帝的信仰等。潮汕地区的民间信仰主要神祇的来源有两方面，即外来引进和本土造神。所谓"外来"即是指从福建而来，如佛教的俗神大颠和尚、大峰祖师等，道教的俗神玄天上帝、九天玄女等都是随移民进入潮地的。在粤西，除了天后信仰外，闽人也带来了"石敢当"及"八卦"之类驱邪镇魔的信仰形式。

二、福建在民间信仰事务管理上所做的尝试

关于福建民间信仰的现状，有学者称："福建是全国民间信仰最兴盛的地方，其宫庙之多、神明之众、信徒之广，活动形式之繁杂，影响之大，在全国罕见其匹，堪称中国民间信仰的典型标本。"②笔者在此并不敢说广东也"是全国民间信仰最兴盛的地方"，但该学者这段话中的五个"之"，用来形容广东民间信仰的情形或许也不为过。

可能正是因为福建是"中国民间信仰的典型标本"之缘故，福建对于民间信仰事务在"治理"上的探索可以说是走在了全国的前列。陈进国与陈静为2014年的《中国宗教报告》所撰写的《民间信仰事务治理模式上的探索与反思——以

---

① 司徒尚纪：《岭南历史人文地理——广府、客家、福佬民系比较研究》，中山大学出版社，2001年，第36页。

② 刘大可：《传统与变迁：福建民众的信仰世界》，社会科学文献出版社，2011年，第40页。

福建省为例》一文中具体且详细地介绍了福建在民间信仰事务"治理"模式上的探索,该文从 1990 年开始一直追溯到 2012 年福建在民间信仰事务"治理"模式上的探索历程。需要指出的是,2000 年 6 月,时任福建省长的习近平对副省长汪毅夫处理某突发的民间信仰问题有一个重要批示:"同意毅夫同志的建议,民间信仰问题应该有一个部门主管起来,不能遇事都由副省长来处理。设置临时管理机构与机构改革的精神不符,还是由民宗厅主管,其他部门配合为好。民宗厅主管民间信仰,决不是就此承认了民间信仰是宗教。"这个意见可谓是改变了福建的民间信仰"谁也不管,不知如何管"的局面。同年,在省级机构改革工作中,福建省民宗厅的职能设置增加了"研究和实施民间信仰活动场所管理办法"一项,2002 年 4 月福建省出台了《关于加强民间信仰活动管理的通知》,规定"县级以上人民政府宗教事务部门负责所在区域内的民间信仰活动的管理工作",这是全国各省区市中出台的第一份关于民间信仰事务治理的文件。2004 年,福建又率先在省民宗厅增设了民间信仰工作处,专门负责"研究和实施民间信仰活动场所的管理办法"。"2005 年 6 月,省民宗厅民间信仰工作处酝酿起草了《福建省民间信仰活动场所试点管理暂行办法》;9 月,组织包括专家学者在内的调研组展开全省专项摸底调查,并将纳入试点管理工作的 749 处民间信仰活动场所进行登记备案。"从 2005 年至今,福建省政府锲而不舍地坚持"民间信仰试点管理"。

陈进国与陈静在该文的"治理措施"部分具体介绍了福建的福州市、莆田市、泉州市、厦门市、漳州市、龙岩市、三明市、南平市、宁德市的情形。在总结福建民间信仰事务的治理经验时,作者明确指出:"对于民间信仰庙宇的治理问题,福建省已经探索了二十多年,但是仍然未形成一套成熟的治理模式可以全面推广,也没有真正意义上的法律文件来确定民间信仰庙宇的法律地位。福建各市县都大同小异地参照了国家宗教事务局颁布的《宗教事务条例》,对五大宗教以外的民间庙宇进行参照式的试点治理,并形成了多元化的治理试点。"[1]作者也不讳言福建在民间信仰事务治理上所遇到的挑战,如"民间信仰形态的认识和定位问题""民间信仰庙宇的多头管理问题""民间信仰庙宇的法律地位问题""党员和退休干部参与民间信仰事务问题"和"民间信仰庙宇的拆迁改建问题"等。作者还归纳了福建民间庙宇的自我管理模式:如县(市)、乡(镇)、村(社区)的三级管理模式、民间信仰协会管理模式、挂靠佛教道教协会管理模式、老人协会管理模式、

---

[1] 邱永辉主编:《中国宗教报告(2014 年)》,社会科学文献出版社,2015 年,第 184 页。

村委会管理模式、单位或个人承包管理模式以及理事会、董事会或公司办庙模式等。

读到上述文字,对照广东的情形,笔者不禁有一种"似曾相识"的感觉。要承认,广东在民间信仰事务"治理"模式上的探索,落在了福建之后。2005 年,国家宗教事务局成立第四司,正式将民间信仰纳入社会治理的范围。随之广东、浙江、湖南等省,先后出台了相关的文件或立法,从而加强了民间信仰活动场所的社会管理力度。广东许多市县如广州市、汕头市、佛山市等也开始了其在民间信仰事务"管理"模式上的自我探索。但直至目前,广东各地仍未形成一套成熟的且可推广的管理模式,广东在民间信仰事务治理上所遇到的挑战与福建所遇到的挑战可说是大同小异。

第二节　香港的民间信仰事务及其管理现状

一、香港与广东的历史渊源

就香港而言,香港地处华南沿岸,在广东珠江口以东,由香港岛、九龙、新界内陆地区以及 262 个大小岛屿(离岛)组成。香港北接深圳市,北距广州 130 公里,在地理上香港可以说与广州唇齿相依,南面是珠海市万山群岛,西边与澳门隔海相对,距离为 61 公里。

香港在远古时期也属于百越之地或曰岭南之地。秦汉时期,香港最初是属番禺县管辖,汉朝时香港隶属南海郡博罗县,东晋时期,香港初时属于东莞郡宝安县,后另设了一个东莞郡,下辖宝安、兴宁等六县,这个宝安县之辖地,就包括了今天的香港、深圳与东莞等地。隋朝时,宝安县又被并入广州府南海郡,香港仍属宝安县。唐朝时,宝安县被改名为东莞县,香港也就是东莞县的辖地了。宋元时期,由于商业和海上贸易的发展,内地人口尤其是从福建而来的人口大量迁至香港。元朝时,包括香港在内的整个广东都属于江西行省。明朝时,从东莞县划出部分地方成立新安县,即为后来的香港地区。香港岛自此由明神宗万历元年(1573 年)起,一直到清宣宗道光 21 年(1841 年)成为英国殖民地为止,该地区一直属广州府新安县管辖。

从上段香港历史的简单梳理中,不难看出香港在历史上与广东有着密切关系,这种密切关系更是体现在人种与信仰的同宗同源方面。只是在 19 世纪中期英国占领香港后,香港的人种与信仰才发生了变化,其移民的来源更加广泛,信仰也日益变得多元起来。

二、香港的民间信仰

就香港的民间信仰而言,正因为香港在历史上与广东的密切关系,香港的民间信仰在很大程度上与广东也是同宗同源,也可以说香港的民间信仰庙宇与广东的民间信仰庙宇传统、历史和传播有分不开的关系,两地说的都是粤语方言①,吃的都是粤菜,拜的都是粤地的神,庙宇神祇的历史来源和特色以及庙宇建筑和文物艺术都与广东民众的地方信仰(尤其与以珠江三角洲为核心的广府地区的民间信仰)有直接的渊源。

如今香港的人口大多数仍为华裔②。在香港,世界上流行的各大宗教几乎都有人信奉,但占人口大多数的华裔仍然主要信仰包括佛教、道教的俗神在内的制度性宗教以及民间信仰。香港民间信仰庙宇的种类繁多,不仅有在广东各地都流行的天后庙(在香港又称天后元君、妈娘、妈祖)、观音庙、关帝庙、城隍庙等,也有在广府地区流行的洪圣庙、北帝庙(玉虚宫)、车公庙、金花娘娘庙、谭公庙、侯王庙、华光庙等,还有在粤东流行的三山国王庙、鲁班庙等。

值得注意的是,天后信仰似乎在香港的民间信仰中占有更为突出的地位,全港的天后庙宇竟有 24 座之多,有些天后庙更是享誉一方,如佛堂门天后庙、鲤鱼门天后庙、筲箕湾天后庙、大坑天后庙、赤柱天后庙、坪州天后庙、林村天后庙等,这种现象也许反映了原来祭拜天后者以水上居民为多或是以福建移民为多的情形。如西贡佛堂门天后庙始建于南宋咸淳二年(1266 年),距今七百多年,它是香港现存历史最悠久的庙宇,经历多次修葺,今天所见的外貌重建于光绪三年(1877 年),古风犹存。据庙内所存刻凿于 1274 年的摩崖石刻记载,佛堂门天后庙是福建林氏家族移居香港的第三代林道义扩建。因此它一直以来被林氏家族视为祖庙,过去一直由他们掌管,直至 1939 年才由华人庙宇委员会接管。由此可见从福建移民而来的林氏家族与该天后庙之间的密切关系。

"早期民间庙神信仰与族群之间的这种亲密关系,不单见于天后与水上居民,也可见于其他神灵信仰,诸如谭公信仰与惠东水上客家及打石工人,三山国

---

① 据 2016 年统计数据,香港居住人口中,日常习惯用粤语的占 88.9%,用英语的占 4.3%,用普通话的占 1.9%,用中国其他方言的占 3.1%,用其他语言的占 1.9%。

② 据 2017 年的统计数据,华裔占香港人口比例约为 91.4%。

王与潮汕族群,樊仙信仰与经营陶瓷生产的大埔碗窑马氏等。"[①]这样的例子还可以举出不少,如深水埗三太子宫是香港唯一供奉中国神话《封神演义》的主角之一哪吒三太子的庙宇。1894 年时香港发生鼠疫,深水埗当时聚居不少以打石为业的客家人,他们于疫症期间从惠阳迎来三太子神像出巡,其后疫症减退。为了感恩,四年后这些以打石为业的客家人集资建庙以求哪吒三太子保佑一方安宁。三太子宫的大门的左右对联分别为,"驱除疬疫何神也功德生民则祀之;圣德巍巍宇内群生咸沾雨露神恩荡荡国中黎庶尽沐威光",上联为"至圣至灵"。三太子宫主祀哪吒三太子,配祀观音及包公,另供奉太岁及金花娘娘。又如鲁班先师庙,又称鲁班庙,是香港唯一一间拜祭鲁班的庙宇,庙宇建于清朝光绪十年(1884 年),供奉木匠祖师鲁班。庙宇是当时香港建筑三行(木工、泥水、油漆)的同业人士所集资兴建,据庙内石刻记载,当年合资捐建鲁班庙的人超过 1172 名,其中以广府人居多。

三、香港的民间信仰事务管理

如前所述,广东人福建人移民香港时,带去了各自的信仰神祇,形成了香港华人社会与粤地闽地大致相似的神祇世界。在香港开埠初期,港英政府对民间信仰基本上采取的是尊重和不干预态度,因而民间信仰庙宇也得以延续传统社会的村庙管理模式,如筹办庙会、神诞、醮会等活动,还要承担"集庙议事"、制定乡约民规、乡事裁断等活动。

20 世纪初,港英政府开始将华人事务置于根据英国法律改订的香港法律的管辖范畴。其对民间信仰事务采取的一个标志性的措施就是港英政府于 1908 年制定了《文武庙条例》,正式把具有"集庙议事"功能的文武庙[②]交予东华医院(后来的东华三院[③])管理,以立法的形式确定了东华医院对文武庙的管理权(时至今天,东华三院董事局和社会贤达每年仍会齐集庙内举行秋祭典礼,酬拜文武二帝,同时为香港祈福)。东华医院自此开创了华人庙宇管理的两个特色,即一

[①] 危丁明:《香港地区传统信仰与宗教的世俗化:从庙宇开始》,《世界宗教研究》2013 年第 1 期。

[②] 香港文武庙为庙宇组群,位于上环荷李活道,由文武庙、列圣宫和公所三幢建筑物组成。该庙宇由华人富商兴建,约于 1847—1862 年间落成。文武庙主要为供奉文昌及武帝,列圣宫则用作供奉诸神列圣。公所为区内华人议事及排难解纷的场所。文武庙反映了昔日香港华人的社会组织和宗教习俗,对香港具有重要的历史和社会意义。

[③] 东华三院成立于 1870 年,是代表香港华人利益的慈善团体——笔者注。

是所有权、管理权与营运权的三权分立；二是专注于庙产管理。

　　1928 年，当时的港英政府又通过了《华人庙宇条例》并公布颁行，本条例基本上对华人传统的寺庙、宫、观实现了所有类型的全覆盖。该条例明言："香港政府立法规官庙宇的营运，规定所有庙宇，均向政府注册，并详细列明营运经费的来源与使用……除特别申请外，对于中国传统庙宇，港英政府一律划归华民政务司管理，而该司事务是通过半官方的华人庙宇委员会执行。"①这个条例的第 5条明确要求"所有华人庙宇均须注册"，注册信息包括：庙宇名称、地址、供奉神明、控制防止、司祝信息、财产（基金、投资、固定庙产等）详情、收入的运用。该条例同样继续了《文武庙条例》的特色，即专注于庙产管理。《华人庙宇条例》明确提出"本条例旨在遏止及预防华人庙宇管理不当及华人庙宇基金遭滥用"。② 该条例经多次修订，至今仍然有效运行。

　　由上可见，华人庙宇委员会是 1928 年依循《华人庙宇条例》成立的合法性组织机构，是隶属于当时香港的民政事务局公民事务科的，属于半官方化性质。无论是《文武庙条例》还是《华人庙宇条例》，都将重心放在华人庙宇的经济行为方面，目标也是为了改善香港的华人庙宇的经营管理，以现代公司化管理。如华人庙宇委员会其下的华人庙宇基金收入，来自民间庙宇的司祝费、解签费、众善信的香油钱奉献等，华人庙宇委员会会视情况，从基金拨款予合适的本地华人慈善机构。由于这两个条例的施行，香港的华人庙宇逐渐从"传统的村庙管理模式"发展过渡到"现代公司化经营"管理模式，更加具有"专注庙产"、规范管理、注重慈善的特色。

　　在 1997 年香港回归前，宗教信仰自由是香港居民享有的基本权利之一，受《基本法》和有关法例保障。香港有六大宗教即佛教、道教、孔教、基督教、天主教、伊斯兰教。除这六大宗教外，还有印度教、锡克教和犹太教等。不同的人信奉不同的宗教，每种宗教都拥有自己的信众。很多主要宗教团体除了弘扬教义之外，还兴办学校和提供卫生福利服务。香港也从未就佛教、道教、孔教等华人的宗教团体立法，更未就华人传统的民间信仰事务立法，这说明华人宗教和民间信仰在香港法律上不享有宗教地位。而与华人的民间信仰相关的主要还是这两个条例，即 20 世纪初开始实施的《文武庙条例》和《华人庙宇条例》。

　　学者危丁明对香港的民间信仰庙宇管理有着深入研究，他的《〈华人庙宇条

―――――――――

① 黎志添、游子安、吴真：《香港道教——历史源流及其现代转型》，中华书局（香港）有限公司，2010 年，第 162 页。
② 1997 年版《华人庙宇条例》第 1 条——释题。

例〉与香港庙宇管理》①一文对香港的民间信仰庙宇管理有详尽探讨。他的《香港地区传统信仰与宗教的世俗化：从庙宇开始》一文认为民间信仰在香港起到了族群的"护荫"作用，同时民间信仰也随时代转化，而西方的法律语境推动了香港的民间信仰朝着"世俗化"的方向"转化"：这个"世俗化"就是从庙宇开始的，"转化"尤其表现在庙宇的现代规范化管理方面。危丁明认为，"首先，有关法例将香港大部分华人庙宇主要集中在两个科层化的机构——华人庙宇委员会和东华医院(后来的东华三院)的管理之下，其管理的精确性和科学性自然大有提高。其次，有关机构依据法例从庙宇管理权中分拆出司祝权，然后通过投标方式，将部分庙宇司祝权按年售出。司祝，原来是指祭祀中致祷辞的人或庙宇中管香火者，一般都会有相关宗教背景，如属所奉庙神的信徒等。两机构售出的司祝，则负责日常营运庙宇，以出售香烛等拜神物品，从事简单法事、解签等图利，而且无需具有相关宗教背景，也就是说，这里的司祝完全是世俗化的职业，而非任何意义上的神职。再说，作为庙宇及庙产管理者的华人庙宇委员会和东华三院，虽然从中获益良多，但法例对相关利益的运用则有明确规定，包括进行传统仪式，维修庙宇及庙产，之后的盈余，则归入华人慈善基金，除作为华人庙宇委员会职员薪资和庙宇委员执行法例时必须之开销外，用以捐助香港其他慈善事业。所谓传统仪式，则非取决于庙宇之传统或宗教理由，而全权由华人庙宇委员会自行决定"。②

不难看出，《文武庙条例》和《华人庙宇条例》使得香港的民间庙宇逐渐迈入了"现代规范化管理"之途，其与一般社会团体的界限已难以区别，而其主要功能也日渐转向社会的公益与慈善事业。与此同时，也保护了香港居民对于中华包括民间信仰在内的传统文化价值的认同与传承。

第三节　澳门的民间信仰事务及其管理现状

一、澳门与广东的历史渊源

澳门位于广东的中南部，地处广东的珠江口西岸，北接珠海市，西与珠海的

---

① 该文已收入於游子安、卜永坚主编的《问俗观风——香港及华南历史与文化》一书中(香港华南研究会出版，2009 年)。

② 危丁明：《香港地区传统信仰与宗教的世俗化：从庙宇开始》，《世界宗教研究》2013 年第 1 期。

湾仔和横琴相望,东距香港 61 公里,与香港、深圳隔海相望,南临中国南海。整体是由澳门半岛与函仔岛、路环岛三部分组成。

澳门古称"濠镜澳":"澳"的本意为泊船之港湾;"濠"以近海产牡蛎(粤语即濠)而名;"镜"乃半岛两侧海湾波平浪静、形状如镜之故。澳门古时亦为百越之地,秦朝时为南海郡番禺县所辖,从晋代起属东莞郡,隋朝时属南海县,唐代属东莞县,可见澳门与香港在从秦到唐时的行政区划都是一致的。南宋时澳门被划入香山县。由于地理上临近之原因,澳门与广东的中山(过去称香山)的历史关系极其密切。元代时澳门属广东道宣慰司广州路,路治广州,明代属于广州府,清朝后期前属广肇罗道广州府,道治肇庆,府治广州。1553 年,葡萄牙人取得澳门的居住权,1887 年 12 月 1 日,葡萄牙正式通过外交文书的手续占领澳门并将此辟为殖民地,1999 年 12 月 20 日中国政府恢复对澳门行使主权。澳门全境现有常住人口六十万左右,其中 96％以上是华人。

二、澳门的民间信仰

与香港一样,正是由于澳门在历史上与广东的密切关系,尤其是临近珠江三角洲,该地的民间信仰在很大程度上与珠海、中山等地的民间信仰比较相似,在某程度上也可谓是同根同源。澳门的民间信仰与福建也有密切关系,据说澳门半岛上开始有大量华人定居,是在南宋皇朝倾覆之际,当几十万南宋军民从福建乘船长驱到达澳门一带,有的可能踏上这片半岛是为了汲取淡水、寻找食物,有的则将这片荒僻地辟成藏身之所,澳门从此成为他们的新居所。澳门半岛上名为"永福古社"的沙梨头土地庙,便相传初建于南宋末年。因而澳门的民间信仰与香港一样,都打上了粤闽两地的烙印。

举例而言,粤闽两地素有崇拜水神的传统,妈祖信仰也同样在澳门深深地扎下了根。在澳门,属于妈祖信仰系统的著名宫庙就有妈阁庙、天后宫、天后古庙等,妈阁庙又为澳门著名的三大禅院之首(另两座禅院分别是普济禅院和莲峰庙),也是澳门著名的东方式庙宇之一。妈阁庙位于澳门南端妈阁山西麓,是澳门最古老的寺庙,建成于五百多年前的明朝。每年农历三月二十三日是妈祖的诞生日,在这一天,庙里都要举行盛大的祭祀活动,善男信女纷纷前来烧香祭拜,祈求平安吉祥。

又如在粤闽两地十分流行的观音信仰在澳门亦很普遍,澳门属于观音信仰系统的庙有观音堂、观音岩、观音古庙等,前面提到的三大禅院之一的普济禅院最初的名字就是观音堂。《香山县志》云："普济禅院在澳门望厦村。"其实，在望厦村的西面，原有一所观音古庙，因供奉观音娘娘而得名。该庙为当地村民所建，规模较小。后来由居住澳门的福建籍人士发起在望厦村的东面建成一座比原古庙更雄伟更轩昂的观音堂，这即是现在的普济禅院。

由此可见，在澳门，民间信仰与佛教、道教常常混杂在一起，人们并没有那么清晰或严格地区分什么是民间信仰，什么是佛教，什么是道教，如三大禅院之一的莲峰庙古名就是"天妃庙"，供奉天后娘娘。莲峰庙从清朝时代起多番扩建，修葺而成今之规模，现时主庙供奉的就是两女神即观音与天后，而观音信仰与天后信仰正是澳门民间传统信仰的两个中心。此外，在珠江三角洲一带广受祭拜的神祇北帝、康公、谭公等，在澳门也都有庙。除上述神祇外，澳门人崇信的神祇还有鲁班、朱大仙、三婆神、洪圣爷、包公、女娲等。当然大家也"不能忽视澳门民间信仰庙宇'泛道教化'的发展趋势。澳门现存有五十多所民间庙宇，其中供奉有道教神谱的庙宇29所（不包括4所观音庙）"。[①] 上述情形正好说明了澳门民间信仰的"多神信仰、儒、释、道融合"的包容性特征。如今，澳门各寺观庙宇中群神共处、神佛道不分，一般信众也是逢神即拜。澳门的"莲溪新庙更是显示出澳门信仰不拘一格的包容性，新庙供奉有观音、财帛星君、和合二仙、华光大帝、文昌帝君、玄天上帝、吕祖、太岁星君、唐三藏、金花夫人等"。[②]

财神崇拜是广东各大民系的共同信仰，而且澳门历来博彩业发达，本有"东方蒙地卡罗"之称誉，此称誉很好说明了博彩业在澳门经济中的特殊地位。因此，这里老百姓的财神信仰相当流行也就见怪不怪了。

对澳门的民间信仰深有研究的中国社科院宗教研究所的研究员叶涛著有《澳门地区民间信仰管窥》一文，在该文中，他具体介绍了澳门的妈祖信仰、财神信仰（包括赵大元帅、财帛星君、关圣帝君、土地财神、地主财神、孝子神、哪托太子）、土地庙信仰、石敢当信仰等。在述及澳门的民间信仰特征时，他认为："历史上，来自广东、福建的民众占据了澳门居民的大多数，澳门又地处岭南的延伸地带，其文化自然属于岭南文化的组成部分。例如，澳门随处可见的金花崇拜，即源自岭南，金花娘娘崇拜起自广州，澳门祀奉金花娘娘的庙就超过十家……澳门信仰中的谭公崇拜也来源自粤东惠州九龙山的民间，悦城龙母源自粤西德庆寺……澳门妈祖信仰之隆盛，除与地理位置、渔民生产相关之外，与来自闽南的

---

① 陈进国：《导论——澳门的宗教治理与宗教生态》，载邱永辉、陈进国编著：《澳门宗教报告》，社会科学文献出版社，2015年，第11页。

② 邱永辉、陈进国编著：《澳门宗教报告》，社会科学文献出版社，2015年，第230页。

移民关系密切也是一个重要原因。"①

三、澳门的民间信仰事务管理

澳门虽小(陆地面积仅 32.9 平方公里),人口也少(截至 2018 年,总人口约六十五万六千人),但却是一个多元宗教并存的地区,居民中的大多数都各有不同的信仰,除了中国传统的儒、释、道及民间信仰外,还有天主教、基督教、伊斯兰教、巴哈伊教等。澳门现有各种宗教组织、团体约二百一十个,寺庙、会所、教堂、清真寺约一百零捌座(间)。

1993 年 3 月 31 日,在中华人民共和国第八届全国人民代表大会第一次会议上通过了《澳门基本法》,其中第 34 条规定:"澳门居民有信仰自由。澳门居民有宗教信仰自由,有公开传教和举行、参加宗教活动的自由。"第 128 条规定:"澳门特别行政区政府根据宗教信仰自由的原则,不干预宗教组织的内部事务,不干预宗教组织和教徒同澳门以外地区的宗教组织和教徒保持和发展关系,不限制与澳门特别行政区法律没有抵触的宗教活动。"

传统中国佛教与道教团体,因为法律上的要求,均已在澳门政府下属机构办理注册:"澳门并没有专门为管治宗教团体和组织而立法,特区政府把宗教团体归类为'社团'来进行规管,社团则必须依照政府所颁布的《结社权规范》(第 2/99/M 号法律)来组成。"②一般而言,澳门的民间庙宇的管理组织,"主要是由街坊或知名人士组成的值理会负责。2001 年注册成立的澳门道教协会,涵盖传统民间庙宇、正一派火居道院及道教坛堂三类。随着澳门道教协会加大开展一系列道教文化活动……澳门的民间庙宇的道教谱系认同也被强化了。澳门道教协会通过推荐庙宇会员参加江西龙虎山的授箓仪式,使得本地民间庙宇的属性进一步朝'道教庙格'转化,以此强化道教的信仰自觉"。③

虽然澳门是个弹丸之地,但由于 16 世纪以来中西文化与宗教在这里的荟萃及其影响,澳门的居民在宗教信仰、风俗习惯、价值观念等方面虽有颇大差异,但多元化和包容性是澳门信仰图景的最主要特征。人们在澳门已然习惯于"你信

① 邱永辉、陈进国编著:《澳门宗教报告》,社会科学文献出版社,2015 年,第 189—230 页。
② 郑庆云:《澳门宗教团体的管治架构初探》,载邱永辉、陈进国编著:《澳门宗教报告》,社会科学文献出版社,2015 年,第 26 页。
③ 陈进国:《导论——澳门的宗教治理与宗教生态》,载邱永辉、陈进国编著:《澳门宗教报告》,社会科学文献出版社,2015 年,第 11 页。

你的,我信我的",彼此尊重,少有冲突,从而也是"不同而和"的真实呈现。

在探讨香港和澳门的民间信仰时,人们还必须注意到这两地的一个特殊情形。这就是自 16 世纪以后,随着西方文化在这两地的影响越来越浓郁,随之而来的自然是东西方文化的融合,另一方面华人群体也需要更深层次的文化认同,而两地的中华文化认同中又落在了文化中最深层次的宗教与信仰传统上,落在了佛教、道教,以孔教面目出现的儒家文化以及民间信仰及其仪式传统上。在重视宗教信仰自由和法制的大环境下,传统宗教和民间信仰团体均逐渐作出了适应世俗化和现代化的诸多改变。但正是这种改变使得香港澳门两地的"西化"和华人的"信仰传统"并行不悖,使得民间信仰在这两地依然隆盛。

第四节　台湾的民间信仰事务管理现状

一、台湾民间信仰的大致情形

台湾的信仰与香港澳门一样,相对趋向多元化。这里既有基督教及天主教等一神信仰,也有佛教、道教与民间信仰等多神信仰,还有原住民高山族的信仰。台湾给游客普遍留下一个较为深刻的印象就是教堂、寺庙分布密度大,当地人走到哪儿就能拜到哪儿,非常便捷。

据《台湾省寺庙教堂调查表》记载,民间信仰与台湾民众生活密切相关,且影响较大,台湾地区的主祀神多达 247 种。除佛教神、道教神、自然崇拜神外,在台湾岛内有近三分之二的人口信仰民间信仰的神祇,而且台湾民间信仰的神祇以闽籍居多且相对比较集中,如妈祖、王爷、保生大帝、清水祖师、开漳圣王、广泽尊王、开台圣王等。这可能与明清以来在大量闽粤居民迁徙到台湾的过程中,也将其民间信仰带到台湾相关。

台湾民间庙宇也普遍存在着诸神合祀现象且多教融合趋势明显。台湾各地寺庙中神佛杂陈、释道莫辨的情形很是常见。在台湾马祖、金门、澎湖等地同一个庙宇中,佛、道、儒三教及众多民间神祇往往同时受到供奉,如台北慈护宫的正殿祀妈祖,陪祀则有孔夫子、释迦佛、太上老君及王母娘娘,东西两侧分祀水仙尊王、福德正神、神农大帝、关圣帝君等。桃园县的闽台宫妈祖庙,除主祀妈祖之外,还供奉威武将军、通天府、铁甲将军、临水夫人诸神位。南竿山陇的白马尊王庙,除了祭祀白马三郎和白马夫人外,还祭祀华光大帝、五灵公、福德正神、临水夫人等神灵。①

二、台湾的民间信仰事务管理

1949 年国民党退至台湾后,据洪莹发等学者研究:"其对待民间信仰活动的观念更经历了从'神权迷信'到'民俗活动'再到'文化资源'和'文化瑰宝'的价值转变,管治方式更经历了从'查禁''革除'到'改善(进)'再到'辅导'的政策转变,以适应台湾社会重视本土文化的浪潮。比如 20 世纪 50 年代'台湾省行政长官公署'发布了《查禁民间不良习俗办法》,禁止崇拜社坛、降鸾扶乩等'神权迷信',公务人员或民意代表应该带头'禁止迎神赛会,消灭神棍敛财',直到 1965 年该办法才被废止。而 1959 年刊布的《台湾省改善民间习俗办法》则相应提出改善民间祭典习俗暨节省婚寿丧葬浪费的相关条款,以避免'劳民伤财'。1960 年台湾省政府下令各县乡镇组织'民俗改进会',推动民俗祭典的改正工作。至 1991年,台湾当局发布《加强改善社会风气重要措施》及《加强改善社会风气重要措施台湾省实施要点》,要求改善并辅导寺庙配合祭典日或节日举办优良传统民俗活动。伴随着台湾地区经济的自由化、政治的民主化和地方的自治化,台湾部分县市政府也开始将一些富有影响力的民间信仰形态进行'文化资产化'的运作,并奉行'观光化'和'节庆化'的路线,如宜兰县头城、屏东县恒春的'抢孤',台中县大甲镇澜宫的妈祖'巡境进香'等活动。因此,民间信仰形态也扩大了发展的空间,一些较有影响的民间庙宇成为凝聚地方社会认同的重心和地方势力的竞争场,甚至是一个重要的政治展现场域。"②

1998 年 8 月,台湾第一部《宗教团体法案》出台,该法"旨在维护宗教信仰自由,辅导宗教事业发展即健全宗教行政法制,重点是赋予宗教团体'公益法人'地位,使宗教团体土地取得公权化,给予宗教团体事业经营捐税优惠,并明定宗教建筑特别法制"。③ 2001 年 3 月,台湾通过了对《宗教团体法案》的审议,"赋予宗教团体法人资格,将宗教团体区分为'寺院、宫庙、教会''宗教社会团体'和'宗教基金会'三类,明确为'宗教法人'有别于'社团法人'和'财团法人',其中'寺院、宫庙、教会'和'宗教社会团体'采取报备制,'宗教基金会'采取登记许可制。这

---

① 参见唐金培:《台湾民间信仰的区域特色》,《中国社会科学报》,2015 年 9 月 8 日。

② 参见洪莹发:《战后大甲妈祖信仰的发展》,兰台出版社,2010 年,第 275—304 页,转引自陈进国:《传统复兴与信仰自觉》,《中国宗教报告(2010)》,社会科学文献出版社,2010 年,第 158 页。

③ 国家宗教事务局宗教研究中心编:《国外宗教法规汇编》,宗教文化出版社,2002 年,第 30 页。

三类宗教团体取得法人资格后,解决现行许多宗教团体财产继承问题……同时放宽规定,让合法宗教太土的都市道场、山林寺庙就地合法,并给于免税的优惠"。①

　　台湾的民间信仰目前被笼统地归到"道教"门类。② 据 2005 年 12 月台湾内政部出版的《台湾寺庙名册》统计,台湾现在的寺庙共有 11017 座,其中道教占 8663 座,佛教 2133 座,一贯道 188 座,其他 33 座。正式登记有 5987 座,补办登记有 5030 座。私建 362 座,公建 7 座,募建 10648 座。管理人制 5166 座,管理委员会制 5228 座,执事会制 208 座,财团法人制 399 座。③"台湾已登记的民间信仰庙宇,多是募建,且多是依照《监督寺庙条例》和《寺庙登记规则》登记成寺庙,实行管理人制或管理委员会制。规模较大的民间信仰庙宇,具备申请财团法人或社团法人资格的,实行董事会或理、监事会管理模式,但是此类的民间信仰庙宇占的比例很少。"④

　　由此不难看出,香港、澳门与台湾在民间信仰事务管理方式上的一个共同点,即是与现代化、世俗化、社会化的管理方式接轨,在管理体制上形成了财团法人、社团法人、宗教法人与管理人等模式,主要是由地方贤达人士担任。他们搁置了宗教类别性质的正统与非正统、正信与迷信、是非与高低、先进与落后等的官方判定,而主要关注庙宇的信仰空间——在庙产与管理方面的依法治理,依法有序、有规有责。"有关庙产必须公有化、社会化,庙产收入必须公益化、慈善化,成为三地立法的基石,相关的宗教法令法规虽然几经修改,也有不少的争议,但在保护中国的传统庙宇不受城镇化或工业化的进程的拆毁、破坏,并推动传统庙宇走向社会化、公益化的现代转型方面,可谓功不可没,从而奠定并培育了三地各类传统宗教和民间庙宇积极服务社会的共识,同时有效地保护了中国传统宗教民俗文化的世代传承以及本地居民对于中华宗教文化的价值认同。"⑤

　　上述香港、澳门与台湾在民间信仰事务管理方式上的共同点是否有值得借鉴之处,这值得广东各地政府和社会各界深思。

---

① 国家宗教事务局宗教研究中心编:《国外宗教法规汇编》,宗教文化出版社,2002 年,第 30—31 页。
② 陈进国:《民间信仰事务的社会化管理问题研究》,国家宗教局编号 GK1307 课题。
③ 台湾内政部《宗教法律汇编》,转引自林振禄:《放任或管制:地方政府在寺庙负责人选任过程中的角色之探讨》,立德管理学院地区发展管理研究所,2006 年硕士论文,第 53 页。
④ 陈静:《闽港台三地民间信仰庙宇的政府管理比较研究》,福建师范大学,2014 年硕士论文,第 36 页。
⑤ 陈进国、陈静:《民间信仰事务治理模式的探索与反思——以福建省为例》,载邱永辉主编:《中国宗教报告(2014)》,社会科学文献出版社,2015 年,第 199 页。

第六章

广东民间信仰治理的治理刍议

本章主要集中探讨三个问题，一是关于民间信仰属性的探讨；二是探讨为什么民间信仰需要的是"治理"而不是管理；三是在笔者在多年民间信仰田野调查的基础上就民间信仰的"治理"问题提出一些对策与建议，以就教于方家。

第一节　关于民间信仰属性的探讨

笔者在"绪论"部分曾提到，"笔者在本课题的结项中，对民间信仰属性的定义是：'民间信仰'是中国具有三重属性的一种特殊的传统信仰形态，所谓三重属性是指其具有'宗教属性''民俗属性'和'生活属性'，是民间的非制度化的信仰现象，当然也是我国传统文化的有机组成部分和重要载体。"

一、民间信仰的"宗教属性"

民间信仰的"宗教属性"并不等于肯定它就是宗教，因而它不能与制度性的宗教相提并论。民间信仰与我国大陆地区的五大"制度性宗教"之间既有相同层面，也存在着不同层面。从其相同层面来看，他们都有宗教属性和超自然的特点；就不同的层面而言，制度性宗教自有其制度化、组织化和教义经典化等层面，而民间信仰显然不具备这些层面，民间信仰的草根性和散漫性不言而喻。不过，人们应认识到：民间信仰是中国老百姓日常生活中相当普遍的信仰方式，同样也是他们赖以生存的精神家园之一。因此，人们不能忽略民间信仰作为信仰要素——"宗教性"——本身的整体性思考，即其中所蕴含的宇宙观、其独特的仪式与象征体系和信众的信仰体验等。这种信仰方式是一个丰富而庞杂的体系，而非某种单一的宗教信仰，无论在历史上民间信仰经历了怎样的冲击，但民间信仰始终没有被铲除或被消灭，民间信仰的根始终牢固地扎根在民间，其信仰地位未曾被改变，这里面一定有接受过进化论与科学世界观的读书人不理解的东西。

令人欣慰的是，"2003 年中国社会科学院世界宗教研究所课题组所作的《关于福建省民间信仰问题的调研报告》，首次强调从'大宗教观'的视野来观察民间信仰问题，将之定位为'非制度化的宗教形态'"。报告指出："我们对待民间信仰，既不必可以指责它的'世俗性'和'功利性'，更无需讳言它的'宗教性'，而应努力保持和运用其宗教性中蕴含的'神圣性'及'文化正统意识'。"笔者对这些观点和语言很是赞同。

二、民间信仰的"民俗属性"

民间信仰虽有"民俗属性"，却也不适宜将其与"民俗文化"和一般意义上的"道德教化"相提并论，也不能简单地将之归为"民俗文化"一类。笔者以为，尽管民间信仰与民俗文化有高度类似的方面，民间信仰也包含着大量民俗文化因素，有大量民俗的表现层面与表现形式。但民间信仰毕竟还不能完全等同于民俗文化，若是如此，就轻看了民间信仰。因为如前所言，民间信仰有其超越性的层面，而民俗层面只是它的属性之一，所以对民间信仰从民俗的层面进行研究不能代替对其从宗教属性层面进行的研究。

另外，也有学者将民间信仰归为民间的一般意义上的道德教化一类，民间信仰无疑有民间的道德教化与劝人向善的功用，但若是人们对民间信仰的认识仅仅停留在这一层面，也是过于表面化了。向善与行善，并不在于有无信仰，即便不信任何神的人也有向善的发心与行善的能力，也有善心善念善行，大小不同、程度不同而已。信仰所要解决的远远不止是道德问题，它更要解决的是个人生命的定位、生命的本质、价值源泉、个人生命本源和去向等终极性问题。老百姓或许说不出这种较为"学术"的语言，但他们的潜意识里一定包含了这些内容和因素，我在田野调查的无数次的口头访谈和调查问卷中都证实了这一点。而民间信仰的宗教属性既有超越的层面，也有实践的层面：超越的层面指向未来（指向人在此世的生命结束后要去的另一个尚不可知的迥异于此世的世界）；而实践的层面则指向现实与当下，而现实与当下的生活既包括了人自身的身心灵的和谐，也包括了人与自然的和谐以及人与人、人与其所生活的社区等之间的和谐，如何达到这种"和谐"的目标，找到相关路径，民间信仰也是可以给出自己的回答与贡献的。

三、民间信仰的"生活属性"

无疑，民间信仰与人们的世俗生活、日常生活相伴相随，从岁首到岁终，从出生到死亡，尤其在基层、在乡间，它本身就是民众的生活方式与生活世界。

生活化即是平民化，也即世俗化。生活化、平民化与世俗化在此都是中性的甚或略带褒性的词。许多次在进行访谈时，家庭主妇们均明确告诉笔者，家里客厅神龛祖先和先人牌位前的新鲜供果、糕饼等供完后或供几天后家人是能享用的，而吃了这些家人心里会更觉平安踏实，因为已被祖先和先人"保佑"了。好东西一定要先供祖先和先人，无疑，从小到大的耳濡目染，当然就无形中培养了后人的"敬祖"意识。

笔者也曾在梅州、潮州的观音庙里观察到或被告知，有些家庭主妇在每月的初一或十五时，在菜市场买好菜和水果后，首先拿出一部分到庙里上供，跪在观音像前喃喃絮语，这些"絮语"不仅包含了"求"保佑的内容，也包含了感恩观音赐福全家的内容等，然后她们满心喜悦地提着菜篮子回家。每到家里有孩子高考的那一年，家人们就要到庙里尤其是文昌庙去向神祇们祭拜、许愿，祈求神祇保佑孩子考一个好学校，而一到高考尘埃落定，孩子们收到录取通知书后，家长们则满心欢喜来还愿，这时的庙里总是贴满了感谢感恩的红布条、红纸条等。

民间信仰与人们的寻常生活密不可分，从求偶、求子女、求升学、求治病、求平安、求发财等等，无所不求，其诉求完全是出于自己现实生活的需要。老百姓相信或希望所求的神祇能对自己"有求必应"，如果所求的神祇、所去的庙不灵的话，他们会重新选择口碑好的更灵的神祇或庙，哪怕爬山涉水、花费大量钱财也在所不惜。

笔者这几年来在田野调查中的一个很深的感触就是：人们不能只在书本上理解老百姓的信仰，更是要在生活世界中理解老百姓的信仰。"华南学派"的研究给笔者一个最大的启发就是：探讨民间信仰，一定要注重它是"民间"的信仰形态，不能老是用读书人的理性去理解它，而是要尽可能地用老百姓的"眼光"和

"思维"去贴近它。"民间"就是某种宽泛意义上的文化空间，如果将政治权力与知识分子视为民间的"他者"的话，民间就是一个鄙野庞杂的文化空间。这种包含民间信仰在内的文化空间在民间的"他者"即某些知识分子看来，它或许具有某种停顿、稳定、保守、愚蠢甚至无知等特质，但在这些特质之间却隐涵了博大的内涵，并内蕴了一种守护生活与生命的温润。

早在先秦时代，就有哲学家已经在批评巫，历代知识分子对民间"信仰"的批评也一直不绝于耳，经历了那么漫长的历史长河，也经历了近代的科学启蒙，可民间信仰却在今天科技发达的21世纪和这片广袤的土地上依然存在，且仍是有"兴"无"衰"。与民间信仰相伴随的各种仪式活动或民俗活动随季节的变换、时空的流转仍在被人兴致盎然地举行着，那么这些一定有其存在的土壤和理由，这种事实本身就值得深思。正如陈进国所言，"新世纪中国内地关于弘扬中华文化和共建精神家园的'话语转向'促使我们认真反思，本土宗教信仰形态及其仪式实践是否同样作为中华文化的核心要素而被同情地理解，并成为多元的宗教关系'和谐相处'的一极呢？特别是百年来'现代性话语'（民族主义话语或启蒙话语）成功地将'他者'内在化，执著地将民间信仰或新兴教派视为'封建迷信'或历史沉渣，并构成了现代化历程中'反宗教'的背景。当我们梳理关于民间信仰（或民间教派）的认知态度变迁时，能否表明'在中国发现宗教'的中国宗教观或诠释话语的一种象征性转变呢？"

高丙中从公民社会建设的视角来看待今日中国社会的民间信仰的观点，很有见地，他认为："（1）民间信仰是我们理解中国民众的一个必要的范畴，因而是中国整个现代学术的关键词之一。民间信仰今天仍然是认识我们共和国的基本群众和民族精神的基本层面的必修课业。（2）民间信仰是我们认识中国的社会团结发生机制的一个核心范畴。各种民间信仰是使人与人、群体与群体之间的紧密联系成为可能的一种重要因素。民间信仰弥散在民俗之中，是日常生活的一部分，是全体成员在文化上的最大公约数。（3）民间信仰是我们探究中国历史的连续性和民族国家认同的一个有效的范畴。关于民间信仰的知识和话语对中国今天建立公民社会和公民身份具有重要的意义。民间信仰是公民可以选择的一种文化资源。怎样对待他人的宗教信仰（当然应该包括民间信仰），是公民社会的发育水平的一个重要指标。（4）要建立文化的公民身份意识，民间信仰又是一个急需进行学术反思的范畴。特别是反省通过贬低、压制而维护文化和政治秩序的知识生产机制，创造公民之间通过交流和沟通而达致相互理解、相互适应的公民社会机制。"

其实，每一个个体在这个世界上的生存不外乎有三方面的需求：第一是谋生,养活自己和自己的家人,使自己和家人很好地在这个世界生存下去;第二是守法,服从法律,守法既是为了自己的生存平安无事,也是为了他人以及众人的生存均平安无事,这就涉及到公共社会的治理;第三是个体心灵的安顿,即所谓人生意义的寻找,这就有了包括民间信仰在内的各种宗教信仰。在当代社会,个体的宗教信仰选择,信什么不信什么,视个人的各种机缘而定。民间信仰同其他宗教信仰一样属于民众自己的心灵世界和信仰追求,在人生遭到某种挫折和困苦的时候也是比较有效的心灵抚慰剂。显然,正因为人的各方各面的有限性,人们才可能抬头仰望,仰望自己的信仰对象,尤其是在出现问题而无助甚或是悲观乃至绝望的情形下,人们就更容易向神灵世界发出祈祷,并且不惜献上钱财、花费时间,希望神祇能化解自己的困苦与难题。尤其在古代,以长时段的历史眼光来看,岭南的生活条件和生态环境都是属于比较恶劣的,气候炎热,多雨潮湿,蚊虫肆虐,暴雨洪水、干旱、雷电等自然灾害频繁,直到唐代时,岭南还被中原人视为谈之色变的"蛮夷之地与瘴疠之乡",被流放的官员们也无不抱着一种凄凉与悲壮之情踏上岭南之途,而生活在这里的人仰望上苍、祈求各路神灵保佑而形成的各种民间信仰和习俗就是自然而然的事情。即使现在的生活条件比起过去不知好了多少,但是人的所求多,能力还是有限,还是有许多人生的困苦与难题需要化解,依然需要仰望上苍、祈求各路神灵保佑。即使没有遇到什么事情,对于普通的广东人而言,在平常的日子里拜拜神,无非也就是求个平顺安康,反正"礼多神不怪"。

　　笔者在几年的田野调研中也深切地体会到:广东人骨子里就有"功利"与"实在"的特点,老百姓会将深奥的或宗教或哲学均"实用"化。纯逻辑的、形而上的超验的词儿对普通老百姓而言既不能理解,也勾不起兴趣。他们努力地合理合法地赚钱、努力打拼自己的事业,认真地拜神拜祖先,求的就是个"心安"。因此,从政府层面来考虑,社会治理当然也包括对民间信仰事务在内的基层社会的治理,但这种治理并非是一种冷漠的居高临下的管理,而是建立在对其有平常心同理心的理解基础上的依法治理,要给其一定的合法的生存空间才好。

第二节　为什么民间信仰事务需要的是"治理"而不是管理

一、管理与治理的区别

　　管理与治理虽仅是一字之差,而一字之差却是千差万别。"管理"从字面意义上似乎比较强调上对下的"管",而"治理"一词从字面意义上似乎更强调了多方面多层次的"协调""互动""调控"与"引导"等特征,更能有利于达成"社会和谐"之目标。

民间信仰当然需要"治理",而这种治理应是朝着"善治"的方向。诚然,人们对民间信仰的理解以及信仰方式与形式等随着时代不同会发生某些变化,相应地政府对民间信仰的观念和态度也应随之发生变化,这种变化更多地是体现在政策的调整以及采取相应有效的措施方面。笔者赞同陈进国的这段话:"学术上的范畴界定是一回事,而从政府管理简约化的角度去看,试图对民间信仰的性质及与其他宗教的差别进行界定以便加以规范化的管理,却非删繁就简的好办法,很可能因此落入非此即彼的窠臼,而重新陷其他传统宗教或新宗教形态于不义境地。而用动态的眼光来看待民间庙宇的自我整合与归属,并简单地针对传统庙宇本身的化约化管治,而不试图进行宗教属性的价值判断,或许更是一碗水端平的、减轻管治成本的捷径。"

民间信仰既然不同于制度化的宗教形态,那么对其的"治理"就应与对其他制度化的宗教及宗教事务的"管理"有所区别。在社会结构及社会诉求日益多元且社会生活瞬息万变的当下,过去计划经济时代那种对宗教的整齐划一的管理模式正日显呆板和失灵。中国共产党十八届三中全会通过的《中共中央关于全面深化改革若干重大问题的决定》,明确提出了"推进社会事业改革创新、创新社会治理体制"以及"国家治理体系和治理能力现代化的改革目标"。提出要改进社会治理方式,坚持系统治理、依法治理、综合治理、源头治理等主张,以正确处理政府和社会关系,推进社会组织明确权责,依法自治,激发社会组织活力,从而创新有效预防和化解社会矛盾体制。

从管理走向治理,由"管"到"治",一字之差,却是观念的全新改变。民间信仰事务的管理工作从"管"到"治"再到"善治",也同样是衡量社会走向"法治社会"的指标之一。民间信仰工作如何走出"无从管理"和"管理失灵",如何推进"治理创新",如何借民间信仰来培育社区公民的文化自觉和社会参与意识,从而构建社区和谐文化和社区生命共同体,这是每个从事相关工作的人应该考虑并深思的,而要提出切实可行的对策,观念与思路的"改变"则是首要的。

二、"管理"到"治理"的观念改变

首先,这需要人们有相当广阔的视野才能有这个"观念与思路的改变"。

1995年，全球治理委员会发表了《我们的全球伙伴关系》的研究报告，提出了"治理"的概念，对此概念的界定是："治理是各种公共的或私人的个人和机构管理其共同事务的诸多方式的总和。它是使相互冲突的或不同利益得以调和并且联合采取行动的持续的过程。这既包括有权迫使人们服从的正式制度和规则，也包括各种人们同意或以为符合其利益的非正式的制度安排。它有四个特征：治理不是一套规章条例，也不是一种活动，而是一个过程；治理的基础不是控制，而是协调；治理既涉及公共部门，也包括私人部门；治理不是一种正式制度，而是持续的互动。"

笔者比较欣赏与认同俞可平主编的《治理与善治》中的一段话："治理涉及'过程''协调''公共部门与私人部门'与'持续的互动'等关键词，治理的目的是在各种不同的制度关系中运用权力去引导、规范公民的各种活动，以最大限度地增进公共利益……应重新树立'社会本位'的理念和原则，由政府控制和管理社会的观念让位于调控、引导、服务和整合社会的观念。政府对社会的统治观念，必须让位于政府与社会的合作治理。"或许有如此观念和思路的转变，包括民间信仰事务在内的各样社会事务的治理才能逐渐走向法治化、规范化。

其次，反思历史的经验与教训对于"观念与思路的改变"也是很有必要的。改革开放前甚至更早的时候，我国完全用计划经济的方式和行政手段去管理经济，同样也习惯用这种方式和手段来处理文化和思想甚至人们的精神和心灵层面的问题，当然也包括宗教与信仰层面的问题，结果给国家以及民众均造成了灾难和伤害。自上世纪末以来中国改革开放所带来的物质层面的巨大变化有目共睹，而在民众的精神与心灵层面所发生的变化之一即是包括民间信仰在内的信仰需求的增加以及信仰表达需求与形式的增加或变化。可以说，民间信仰业已成为中国民众尤其是最基层与乡村社会的民众当前精神需求的选项之一。改革开放以来以及随着改革开放步伐的向前迈进，随着市场经济体制的确立和逐渐成熟，各级政府也越来越明确地意识或认识到，政府的权限和职责也是应该有所限制和有清晰的界定的，不能不加限制地干预所有领域的所有问题，既不能再用计划经济的方式和行政手段去管理经济，更不能用这种方式和手段来处理比经济不知还要复杂多少倍的文化、思想和宗教与信仰层面的问题了。显然，与时俱进地改进和创新民间事务管理的模式和方式既是必要的，也有其迫切性。

再次，民间信仰的现实状况也促使人们要有这种观念与思路的转变。人们应清醒地认识到，信仰需要乃是个人的精神和心灵的需要，也是社会的事实，民间的信仰表达其实也是它生存于其中的一种社会秩序的维护力量，"宗教工作是争取民心的工作"。民间信仰事务工作同样也是争取民心的工作,相对于制度化的宗教形态,民间信仰和一般大众尤其是处于最基层的乡村、街道等百姓的精神生活更密切,特别是精神上的安抚。显而易见,民间信仰在维护基层和社区的安定团结以及维护正常的社会秩序等方面的确可以发挥积极作用。

另外,民间信仰与地方文化、非物质文化遗产的保护以及与社会基层结构等之间存在着联动与互动关系。民间信仰的生存与发展,实际上能够被转换成一个社会和文化建设的基本资源之一,因而民间信仰共同体的建设与地方文化的建设是可以统一起来的。何况,若从"治理"角度出发,包括街委会、居委会与村委会在内的基层社会治理,是政府、市场、社团及其他主体共同参与的,围绕公共权力、公共服务供给和资源配置的活动。在基层社会,民间信仰及其关联的社会活动是社区与村落日常生活的重要组成部分。"与信仰相关的节日庆典等民俗活动,其虽与信仰相关,但早已超越了纯粹信仰范畴,在村落价值认同及地域共同体建构中起作用。不仅如此,一些与民间信仰相关的结社团体及村庙组织,兼备宗教信仰和社会组织所承载的双重社会资本,与家庭礼仪、村落礼俗和社区文明之间复杂互动。"[1]因此,这就可在信仰世俗化的基层社会治理中发挥重要作用。而基层社会能否实现善治,对国家治理体系和治理能力的提高与改善不无影响。

在推动民间信仰事务的社会化治理进程中,有关部门应当坚守"信仰尊重、文化尊重、习俗尊重",即三个尊重为第一要义。可惜的是,因为目前民间信仰活动场所和活动的管理模式多样化,政府管理的体制机制还不太顺畅,"民间信仰"的称呼本身使得宗教事务部门对"民间信仰"进行"宗教事务管理"显然显得名不正言不顺,理不直气不壮。另外,民间信仰场所管理又涉及到国土资源、城建、规划、农林和文保等许多政府部门和精神文明主管机关等工作部门,长期以来未能形成有力的协调机制和长效管理机制。加之因为各种利益关系,导致各种力量逐鹿其间,插手部分活动场所与仪式活动的势力过多,宗教事务部门就是想对其进行管理也很难得到其他相关职能部门的积极配合,因而干脆对其听之任之。当然,在某些时候、某些地方,如当宗教事务部门对当地的民间信仰展开一定规模的调研时,也能得到其他相关职能部门和基层的一定程度上的合作与配合(如笔者在中山各地的调研便是如此),但这种协作与配合也是有时间性的,甚至与相关领导对此项工作的重视与否相关,因而并不具有持久性和普遍性。

---

① 张翠霞:《民间信仰与乡村社会治理——从民间信仰研究的现代遭遇谈起》,《中央民族大学学报(哲学社会科学版)》2018 年第 4 期。

第三节　民间信仰治理的具体对策与建议

2015 年底,中共中央办公厅、国务院办公厅转发《中央统战部、国家宗教事务局关于做好民间信仰工作的意见》的通知。明确指出:政府民族宗教部门负责行政监管、牵头协调相关综合事项和重要事项及强化属地管理,乡镇要承当起具体管理责任。2016 年,国务院在时隔一年之后,又一次召开全国宗教工作会议,就在这次会议上,习近平总书记指出,坚持党的宗教工作基本方针,"关键是要在'导'上想得深、看得透、把得准,做到'导'之有方、'导'之有力、'导'之有效,牢牢掌握宗教工作主动权"。① 也只有"导"的功夫下足了,才能进而形成符合中国特色的民间信仰事务治理模式。习近平总书记还特别强调:"要提高宗教工作法治化水平,用法律规范政府管理宗教事务的行为,用法律调节涉及宗教的各种社会关系。"②2017 年 8 月 26 日,国务院总理李克强签署国务院第 686 号令,公布了新修订的《宗教事务条例》(以下简称《条例》),新修订的《条例》于 2018 年 2 月 1 日起施行,这使得包括民间信仰在内的"宗教事务"的治理更是有规可循,有法可依。

循着上述思路,基于多年来对广东各地民间信仰事务的管理现状的田野调研以及与各级各方各层的人士座谈、访谈等,笔者在此不揣冒昧,将自己多年的思考付诸笔端,就广东民间信仰事务的"治理"问题提出具体对策与建议如下:

一、主动改变和创新民间信仰的管理观念及其模式

观念的改变以及认识的提高是很重要的,通过办班、组织学习,使得相关人员对民间信仰事务的治理有清醒的认识。广东民间信仰历史渊源久远,信众多,数量多,种类多,民间庙宇星罗棋布,遍布城镇乡村,社会基础深厚,影响深远且民间信仰的仪式活动分散多样,这些无疑都挑战着各级政府的治理能力,民间信仰的治理关乎到"各级政府的治理能力。民间信仰当代社会新型多元文化、和谐社区与和谐社会的建构。针对各级相关职能部门的部分人员对民间信仰属性认识不足和认识误区的问题,需要相关部门或与高校、研究机构合作办集中培训

---

① 习近平:《全面提高新形势下宗教工作水平》,《人民日报》,2016 年 04 月 24 日 01 版。
② 习近平:《全面提高新形势下宗教工作水平》,《人民日报》,2016 年 04 月 24 日 01 版。

班、短期培训班、实地考察班等,组织相关人员认真学习、参观与考察等,转变观念与思路,开拓视野,使其对民间信仰的属性、民间信仰在当代社会的作用、民间信仰事务的治理与建立和谐社区与和谐社会的关系有清醒的认识,并在自己的工作实践中不断总结经验。"

另外,各地民宗局可以每年组织一到两次(或者分期分批)比较大的民间信仰场所的有关管理人员集中培训、轮训和现场会等形式,其内容包括关于国家的宗教政策、相关法律法规知识培训,如何建立完善场所的日常事务管理的规章制度、重大活动报告制度、财务管理制度等,民间信仰的人员管理与学习、卫生、安全、防火消防、建立文书档案、紧急预案等,或者让那些取得管理成效的民间信仰活动场所的负责人来介绍经验或组织前往现场参观,以此来不断提高民间信仰庙宇管理人员的思想素质和管理水平。

最后,由各地民宗局指导,属地镇区政府、街道(居委会)与村委会等全面采集建筑面积在一百平方米以上或影响力较大的民间庙宇的信息。信息应包括如下内容:1.庙宇的具体地址和占地面积以及产权归属情况。2.庙宇管委会人员的组成情况,制定管理权限和职责,并报镇区政府和市民宗局备案。人员变动时也应及时上报备案。3.庙宇的财务、治安、消防、文保与卫生等管理制度与规章的制定情况。4.庙宇每年固定的慈善公益活动情况。5.庙宇的历史沿革、所祭拜的主神、陪祀神及其信仰特征、影响范围等,应有文字介绍或文字档案。6.民间信仰活动的类型、规模、方式等,包括庙宇在一年之中参加人数超过两百人以上的大型活动有几次以及日常的敬拜活动与内容的大致情况说明。在上述信息收集大体完整准确的基础上,建立属地镇区政府、街道(居委会)一级的属地民间信仰的档案和基本信息库,在各镇区政府、街道(居委会)民间信仰的基本信息库基础上,由市民宗局汇总统计,登记造册编号,予以确认,并再建立市一级民间信仰的信息数据资料库。

二、完善现有管理(治理)模式

无论是省民宗委还是各市、县的民宗局都存在本身的工作头绪就很繁重,人手紧张,忙不过来的情况,因而民间信仰的管理其实在许多时候常常出现忙不过来的状态。笔者认为,目前民间自然形成的各种管理(治理)模式应该有比较合理的层面和因素,当然还需要进一步完善,其完善的方式应在实践中进一步探索、调研和持续思考。

第一,可否采取试点形式,让民间信仰的具体庙宇到各级民政部门去登记注册。各部门对现实中大量存在而又没有"合法"名分的民间信仰的庙宇场所,应该建议是否按照准入条件及一定资质或"门槛"(这主要是从建筑规模和占地面积方面考虑,太小的只有几平米又无甚影响的庙宇则无登记的必要),采取自愿原则,由其意愿自愿申请,政府主管宗教事务的部门(即先由县级以上的民宗局或者有关部门进行初审,出具初审意见,再由县级以上的民政部门进行审核)依据相关准入资质或门槛进行审核,对合乎条件者赋予其"法人"资格(按照《国民法通则》第36条规定:"法人"指"具有民事权利能力和民事行为能力,依法独立享有民事权利和承担民事义务的组织")。

换言之,民间庙宇在具有一定资质,经过民宗部门的审核,并自愿申请、在民政部门登记后方能取得法人资格。新《条例》的第七条"宗教团体","是对宗教团体的成立、变更、注销、章程、开展活动的规定"。在《新修订〈宗教事务条例〉释义》(以下简称《释义》)一书对该条的"释义"中,明确说明"宗教团体是一个界别的社会团体,它是由信教公民自愿组成,按照国家有关社会团体登记管理的规定在民政部门依法登记,并按照经核准的章程开展活动的非营利性社会组织"。这里的"信教公民"除了指五大制度性宗教的信众外,当然也包括民间信仰在内的信众。第二十三条:"是对宗教活动场所办理法人登记的规定。"《释义》明确指出:"宗教活动场所申请办理法人登记实行自愿原则。宗教活动场所可以根据自身情况和需要,自主选择。满足条件的宗教活动场所既可以选择申请办理法人登记,也可选择不申请办理法人登记。"《释义》还对宗教团体的成立条件、成立程序、变更登记和注销登记手续都作了详尽解释,如"宗教活动场所取得法人资格后,其法人登记管理部门是民政部门,业务主管单位是宗教事务部门。因此,宗教活动场所要取得法人资格应该经其业务主管单位即县级人民政府宗教事务部门审核同意后,才能向民政部门申请法人登记"。

《释义》还阐释了办理"法人登记"的必要性,第一点就是保护宗教活动场所合法权益的需要。"解决宗教活动场所的法人资格问题,可以为其平等参加民事活动提供合法的身份,也有利于明确其财产归属,防止合法财产流失,切实保护合法权益。"进行法人登记后,民间庙宇法人可以拥有自己的财产,并以自己的名义对外独立进行活动、与其他人订立契约、对他人提起诉讼或应讼等,总之,使其成为一个合法的民间团体与民间组织后,则需按照社团的规章制度运行,若违法,就依法依规进行处理。《释义》在阐释办理"法人登记"的必要性的第二点就是"加强对宗教活动场所规范管理的需要"。新《条例》的第六条明确规定:"各级人民政府应当加强宗教工作，建立健全宗教工作机制，保障工作力量和必要的工作条件。"在《释义》对该条的解释中，还进一步明确了"宗教领域的问题大多表现在基层，大部分宗教事务产生在基层，但目前基层宗教工作又最为薄弱，为此，条例在本条对村民委员会、居民委员会协助人民政府管理宗教事务的职责予以明确，以切实加强基层宗教工作力量。"民间信仰的活动场所虽然不同于制度性宗教的活动场所，但它也是民众举行信仰活动的场所，所以村委会、居委会理所当然地在民间信仰事务的治理上，在关乎到所在社区与民众的安宁与和谐上有责有份。

广东省内的某些地方其实早就已经开始试行了"法人登记"的方式，如汕头市的潮阳区的宋大峰理事会，峡山黄大仙祠管理组织"乐善善社"和陈店的"六和福利会"已经在民政部门进行了社团登记，接受民政部门的管理，这种经验就值得总结或推广。目前的民间庙宇普遍缺乏法人资格，既不是企事业单位，又不是社团组织，更不是宗教活动场所，其合法权益无法获得有效的保障，更无法承担相应的法律责任，这类情况是谈不上对其的有效治理的。人们应该认识到，民间信仰事务的治理理应持续纳入法治的轨道，如此才能推动民间信仰事务作为国家治理体系的一部分朝向法治化的方向不断迈进。

第二，在某些城市试点成立民间信仰协会，使之参与到民间信仰活动场所和民间信仰活动的治理中来。此协会应该是一个公益性的，没有官方性质的，在民政局登记的社会组织或团体，协会的各负责人从协会下属的各民间信仰庙宇的管理人员中选举产生或从所在地的民众中自愿报名、群众推荐或者公开竞选中产生，即通过民主形式选举出一些热心公益事业、较有文化、有见识、有素质且有行政管理能力的地方"乡绅"担任协会领导或理事或秘书等，给其二到三年或四年不等的任期，甚至可以连选连任，但最多有个不能超过两届或三届的任期规定。而民间信仰的庙宇是否加入民间信仰协会则采取自愿原则。民间信仰协会在民间信仰的治理中可以发挥纽带作用，向上反馈信众意见，向下结合实际贯彻当合政府的方针政策。

在此基础上，再成立各镇区的民间信仰协会。各镇区的民间信仰协会其实是政府相关部门与民间庙宇之间的联络中介，负责协调所在镇区的民间庙宇与所在地政府相关部门的联系与沟通以及所在镇区的民间庙宇间的相互学习、联谊与沟通。在各镇区的民间信仰协会的基础上，可以考虑再成立一个总领的地级市的民间信仰协会(或曰民间信仰总会)，各镇区的民间信仰协会即是这个总会的分会成员或团体成员，这个总会仍是一个松散的民间团体或组织，在所属民政部门登记或注册。要说明的是,民间信仰分会或者总会的运作模式,既可以参考借鉴现有五大宗教协会的治理模式,也可另辟蹊径,以避免五大宗教协会常常被人诟病的单位化、官僚化或机构化的治理弊端。这值得进一步探讨。

与此同时,注重政府相关部门对民间信仰事务的"引导"作用,以监督引导各民间信仰协会、组织健康有序发展。作为中国宗教治理的主体,各级政府在依托法律法规和制度来规范民间信仰事务治理的同时,应注重发挥民间信仰协会在民间信仰治理中的纽带作用。各级政府的民宗部门对民间信仰的具体事务不要多管,但负有对民间信仰庙宇的业务指导之责,省民宗委应积极探索出台广东省民间信仰庙宇治理的规范性或指导性文件。

第三,根据"属地管理"原则,形成市、镇区、街道办事处或社区(村)的三级治理体制。在市、镇区、街道办事处或社区(村)的三级治理体制中,首先,要明确民间信仰的庙宇归口于主管宗教事务的政府部门(如县级以上的民宗局)的业务指导(是业务指导而不是领导,并无上下级的关系)范畴。庙宇应由市民宗局分级登记或备案,如县级以上的民宗局除了业务指导以外,还要负责庙宇的资格审查登记、法人代表变更登记、报建报修(翻修建庙宇要报批,禁止乱建滥建)等重大事项的登记管理;总的地级市的民间信仰协会(或曰民间信仰总会)对各镇区的民间信仰协会同样具有业务指导之责(同样是指导而不是领导,没有上下级的关系)。同时这些协会也是政府主管部门(如各级民宗局)和属地(镇区、街道办事处、居委会、村委会等)和民间信仰场所之间的联系与中介,即起到桥梁的作用。属地治理突出的是横向的,在地化的治理格局。与此同时,还要有适当的治理权限的分割,各自的有所为和有所不为。

各镇区、街道办事处、居委会、村委会等可以与所在地的民间信仰协会或下属庙宇签订《民间信仰事务责任书》,并纳入镇区、街道办事处、居委会与村委会的"社区治理"的范畴以及精神文明建设和社区治安综合治理工作的考核内容,分级治理突出的是纵向的、层级化的治理格局。如上,横向的和在地化的治理格局与纵向的和层级化的治理格局有效结合,以真正发挥民间信仰在现代社会的正能量、促进社会和谐稳定的目标来开展工作,如此才能真正有效减轻社会治理成本,营造"一方安宁"的命运共同体与和谐社区。

最后,对少数规模较大、影响较大、治理比较好、与佛教道教颇为接近的民间庙宇,可以考虑由庙宇提出申请,请所在地区或县市的佛教协会、道教协会核准,经政府主管部门审核,将其纳入佛教与道教的寺庙宫观管理;对那些列入文物保护单位、规模大、影响大、收入多的庙宇可以考虑专门由市民宗局与相关部门共同颁发醒目的牌匾或匾额,同时给予更多的指导与培训;而对广布基层社区的众多中小型民间信仰庙宇,就交由所在地的民间信仰协会与街道办事处、居委会与村委会等共同治理。而对那种一般不举行集体祭拜活动、日常无人看管、也无香火收入的小场所则由村委会(居委会)代管,不再成立管理组织,避免加重信众负担。

另外,各地市民宗局可以考虑将全市规模最大、影响力较大、占地面积最多的二到三所民间庙宇作为自己经常性的联系点,加强对其宗教法规与政策及活动开展的业务指导,并注意总结经验,以点带面地不断提高民间信仰的治理质量。

三、促进各地民间庙宇的自我管理

各地政府要尊重、鼓励民间庙宇和团体走自治化的道路,加强并不断完善民间庙宇的自我管理。《释义》在阐释办理"法人登记"的必要性时,第三点就是"宗教活动场所加强自我管理的需要"。新《条例》的第二十六条具体规定了:"宗教活动场所应当加强内部管理,依照有关法律、法规、规章的规定,建立健全人员、财物、资产、会计、治安、消防、文物保护、卫生防疫等管理制度,接受当地人民政府有关部门的指导、监督、检查。"《释义》还对"建立健全"后面的具体管理制度进行了逐一的详细解释。

根据上述要求,"具体管理制度"应包括管理人员制度、财务管理制度、会计制度、治安管理制度、消防管理制度、卫生防疫制度、文物保护制度等。凡是通过审查、已在民政部门登记备案、取得法人资格的民间信仰的活动场所还要在上述七种"具体管理制度"的每一条下根据自己的实际情况制定具体的规条,并张贴在墙或公布出来,让大家都心中有数。街道办事处和社区居委会、村委会尤其要确保辖区内民间信仰的活动场所的财务收支情况的定期(按月或按季度等)公布,庙诞、神诞等活动的财务收支情况更是要及时公布。凡逢有庙诞、神诞等较大型活动时,街道办事处和社区居委会、村委会还要和民间庙宇就活动的举行协商、协调与沟通,制定突发情况的紧急预案等。另外,街道办事处和社区居委会、村委会还可以与辖区内民间信仰活动场所的法人建立起定期不定期的磋商机制以帮助其更好地实现规范化管理的目标,将各样具体管理办法和措施落实到位。而镇(区)一级的人民政府也要注重所在辖区民间信仰活动场所管理的规范化、常态化,并大力推广那些取得管理成效与经验的民间信仰活动场所的做法。

总而言之,现实生活和实践意义上的民间信仰事务的治理与学术意义上的民间信仰的研究有所不同。正如有学者指出的那样:"如果说学术意义上的民间信仰的研究既包括思想观念、文化传统、民众精神生活等内在层面,也包括内容丰富庞杂的信仰仪式系统、庙宇场所等外在的组织结构层面,广泛存在的庙宇场所等外在层面,是一个较广泛的概念。但现实生活和实践意义上的民间信仰一般仅指有组织载体、活动场所等外在结构体系的民间信仰形态,或是具体的个案,或是许多分散的、相对独立的民间信仰形态的总和。具体到政府有关部门的工作实践中,关注的也主要是其活动、场所、组织等有形的实体。"而最为关注的是其是否遵守了国家和地方政府的法律、法规,而不是其他的问题。

如上,只要坚持在实践中探寻符合广东实际情况的民间信仰事务的治理模式,立足于当前民间信仰所赖以生存的特定的制度结构与社会环境,将国家统合的力量与民间信仰自治的力量有机地融合为一体,寻求两者间的平衡关系,且在具体民间信仰事务治理的实践中在"引导"上下足功夫,并在调研的基础上不妨先抓几个试点,摸索经验,从而就能探索出一整套行之有效的具有广东特色的民间信仰治理的新路子来。

余 论

笔者通过近些年来对民间信仰的田野调查与研究,深切地感受到如下几点:

其一,对民间信仰要有平常心同理心的理解。这种"平常心同理心的理解"一定是种平视的视角,既不需要仰视,也不应该俯视,也可以看作是人之常情或同情式的理解。人对自己不知道的东西,更要保持一种或谦虚或包容或请教的态度,而不要随意论断,要知道,现实世界总有某些东西是无法完全用人类有限的理性去明白与理解的。

对有神论的信仰而言,无需分高级低级、精致粗糙、完备或不完备、现代或原始,上述区分从学术角度而言或许有一定意义,但从治理角度而言,却没有任何意义。因而有学者提出:"中国民间信仰问题理应被吸纳为'文化中国'之极其重要的文化资源和社会资本之一,即在尊重多元社会'内在的文化关联'的前提之下,搁置'优劣''高端'或'低端'信仰,进步或落后,科学或迷信等先在的偏见,并借以观照我们自身之生活方式、社会网络、文化身份、价值观念及情感认知的文化基础,进而理解'文化中国'何以走向华夏化(中华性)的信仰机制和文化模式。"①这种见识高屋建瓴,笔者很是赞同。

其二,广东民间信仰是整个中华民族民间信仰大花园中的一个组成部分,是在岭南的大地上绽放出的独具魅力的花朵,包括广东民间信仰在内的岭南文化

---

① 陈进国:《传统复兴与信仰自觉——中国民间信仰的新世纪观察》,载金泽、邱永辉主编:《中国宗教报告(2010)》,社会科学文献出版社,2010年,第154页。

与内地的黄河文化、巴蜀文化、荆楚文化、齐鲁文化等一样都是源远流长,都是在中国大地上生长出来的中华文化参天大树中的不同枝丫:"在岭南文化的骨子里,中华正统的文化占主导地位,只不过由于地理、历史背景的不同,其表现有异而已。"①比如今日在岭南比内地更为突出的祠堂祭祖、迎神赛会、七月半之俗等都可以溯源中原内地。正是因为这些中华文化参天大树中的不同枝丫,才有了人们今天能为之骄傲与自豪的悠久博大的中华民族的文化传统与历史记忆。当然,广东的民间信仰在整体上也呈现出自己独有的特点和较为鲜明的地域特色,如"好巫尚鬼"的原始信仰传统等。

与此同时,人们还要注意到:历史并不总是"自古以来"就如此,而总是充满了各种不确定的变化。广东人也并不是自古就生活在广东,凡历史上衰乱之秋、改朝换代之际,如两晋南北朝、唐末、宋末与明末之际,总有大批难民、移民从北方逃亡广东,其中不乏宿学旧儒、豪门大族等,如仅宋代来到广东的贬官流宦就有近五百人。广府、客家与潮汕三大族群的形成,无不与移民有关,粤西也是如此,没有什么纯粹的粤西人。历史上历次的移民潮以及中原文化给广东这块土地带来了政治、经济、文化、宗教等方方面面的影响,因而广东的民间信仰也不是"自古以来"就如此,而是不断有中原文化以及周边的如福建等地的元素和印记加入其中。因此,观察广东的民间信仰应有"变化与动态"的眼光。

其次是广东的海岸线漫长,清人陈恭尹的《九日登镇海楼》曰:"清尊须醉曲栏前,飞阁临秋一浩然。五岭北来峰在地,九州南尽水浮天。"后两句诗就是对广东的地理状貌、山水风景的最好概括。无疑,包括广东在内的岭南文化受孕于浩瀚大海,岭南先民"善舟楫",包括民间信仰在内的岭南文化与海洋的关系密不可分、水乳交融,此地的民间信仰亦受到海洋文化和外来文化的影响,并将自己的信仰也影响到海外,尤其影响到东南亚。由上述这两个特点决定,广东民间信仰的源头可以追溯到百越文化、中原文化、移民文化、海洋文化与外来文化等因素。可以说,广东的民间信仰可谓是采中原之精粹,纳四海之新风,融合而自成宗系。广东民间信仰传统的多样与丰富性更是说明了广东文化传统中一直以来的包容与开放性格。

其三,笔者为了研究的方便,在此课题的相关探讨中(如第一章),将广东的民间信仰分成了四个区域即广府、客家、潮汕和粤西分别加以阐述。人们也常将广东人分为广府、客家与潮汕三大民系来加以区分。其实,这种划分本身就是一

---

① 陈泽泓:《岭南文化概说》,广东省出版集团、广东人民出版社,2013年,第10页。

件既复杂又费力不讨好的事,也不太科学,这种划分虽然给笔者的研究带来了一定程度的方便,但同时也可能会使问题变得更加复杂,但笔者既无精力也无能力另起炉灶,只好将研究还是建立在前人相关研究的基础上。其实,不管在上述的任何一个地方,包括民间信仰在内的文化元素都是错综复杂的,是你中有我、我中有你的。举例而言,潮汕地区的揭西县,从目前的行政区划来讲,虽地处潮汕,但其包括民间信仰在内的文化传统却是两方面的:一是以棉湖地区为中心以讲潮汕话为主的潮汕文化传统;一是以河婆地区为中心以将客家话为主的客家文化传统,所以在论及潮汕的民间信仰与所拜的神祇时,要注意到潮汕也有客家文化传统的影响。又如现在已划归广州市管理的增城区,南与东莞隔江相望,东临惠州,北界从化,以现在的眼光看,其属于珠江三角洲的区域。但若以历史的眼光来看,增城虽然从隋开皇九年(589年)起就是广州的属县,但直至唐朝,广府文化的影响区域在此都还是很有限的,此地在交通不方便的古代主要受到客家文化传统的影响,因为那时的居民大多是客家人移民而来的,所以现在的增城既有来自客家民系的民间信仰与神祇,也有来自广府民系的民间信仰与神祇。再如粤东地区今天的行政区划,有的属于客家所在之地,有的属于潮汕所在之地,但因为靠近福建的关系,这两地都受到了福建民间信仰的影响,如客家人的保生大帝信仰、伏虎佛、定光佛的崇拜,潮汕人的妈祖信仰、大峰崇拜等。

这些例子说明,同一个地方,其核心地区与边远地区的文化传统都会发生渐变,如果说核心地区的文化传统特征最强烈最集中的话,那么离核心区越远,核心地区的文化传统特征就会越来越淡薄或者说呈现出一种过渡变化较大的状态,就会越来越受到周边其他文化传统特征的影响。而越是地处不同文化传统交界的地方,就越是容易看到不同文化传统在同一个地方的影响。比如与潮汕地区相邻的汕尾市以及周边的大浦、丰顺县等这些被认为是客家人的地盘,在很大程度上却受到了潮汕文化传统的辐射与影响。此外,即使在同一个地方,由于现当代人口流动的影响(尤其是改革开放四十年间更是加速和加剧了人口的流动,比如仅深圳一城便有近四百万的潮汕人),同时也会有来自不同地方的民间信仰传统。这就是为什么在广府、客家、潮汕与粤西等地,你都可以找到不同民间信仰传统的神祇与拜神仪式,他们互相交织,互相影响,且又互不干扰,这也从另一个侧面说明了广东文化传统中一直以来的包容与开放性格。

综上所述,中国的疆域广大,中国的民间信仰无疑带有地域特征,即所谓一方水土养一方人,一方人拜祭一方神,一方神保佑一方人。要搞明白其中的内由,不是在书斋内看书与冥思苦想就能解决的(当然,大量阅读和思考也是必不可少的）。宗教研究不是神学研究，而是关于人的研究，关于当下社会的研究；作宗教研究的学者如果把自己囿于书斋或者知识范畴，如果不去到"现场"，甚至不愿关注"现场"，那就会偏离了宗教研究的核心。尤其是关于现实生活中民间信仰的研究，研究者非得要迈开双腿，深入到这一方水土中去探幽不可，如此才有对其较为贴近的"接地气"的理解与思考。

附录一

"中山市民间信仰现状及治理对策"调研报告

贺璋瑢　代国庆[①]

【摘　要】　民间信仰在基层社会广泛存在,但却游离于现有宗教管理体系之外。中山市民间信仰是广东珠三角地区民间信仰的典型代表,通过对中山民间信仰的神祇种类、庙宇分布、规模大小、参与信众、敬拜活动、管理模式等多方面的全面考察,可以获知当下城市化进程中的民间信仰的生存现状、崇拜特色、社会功能以及存在的弊病。基于此,提炼出民间信仰的当代价值以及关于民间信仰的治理对策建议。

【关键词】　民间信仰;特征与社会功能;管理现状;对策

改革开放四十年来,随着经济的发展与社会空间的成长,人们的思想日趋活跃,信仰亦更为多元。除了纳入到国家行政管理体系中的制度性宗教外,根植于民间大众,具有深厚底蕴的民间信仰亦吸引了大批信众。民间信仰以多种神祇为崇拜对象,以祈福禳灾为主要目的,并与民俗活动紧密结合,参与其中的民众之多、在基层社会的影响力之大、发展之迅猛,都使其成为一个颇重要的宗教现象、社会现象。近几年来民间信仰亦受到国家及各地宗教事务管理部门的高度重视,开启了一系列的调研活动,并在此基础上探索治理思路及管理对策。

---

① 贺璋瑢,华南师范大学历史文化学院教授,博士生导师;代国庆,华南师范大学历史文化学院副教授,硕士生导师。

广东中山市地处我国改革开放的前沿阵地,在经济发展与社会治理等方面均取得了显著成就。独特的地理区位和人缘乡缘结构使得中山市民间信仰呈现出复兴和发展的态势,它既具有当前民间信仰复兴的一般特征,又具有显著的地方特色。从 2006 年起,我们与中山市统战部、民宗局合作,对其辖区内的民间信仰场所及其活动进行了持续关注以及全面调查。本文将基于上述调研,全面梳理中山市民间信仰的现状特征、管理模式,分析存在的问题、隐患并提出建设性的治理对策。

一、中山市民间信仰的现状

长期以来,民间信仰在中山市各镇区具有广泛而深远的影响,无论其分布范围,还是庙宇数量,都远超建制性宗教。根据广东省民宗委、中山市民宗局提供的资料,佛教、道教、基督教、天主教在中山市均有正式的宗教活动场所,计 22 处,信徒人数共计二万八千余人,占中山市常住人口(约 315 万)的 0.89%。

表一　中山市五大宗教简况

	信徒人数	名称	地址
佛教	15000 人	西山寺	中山市石岐区孙文中路 240 号
		白衣古寺	中山市石岐区莲员东路庵前正街 1 号
		隐秀寺	中山市小榄镇圆榄山
		报恩禅寺	中山市黄圃镇观仙南路 1 号
		永建庵	中山市石岐区莲塘街见龙里 2 号
		净意庵	中山市小榄镇永宁南垄街 47 号
		善庆庵	中山市小榄镇东区大门楼四巷四号
		永寿寺(筹)	中山市三乡镇雍陌村
		古香林寺(筹)	中山市东区新安村
		集益寺	中山市南朗镇崖口村集益公园
道教	8000 人	港口天后宫	中山市港口镇茂生路 38 号

信徒人数	名称	地址
基督教 4322 人	太平堂	中山市石岐区太平路高家基 6 号
	员峰堂	中山市石岐区员峰光明西街 2 巷 12 号
	迦南园	中山市东区小鳌溪正街下街 1 号
	隆都堂	中山市沙溪镇龙头环村龙环路 55 号
	良都堂	中山市南区上塘西街 55 号
	小榄堂	中山市小榄镇无佞后街 25 号
	三乡堂	中山市三乡镇环镇路 35 号
	东升聚会点	中山市东升镇人和路 5 号
	黄圃聚会点	中山市黄圃镇德兴路 1 号二楼
天主教 730 人	石岐天主堂	中山市石岐区孙文中路 148 号
	黄圃天主堂	中山市黄圃镇南坑路 14 号
伊斯兰教 不详	无正式宗教活动活动场所	

　　与此相比,中山市民间信仰场所及其信众,无论在规模还是数量上远在上述宗教之上,且发展迅速,可谓是中山市最重要的宗教形式。据 2004 年统计,中山市民间庙宇总数为 386 处,总面积为 53411.84 平方米;据 2007 年统计,中山市民间信仰场所总数达 486 处,其中过半数建筑面积在 50 平方米以上;据 2016 年调研,共录民间信仰场所 864 处,其中建筑面积在 50 平方米以上的计有 311 处。由于民间信仰活动场所举办的活动大多具有民俗性质,民众参与程度高,因此,我们无法统计出确切的民间信仰信众数量。不过,从其分布和活动不难看出,中山市民间信仰具有庞大的信仰群体,其场所遍布城乡,举办的庙诞、神诞等活动贯穿全年。中山市民间信仰扎根于基层,扎根于民间,亦已成为中山城乡社会场景中不可或缺的构成部分。

表二　2016 年中山市民间信仰场所数量及分布

镇区	场所数量	镇区	场所数量	镇区	场所数量
石岐区	22	阜沙	67	南头	54
西区	2	东升	113	黄圃	115
东区	27	横栏	7	三角	67

镇区	场所数量	镇区	场所数量	镇区	场所数量
南区	18	大涌	27	沙溪	28
开发区	56	板芙	17	神湾	12
港口镇	1	五桂山	13	三乡	57
古镇	10	南朗	46	东凤	58
小榄	21	民众	16	坦洲	10
总计			864		

中山市民间信仰具有久远的历史,就目前所存的民间信仰庙宇而言,其历史可追溯至 1949 年之前兴建的达三百余处。1949 年以后,中山市不少民间信仰场所虽遭受损毁,但并没有从根本上断绝民间信仰的香火。改革开放以来,随着政策的放松,尤其是港澳同胞、海外中山籍华人华侨积极投身于民间庙宇的重修、重建,中山市民间庙宇呈强烈的复苏、发展之势。就目前所见的民间信仰庙宇而言,绝大部分均在 1980 年以后获得修缮。

民间信仰活动场所规模不一,一些场所仅有香坛或神像,并没有建屋盖瓦,如散布村头巷尾的社公(或土地公);一些场所则有一间或一两间房舍,如先锋庙等;一些场所则占地连连,建筑宏伟。2016 年调研时对中山市民间信仰场所的占地面积、建筑面积作了如下数据统计:

表三 2016 年中山市民间信仰场所面积

场所占地面积 (单位:平方米)	数量	场所建筑面积 (单位:平方米)	数量	备注
1—10	146	1—10	244	
11—20	93	11—20	136	
21—49	100	21—49	127	
50—100	191	50—100	141	
100—200	118	100—200	74	
200—499	94	200—499	71	
500—1000	73	500—1000	19	
1000 以上	44	1000 以上	6	
不详	6	不详	47	

由上表可见,中山市民间信仰场所的占地面积大多集中在21至200平方米区间内,共计409处,占总数的48.3％。场所建筑面积可分成三大区间:10平方米以下的计×××处,占28.9％;10平方米以上100平方米以下的计404处,占47.8％;100平方米以上的计170处,占20.1％。总体而言,中山市民间信仰场所的个体规模适中,10—100平方米的建筑面积、21—200平方米的占地面积是中山市民间信仰场所的主流,这为民间信仰崇拜活动,包括与此密切相关的民俗活动的开展提供了基本的空间舞台,但也从空间上决定了相关活动的规模大小。由此,我们可以判定,相关的宗教崇拜活动大多局限于当地的信仰活动场所中,主要吸引当地周边信众参加,其规模以中小型为主。

民间信仰活动场所的大小在一定程度上与其所供奉的神祇品级及其数目直接相关。就本次调研所见,崇奉神祇品级越低、数目越少的场所,其规模亦越小,反之亦然。因此,单纯供奉土地神、先锋神的场所,其占地面积一般较小,甚至没有建屋盖庙。而诸如此类的神祇敬拜场所情况,在中山市并不少见。据统计,2016年以社公(土地公)作为主神的场所多达392处,占总数的45.37％。其他的主神神祇及其场所数目统计如下:

表四　中山市民间信仰场所主神及其道场数量

数量区间	主神神祇	数量	比例	备注
300 以上	社公	392	46.3％	又称土地公
21—60	观音	57	6.6％	道教系统中被称为慈航真人
	天后	43	4.9％	又称妈祖
	北帝	40	4.6％	即玄武大帝
	关帝	29	3.4％	又称武帝,即关公
	先锋	23	2.7％	
	诸葛亮	22	2.5％	又称武侯
	四面佛、地藏	21	2.4％	
11—20	康公	20	2.3％	
	洪圣	17	1.9％	
	兄弟哥	13	1.5％	
	华光大帝	12	1.4％	

续　表

数量区间	主神神祇	数量	比例	备注
5—10	三山侯王	9	1%	
	财帛星君、龙母、牛王、文昌等	各6处	各为0.69%	财帛星君又被视为财神
	龙王	5	各为0.58%	
1—4	圣母娘娘	4	0.46%	
	金花娘娘、三圣公、相公、星君、赵公明	各3处	各为0.35%	赵公明又称财神
	东岳大帝、花王太祖、华佗、屈原、三界公、三仙娘、四圣、托塔天皇、文武二帝、邹陈法师、主帅公等	各2处	各为0.23%	
	八仙、彩哥、陈明二哥、地藏王、二圣、飞来禅、飞燕娘娘、禾谷夫人、何仙姑、和合二仙、猴王爷、华岳圣、黄大仙、黄牛、雷神、连州三王爷、良马神、转运将军、周大将军、张王爷、袁大仙、玉皇、兴仔神、韦驮、天尊、七姐仙姑、吕洞宾、罗仙姑、鲁班等	各1处	各为0.12%	

由上可知,社公(或土地神)作为一方保护神,遍布村落街道,与人们的生活最为接近,其品级虽低,但却最具亲和力因而广为大众崇拜。对社公的崇拜较为简单,往往在路口、树下置一香坛,或者委身于其他民间信仰庙宇,神像或有或无。"有上盖的叫做土地庙,露天的就叫社坛。家宅中供奉土地也是必不可免的。"[①]民众往往在香坛上敬献几支香以示敬拜,这种敬拜形式简单,亦较为便宜,这反而有利于社公神坛的广布。

作为一种世代延续的传统信仰形态的表现形式和活态传承的民俗文化,中山的民间信仰体系复杂而多元,并凸显了临海和水乡文化的民俗底色。观音(慈航真人)、天后(妈祖)、北帝(玄武、真武)、关公(武帝)、先锋、诸葛亮(武侯)、康公、洪圣、华光等是中山市民间信仰场所供奉的主要神祇,以它们作为主神的场

---

① 中山市人民政府南区办事处编撰:《良都风物》,南方日报出版社,2014年,200页。

所均在十处之上。鉴于民间信仰庙宇多神供奉的现实,这些神明还往往以陪祀神的身份出现在其他民间庙宇中。民间信仰中的神祇亦具有某种程度上的神职分属,在某一领域具有更为显著的神迹。对此,中山民间信仰的信众亦知晓。在中山小榄葵树庙考察时,当地庙祝介绍说:"康公保家人平安;财神保生意兴隆;文昌保小孩读书聪明,步步高升;太岁,有的人犯太岁,要拜拜,也是保平安;洪圣公是管车管船的;金花管生孩子、婚姻。所以我们这里保佑什么的都有。"①不同神明各有其职,共同应对信众五花八门的俗世诉求,这是民间信仰多神崇拜功能体系形成的内在机理之一。

信众对神祇的崇拜行为,可划分为个人性和集体性两类。个人性的敬拜主要出于个体或家庭的利益诉求,诸如求学、求子、求财、医病、开光等等。在敬拜时间上,除了日常之外,每月农历初一、十五前来敬拜的个人较多。集体性的崇拜则多以宗族、村落、街道、社区等为主,其除了兼顾个人、家庭求福之外,多表达国泰民安、风调雨顺、丁财两旺等集体性、整合性的诉求。而集体性的敬拜活动多集中于神诞、庙诞期间。在此期间,以民间庙宇为中心,以民间庙宇所在村落或街道为单位,往往举办较大型的游神赛会、聚餐祈福活动。值得注意的是,民间庙宇的神诞、庙诞多与我国传统的节气佳节,诸如春节、清明、端午、重阳等相契合。这一方面表明,民间信仰的崇拜周期即岁时祭祀与农耕生产有着密切的关联性;另一方面,两者的结合使得伴随着节期的民俗活动与民间信仰的崇拜活动在很大程度上融合在一起,即民间信仰崇拜活动往往以民俗活动的形式呈现出来。既然作为民俗活动,便具有全民参与的特征,尤其在重要的神诞、庙诞活动中,往往是当地具有威望的人物(老人协会的会长、理事等)出面主持,各家各户参与其中。不过在日常性的敬拜活动中,妇女和年老者仍居多数,这与这些群体特殊的身体状况与心理状态直接相关,青壮年平时较少敬拜民间神明,其原因则多样复杂。

综上所述,民间信仰活动是当地最具活力、最具影响力的神明崇拜活动,其所呈现的鲜明地方特色、发挥的独到社会功用更是值得认真探究。

二、中山市民间信仰的特征

我国汉民族的民间信仰源于农耕文明,深受儒家思想的熏陶并以宗族价值

---

① 2016 年 6 月 1 日,小榄镇调研。

观为导向，①在崇拜对象及形式上则多借取佛道二教。中山市民间信仰亦具有上述普遍特性，儒、释、道杂糅相间，宗教崇拜活动与民间习俗融合一体。除此之外，中山市民间信仰亦因其独特的历史、地理、人口因素而具有显著的地方特色，主要表现在如下几个层面：

第一，富有水乡特色的崇拜神祇。中山古称香山，原为孤悬于珠江口外伶仃洋上的岛屿，后经珠江水系日积月累长时间地冲刷，所携泥沙逐渐沉积而成沙洲平原。直至今日，中山市辖区内5千多条河涌和人工排灌渠道纵横交织，互相连通。除此之外，中山市濒临珠江口伶仃洋，拥有大片滩涂海岸。临水而居，靠海为业已成为中山大众习以为常的生活方式，加之中山地处亚热带季风气候区，降雨充沛，这造就了名副其实的南国水乡。

与此种地理、气候相匹配的是，中山市民间信仰中的水神文化颇为浓重。不少神祇司水治水，以水为庭，在民间流传着诸多有关水的神话轶闻，演绎出与水相关的各色崇拜活动，其中最具代表性的神明是天后、龙母、洪圣、康公、北帝等。

中山市以天后为主神的庙宇多达43处，其他庙宇亦可多见天后陪祀其中。天后能在中山立足并有如此之影响力，其重要原因就在于天后的慈祥母性与司水神职契合当地民众的日常生活。中山市的天后宫多伴水而建，其楹联内容颇具"海味水韵"。在天后信众中间，有一群体与天后的关系尤为特殊。那些从福建移民而来的闽南语系族群，自视为"妈祖子民"，对天后崇敬有加。比如大涌镇安塘村在籍人口五千余人，其中林姓为第一大姓，占全村人口的四分之三，他们祖上从福建迁徙而来，至今仍操闽南语。2000年，全村合力重修了天后庙，在天后圣殿门口镌联曰："宋代老慈母，莆田大圣人。"在整个中山市，闽南语系民众的分布相当可观，上述的大涌以及沙溪镇、三乡镇、南朗镇、开发区等地均是闽南语系群体的聚集地，人口占中山总人口的10%，他们成为天后信仰最为中坚的力量。

龙母是西江流域的一位女神，其祖殿位于德庆悦城。据流传的神迹来看，其主要神职在于施雨解水旱之患、预测风云、防患覆溺、引船导航等等。目前，中山市以龙母为主神的殿宇共有6处，数量虽不多，但规模却较为宏大且富有特色。

① 如在中山三乡镇流传的孝女罗三妹的传说，罗三妹持守孝道，被后世乡人尊之为"罗仙姑"，并建庙祭拜。相关传说已被收录到当地史志中，可参见中山市三乡镇地方志编纂委员会编：《中山市三乡镇志》，广东人民出版社，2016年，第543、660页。

比如开发区江尾村中的龙母庙,香火旺盛,当地人甚至声称此庙供奉的龙母是悦城龙母的妹妹。在庙宇正门镌刻门联曰:"声灵超海国,惠泽播江邨。"另外,新张贴有联句:"龙吟海晏,母镇江宁。"可见,龙母仍以海神、水神的身份而获得信众的崇敬。

洪圣,即南海神,在四海海神中地位较为突出,居其首。其神祠在广州,创建于隋开皇年间。在某种程度上,南海神亦可视之为广东沿海地区的保护神。历史上,南海神受封赐日重,这与广东地区开发与地位提升直接相关,尤其是海上丝绸之路的繁盛,使得航海安全成为一个极为重要的问题。由此,南海神成为风调雨顺,河清海晏的象征。同样,南海神在中山市亦有重要影响力,仅以洪圣为主神的庙宇就有 17 处。沙溪镇圣狮村洪圣殿门联"盛德在水,遵海而南",这表达出了洪圣司水、护佑水乡的基本职能。

另外值得注意的是,中山大众有时把康公当作龙王洪圣,如在大涌镇南文社区龙王殿,正殿供奉的"昭明龙王"下面的神牌写有"玉封道果康公真君";在黄圃镇,亦有民众把洪圣视之为康公。据 2016 年统计,中山市共有 20 处庙宇以康公为主神。有关康公的来历神属,民间多有异说,杂繁不一。中山市小榄葵树庙以康公为主神,在庙内镌刻有《康公真君志》,它至少统合了三种传说,即汉代李烈、北宋康保裔以及禁食鸭的康主帅。最后一个传说透露了它与水之间的密切关系,不少地方由此把康公视为水神,其诞期七月初七在中山市也广被庆祝。中山某些地方亦有宴席不食鸭的习俗,其来源即源于上述康保裔的传说。①

与南海赤帝洪圣相对应的是北方黑帝,即北方真武玄天上帝,在中山民间多简称北帝、北极。它本是星宿之神即为北极星,被视为北方之神。同时,它又有司水之责,是为水神。中山市共 43 处以北帝为主神的庙宇,其楹联、神异传闻无不昭示着北帝司水的神职功能,洋溢着潺潺水波。北帝诞在当地有两个,分别是农历三月初三、九月初九,届时,一般会举行崇神敬神活动,如开发区濠头村北帝庙举办"转龙"活动,尤其是九月九恰逢重阳节,一系列的敬老活动亦借助娱神而实现。

上述天后、龙母、洪圣、康公、北帝等神明因其水神身份而被中山信众广为崇敬,建庙祭拜。以它们为主神的庙宇,在中山市民间庙宇中数量亦较多,规模较大,在民间有着广泛的影响力。它们的神职亦突破水神的身份,开始涉入民众日常生活的方方面面。调研组在大涌镇南文龙王庙遇到一位前来敬香的六十多岁

① 《黄圃历史文化》编委会编:《黄圃历史文化》,2010 年,第 231 页。

的李先生,他自称,自记事时就开始拜龙王,现今每月至少来拜一两次,家里有事更会来拜神。李先生认为龙王能祛邪,全家人都信龙王,孩子三十多岁也会拜,没事也会过来坐坐,家里有事会默默和龙王讲。[①] 可见,专职司水的龙王也时常倾听家长里短,为民众的各种诉求排忧解难。

第二,多元和谐的崇拜景观。民间信仰没有制度性的体系,没有固定不易的信仰边界,这反而使得民间信仰能容纳百川,多神共处一殿共享香火,儒、释、道传统杂糅相济教化。信众与民间神祇之间结成了互利互惠的功利结构,避免了独一排他性的神人占有结构。由此,所形成的稳固的多元宗教景观构建起一较为平衡的宗教崇拜生态系统,这或许是促成我国民间社会宗教和谐、基层社会安定的重要机制。

从民间信仰崇奉的神灵而言,它们基本源于儒、释、道三家。以中山市南朗镇崖口村庙宇群为例,集中建有大王庙、六祖庙、瑶灵洞府(八仙)、财神殿、观音阁、天后宫、北帝殿、霍肇元殿、星君府、元辰大殿和南海慈航庙等,这其中既有儒家推崇的忠孝贤良之士,又有道教神仙以及佛教的菩萨僧佛等。除此之外,在中山的民间信仰中亦有一些名不见经传,甚至行为乖张的人士被奉为神明,建庙崇拜,比如板芙镇贵围村中的兄弟庙(又称感应祠),庙里祭祀的是作为贼人而客死他乡的吴氏兄弟五人。可见,民间信仰统合了我国历史上诸多文化传统中的各色人物,造就了汉民族特有的色彩斑斓的万神殿。在中山市,观音、关帝是万神殿中的显要角色,亦是此种多元宗教混合崇拜景观的最佳注脚。

在中山市,以观音为主神的民间殿宇多达 57 处,居各神祠之首,与此同时,在其他大部分民间神庙中,亦可见其神像香坛。民间神祠中的观音,从其形制和从属上来看,大体可分为佛、道两大系列,例如上文提及的崖口村庙宇群,观音阁中的观音具有的佛教本色较为显著,可谓是民间化的佛教观音;南海慈航庙中的观音则具有道教倾向,可视之为民间化的道教观音。但本质上,两者均属于民间神祠系统,因为它参杂有大量民间信仰的因素,如古镇曹边观音庙在形制上具有佛教倾向,弥勒、韦驮以及佛教四大天王一应俱全,正殿神龛中供奉的观音亦是较为规范的佛教菩萨造像。庙宇中的联句如"佛光普照""莲生竺国,柳荫曹溪""晨钟暮鼓警醒世间名利客,经声佛号换回苦海迷路人"亦彰显着佛教气氛。不过这间观音庙仍洋溢着显著的民间信仰特色,金花、天后陪祀观音左右,另有关帝、文昌、社公等民间神祇散布其中。此外,中山民间普遍流传着"观音开库"的

---

① 2016 年 5 月 31 号,大涌镇调研。

习俗。曹边观音庙张贴的《诸佛菩萨诞辰》中，"正月廿六观音开库"列其首，"十二月廿六观音还库"紧追其后。所谓的"观音开库"是指信众到观音庙敬拜，许愿"借钱"，若生意顺利，第二年观音开库时酬神。[①] 上述的杂祀民间神明以及"观音开库"等酬神活动均本于民间信仰特有的崇拜结构，与正统佛教大相径庭。观音不仅立于庙堂之内，还立于百姓家里的神龛之中。当地民众说，在家里向观音或进香或祈愿或祝祷，也是他们日常的必做之事，就像吃饭一样不可缺少。

关帝多称之为"武帝"，与"文帝"文昌对应，以关帝为主神的庙宇共计29处。如果说观音更多是受佛道两家影响，那么关帝则是源于儒家传统。对此，中山市多处武帝庙的联句透露了它的儒家倾向，大涌镇安堂村武帝庙左右石联阴刻曰"两间正气，万古精忠"；沙溪镇涌头武帝殿大门对联楷书阳刻曰"勋名垂后汉，神武著西乡"。"正气""精忠"显然符合儒家道德规范，而其"勋名""神武"则为后世被追崇为"武帝"提供了前提。关帝凝聚了政治正统、个人忠义、除暴安良等秉性，历来受到各王朝的推崇与封赐。佛教接纳关羽，成为其伽蓝护法；关公亦位列道教系统的护法四帅之一；民间社会则把关帝引申到民间信仰领域，可巡察冥司、伏魔、招财。直至今日，关帝信仰仍具有强大生命力，每逢关帝诞（农历五月十三日），信众就要举办一系列的活动，如板芙镇深湾新围村新联社，近千村民齐齐参加舞龙舞狮、采青、武术等民间民俗活动，全村上下共同庆贺。活动主办者认为"关帝精神强调忠、义、仁、孝、诚、信。现阶段，崇扬诚信精神对我们当今社会发展有着积极的促进作用"。传统的关帝诞在现代社会仍有其价值，与关帝诞同时举行的还有邻里文化节，在举办文娱活动，丰富生活的同时，更向村民宣传敬老爱老、守望相助、诚信待人等传统美德，让传统民俗文化和传统美德得以薪火相传。[②]

民间信仰中的神祇虽斑杂但却并不凌乱，反而自成系统，和谐共生。一般而言，民间信仰多神共处一庙、一村多庙的现象比比皆是。这些出身殊途、神缘不一的神祇在同一空间共享香火的同时，亦构建起有序且良性互动的崇拜共生系统。此种宗教生态建立在主神、下属神、陪祀神等诸多神际关系的基础之上。同一村落不同庙宇中的神祇亦通过"神亲"关系建立起神界家族体系，从而把俗世等级及其伦理移植于神明世界，维系着多神之间的和谐共存。

开发区濠头村中的诸多庙宇、神祇结成了有机的关系网络，构建起一典型的

---

① 《黄圃历史文化》编委会编：《黄圃历史文化》，2010年，第191页。

② 《板芙镇深湾新围村举办关帝诞暨2016年邻里文化节》，http://www.zsnews.cn/zt/wenmingzs/news/2016/06/24/2871681.shtml，检索时间：2016年9月4日。

宗教生态,此地分别有以康王、天后、北帝为主神的庙宇群。(现今天后庙已被拆,不复存在。)在康王庙中,正殿中央供奉的是康公,左殿供奉的是金花夫人,右殿供奉的是牛大王将军。金花夫人、牛大王将军是为康公的陪祀神。在金花侧殿中,两排塑有十八奶娘像,它们作为金花的下属神,具体掌管从出生到蒙学期间孩童的生活。在北帝庙中,北帝作为主神供奉在主殿中央,两侧的陪祀神分别是金花夫人和观音。其中在观音侧殿中,韦驮作为下属神被祭拜。值得注意的是,在北帝庙、康王庙中,新近分别建有佛堂,北帝庙中的佛堂还有当地妇人身穿缁衣,口诵经文,虔诚礼佛。如此,以康王、天后、北帝为主神,以金花、牛大将军、观音为陪祀神,以十八奶娘、韦驮为下属神,建立起一个宗教生态系统。有趣的是,当地人又把康王、天后、北帝视为兄妹关系,康王是兄长,天后为排行居次的二姐,北帝为三弟。如此一来,村中三位主要神明结成了家族亲属关系。当然,此种神明关系背后乃有儒家宗族体系为支撑。郑氏为当地的大姓,在北帝庙附近便有郑氏祠堂。三位神明的兄妹关系很有可能是郑氏族群兄弟长幼关系的反映。

类似的神际关系唾手可见,如天后的下属神顺风耳、千里眼、文昌、财帛星君作为陪祀神在诸多庙宇中占有一席之地。更有好事者,为神明拉线结缘,配为夫妻神明,如东岳庙中,东岳夫人陪祀其右;三山司马侯王庙中,司马夫人亦位列其中;甚至民间社公神坛,亦有土地公、土地婆并列供人祭拜。上述诸多神亲关系把原本各不相干的神明编织成一较为有序的体系。在这个系统中,神明各就其位,各司其职,共同应对信众的诉求,亦共同接受信众的敬拜,共享香火。此种开放的,互动的互生共存结构造就了民间信仰和谐多元的宗教崇拜景观,这是中国本土宗教区别于亚伯拉罕系统宗教最为显著的特征。

第三,开放包容的大众崇拜。民间信仰长久以来虽无法受到朝堂官宦、儒士精英甚至专职僧道人士的重视与垂青,但在乡野民间却广结善缘,深植根基,拥有坚实的大众基础。民间信仰虽没有形成精深的神学理论以及专门的教职人员、系统完备的组织框架,但却聚集了为数繁多的神祇,糅合了诸多文化传统,践行着参与广泛的民俗活动,呈现出强大的包容性和历史柔韧性、传承性。

众所周知,近百年来,民间信仰与中国其他传统一样受到批判与排挤,民间神明崇拜被简单等同为封建迷信,民间信仰的场所要么被毁弃,要么被改为他用。即便如此,中山信众仍继续敬拜神明,护救神像,保护庙宇。中山信众之所以善待民间神明,与他们对民间信仰的理解直接相关。他们认为民间信仰的崇拜活动"就像一种习惯,信不信都无所谓,不是迷信,是风俗"。^① 当地基层一些有威信的干部退休后,亦参与到民间信仰庙宇的管理工作中。普通民众对神明更是趋之若鹜,虔敬崇拜。其结果是,中山民间信仰历经政治运动而不绝,一俟环境宽松,民间信仰便重新活络,重建、新建庙宇,香火旺盛,重新成为民间社会公共活动中心。可见,中山市民间信仰具有深厚的历史传统与广泛的民意基础,其合法性虽受到冲击,但从未被当地民众否决,它们与宗族祠堂等一道,维系着传统道德观与价值体系的正常运转。

作为著名的侨乡,中山市民间信仰亦呈现出浓郁的侨味,这是中山民间信仰大众性、开放性的又一表现。在当今中山民间信仰复苏与发展的进程中,港澳同胞、中山籍的华人华侨起了显著作用。中山籍民众大多是清末至建国之初陆续移居海外,他们仍旧保持着家乡传统的生活节奏,敬畏着故土的神明,并期盼神明的庇佑。因此,家乡的庙宇神像亦纳入到他们的思乡情怀之中,成为乡愁回忆中的亲善符号。民间信仰、民间神明及其庙宇在其认知中仍为神圣的象征者、秩序的维护者与富贵的赐予者,而非封建糟粕、时代残渣。这些人士虽远离故国散布海外异地,但却是故国传统习俗的践行者、神脉的维系者。改革开放后,异国游子与故土的联系热络起来,积极投身到家乡的建设,其中便包括重建新修民间庙宇、恢复祭拜典仪。华侨的日常捐赠亦是庙宇日常收入的一个重要来源。^②不过近几年,华侨返乡修缮庙宇,祭拜神明的举动逐渐减少,如在开发区大环村,很多华侨捐资重建了当地的华佗庙,但建完后他们并不介入日常的管理,也少有回来参与庙里的相关活动。此种现象在中山市并非特例个案,而具有一定的代表性。中山本地的神明所受华侨供养的香火虽日渐减少,但从中山分香出去的神明却在异乡扎根。2012 年 8 月份,《中山侨刊》刊登了一则中山华人在马来西亚开建龙母庙的新闻,可见一斑。^③

中山还是珠三角地区重要的制造业中心,吸纳了大量外省外乡的务工人员。据统计,目前中山市外来常驻人口达一百六十余万。这些外来人员在中山工作的同时,亦有如同本地人一样的宗教需求。民间信仰虽有鲜明的地域性、族群性,但仍向外乡人敞开了大门。小榄镇葵树庙庙祝介绍说:"现在镇里面务工的外地人越来越多,他们很多都会来此拜神。"^④石岐区东岳庙地处人民医院附近,

---

① 2016 年 6 月 21 号,三乡镇调研。
② 2016 年 5 月 31 日,沙溪镇调研。
③《中山侨刊》,2012 年 8 月 1 日第 101 期 49 版。
④ 2016 年 6 月 1 日,小榄镇调研。

当地村里人多搬走移居他处,前来祭拜的多为外来人员和医院护士。她们照顾病人,遇上病人过世,就会来庙里烧香祈福,求得心理平衡,甚至认为庙里的香火可以杀菌。① 在大涌镇安塘天后宫调研时,我们恰逢一位四川籍的老板请庙里的老人给他的新车开光。②

此外,外来者亦可以参于到民间信仰的集体性活动之中。调研组在中山考察得知,不少庙宇神诞、庙诞时节举办的聚餐、游神等活动中,一些有财力的外来老板均捐献数量不等的钱款。一来,可以告慰神明,祈求庇护;二来,可以联谊当地乡亲,回报社会。庙宇在聚餐时,亦会给这些外地的捐资者留有席位,以示感谢。通过神明关系,本地人与外来人搭建起一个新的沟通渠道。

三、中山市民间信仰的社会功能

中山民间信仰根植于中山本土大众,同时亦具有外向型的性格。正因如此,中山民间信仰方能传承不断,亦可开放包容。在新的社会环境下,中山民间信仰亦发挥着重要的社会功能。

第一,社会凝聚与认同功能。民间信仰及其场所作为中山社会场景中的现实存在,业已成为邻里和睦相处、海外同胞联谊以及外地人融入本地社会的纽带与桥梁,是为当下强化社会认同,凝聚大众力量的重要场所。

与宗族祠堂不同,民间庙宇具有超越血亲宗族的地域凝聚功能。在某种意义上,民间神明正是摆脱了宗族血亲的羁绊(不享受自己所属宗族后嗣的香火),才得以赢得不同姓氏民众的崇敬。民间神明所在的庙宇亦成为当地民众均可进入祭拜的场所。由此,民间庙宇成为社会的公共空间,在这一公共空间所举办的宗教敬拜活动,尤其是较为大型的神诞、庙诞活动及其连带举办的游神赛会、聚餐等,无不需要周边民众的协同参与,共襄其事。长此以往,以民间庙宇为中心,通过各种民间敬拜祭祀行为,构建起一个地域性的社会关系网络。

出入中山的华侨、务工人员虽冲击着原有的人口格局,但民间信仰如同黏合剂一般,使得出洋者与故乡多了一份神缘亲情,新来者凭借民间信仰而得以融合当地社会。基于民间信仰,生活在同一地域中的人们产生新的认同感,他们之间的差异在一定程度上被消解,这无疑有利于凝聚力的强化。

---

① 2016 年 5 月 25 日,石岐区调研。
② 2016 年 5 月 31 日,大涌调研。

第二,社会慈善、福利功能。在调研过程中,我们深切感受到民间信仰、民间庙宇、民间祭拜活动在养老敬老、乐善好施方面所发挥的独特功用。中山有规模的民间庙宇大多由当地老人组成的老人协会或福利会具体管理、运作。老人构成中山民间神明中最为坚定的信仰群体,此种态势也势必使得民间信仰更加倾向于老人的社会需要,回应他们的诉求。

一方面,民间信仰场所成为老人休闲、娱乐的去处,如遇到不快之事,老人亦可就近祈求神明,寻得心灵上的救助。中山市不少村、街道或社区,其老人活动中心或者由民间信仰场所改建,或与民间庙宇比邻而居,如开发区大环老人康乐园及本村老人福利会就位于龙王庙旧址。此地前水后山,古木林荫,空气清新,环境优美,景色宜人,另建有健身器材、书报亭等设施,是老人休闲娱乐,安养晚年的理想场所。[1] 另一方面,民间场所还为老年人提供实实在在的物质福利,在一定程度上保障了,丰富了老人的生活。如沙溪镇大石兜村虎逊岩观音庙,当地现有一百九十余位老人(男 60 岁,女 55 岁以上),这些老人组成老人协会并推举出 5 人担任理事,其中本村的村庙由老人协会管理,而庙里的收入每年均会上交一部分给老人协会。老人协会用这笔钱给老人发福利,诸如每人每年水果金100 元;逢有神诞,摆酒席均会请老人吃饭等。[2] 其他民间庙宇亦有类似的安排,诸如逢老人寿辰、去世都会发放慰问金。慰问金的数额则因庙宇规模、收入不同而不等。此外,一些财力雄厚的民间信仰场所还举办形式多样的慈善活动,如东凤镇孖水天后宫在天后诞(三月廿三)、天后升天(九月初九)等宗教节日时,除了举办祈福法会外,还会邀请中山市中医院前来义诊送药,开办斋宴,搭台唱戏。此外,孖水天后宫还为本籍的入伍新兵(5000 元/人)、本科学子(5000 元/人)及困难家庭(6000—30000 元/户)提供数额不一的资助。[3]

可见,民间庙宇为老人提供身心两方面的慰藉,使得他们能老有所乐、老有所养、老有所医、老有所为。民间信仰及其场所发挥着重要的社会保障功能,在老龄化日益显著的当下,其重要性尤为显著。中山市民间信仰之所以有如此社会功能,与其社会属性直接相关。作为非生产性的民间庙宇却成为乡村所剩无几的集体共有财产之一。大部分民间庙宇所占用的土地为所在村或社区、街道集体所有,民间庙宇源于历史传承,后虽有重建、修缮,但大多也是集众人之力。因此,民间庙宇呈现出显著的集体属性,其酬神收入(香火钱、信众奉献等)当然

---

① 《侨乡大环》,内部资料,2005 年,第 56 页。
② 2016 年 5 月 31 日,沙溪镇调研。
③ 2016 年 6 月 1 日,东凤镇调研。

也要归当地人集体所有。有的民间庙宇还有其他物业收入,如种植果园收入、车位收入、旅游收入等,这些收入亦要收归集体,为集体所用。

第三,社会文化传承与娱乐功能。民间信仰的诸多崇神酬神活动丰富了乡村社区的文化生活,活跃了社会文化市场。与此同时,民间信仰神诞、庙诞与我国传统节期佳节高度吻合,民间信仰的酬神活动与民俗活动融合一体。以此为契机,我国一些传统文化、习俗依附于民间庙宇、民间信仰活动而得以保存、流传乃至发扬光大。更为重要的是,通过这些文化活动与文化传承,培育了基层社会民众的文化自觉和文化修养,提升了他们的社会参与意识,从而从整体上推动了基层社会文化和生活品质的发展,这对于打造地方文化名片,构建社区文化认同和社区生命共同体无疑有积极作用。

民间信仰中包含着悠久且深厚的神明崇拜、祭祀仪式与社区表演等,这些是值得珍视的地方文化资源。显然,在文化多样性正得到世界上越来越多人们的赞赏和理解的当今时代,民间信仰中的许多元素暗合了非物质文化遗产的相关内容,这就是为什么我们常看到民间信仰的庙宇前挂着国家、省或市里的非物质文化遗产所在地的牌匾,以及不可移动文物的牌匾等。这正好说明民间信仰在非物质文化遗产的语境下多了一种存在与发展的途径,同时使得人们"有可能脱开意识形态化和政治化的惯性定位,而较纯粹地理解作为生活方式的民间信仰及其对促进人类文化多样性的价值"。[1]

民间信仰有诸多宗教庆典礼仪,如划龙舟、舞醒狮、飘色游行、粤剧表演等等,不一而足,粉墨登场,缤纷绚丽,热闹非凡。[2] 其中不少习俗已被纳入到中山市非物质文化遗产名录。在南头镇北帝村,村委会的刘书记向我们介绍说,当地历来有灯酒会的习俗,2010 年,以北帝村北帝庙的灯酒会为核心,整合南头镇其他民间庙宇的灯酒习俗,打包申报中山市非物质文化遗产并获得通过,成为中山市第三批非物质文化遗产。现今,村委正在积极申报省级非物质文化遗产。所谓的"灯酒会"原意是添丁之意,就是生了男丁要请村里人吃饭、拜神,慢慢变成以民间庙宇为中心的敬神聚餐活动。村委和基层政府对此习俗积极引导,作成灯酒文化节,并通过投灯来筹集善款,帮贫助困。[3]

① 陈进国《传统复兴与信仰自觉》,载金泽、邱永辉主编《中国宗教报告(2010)》,社会科学文献出版社,2010 年版。

② 有关这些活动的详细说明,可参见《黄圃历史文化》编委会编:《黄圃历史文化》,2010 年,第 133—156 页。

③ 2016 年 6 月 22 日,南头镇调研。

表五　2015年中山市非物质文化遗产名录中的民间信仰习俗

序号	项目名称	项目类别	所在地区
1	龙舞(醉龙)	传统舞蹈	西区
2	沙溪四月八	民间习俗	沙溪镇
3	沙溪三月三	民间习俗	沙溪镇
4	南头灯酒习俗	民间习俗	南头镇
5	飘色(黄圃飘色)	民间习俗	黄圃镇
6	飘色(南朗崖口飘色)	民间习俗	南朗镇

　　民间文化团体亦通过民间信仰的酬神活动而获得生存舞台，活跃在中山民间的粤剧剧团便深受其益。中山民间信仰的神诞、庙诞等大型活动大多邀请粤剧表演，以示酬神慰民。大涌镇龙王庙在龙王诞(农历二月十五日)请外村粤剧团表演，连唱四天，费用由庙里的香火钱来支出。① 三乡镇金花夫人庙为庆祝金花夫人神诞(农历四月十七日)，特邀顺德艳阳天粤剧团、肇庆粤剧团前来，连续三晚为本地乡亲奉献精彩的传统剧目。众所周知，随着现代传媒业和新式娱乐形式的发展，传统戏剧丧失了大量听众与表演舞台，其发展举步维艰，生存都颇为艰难。民间信仰酬神娱神则为传统戏剧保留了一席用武之地，成为粤剧团重要的商演机会与经济来源。更为重要的是，这些演出对于粤剧团而言虽具有商业特征，但对于听众而言却具有公益性与开放性。这反而拉近了粤剧与民众的距离，尤其便于年轻人接触粤剧，有利于粤剧在当代社会的传承与影响力的扩大。

　　不少中山民间庙宇是当地保存下来的古建筑，一些传统的建筑样式、建造筑工艺以及富有乡土特色的木雕、砖雕、灰雕、塑像和绘画等得以延续至今。沙溪镇圣狮村洪圣殿是一典型的清代庙宇建筑深三进，前后近面阔各三间，二进为石制四角香亭。整个建筑硬山顶，青砖外墙，抬梁式木梁架。更为值得称叹的是，在庙宇正门的两边墙壁上镶嵌有两块灰雕，里面雕刻的场景错落有致、雕工细腻。灰雕以当地所产的蚝壳打磨成粉，在与其他矿物质混合搅拌而成灰浆，以此为原料，雕刻成内容丰富、形式活泼的图案、场景，可谓是岭南一绝。此一庙宇2009年被纳入中山市文物保护单位。② 石岐区东岳庙较好保存了明清建筑的特

---

① 2016年5月31日，大涌镇调研。
② 2016年5月31日，沙溪镇调研。

色风貌,雕工精致的人物石雕雀替、人物木雕柁墩与梁架雕花等建筑装饰令人惊叹,还有那布满室内外的壁画,仍不时可见灵动笔触,人物、花鸟、飞龙、走兽等,栩栩如生。2012 年,此庙被中山市列为不可移动文物。除此之外,还有多达四十余处的民间庙宇因其历史悠久的建筑,独特的建造样式与精美的雕刻塑像和绘画文物,被中山市列为不可移动文物,受到保护。

表六　中山市第三次全国文物普查不可移动文物名录——民间庙宇部分

序号	编号	名称	类别	年代	地址	备注
1	442000—0002	柏桠东岳庙	古建筑	清代	石岐区莲新社区柏桠直街	
2	442000—0003	老安古庙	古建筑	清代	石岐区博爱社区老安山华光路 33 号	
3	442000—0017	南下汉武侯庙	古建筑	清代	石岐区迎阳社区南下南阳里	
4	442000—0018	三山古庙	古建筑	清代	石岐区迎阳社区南下麻洲街一横巷	2009 年公布为市保
5	442000—0023	大陂华光庙	古建筑	清代	石岐区莲兴社区大陂正街	2009 年公布为市保
6	442000—0052	古香林寺遗址	古遗址	清代	东区桥岗社区新安村古香林山北坡	
7	442000—0163	大环华佗庙	古建筑	光绪二十八年(1902 年)	开发区城东社区大环后门山上	1990 年公布为市保
8	442000—0235	濠头濠溪古庙	古建筑	清代	开发区联富社区濠头二村上街 123 号	
9	442000—0250	南朗祖庙	古建筑	清代	南朗镇南朗村南朗正街	2009 年公布为市保
10	442000—0257	林乡贤公家庙	古建筑	清代	南朗镇大车村蒂峰山公园内	
11	442000—0265	翠亨村北极殿	古遗址	清代	南朗镇翠亨村泰和街	
12	442000—0315	亨美村三夫人庙	古建筑	1892 年	南朗镇南朗村亨美新村街	
13	442000—0322	茶东武帝庙拜亭	古建筑	咸丰九年(1859 年)	南朗镇榄边村茶东东来街	

序号	编号	名称	类别	年代	地址	备注
14	442000—0327	左步村北极殿	古建筑	清代	南朗镇左步村白鹤基巷	
15	442000—0348	濠涌村观音庙	古建筑	同治年间	南朗镇濠涌村庙前街	
16	442000—0352	泮沙村西亨祖庙	古建筑	清代	南朗镇泮沙村西亨正街一巷2号	
17	442000—0428	雍陌村南阳祖庙	古建筑	清代	三乡镇雍陌村雍陌上街	
18	442000—0432	雍陌村圣堂祖庙	古建筑	清代	广东省中山市三乡镇雍陌村雍陌上街	
19	442000—0436	平南村列圣宫	古建筑	清代	三乡镇平南村平南村楠樟公园对面	
20	442000—0441	平东村三山古庙	古建筑	咸丰十一年（1861年）	广东省中山市三乡镇平东村洪堡后街70号南侧	
21	442000—0451	大布村圣堂祖庙	古建筑	清代	三乡镇大布村文昌巷	
22	442000—0476	安堂北极殿	古建筑	道光二十年（1840年）	大涌镇安堂社区北帝庙街25号旁	1990年公布为市保
23	442000—0477	大觉古寺	古建筑	清代	大涌镇安堂社区大觉寺横巷旁	2009年公布为市保
24	442000—0496	南文三圣宫	古建筑	光绪十六年（1890年）	广东省中山市大涌镇南文社区岚头正街	
25	442000—0524	冈东古庙	古建筑	清代	古镇镇冈东村颐老院旁	
26	442000—0525	古三北帝庙	古建筑	清代	古镇镇古三村泰榕乐园内	
27	442000—0527	古二三仙宫	古建筑	清代	古镇镇古二村接龙直街内	

续 表

序号	编号	名称	类别	年代	地址	备注
28	442000—0530	坦洲水仙宫	近现代重要史迹建筑	1922 年	坦洲镇联一村孖洲	
29	442000—0533	申堂三圣宫	古建筑	乾隆十七年（1752 年）	坦洲镇新前进村申堂三顷街 5 号左侧	
30	442000—0594	曹边天后宫	古建筑	光绪九年（1883 年）	南区北台社区曹边华立大街	
31	442000—0595	曹边武侯庙	古建筑	光绪五年（1879 年）	南区北台社区曹边华立大街尾	
32	442000—0599	北台康真君庙	古建筑	光绪二十一年（1895 年）	南区北台社区共和南街	
33	442000—0610	上塘华光殿	古建筑	清代	南区沙涌社区上塘老人活动中心旁	
34	442000—0614	竹秀园三圣庙	古建筑	同治十年（1871 年）	南区竹秀园社区竹园路	
35	442000—0619	沙田三圣庙	古建筑	清代	南区树涌社区沙田	
36	442000—0634	龙瑞白衣庙	古建筑	清代	沙溪镇龙瑞村学府大街	
37	442000—0636	忠武韩王庙	古建筑	乾隆二十一年（1756 年）	沙溪镇龙山村豪吐	
38	442000—0638	圣狮洪圣殿	古建筑	光绪二十九年（1903 年）	沙溪镇圣狮村庙仔街	2009 年公布为市保
39	442000—0643	云汉北极殿	古建筑	同治七年（1868 年）	沙溪镇云汉村会极街 21 号	
40	442000—0644	龙环古庙	古建筑	光绪十九年（1893 年）	沙溪镇乐群村龙聚环兴龙街 28 号旁	2009 年公布为市保
41	442000—0645	涌头武帝殿	古建筑	同治八年（1869 年）	沙溪镇涌头村中大街东中一巷 13 号	
42	442000—0648	龙头环北极殿	古建筑	道光元年（1821 年）	沙溪镇龙头环村北极街	
43	442000—0652	涌头洪圣庙	古建筑	清代	沙溪镇涌头村牌坊大街第五巷 1 号	

续　表

序号	编号	名称	类别	年代	地址	备注
44	442000—0655	涌边北极殿	古建筑	清代	沙溪镇涌边村涌边中街	
45	442000—0666	水溪三王庙	古建筑	光绪十五年（1889年）	沙溪镇康乐村水溪中大街	
46	442000—0668	秀山祖庙	古建筑	清代	广东省中山市沙溪镇虎逊村秀山下街	
47	442000—0698	鳌山村北约大庙	古建筑	清代	黄圃镇鳌山村北约路1号	2009年公布为市保
48	442000—0699	鳌山村北极殿	古建筑	明代	黄圃镇鳌山村兴东上街二十四巷	

第四，维系自然生态可持续发展与宗教生态的平衡功能。现代工业文明在创造社会财富的同时，亦消耗着大自然资源。过度的开发与任意破坏已经危及到自然生态的平衡，并严重威胁着社会的可持续发展，带来一系列问题，诸如环境污染、气候恶化、水土流失、恶疾丛生等。这迫切要求改变现有发展模式，修订发展思路，优化能源结构，推进产业升级，努力建设资源节约型、环境友好型社会。传统民间信仰蕴含着古老先民的智慧，在处理人与环境和谐相处方面有着可资借鉴的资源。

汉民族的民间信仰根植于农耕文明，不少神明是大自然的人格化，对这些神明的敬拜，在一定程度上表现出对大自然的畏惧。民间庙宇多坐落在山清水秀之地，它们的选址多合民间风水之说。因此，民众对于民间庙宇周边的山水树木格外重视。一些社区或村庄以民间庙宇为中心，连带周边地区划作为风景园区，如沙溪镇大石兜村以当地虎逊岩上的观音庙为中心，建起虎逊岩景区，2015年成功申报为"国家2A级旅游景区"；①开发区大环村后山亦因山上的华佗庙而开辟为一公园，华佗庙于1990年被列为中山市第三批文物保护单位，后来围绕此庙相继兴建了凉亭、石级通道、扶手栏杆、牌坊等设施。② 整个后山因此而获得较好保护，树木茂盛，溪流清澈，成为当地知名的生态休闲园。

除了自然生态需要维持动态平衡外，社会的宗教生态生平亦值得高度关注。作为对外开放一线的中山市，对外交流频繁，各种宗教在中山市多有活动。保持

---

① 2016年5月31日，沙溪镇调研。
② 2016年5月24日，开发区调研。

各大宗教之间的和谐相处、维护宗教生态的有序系统,防止境外宗教的渗透,制止非法宗教活动,变得十分迫切。民间信仰深植我国的历史传统,历来以兼容并包、共生互存为其特色,在整合社会宗教信仰方面发挥着独特作用。中山民间庙宇不乏整合成为正规佛教、道教场所的案例。据调研所知,黄圃镇报恩禅寺与港口镇天后宫作为宗教部门备案的正规佛道场所,其前身便是民间的观音庙、天后宫。尤其是港口天后宫作为中山市道教协会的所在地,是目前中山市唯一的道教场所。可见,中山民间信仰并没有囿于宗派立场,反而可与佛道相通转化。可见,民间信仰有益于宗教生态的平衡,促进多元宗教和谐相处。

四、中山市民间信仰的管理现状及对策

中山民间信仰具有悠久的历史、深厚的信众基础,体现着鲜明的本土特色,发挥了重要的社会功用。然而,如此重要的宗教场所却缺乏统一有效的政务管理,民间信仰场所因地因时形成纷繁多样的管理方式,其中既有可资借鉴的有益做法,又有存在较大隐患的做法,可谓鱼龙混杂。

从宏观角度而言,民间信仰场所的管理现状,大体可分为无人或无组织管理、有人(包括兼职人员)或者专门组织管理两大类。据 2016 年调研问卷统计,29％的民间信仰场所无人管理,45％的场所有兼职管理人员,26％的场所有专职管理人员。那些无人管理或者仅有兼职管理人员的民间信仰场所大多为规模较小的社公土地庙、先锋庙一类,而有一定规模的民间庙宇一般有人数不等的管理人员,不少还设有较为完备的管理机构及管理规章。民间信仰场所的管理人员,其身份虽较为多元,但多为老年人,他们虽无高学历,但社会经历丰富,有的还曾任职一方。

就民间信仰场所的日常管理而言,财务、消防、清洁卫生是其主要内容。据2016 年调查所知,有 1/4 的中山民间信仰场所制订了有关消防和治安方面的规章制度,有一半的场所制订了财务方面的规章制度,其中 26％的场所设有专职的财务人员。绝大多数的场所可以做到财务信息的公开,不过公开的方式与次数则不尽相同。民间信仰场所的管理人员对产权问题的态度较为淡薄,据调查问卷统计,多达 455 处的场所其产权归属不明确。其实此种不明确更多源于认知层面上的模糊,就绝大部分的民间信仰场所而言,其占用的土地属于集体所有(村集体、社区、街道等),为集体财产;房舍等不动产多为历史续存,后来的重修重建有的是信众集体出资,有的是少数人或单个人出资,亦有港澳同胞、海外侨

胞出资。从法律角度而言,不管由多少人出资,亦不论其出资额度,其行为属于"自愿捐赠",此种捐赠构不成房舍产权的转移或出让。同样,民间信仰场所中的动产物品,亦属于信众的"自愿捐赠",一旦捐出,也就丧失其所有权。因此,民间信仰场所的产权应该归属集体所有。根据《民法通则》第74条,作为村民自治组织的村民委员会、居委会等是民间信仰场所法律层面的"法人"。由于法律意识的淡薄,加之改革开放以来实行的承包制、乡村的城市化等因素,乡村集体产权日益受到忽视与损害,其法人的权威与职责受到多方面的挑战。除此之外,其他政府职能部门亦介入到民间信仰场所的管理之中,诸如文物、消防、公安、旅游等部门。然而,这些部门的介入并没有提高治理效率,反而起到"九龙治水"的反效果。最为对口的宗教部门则较少涉入民间信仰领域,这是当前民间信仰治理中的一大缺憾。

在当下,中山民间信仰场所基于历史以及现实条件,形成了几种管理模式。这些管理模式大多是民间自发形成,并为一方信众认可,为民间信仰场所的正常运转提供基本组织与制度保障,有代表性的管理模式有如下几种:

第一,纳入到正规佛教、道教管理体系中的民间信仰场所。代表性场所有黄圃镇报恩禅寺、港口镇天后宫等。

此种模式是民间信仰场所合法化、规范化的发展方向之一。上述两个案例算得上成功转型的典范。这与当地政府的强有力支持,佛道协会及僧人的大力配合密切相关,当然,这也与民间信仰场所本身的规模、资质以及信众、管理者的意愿有关。据我们所知,现今中山市有几处民间场所与道教协会联系,力图纳入其中,但由于双方在管理理念、管理方式、产权划分等方面存在分歧而无法成功纳入。①

第二,企业式商业管理民间信仰场所模式。代表性场所有东凤镇孖水天后宫、南头镇纱灵宫等。

此种商业经营模式在中山市民间信仰场所有一定的市场,这与当下市场经济的取向有关。应该说,那些对民间庙宇进行商业投资、企业管理的人士一般具有较敏锐的市场头脑和广泛的社会资源。他们管理下的民间庙宇起码在经济财务层面表现出色。但民间信仰场所的宗教特性亦极有可能被商业化,宗教活动与商业营销活动捆绑在一起,有"借佛敛财",开展不当宗教活动的嫌疑与可能。

第三,承包给个人或某个组织管理的民间信仰场所。代表性场所有沙溪镇

---

① 2016年6月22日,港口镇调研。

虎逊岩观音庙,三乡镇三山古庙等。

民间信仰场所的产权虽属于集体所有,但作为集体组织的村委会、居委会有时并不直接涉入民间信仰场所的日常管理之中,而是把它承包给个人或组织,代为管理、经营。此种承包管理在中山民间信仰场所多有可见。此种管理模式的好处是,村集体对民间庙宇的所有权表达清晰,而通过承包,实现了管理权与收益权的下放,在很大程度上可以保障庙宇的正常运转。存在的弊病是,承包者往往兼有数种身份,如即是村委或老人协会中的一员,亦具有某种程度的神职人员身份(可以算命、解签等)。有的承包场所监督机制不完善,亦没有健全的财务制度,不少庙宇以承包者的个人名义开设账户,接受香火钱或捐赠,从而存在较大的经济隐患。

第四,港澳人士投资、经营的民间信仰场所。代表性场所有古镇曹三村观音庙、坦洲镇东井园等。

这体现了中山民间信仰与港澳的密切关系。不过,港澳与中国大陆在社会体制与宗教管理方面还存在明显差异,港澳人士在中山所施行的管理模式多取自港澳社会,但并不见得符合我国目前的宗教政策。加之,这些人士身份独特,在港澳乃至海外拥有为数众多的信众,因而具有一定的国际影响力。对于由他们建造主持的庙宇,中山相关部门往往进退维谷,不知如何处理。

第五,村民自治组织与基层组织(村委、街道委员会)管理的民间信仰场所。代表性民间信仰场所有沙溪镇高大元帅庙(老人协会主导)以及南朗镇庙崖口群庙,南头镇北帝庙(村委主导)等。

此一类型,要么是在村委的主持下由该村的老人协会具体负责庙宇的日常管理。其产权归集体(村委会),实际的使用权、经营权和收益权则主要由老人协会掌管,要么是村委会(居委会、社区)起主导作用,由其发起成立了庙宇理事会,主要负责"给庙里筹款,发动群众",而日常工作亦纳入到村委会的工作日程。

上述五种管理模式基本上可以囊括现今中山市民间信仰场所主要的管理现状。每种管理模式大多出于各自庙宇的历史与现实情况,并被当地信众所认可接纳。每种模式有其特征与优点,同时在产权、日常管理等方面存在显而易见的隐患和缺点。尤为注意的是,上述管理模式均未纳入到统一的政务管理系统中,这实际上形成某种"自行其是""自生自灭"的局面。全局管理的缺位,时常会导致一种"失序"的潜在可能性,诸如随意乱修乱建、活动的攀比,尤其表现在民间组织大型的祭拜活动上,这无疑也不利于和谐、文明乡村、社区的建设。

中国共产党十八届三中全会通过的《中共中央关于全面深化改革若干重大

问题的决定》首次明确要求"推进社会事业改革创新、创新社会治理体制",提出要改进社会治理方式,坚持系统治理、依法治理、综合治理、源头治理等主张,以正确处理政府和社会关系,推进社会组织明确权责,依法自治,激发社会组织活力,从而创新有效预防和化解社会矛盾体制。而从宗教管理走向宗教治理,由"管"到"治",一字之差,却是观念的全新改变,宗教事务管理工作从"管"到"治"再到"善治",是衡量一个社会走向"法治社会"的重要指标之一。根据中山市的实际情况,我们所提出的具体对策建议如下:

其一,形成"分级管理、属地管理、落实责任、齐抓共管"的工作思路,对现实中大量存在而又没有"合法"宗教名分的民间信仰的庙宇场所,以一定的准入条件或资质,采取自愿申请,政府有关部门审核的方式,对合乎条件者赋予其"宗教法人"资格,使其成为一个合法的民间团体或民间组织,按照社团的规章制度运行。在此基础上再成立各镇区的民间信仰协会(分会)以及中山市层面的民间信仰协会(总会)。各镇区的民间信仰协会即是这个总会的分会成员或团体成员,这个总会仍是一个松散的民间团体或组织,在中山市民政部门登记或注册,形成市、镇区、街道办事处(村)的三级治理体制。

在这个三级治理体制中,首先要明确民间信仰的庙宇归口于主管宗教事务的政府部门(如民宗局)的业务指导范畴,庙宇应由市民宗局分级登记或备案,市民宗局除了业务指导以外,还要负责资格审查、法人代表变更登记、报建报修(翻修建庙宇要报批,禁止乱建滥建)等重大事项的登记管理。具体管理则授权给属地,由镇区、街道办事处(居委会)与村委会的相关人员负责实施。这即是说,将治理重点放在镇区、街道办事处(居委会)与村委会,即坚持"属地治理"的原则。分级管理突出的是纵向的、层级化的治理格局,属地管理突出的是横向的、在地化的治理格局。镇区、街道办事处(居委会)、村委会可以与庙宇签订"民间信仰事务责任书",并纳入镇区、街道办事处(居委会)与村委会的精神文明建设和社区治安综合治理工作的考核内容,紧紧围绕发挥民间信仰的积极作用,促进社会和谐稳定的目标来开展工作,从而真正有效减轻社会治理成本,营造"一方安宁"的命运共同体与和谐社区。

其二,民间信仰的生存与发展,当然得依靠一个健全的民间社会。因此要尊重、鼓励民间庙宇和团体走自治化的道路,加强并不断完善民间庙宇的自我管理,这种自我管理主要体现在民主管理(即坚持民主协商和磋商原则)、财务管理(明确要求财务手续齐全,收支明细按月或按季度公开,既有专人负责,也有群众监督)、规范其民俗活动等方面,市民宗局可以每年一到两次(或者分期分批)地组织比较大的民间信仰场所的有关管理人员集中培训轮训和现场会等形式,其内容包括关于国家的宗教政策、相关法律法规知识培训以及如何建立完善场所的日常事务管理的规章制度、重大活动报告制度、财务管理制度等以及民间信仰的人员管理与学习、卫生、安全、防火消防、建立文书档案、紧急预案等,以此来不断提高民间信仰庙宇管理人员的思想素质和管理水平。各有关部门,如宗教、宣传、旅游、对台、精神文明办等部门,尤其是基层的镇区、街道(居委会)或村委会等,本着"齐抓共管、明确责任、因势利导"的原则,要密切配合,协调管理,各司其职,引导民间庙宇和团体深挖其所在地民间信仰的文化内涵,重视民间庙宇与所在地社区社会制度与文化传统的重合与相嵌,激发群众积德成善,爱国爱乡,积极参与社会公益与慈善事业,将庙宇香火收入回报社会,取之于民,用之于民,并控制大规模的民间信仰活动,避免因此引发消防、踩踏、文物保护、卫生防疫等一系列的社会问题。

其三,抓大放小,分类治理。对少数规模较大,影响较大,治理比较好,与佛教道教颇为接近的民间庙宇,可以考虑由庙宇提出申请,请中山市的佛教协会、道教协会核准,经政府主管部门审核,将其纳入佛教与道教的寺庙宫观管理;对那些列入文物保护单位、规模大、影响大、收入多的庙宇可以考虑列入镇区一级治理,并专门由市民宗局与相关部门共同颁发醒目的牌匾和匾额,给予更多的指导与培训;而对广布基层社区的众多中小民间信仰庙宇,由街道办事处(居委会)与村委会自行治理,各级相关部门做好宣传教育,引导其遵纪守法、不扰乱社会秩序,不损害公民身心健康就可以了。另外,市民宗局可以考虑将全市规模最大、占地面积最多的三到五所民间庙宇作为自己经常性的联系点,加强对其宗教法规与政策及活动开展的业务指导。

要强调的是,在我们与中山各镇区的相关官员或庙宇有关人员的交谈与座谈中,上述人员对民间信仰治理工作的一致共识是"民间的事情民间管",目前民间自然形成的各种治理模式应该是比较合理的,政府对民间信仰的治理模式不能像现行的对其他制度性宗教的治理模式一样,应有所区别。

其四,加强档案和数据库建设,由市民宗局指导,属地镇区政府、街道(居委会)与村委会全面采集建筑面积在五十平米以上的民间庙宇的信息。在此基础上,建立属地镇区政府、街道(居委会)一级的属地民间信仰的档案和基本信息库,在各镇区政府、街道(居委会)民间信仰的基本信息库基础上,由市民宗局汇总统计,登记造册编号,予以确认,并再建立详实的中山市民间信仰的信息数据资料库。

其五,严把民间信仰活动场所基建关,制止乱建滥建。严格控制民间信仰活动场所的新建、迁建、扩建、重建,禁止未经批准新建、迁建、扩建、重建以及改建、翻建民间信仰活动场所。若因特殊情况有上述需要的,需要依法办理相关手续,市民宗局要与国土资源、规划等部门密切配合,严格审核把关。因房屋质量问题需要修缮的,需经街道办事处(居委会)或村委会出具修缮意见后方能实施。

综上所述,在经济发展的推动下,民间的社会生活日益多元与自主,多元的民间信仰构成了中国人尤其是基层民众精神生活的重要组成部分,民间信仰的实践活动成为人们寻求生活意义以及获得群体归属的重要支持。我们需要从以人为本的原则出发对其予以充分的尊重与理解,切忌简单化、粗暴化与一刀切的治理方式,民间信仰的治理既关乎到人自身的身心灵状态,也关乎到人与人的关系、人与所在社区的关系以及人与社会的关系等等。如此,我们才能对民间信仰与中华文化传统的血脉关系和其在当今社会中的位置有一种"接地气"式的理解。政府的各级人员还应有高度的文化自信和文化自觉,民间信仰是我们的本土文化资源和非物质文化遗产的重要组成部分,它同样可以展示中国文化的软实力,在世界上提高中华文化的国际影响力,即使从维护国家的民族文化安全、宗教的生态平衡的整体战略(将民间信仰同其他的五大宗教形态平等看待)出发,也要将民间信仰的社会化治理纳入"弘扬中华优秀传统文化""非物质文化遗产"的保护和社群整合功能的范畴中统筹考虑,从而在推动民间信仰事务的社会化治理进程中,改进社会治理方式,提高执政能力,有效激发民间庙宇的社会组织活力等。

(该报告是 2016 年应中山市委统战部、中山市民宗局之邀,在进行了涵盖全市各镇区范围的民间信仰调研活动后所提交的调研报告。)

附录二

潮汕民间信仰的历史、现状与管理探略

贺璋瑢

【摘　要】　广东潮汕地区的民间信仰以其神秘的色彩,独特的形式,深广的影响力和跨越时空的历史穿透力,成为一种丰厚的传统文化而不断发展,且与潮汕人的世俗生活相互交织,沿袭至今。之所以探讨潮汕的民间信仰,是因为我们需要对民间信仰在当代社会中的位置有一种"接地气"式的理解并明白对民间信仰的"管理"(或"治理")如何有所为和有所不为。此研究关系到"宗教治理"的新理念和新模式以及当代社会新型多元文化与和谐社会的建构,意义重大。

【关键词】　潮汕;民间信仰;历史;现状与管理

本文标题中的"潮汕"①一词本身不是一行政概念,而是一文化概念,泛指受潮汕文化影响的人文地理区域。该词在行政区划上涵盖了今天的潮州市、汕头市、揭阳市和汕尾市的部分地区,文化辐射圈则包括了揭阳、潮阳、潮安、饶平、惠来、澄海、普宁、揭西、海丰、陆丰、潮州、汕头、南澳及惠东、丰顺、大埔三县的部分地区。众所周知,广东有三大民系文化区即广府民系文化区,客家民系文化区与福佬民系文化区,而潮汕地区即是"福佬"民系文化区的所在地。

潮汕地区的民间信仰以其神秘的色彩,独特的形式,深广的影响力和跨越时空的历史穿透力,成为一种丰厚的传统文化而不断发展,且与潮汕人的世俗生活

---

① "潮汕"一词是从 1858 年汕头开埠后才开始使用的,隋朝末年时此地始称"潮州",作为州府一级的地方行政单位,该名称一直沿用到 1911 年清朝的统治结束。参见黄挺、陈利江:《潮州商帮》,暨南大学出版社 2011 年版,第 1 页。

相互交织,沿袭至今。之所以探讨潮汕的民间信仰的历史、现状与管理(或"治理")状况,是因为我们需要对民间信仰在当代社会中的位置有一种"接地气"式的理解。此研究关系到"宗教治理"的新理念和新模式以及当代社会新型多元文化与和谐社会的建构,意义重大。

一、潮汕民间信仰的历史朔源

潮汕历来有"省尾国角"之称,这是因为"潮汕位于东经 115°06′—117°20′,北纬 22°53′—24°14′之间,地处中国大陆的东南隅,广东省的最东端,与福建省比邻。潮汕面对滔滔大海,南海和台湾海峡在这里交接。潮汕与台湾遥遥相望,一衣带水"。① 潮汕的地理环境是山地多,耕地少。山地和丘陵约占本地区总面积的70%。因该地处于热带与亚热带之间,气候变幻无常,长期被视为"蛮荒瘴疠"之地,直到晚唐时期,这里的开发程度仍很小。宋元时期,已经有部分人口要靠着渔盐工商为业谋生。到了明清时期,由于各种原因,民间海外贸易兴盛起来,因此渐渐形成了潮州人乐于经商的风气与传统。由于地理的原因,潮汕地区与闽南的历史和文化的发展有着同源性,这两个地区可谓是同一文化区域,因此潮汕的民间信仰中有很多的闽南民间信仰的因子与元素。

秦汉以前,潮汕地区属闽越,潮汕当地的土著居民主要为闽越族人,他们虽然在后来的移民大潮及与汉人的长期磨合中大部分已被同化,也有部分被迫迁移到其他地区或迁居深山。无疑闽越族文化是潮汕地区先秦以前的主流文化。他们"信鬼神,重淫祀"的信仰特征在《史记》中有所记载,如"(汉武帝)既灭两越,越人勇之乃言越人俗鬼,而其祠皆见鬼,数有效,昔东瓯王敬鬼,寿百六十岁。后世怠慢,故衰耗。乃令越巫立越祝祠,安台无坛,亦伺天神上帝百鬼,而以鸡卜。上信之,越祠鸡卜始用"。越人好巫尚鬼的传统在此地影响久远。

汉代时,潮汕之地仍是一处没有怎么开发的海滨荒芜之地,直到东晋时代该地才开始受到重视。东晋义熙九年(413年),设立了义安郡,这是本地区州郡一级建制的开始。唐天宝元年(742年)设潮州郡,这是潮州开始渐渐繁荣的重要起点。从汉到宋,有四次具有重要意义的移民潮:即西汉初期,晋永嘉之乱之后,唐后期及宋靖康之难后。当然,除了这四个时期之外,其他时期如元明清时期陆续有移民进入该地区,但移民的数量与规模不能与这四个时期相比。尤其

---

① 黄挺、陈占山:《潮汕史》,广东人民出版社2001年版,第14页。

是唐宋时期大批的移民潮才使得潮汕地区的面貌有了较大的变化。

随着唐末宋元时期汉族移民的大量迁入，潮汕地区的民间信仰渐渐定型下来，可以说，移民潮推动下的"三化"过程（即人口福佬化、地区国家化和土著人的汉化）促成了这一结果。人口福佬化推动闽地民间信仰的传入，成为潮汕神明的一大来源；地区国家化一方面带来政府力量的支持，国家政权力量成为创造神明与推广神明的重要力量，另一方面，这一过程又与和土著人汉化的过程相结合，为后来的"造神运动"提供了条件；当然，土著人汉化的过程也是民间信仰得以传播的过程。

考察其民间信仰的主要神祇的来源，不外乎以下几方面：

一、外来引进

潮汕地区的移民大多来自福建，福建本是民间信仰的繁盛之地。福建至宋时迫于人口压力很多移民开始向周边扩散，并带动闽地文化的扩散与传播，潮地便是其文化辐射地之一，使潮地呈现福佬化特征。潮汕地区民间信仰中的神明很多是自宋代开始从福建传入的，如妈祖信仰、佛教俗神（观音、如来等），道教诸神（财神、城隍、玄天上帝、九天玄女、玉皇大帝、王母娘娘等），汉族的天地日月风雨雷电崇拜、文化神（文星、魁星）等，为该地民间信仰的形成提供了丰富的素材。

二、本土造神

为了在潮汕之地推广汉族的主流儒家文化，仕潮官师成了潮汕地区早期造神的推动力量，潮州是有罪官宦的流放和贬斥之地。韩愈之前，先后有不少中央官员如张元素、唐临、常怀德、卢怡、李皋、常衮等谪放潮州。他们不同程度地把中原礼俗文化传播到了落后荒僻的潮州。仕潮官师有意识地神化祠祀当地或有功于当地的部分英贤，如韩愈的"被神化"就是这方面最典型的例子。韩愈于819年因谏迎佛骨被贬来潮，这"在潮汕地区历史上是一个具有重大文化意义的事件"。[①] 他在潮州任职8个月期间，除了俸钱办学，推广儒家的忠孝礼义之教、释放奴隶、关心农桑以外，还祭潮神驱鳄除害，意在归化当地土著，淳化民风。百姓对于韩愈推崇备至。北宋中后期，陈尧佐[②]（963—1044年）任潮州通判时首举尊韩大旗，他为韩愈建祠，视韩愈为在潮地推行王道第一人，另外还绘鳄鱼图并

① 黄挺、陈占山：《潮汕史》，广东人民出版社2001年版，第85页。
② 陈尧佐任潮州通判后，认为最重要的事情就是使这里的民众得到开化，而要开化这里的民众，首要的工作是传播文化。于是，他筹备修建了孔子庙、韩愈祠堂，宣传学习文化的重要性，并在各地开办了一些学校，又不辞劳苦地动员民间有供给能力的家庭把孩子送到学堂读书。通过陈尧佐的努力，潮州的文化事业比以前有了很大的发展。

撰写《赞》文。继陈以后,1090 年知州王涤卜建昌黎伯庙,并邀请苏轼撰写碑文,是时,韩愈已成为潮人顶礼膜拜的一尊神灵,据陈尊韩也不过百年左右,尊韩活动元明时期也依然进行着,而且与韩愈有关的人物,如韩湘子①、双忠公②、大癫祖师③等也借韩愈的声名扩大了在潮地的影响力。

随着宋朝以后潮地的经济增长以及儒学与礼教的推行,潮人从南宋后期起秉着惩恶扬善、表彰忠义的精神开始自发造神,元明时期尤盛,凡是对当地百姓有所贡献或具有美德、有对百姓教化之用的人物,人们多将其神化,如海门建忠贤祠祭祀文天祥、韩文公祠旁有陆公祠祀陆秀夫,这两位因其抗元护主的民族气节受推崇;饶平长彬村有陈吊王庙,供奉的是潮地本土抗元英雄陈吊眼;还有如潮汕的风雨圣者④、水仙爷⑤、宋大峰⑥崇拜等,不胜枚举。

明嘉靖以后,潮汕地区除了农业经济的发展外,商品经济的繁荣发展更为突出,经济的繁荣对于民间信仰的发展起到极大推动作用,主要表现在庙祀和宗教活动的兴盛方面。潮汕现存的很多宫庙都是在明清时期修建的,而且多由百姓集体筹资,如韩文公祠旁的陆公祠、饶平飞龙庙、潮阳东山魁星阁、揭东鞍山忠勇

---

① 是道教"八仙"之一,后人认为韩湘子是韩愈的侄孙韩湘,但亦有人考证过后,认为这只是后人把两件本来互不相关的事件张冠李戴而已。

② 双忠公,指的是唐朝玄肃时,死守睢阳而身殉安史之乱的张巡、许远,这两位忠臣被奉为神明。从华北、江淮到福建、两广都有香火奉祀。这两位忠臣是韩愈《张中丞传后叙》中的人物。

③ 唐代著名高僧(732—824 年),俗名陈宝通(一说姓杨),出生于今广东省汕头市潮阳区,大颠幼年好学聪慧,潜心钻研佛学,是著名的灵山禅院的创建人,弘扬曹溪六世禅风,讲授佛学真谛,其讲义先后被整理成书,传至现代的有《般若波罗蜜多心经释义》《金刚经释义》,手抄《金刚经》1500 卷,还著有《法华经》《维摩诘经》各 30 部,其著作之丰,为佛教界叹为观止,大颠和尚也成为岭南一代佛学者和高僧,有弟子千余人,自号大颠和尚。民间流传了不少有关他的法力神功的故事。韩愈来潮不到一年,与大颠和尚结为莫逆之交。

④ 传说南宋淳熙十一年(公元 1183 年)潮州大旱灾,赤地千里,禾苗枯焦。揭东县登岗镇孙畔村出了一个能施法显圣,呼风唤雨为地方解除旱患的神童。乾隆年间的大诗人袁枚在其《续子不语》卷八中有《仙童行雨》一则记其事,说当时粤东亢旱,制军孙公祷雨无验。时恰逢他来潮州,途中见有人聚集在山坡前,说是在"看仙童"(求雨),孙制军便与群僚徒步去看,果见空中有一童子,背挂青篮,腰插牛鞭,便对空中仙童说:"如你果真是仙,能使老天爷在三天内下雨,以救庄稼,当建祠祀你。"只见仙童点头。顷刻,天上出现浮云,接着大雨滂沱,数日之内,广东全境迭报降雨。孙制军便命人绘像,题曰:"羽化孙真人"。

⑤ 潮汕地区有水仙庙供奉水仙爷的传统,水仙爷即是上古时代治水有功的大禹,是传说中与尧、舜齐名的圣贤君王。潮俗沿海都有水仙爷庙,可能是由于该地与水的关系太密切之故。

⑥ 宋大峰,闽地僧人也。俗姓林,名灵噩,字通叟。宋宣和二年(公元 1120 年),他从福建游缘至潮阳之蚝坪乡(今和平),时逢酷暑,久旱无雨,庄稼失收,饿殍遍野,瘟疫流行,满目疮痍。为救民众于厄难之中,他设坛祭拜上苍,祈求为民消灾,同时研制良药,施舍于民间,终使病民解厄。他还动众捐资,化缘俭节,斥资造桥。一座跨越练江两岸的大桥历时五载,桥筑十六洞时,而大峰祖师圆寂。里人无不悲伤,遂立庙祀之。

庙，潮汕沿海一带的周王公庙、惠来和澄海一带的水仙宫、大禹古庙等。现今潮汕地区在拜神过程中出现的赛大猪、赛大鹅、斗戏、斗彩棚等风俗也是从明时开始出现并流传下来的，而游神活动据说宋时已有，但是明清时更为兴盛。在丰富多彩的游神活动中，各种神灵的知名度也得以提高。游神本是为了驱鬼消灾，后来加进了喜庆娱乐的内容，娱神娱人，热闹非凡。

20世纪初，科学与启蒙的口号在中国大地大行其道，民间信仰常被当作迷信受到知识阶层和政府层面的批判、抵制和清除，无论是1949年前的国民政府还是1949年之后改革开放之前的中华人民共和国政府，在抵制迷信、反对民间信仰方面并无二致。尤其在文化大革命的"革命风暴"中，乡村的民间信仰庙宇被毁，民间信仰活动一律停止举行。

不过，即使在那些年中，民间信仰也依然顽强地隐蔽地生存着，其根从来就没有断过。以汕头的宋大峰遗迹为例，宋大峰墓始建于南宋建炎丁未年（1127年），历经多次修整，就在民国十八年时，当时的国民政府还在当地民众的吁求下颁发文件保护宋大峰墓，并勒石为念，共刻有四块石碑，文革中被毁了两块，另两块则被当地民众完好地保存下来。揭阳、汕头还有一些年代久远的民间信仰庙宇的碑刻、房檐、木雕、神像等也是如此这般地被保存下来。在访谈中，有一些老人告诉笔者，民间信仰的活动在文革前时常还会半公开半隐蔽地举行，而就在文革所谓"破旧立新"之时，还是有人在家中或几个人找一处隐蔽之地偷偷地拜自己心目中的各路神灵，他们不可以想象生活中怎么可能没有神，怎么可以有不与神灵交流沟通的日子与地方？

改革开放以后，尤其是上个世纪九十年代以后，随着民间信仰的渐渐复苏，潮汕民间信仰的场所或重修重整，或异地重建，或另起炉灶的新建，一下子像雨后春笋般地冒出来，且广布乡村市区，人们在信仰的路子上轻车熟路地就回到了从前，甚至回到了从前的从前，由此可见民间信仰的深厚韧性和强大生命力，更是反映了民间信仰在当地民众中的信仰传统之深厚与浓郁。

二、潮汕民间信仰的现状

潮汕民间信仰的现状主要表现在如下方面：其一，场所多。潮汕民间信仰的场所不仅广布山野僻壤，也堂而皇之地出现在闹市繁华之地，民间信仰的场所数量之多，有些场所的规模之雄伟、建筑艺术之精美，是没有去过的人无论如何也想象不到的。就场所数量而言，目前还没有一个机构能准确地统计出，用"星罗棋布"一词来形容这两地民间信仰的场所毫不为过。笔者在调研时,揭阳市民宗局的某位官员说,揭阳一个镇少说有 10 个民间信仰的场所,而揭阳市约有 64 个镇,约莫就有 640 处场所。就村而言,几乎村村有庙,有的较大的村子,村头村尾都有庙。还有的村子有几个姓氏就有几个庙,不同的姓氏各去各的庙,互不相扰,如此加起来,几千处都有。他还说,毫不夸张,揭阳的大庙小庙加起来 5000 处都有。而揭阳市的现有人口约有 680 多万。汕头的情况也是如此,汕头市城区几乎每个住宅小区都有公共拜祭的地方,城区里民间信仰的场所也不少见。揭阳与汕头两地的官员还承认,民间信仰的场所可能比当地四大制度性宗教(即佛教、道教、天主教与基督教,伊斯兰教的清真寺在这两地还比较少)场所的总和加起来还要多得多。

民间信仰的场所不仅是通常建筑意义上的屋宇,有时它可能是一处简易的台子,或一个讲究的坟茔或墓葬等。如位于汕头市龙湖区的将军爷墓,相传此墓为唐正二品大将军墓,现已成为汕头市区一带民众信仰的保护神之一,墓前常年香火不断,在汕头的其它一些市还有将军爷的分庙。笔者在将军爷墓访谈时,当地人绘声绘色地讲述了 1969 年 7 月 27 日(农历六月十四日)将军爷显灵预告台风将来临的消息。据说事先有一白胡子的老头预告了台风来临的消息,果不其然,7 月 28 日上午"7.28"台风以 12 级以上风力,正面在汕头市郊官埭公社凤头坝一带登陆。外加上当时天文涨大潮,凤头坝海堤崩塌海水直冲而下。顷刻间,天翻地转,海啸风狂,汪洋连天。当时的整个官埭公社被淹掉了一大半,而当夜逃离住所的乡民,均安然无恙。台风过后,汕头市龙湖区一带的村民更加相信将军爷。1979 年 9 月 20 日,村民重修将军爷墓,墓碑刻字"唐正二品将军墓"。以后不断重修扩建,2008 年村民又重修将军爷陵园,包括:三山门、戏台、拜亭、凉亭、文化广场、停车场等。逢农历初一、十五这两天此地人头攒动、香烟缭绕。将军墓前的两张长方形的大祭台上会摆满各样水果、大米等之类的供品和纸钱,前来朝拜的人络绎不绝,就算平时也香火不断。尤其是每年的将军爷诞(也是潮戏的集中演出时段)时,将军爷庙的戏台子就成了潮戏的演出剧场。戏班子都是信众自愿花钱请来演出的,有时长达四十多天,排不完的就延至下一年的将军爷诞(这从一个侧面反映了潮汕地方戏的生存要素中民间信仰功不可没)。

其二,信众广。不言而喻,民间信仰场所的"星罗棋布"说明了民间信仰在潮汕之地的普遍性、群众性与规模性。不仅如此,民间信仰的信众正在悄然发生变化,过去人们常以为民间信仰的信众多为乡村社会中的女性(尤其是文化程度不高的女性)、老年人(尤其是处于社会边缘的弱势群体的老年人),其实不然,潮汕不同年龄段、不同文化程度、不同社会职业、不同社会地位的人对民间信仰的认可程度均颇高。

对于潮汕民间信仰的信众而言，民间信仰的场所在他们的生活中不可或缺，这种不可或缺体现在人不可生活在没有神灵保佑的混沌中，只要走进这种地方，他们与诸神灵的亲密接触就成为了可能。这种地方就是他们与超验世界保持联系的场域和桥梁。人们正是在这种地方游刃有余地建立起了神灵世界与世俗世界的联系，并得到神灵世界的庇佑，这就是为什么当地百姓总是绘声绘色地向笔者讲述其供奉的神灵如何灵验、如何有求必应以及如何在生活中保佑他们的故事。在其看来，因了各路神灵的庇佑，他们每天的生活似乎也就更加踏实和安稳了。

其三，活动多。潮汕地区每逢神祇如关帝、妈祖、玄天上帝、观音、风雨圣者、三山国王、宋大峰等的诞辰，神庙所在地都会举办祭祀活动，并请来剧团演大戏。以潮汕地区普遍的妈祖信仰为例，潮汕各乡村，皆有祭拜妈祖的大型群众性活动。除了平常民众单独或结伴进庙烧香外，大型活动时间是在春节、元宵和"妈生"（即妈祖生日、农历的三月廿三日）时。每逢这三个日子来临时，潮汕各乡村皆有游妈祖神像的大型群众活动，尤其是妈生节的游神活动最为隆重。与此同时，还会请潮剧团演出至深夜，有的还连演数夜，免费供广大乡民欣赏。这些潮剧向人传递的多是"善有善报、恶有恶报"等最朴素的道理，正是这些通俗易懂的道理，成为乡民约定俗成近乎牢不可破的价值趋向，成了维系裨益于乡民和睦团结的价值标准，并寄予着人们对美好未来的向往和对幸福生活的憧憬。如此才能百演不衰、百看不厌。以汕头潮阳的后溪天后庙为例，后溪天后庙位于潮阳棉北街道后溪古渡，始建于明洪武初年，其香火是从福建湄洲祖庙分灵而来，至今已有六百多年的历史。近年来在妈祖诞日这天都会举行大型的祭祀活动和文艺巡游活动，其巡游活动的仪式大致是：妈祖神像在天后庙起驾，巡游队伍浩浩荡荡从天后庙所处的后溪古渡出发，跟妈祖一起出巡的还有后溪的财神、水仙爷等神明。两千多人组成的游行队伍伴随着妈祖銮驾出游。礼炮声声，锣鼓阵阵，标旗猎猎，前呼后拥，规模宏大。随着妈祖神像出巡的还有各种表演，如醒狮队的醒狮舞，少年武术队的武术表演，英歌队①古装扮相成梁山好汉一百零八将的

---

① 这是在潮汕地区流传久远的广场舞蹈或游行舞蹈，这种舞蹈形式融汇了戏剧、舞蹈、武术等成分，其舞蹈内容主要有二：一是梁山泊好汉化妆卖艺攻打大名府，营救卢俊义；二是梁山泊英雄化妆劫法场救宋江。可见英歌舞主要是借梁山泊好汉的英雄故事来表演歌舞，所以表演者一般最多不超过108人。也有学者认为，英歌舞的产生与我国古代所进行的春季驱傩仪式有相当密切的关系。

表演。此外,还有五凤旗队、标旗队、纱灯队、笛套大锣鼓队①等表演,令人目不暇接。队伍所到之处,观者如潮,这种巡游据说有时甚至要历时十多个小时……

其实,每一个类似的神诞或庙诞,对民间而言不止是一个节日而已,这时的神庙除了是一个"热闹的社会活动中心"外,也是一个能把个体与神灵以及个体与他人相联系,因而从中找到安慰和感受到"集体亢奋"的"神圣中心"。只有在此时,古代世界那种"热闹的单纯"便远离现代世界的"繁杂"来到了人们面前,当人们以感谢神恩和敬拜神灵的姿态载歌载舞时,其中的"热闹"已不同于那种空洞的"喧嚣"而有了某种"神圣"的意味。不仅如此,通过这些仪式和共同的参与,使人也体味到在集体中、在社区中,在人与人之间的那种亲善关系中的"美好连结",即创造精神支撑、信任和希望的共同家园。著名的社会学家爱弥尔·涂尔干认为,宗教信仰就是从集体仪式庆典中产生的狂热与强烈情感里创造出来的。从社会学的角度而言,宗教仪式象征的过程及其仪礼的重要性就在于它间或中断了日常生活的常规,并且具有整合的力量,其功能在于它将所有人连接起来,宣扬社群中相似和共有的文化遗产,缩减社群中的差异,并使他们的思想、情感与行为变得相近,从而有助于扶危济困道德的宣扬,有助于促进奉献社会的善举(活动经费皆由乡民乐捐),有助于众志成城的民心凝聚。而这种"美好连结"在俗常时间内颇难感悟到或体验到。难怪乎当地人告诉我们,这种神诞游行的仪式即使在那些年的极左政策横行时也"屡禁不止"。

在潮汕,一年当中这种"美好连结"的时间还真不少,从春节、清明、端午、中秋、重阳、冬至等一路数下来已是不少,而除了神诞日和岁时祭祀外,每月农历的初一、十五也是特别的日子,对于信众而言,这一天除了吃素外,还要去心仪的庙宇(不管是佛教还是道教还是民间信仰的庙宇)进香上供拜神,祈福求安,所以这两天对于民间信仰的场所而言也是较平素要热闹得多的日子。

除了特别的时日人神共欢外,还有特别的时日人鬼共欢,因为"神灵世界是由不可理喻的力量和鬼神所组成的"②。潮汕人一般都相信鬼神的存在,他们认为鬼是不可以轻慢和得罪的。每年的农历七月是鬼月,在这个月里,人们除了祭

---

① 潮汕笛套音乐源于南宋,属于套曲式音乐品种,以笛、管、笙、箫为主奏乐器,配以三弦、琵琶、古筝和其它弦乐、弹拨乐等,领奏乐器大笛(横笛)是28节大锣鼓笛。笛套古乐基本上届于原汤原味的古代宫廷音乐,它从曲式结构到旋律进行,都保留着宫廷音乐的风韵。其风格特点是古朴、庄重、典雅、幽逸、清丽、悠扬,具有浓厚的中国民族传统色彩。"潮阳味"的吹奏方法,构成了潮汕笛套音乐浓郁的地方特色。潮阳笛套音乐被誉为"盛开在岭南永不凋谢的华夏正声"。2004年,潮阳被命名为"广东省民族民间艺术〈笛套音乐〉之乡"。

② 参见史华慈:《中国古代思想的世界》一书中的"跋",江苏人民出版社1995年版,第424页。

拜祖先外，还要对鬼有所表示。尤其是农历的七月十四或十五日（道教称为中元节，佛教称为盂兰节，民间称鬼节），相传地狱大门会打开，阴间的鬼魂会放出来，有主的回家去，没主的会到处游荡。人们以为，凡正常死亡的人都可以转世投胎，而那些罪孽深重或意外横死的人，死后就成为孤魂野鬼，他们有时还会骚扰世间活人。为了人鬼之间的相安无事，人们就要在这个月以诵经作法等事举行"普度"礼，或在路旁烧冥纸以超度那些孤魂野鬼，又或祈求鬼魂帮助保佑家宅平安。笔者那次调研期间正好是"鬼节"前，所到之处，都看到入庙进香上供摆放冥纸的人们正在为"鬼节"做一丝不苟的准备。正所谓：人神相悦，人鬼相安，天上人间地下都相悦相安，天界、人界与地下界这三界就有了有序和安宁的保障。

其四，多神崇拜，相互交织。潮汕民间信仰所祭拜的神灵与别处比较起来，一方面有共同之处，如对山川日月等自然现象或自然物、先贤圣哲、先祖（包括各姓氏的祖先）、行业祖师、佛教道教中的神灵、护佑生灵之神以及对财神、门神、灶神等的崇拜等；另一方面，潮汕的民间信仰还有一显著特征，即多神崇拜，相互交织。这个特征最体现在"拜老爷"上。潮汕的神灵名目繁多，庙宇举目皆是。潮汕人对神庙不论规制大小，统称"老爷宫"，所有的神明概称"老爷"。当然，"老爷"也不一定专指男神，也有女神，如天后、观音娘娘等，潮汕人"拜老爷"的学问实在大，不同的时节有不同的"老爷"要拜，范围之广，涉及的神之多，超乎一般人的想象。每月除了初一、十五要拜家里的地主爷之外，一年里还有天公（玉皇大帝）、佛祖（如来佛祖）、观音娘娘、土地公公、财神、月娘（月神）、门神等各种神灵要拜。尤其是正月里的拜老爷对潮汕人而言是头等大事，事关家宅一年兴衰，从年三十到正月十五，几乎每隔两三天就要拜一次，此时庙宇要供奉超大型的香，请歌仔戏表演，有仪仗队游行，放鞭炮烟花。场景盛大，形式隆重。而农历每月的初一、十五两天则为固定的祭祀时间。

潮汕地处沿海地区，古代属南蛮之地，地少人多，自古以来天灾多，当人们在遇见自身无力支配的命运时，自然容易相信冥冥中一切都有主宰而产生信神心态。不过，在潮汕人的潜意识和无意识里，还是认为属于"自己"的神最为可靠，关键时刻能予人以庇佑，所以对之礼拜最勤。所谓的"拜老爷"，也多指拜这些地方神，如三山国王[①]。三山国王是本地神中最古老、最有影响的第一位地方文化神祇，其产于本土，信奉、庙宇、祭祀均在本土（并由本土传至台湾等地），属于地

---

① 三山国王是潮汕地区揭阳县境内独山、明山、巾山三山之山神。因屡屡显灵，护国庇民，隋、唐、宋、元、明、清历代朝廷迭有赐封。三山国王信仰最初起源于潮汕地区，盛于潮汕地区，并逐渐传播开去。

地道道的本土神、地方神和自然神。前述的"风雨圣者",也是地地道道的本土神。除了广泛存在的祖先崇拜外,还有伯公爷①崇拜,揭阳几乎每村都有伯公庙,一些大的村还不止一处,村头村尾都有伯公庙。

显然,在民众眼中人与各路神灵有亲疏之别。这种"别"或许与民间社会基于血缘宗族关系的乡土意识有着密切关联。而当地神灵是家族以及社区的保护神,因而他们与当地民众有一种类似血缘的亲密关系,我们可称之为"神亲关系"。在当地民众看来,这些神灵是专属当地的,对当地人也就会格外的照顾,以至当地人迁居别处时"神亲关系"仍不会断绝。因此,迁居别处的本地人对于家乡的神灵依旧保持忠诚。这也就解释了那些海外的华侨为何千里迢迢回乡祭拜神灵,又从故乡神庙分取香火或神像带回侨居地供奉。

当然,即使是来自外地的神灵,但只要是造福过本地人的,也多半被视为本地的神灵,建庙立祠,照样享有庙祀,如前述的妈宫和大峰祖庙等。正所谓:一方水土养一方人,一方人拜祭一方神,一方神灵护佑一方人。

三、潮汕民间信仰的管理现状

目前政府层面对制度性宗教的正规场所之管理是通过各种宗教团体或宗教协会如佛教协会、道教协会、天主教爱国会、天主教教务委员会、基督教协会、基督教三自爱国运动委员会、伊斯兰教协会等来实行的,而对民间信仰的管理基本上是处于"自发"和"放任"的"无序"状态,尽管如此,并不等于民间信仰就没有"被管理",就笔者所了解的潮汕民间信仰管理的现状而言,有这么几种情形:

其一,有些大的民间信仰场所有自己的管委会。如揭西河婆街三山国王祖庙,2007年时三山国王祭典被省政府批准为广东省第二批省级非物质文化遗产,其名义上属于文广新局的管辖范围,而文广新局的主要职责是向政府打报告,申请经费作为三山国王祖庙的修缮费用(由此可见文管新局主要从文物保护,而不是从宗教或信仰的视角来考虑问题,无疑他们对此的"管理"有经济利益的考量),实际上祖庙的各项管理工作主要由祖庙的管委会自行管理。管委会的成员由当地年纪大的德高望重的人组成或选出,这类人热心又有闲,也不在意报酬的有无或多少,他们在庙里的工作算是老来有所为的一种工作方式吧,他们在

---

① 中国大多数地区以"土地爷"称呼,广东和台湾等地以"福德爷""土地公伯""土雷公""福神"等称呼。潮汕地区土地公的名号是"福德老爷"。土地公又称福德正神,是管理土地的神祇,潮汕人、客家人则昵称为"伯公"。

此找到了自己的生活意义和话语空间。这些人均是当地年长的男性精英,他们中有的人年轻时也在外闯荡过,如三山国王祖庙的管委会中有曾担任过村长之类的人。揭阳城隍庙的管委会成员中有从部队转业的人,他们谈吐不俗,颇有见识。

其二,有些地方的庙宇管理是在村委会或街道居委会的领导下进行,民宗局的官员常将这种管理模式称之为属地管理。当然,村委会或街道居委会的"领导"不是"直接领导",而是通过场所的管理小组(或称老人会)来实行的,更多的时候村委会或街道居委会是帮着解决问题而不是干涉场所的日常事务,场所管理小组的成员基本上由热心人士自荐或由老人们开会民主选出。如汕头龙湖区珠池爵道妈屿村的著名的汕头妈宫①,就属这种管理类型。1979 年妈屿开放为旅游区后,1980 年,妈屿村颇有眼光地成立了集体管理组织——妈宫理事会,建立规章和财务管理制度,规定乐善捐款主要用于庙宇修建和环境建设,善信捐助钱物归集体。1988 年,妈屿妈宫被列为汕头市文物保护单位。1990 年,妈宫扩建,获海内外善信响应,并于 1993 年竣工落成。扩建后的妈屿妈宫成了一座极具潮汕特色的古建筑庙宇,每年来此参观游览的人络绎不绝,尤其是妈生日的农历三月时,海内外来的人更是摩肩接踵,对其的管理自然是妈屿村村委会的一项重中之重,目前妈宫的管委会由 4 人组成,他们全由村委会任命,其中一个成员曾担任过村委会党支部的副书记(这种从村委会退下来成为民间信仰场所管委会成员似乎是普遍现象)。妈屿村原来是个渔村,该村有十多个姓氏,以林姓为主,村里人但凡有事,如遇生病、生孩子、结婚、读书、换岗位、找工作等,人们都会来妈宫求,家人之间、邻里之间有冲突时也会来此求,求个诸事顺遂、家人和谐、邻里和谐和婆媳和谐等。据说妈祖宫一年的年收入有 40 万到 50 万不等,这笔钱属于妈屿村的集体收入,主要用于庙里的维修和村里的公益慈善事业。管委会的 4 个成员每天来妈宫上班,每人每月象征性地领八百多元的工资。

其三,完全自发性地由村里的老人小组或老委会管理,如笔者在揭东县登岗镇孙畔村的风雨圣者古庙所看到的情形就是如此。古庙虽经多次重修,看上去却仍珑玲典雅,"古"味十足。古庙虽小,古迹却不少,至今古庙门前还保留有一些古碑石刻等。老人们谈起古庙的历史和其所拜祭的神童,如数家珍,不无自豪。该老人小组对古庙的管理全是出于自愿,属于义工不拿报酬的。但古庙也是村里的一个公共空间,闲来无事老人们在庙里唠嗑唠嗑,坐在一起喝喝茶,有

---

① 妈祖宫始建于元代,是潮汕地区较早兴建的妈祖宫,声誉海内外。

事就在此拜拜神，如此，日子倒也过得悠闲自在。

在笔者与潮汕各地的民宗部门的官员们交谈与座谈中，官员们对民间信仰管理工作的一致共识是"民间的事情民间管"，目前自然形成的各种管理模式应该是比较合理的，政府对民间信仰的管理模式不能像现行的对其他制度性宗教的管理模式一样，还是应有所区别。当然，还有个具体情况，就是市县级民宗部门的人员有限，以揭阳为例，像揭阳这样一个较大的地级市，民宗局的宗教科的专职人员只有4人，如前所述，揭阳的大庙小庙加起来五千处都有，还不算制度性宗教的场所，可以想象若民间信仰也参考制度性宗教的管理模式，那是何其艰难。而县一级、区一级的民宗局的人员就更是有限，有的地方就是一二人而已，何谈"管理"？

结语

在对潮汕地区民间信仰的调研中，笔者深切体会到下述几点：

第一，在民间，人们的思维及其方法在很大程度上是由民间的包括民间信仰在内的大众文化、传统文化所形塑的。对百姓而言，一个整全的人观、宇宙观，今生与来生、自然与超自然等，从来就不是彼此分割，完全对立的。人们在享受现代化带来的种种便利时，也不忘在自己的生活空间与时间中专门留出一小块地方或某段时间来祭拜神灵，民间信仰确实在某种程度上满足了人们的心灵需要和精神生活。

第二，民间信仰中包含着悠久且深厚的神明崇拜、祭祀仪式与社区表演等，这些是值得珍视的地方文化资源。2003年联合国教科文组织通过的《保护非物质文化遗产公约》规定，非物质文化遗产有五项具体内容，即：口头传统和表述；表演艺术；社会风俗、礼仪、节庆；有关自然界和宇宙的知识和实践；传统的手工艺技能。显然，在文化多样性正得到世界上越来越多的人们赞善和理解的当今时代，民间信仰中的许多元素暗合了非物质文化遗产的相关内容，这就是为什么我们常看到民间信仰的庙宇前挂着国家、省或市里的非物质文化遗产所在地的牌匾，这正好说明民间信仰在非物质文化遗产的语境下多了一种存在与发展的途径，同时使得人们"有可能脱开意识形态化和政治化的惯性定位，而较纯粹地理解作为生活方式的民间信仰及其对促进人类文化多样性的价值"。① 笔者一行在汕头的后溪天后庙座谈时，英歌舞队的国家级的非物质文化遗产的传承人

---

① 陈进国：《传统复兴与信仰自觉》，载金泽、邱永辉主编《中国宗教报告（2010）》，社会科学文献出版社，2010年版。

（已是八十多高龄）和笛套锣鼓队的省级的非物质文化遗产的传承人（七十多岁）说起他们每年在妈祖诞日的表演时，神采飞扬，他们兴致勃勃地带我们去参观他们的排练场地和表演服装的陈列室，并告知每到周末都有少年儿童来此接受他们的培训。他们也特别乐意将英歌舞队的表演和笛套锣鼓队的演奏传承下去。

第三，尽管许多人曾在学校里受到无神论的教育，但从小也受到家里和民间社会的拜神之熏陶，此种"教育"和"熏陶"看似有冲突，但广东人尤其是潮汕人骨子里对很多事物的兼容并包，使得这种"冲突"对人们的心理与行为并无窒碍，许多人一方面接受学校里的无神论教育，另一方面对家中以及社会上的信神拜神半信半疑，但不反对甚至偶尔也参加本村或临近乡邻村里的庙会和神诞之类的祭拜活动。直至年岁和生活阅历的增长，他们自己却更能理解和更愿意去信神拜神。汕头市民宗局的官员告诉我们，在潮汕，许多人搬家或装修房子均要先求问神择日子；在汕头城区，建筑施工队每建一栋新楼之前，都要先拜神、选好日子后再开工；在城区的许多住宅小区，随处可见拜神的公共空间。当然，一般情形下，有一定文化受过一定教育的年长者对民间信仰的热心程度超过年轻人，如果说年轻人只是偶尔参与民间信仰的庙会拜神活动的话，年长者无疑对常规的初一、十五的上香、祭拜等更加热心。

综上所述，民间信仰已是社会的常态现象且拥有一个汪洋大海般的信仰群体，我们需要从以人为本的原则出发对其予以充分的尊重与理解。民间信仰研究本身不是研究神的意旨，而是研究人，研究人自身的身心灵状态、人与人的关系、人与社会的关系等等。如此，我们才能了解民间，才能对民间信仰在文化传统和社会中的位置有一种"接地气"式的理解，从而在推动民间信仰事务的社会化治理进程中，改进社会治理方式，激发民间社会组织活力，鼓励民间庙宇走自治化的道路，且加强民间庙宇的自我管理、民主管理和财务管理等。同时，政府主管部门如各级民宗局应与村委会、街道、城区的基层部门结合起来，互通情况，从而对当地的民间信仰的现状与治理情形有大致的了解，心中有数，并在宣传党和政府的宗教政策和依法管理宗教事务时不忽视民间信仰这一块。总之，民间信仰研究关系到"宗教治理"的新理念和新模式以及当代社会新型多元文化与和谐社会的建构，意义重大。

（原载于《山东社会科学》2016 年第 9 期）

附录三

粤东梅州客家人民间信仰初探

贺璋瑢

【摘　要】　粤东梅州是客家人的聚集区,梅州的民间信仰既有先秦与秦汉时期百越人原始信仰的遗存,又带有鲜明的客家特色。梅州客家人的民间信仰以其神秘的色彩,独特的形式,深广的影响力,成为一种丰厚的传统文化而不断发展,且与客家人的世俗生活相互交织,沿袭至今。探讨梅州客家人的民间信仰,关系到当代多元文化与和谐社会的建构。

【关键词】　客家人;神性;民间信仰

闽粤赣客家地区,是世界客家人分布最集中的地区,也是我国客家文化的孕育和形成的中心区域。而今天位于粤东山区,号称"客都"的梅州市,下辖梅江区、梅县区、兴宁市、大埔、丰顺、五华、平远、蕉岭等八县。除丰顺客家人口占总人口的 32% 外,其余各县和地区都为纯客县。① 梅州客家的民间信仰以其神秘的色彩,独特的形式,深广的影响力和跨越时空的历史穿透力,成为一种传统文化而不断发展,沿袭至今。曾有学者将客家民性概括为五个方面,即客性、山性、祖性、土性、神性,亦可谓一家之言。② 本文主要探讨粤东客家人的"神性"。

---

① 参见谭元亨主编,《广东客家史》,广东客属海外联谊会组编,广东人民出版社,2010 年,第 675 页。
② 邱远等,试论客家民性的特质,载吴善平主编:《客家文化学术研讨会论文集》,黑龙江人民出版社,2010 年。

一、粤东客家人民间信仰的历史概况

秦汉以前,梅州地区最早的居民是百越人,其中主要是闽越人,魏晋南北朝以后,越人后裔多被称为俚、僚。隋唐绵延至明清时期的越人后裔是疍人。闽越人崇拜鬼神及鸡卜,《史记·封禅书》云,"是时既灭两越,越人勇之乃言越:'越人俗鬼,而其祠皆鬼,数有效。昔东瓯王敬鬼,寿百六十岁。后世怠慢,故衰耗。'乃令越巫立越祝词,安台无坛,亦祠天神上帝百鬼,而以鸡卜之。"他们的图腾崇拜还有蛇、鸟。《说文解字·虫部》云:"蛮,南蛮,蛇种;闽,东南越,蛇种。"如今梅州地区的百越族后裔为数不多,但是其宗教信仰却一直影响这片土地上的人们。如清代黄钊《石窟一征·礼俗》卷四曰:"俗以鸡卵占病,不仅巫觋间有村妇以术行医,皆用此法……今俗生卵剖开,其内有点与否,以断病之轻重,法虽不同,其术则一也。"

三国至唐宋时期,是外来民族信仰的传入和发展时期。现在居住在粤东的客家人,大多是两晋时期中原地区的"衣冠望族和朝廷命官",亦有部分在黄河流域和长江流域的群落,先后经过几次大迁徙,才到粤、闽、赣山区的三角地带落脚的,并在此形成了自己独特的生活习俗,独特的文化和语言(客家话),同时他们把自己的宗教信仰也带到了粤东,包括对天地的崇拜及祖先崇拜等。

对天的崇拜。梅州的客家人视天为至高无上的神,是众神之主,称之为"天公""天神""天神爷""玉皇大帝"等。一年中有"天公生日""许天神""天餐日""还天神"等俗节。客家人在拜任何神灵之前都要先拜天公。

对土地的崇拜。土地神是一方的保护神。对土地的崇拜在梅州衍生出了种类繁多、管辖范围不一的土地神,土地神的称谓也有不同。如"土地公""公王""社官"(社公)"伯公""龙神"(阳居、阴居所在的山称为"龙")"山神""河神水伯"等。"伯公"的管辖范围最小,一般是一村,"社官"的管辖范围为数村或一个社区。土地神的来源广泛:有灵验的"神明";也有某些自然物,如山、石、树等;还有祖宗。这一时期形成的有名的公王信仰包括:三山国王①信仰和石古大王②信仰。宋代时,建公王庙或公王坛已经十分普遍,在各地或各个自然村大都建

---

① 三山国王信仰在粤东颇为盛行,而有关三山国王的属性,其功能的嬗变以及此信仰与客家、潮汕族群的关系等问题,学界依然分歧颇多。

② 石古大王的传说主要有二:一是说远古时代,兴宁神光山周围十余里的地方,全是荒山野岭,人烟稀少,山里的野兽经常到山脚下的村里觅食。后来有一少年苦练掷石子的武艺,把石子掷得又远又准,直至百发百中。从此,少年及其伙伴掷石杀兽,为民除害,野兽逐渐少了、地方日渐安宁。后来,人们为了纪念他,在神光山西侧设坛奉祀,称他为石古大王。二是说相传在北宋时期,有姓石、姓古的两人,(转下页)

"坛",或建"宫",或建"庙"。所以从那时起,客家人的村头路边,到处是神坛社庙,逢年过节,必拜各类土地神明。

对动植物的崇拜。表现为建龙王庙,过"野猪节"(梅县隆文镇檀江村)、拜"伯公树"神等。一些年代久远、枝繁叶茂的大树往往也是人们崇敬的对象。尤其是一些老榕树、松树、柏树、水杉等,被认为生命力旺盛,能给人带来吉利,人们常对这些老树顶礼膜拜,甚至备牲礼祭拜。人们对祠堂前后的"风水树""风水林",更是敬畏有加,不敢随意砍伐。

客家人还敬门神、灶神、米谷神、厕神等,这种对自然的崇敬,实际上体现了客家人对自然的一种敬畏与理解。

对祖先的崇拜自古有之。对祖先的崇拜,一方面是尽孝,另一方面是相信人死有魂,祀奉祖宗可以让祖宗保佑自己。《礼记·祭统》篇云:"孝子之事亲也,生则养,没则丧,丧毕则祭。""祖宗神崇拜对各民系毫无例外,但对客家民系却显得更为隆重、突出。这一是客家人来到岭南的陌生环境,筚路蓝缕,以启山林,自然会碰到许多困难,对比他们原来的居地,反差很大,故令他们更思念故土;二是客家人聚族而居,亟需对自己所属宗族的认同,以巩固内部团结,适应艰苦创业;三是标榜自己为中原士胄,以杨家声,褒名节。所以祖宗神崇拜成为客家系最主要的民间信仰和祭祀形式……客家居地处处有族姓宗祠,祀奉族姓共同祖先;户户民居有祖堂,祀奉列祖列宗。"①客家人对祖先的祭拜具体表现为:家祭(顾名思义是在家中祭祀,祭祀时间不定)、祠祭(祠祭是祠堂修建以后的事,一般是在明清时期始兴)与乡墓祭(指一族一姓到其祖先的坟墓上举行的祭祀活动)。客家人常以建宗祠家庙为同姓血缘村的神圣中心。

祖先偶像崇拜的现象迄今在客家地区也比较普遍,如五华县华城镇湖田村张姓设立"崇德祠",祭祀张公仁爷、张毛大郎两位神明。因供奉的是本家神明,俗称"张公庙"。湖田张姓在每年的农历八月十三日都要举行为期两天的庙会,期间每家每户都要进庙"上表"朝拜;又如五华县华城镇的铁炉村的大部分村民姓钟,为祭祀其祖先钟万公而建立了万公祠,此祠既是祖祠,也是神祠,每年的农历八月十八日都要举行庙会;又如梅县松源镇郊的王氏宗族每年农历正月二十八都要举行大型联宗祭祖活动,当地民间称之为"挂大牌",该仪式主要是对王姓

(接上页)组织人马,抵抗外来侵略,拯救百姓于水深火热之中,他俩英勇作战,奋不顾身,双双战死沙场,被北宋皇帝敕封为"护国义士大元帅"。从中原迁徙而来的兴宁先民,一直对石、古两人怀有深厚感情,设坛纪念他们,称他们为石古大王。

① 司徒尚纪:《岭南历史人文地理—广府、客家、福佬民系比较研究》,中山大学出版社,2001年,第289页。

历代祖先举行一次比较大规模的祭拜。①

　　在闽、粤、赣边区客家住地，佛教初传于晋代，初盛于唐代。唐代以后，遂渐与道教合流，与当地的民间信仰融合。② 如对佛教高僧和"肉身菩萨"的信仰，唐宋时期梅州信仰的"肉身菩萨"主要有伏虎佛和定光佛。据说他们本为闽西的名僧惠宽和定光二人，后来成为闽、粤、赣边区客家人共同的神祇。惠宽佛被当地人称为"伏虎阵师"，并奉他为祈雨之神。定光古佛的主要事迹有驯兽、祷雨、活泉（即让已经干涸了的泉池重新清水流溢）、治水、护航、送子、佑民等。有学者说："定光古佛是客家人为适应山区农耕社会之种种需求（风调雨顺、水源充沛、劳力充足、无灾无祸）而创造出来的不僧不俗、亦僧亦俗，不佛不神、亦佛亦神的崇拜对象，所以定光古佛崇拜盛行于山区，尤其是客家山区。"③

　　明清时期，粤东客家民间信仰主要神祇与崇拜仪式逐渐定型，如国家推崇的信仰城隍、社稷神、先农神、山川神和风神等；新来的神祇有观音、天后、保生大帝、关帝、文昌帝、北真武帝等。这个时期，孔子、关帝以及城隍崇拜在全国也包括在客家地区得到张扬。

二、客家人民间信仰的主要神祇

　　客家人的民间信仰表现为多神崇拜和偶像崇拜，具有地方神与乡土神的特点，除三山国王、妈祖的信仰覆盖面较广外，大多数神灵的威慑或管辖范围有限，大致而言，梅州地区客家人的民间信仰的主要神祇大致分为以下几类：

（一）山丘神明信仰

　　三山国王本是潮汕地区揭阳县境内独山、明山、巾山三山之山神。因屡屡显灵，护国庇民，自隋唐至明清，历代朝廷迭有赐封。三山国王信仰最初起源于潮汕地区，盛于潮汕地区，并逐渐传播并扩大到周邻的客家地区，可能因客家人是"逢山必住客"的山民族群，他们自然会崇拜山神。与潮州比邻的大埔、丰顺、揭西等县的客家，普遍接受了"三山国王"信仰。广东丰顺县的三山祖庙，是当地规

---

① 参见宋德剑：梅县松源镇郊王氏宗族与龙王公王崇拜；载于谭伟伦主编：《粤东三洲的地方与社会之宗族、民间信仰与民俗（下）》，国际客家学会、海外华人资料研究中心、法国远东学院出版，2002 年，第 372 页。
② 胡希张、莫日芬等著：《客家风华》，广东人民出版社，1997 年，第 320 页。
③ 汪毅夫：《客家民间信仰》，福建教育出版社，1995 年，第 162 页。

模最壮观的庙宇。在三山国王信仰流传的过程中,其神佑之职也在不断扩大,凡有水旱疾疫灾难求解者,无不应验,并从最初意义上的山神、乡土地域神,逐渐成为一个世俗神和族群神,并成为粤东客家地区的管辖范围最广,最大的公王与福神。

在老一辈海内外客民嘴边常念叨一句话,即"泮坑公王保外乡""泮坑公王",就是梅县泮坑"公王庙"里供奉的"三山国王"。据说泮坑公王对于漂泊异乡的客民格外加以保护,它被离乡背井的客家游子视为守护神,"保外乡"的说法使之富有侨乡的独特色彩。因此,梅县一带的侨眷思念亲人的一种表达方式,就是为三山国王上香,以求公王保佑海外亲人平安、发财。而有幸得以还乡探亲或回乡终老的华侨,也要上庙还愿酬谢公王,答谢神恩。可以说,"泮坑公王"信仰是海外客籍侨胞与国内侨眷之间无尽相思的一种感情寄托。

(二) 地方神明信仰

三山国王信仰本身就是一种地方神明信仰。所不同的是,三山国王"管辖"的范围比较广阔,而大多数的神灵威慑或管辖范围都有限,小的只是某个村庄,大的方圆也不过数十里。客地村落中供奉着的乡土神,其中不少神灵后人已说不出其来历,只是依时上香,求其神恩浩荡。不过,除三山国王外,比较大的地方神明还有:

1. 公王信仰

在粤东梅州,除却对祖宗的崇拜和祭祀,当属"公王"崇拜。客家"公王"是伯公即社公、土地公的客家化神祇("伯公""社公"与"公工"这二个概念似乎没有很清楚的界分),"公王"与"伯公""社公"在民间也俗称"福主"或"福主公王",福主即主一方福祉之意。有学者认为,"公王"乃北方中原的土地神崇拜与粤东、闽西地区土著山神的结合体,因为公王既有保境安民的土地神职能,又有管理山间林木和狩猎资源的职能。公王原形,出处不一,有说是祖宗神[①],有说是土地神、山神、社区神等,也有说是地方官宦、朝廷重臣,他们或德高望重,或功勋显赫,或清正廉明,或因为民除害而遭受奸臣陷害,因此深受百姓的缅怀而尊为神。"公王"常冠以当地地名,以区别于其他地方的"公王",如梅县松口镇梅溪公王、山口村公王等。三山国王实际上是客家地区最大的公王。

---

① 如梅县松源《钟氏族谱》载,龙源宫所奉的公王其原形是钟姓的祖宗神钟友文、钟友武、钟友勇三兄弟,因阴灵助国,封为助国尊王,慢慢演变为社区神"龙源公王"。供奉龙源公王偶像的祖庙为"龙源宫",该宫坐落在松源的园山。每年春秋两季,民众要抬龙源、公王木雕像巡游社区内各村落。

"公王"崇拜(或伯公崇拜)及祭拜仪式是梅州客家地区最普及,最有影响力和最普遍的民间信仰和祭祀活动,在梅州城乡,只要有人群居住的地方,几乎都设有公王庙或公王坛(或称社坛),有些地方多至数十个(包括河唇伯公、塘唇伯公、井头伯公、陂头伯公、桥伯公、路伯公、土地伯公、树伯公等等)公王庙或公王坛,在岁时佳节人们都要去这些地方膜拜和迎送"公王",这种情况在其他地方并不普及甚至是少见。"公王"崇拜随着粤东客家人的迁徙陆续在港澳台及马来西亚、印度尼西亚、泰国等地的华人中流传。

除了三山国王外,比较著名的公王还有梅溪公王[①]、五显公王等。梅溪公王又称梅溪圣王,在文献记述和民间传说中均有不少关于"公王显灵降雨"和"扛公王出巡""接公王"的传说。旧时如遇久旱无雨,人们便把梅溪公王抬出去,设坛作法,在梅溪公王面前烧香跪拜,祈求公王显灵降雨。梅溪公王在梅州客家人心目中地位很高,以往奉祀梅溪公王在梅州是很普遍的现象,梅溪公王信仰可谓是是梅州客家人广为流传的信仰。

五显公王又称五显大帝、五圣大帝、五通大帝、五显华光大帝、灵官大帝等,五显公王信仰始自唐代,发源于古婺源(今属江西上饶),以其灵验而流布江南,陆续发展至广西、福建、广东等地,五显大帝于元、明之时,纳入道教神仙信仰[②]行列,同时还是得到官方承认和册封的正祠。据说凡向该神求男得男,求女得女,经商者外出获利,读书者金榜题名,农耕者五谷丰登等。客家民间流传其许多有求必应的灵验故事,因此五显公王的祠庙与祭祀在客家地区比较常见。农历九月二十八日为其神诞日,许多五显庙在此期间都要举行庙会。农历的四月十六至五月初四为五显公王的出巡日,俗称接公王。

2. 行业神信仰

以医药行业神为例,粤东的医神主要有两个来源,一是中原传入的医神,如华佗;二是客家人从福建传入的医神,如保生大帝。华佗是汉代末年的游医,因《三国演义》的渲染而家喻户晓。民间立庙纪念华佗者,比比皆是,广东无论哪个民系都有拜华佗的。华佗在民间常被称为"先师",其庙宇叫"先师庙",如五华县华城镇的城北有著名的华佗先师庙,庙里有两尊华佗神像,大的为坐像,小的为行像,像前还有神位牌,曰"华陀先师尊神位"。此庙纯为求医问药的神庙,庙内

---

① 乾隆《嘉应州志·杂记部·寺庙》:"安济候庙,梅溪岸上,俗名梅溪公,祀梅水之神。"房学嘉先生认为,梅溪公王的角色会根据民众的需要而变,就传统梅州来说,公王是具有特色的地方水神或曰山神。

② 也有人认为五显与佛教的华光如来、五显灵官大帝相关,五显公王的姓氏也有不同说法,有人说姓萧(肖),有人说姓柴,还有人说姓顾,不一而足。

常设"神签",驻有庙祝,祈求者通过焚香祈祷摇签,就会得到一张相应的药方。庙里还设有药房和抓药人员。每年农历四月十八日是华佗神的出巡日①。

保生大帝为北宋时的福建同安白礁人,生前学医,杂以巫术,医术高明,医德高尚,死后百姓感其恩德,奉祀他为医神。南宋时他的名声与影响迅速扩大,明清以后传至粤东。今梅州大埔县湖寮镇黎家坪村的广福宫就祀奉保生大帝,据说是清嘉庆元年(1796年)时有村民把保生大帝神像从福建省同安白礁山恭请回来,建庙祭祀。保生大帝本为医药行业神,后来又增加了平息旱涝、御寇退贼、击毙瘟魔等功能,终成无所不能的地方保护神祇。

3. 地方水神崇拜

梅州境内,水路纵横,航运业发达,地方水神崇拜很是普遍,前文中提及的梅溪公王、五显公王也是水神,此外,还有天后信仰、仙人叔婆②、龙王、水口伯公(船头伯公)等。

天后(即妈祖)是航海的保护神。对天后的崇拜在北宋年间形成,历代朝廷不断赐封,提高天后神阶。明清时天后信仰的范围越来越广,传入梅州。在粤东的五华、兴宁等地都有天后庙。天后神佑之职被不断扩大,人们相信她能护佑城池、驱邪治病、守护妇女儿童,乃至家里的大事小情,诸如升学求职、婚丧嫁娶等,天后俨然成为全方位的保护神明。不过,梅州客家地区的天后庙不如潮汕地区那么繁盛。

船家敬奉的行业神是"仙人叔婆"。"仙人叔婆"的神坛建在各条河口的岸边,每年农历七月十五日,凡行驶在这条河的船家,都要集中祭拜。如蕉岭县的新埔镇,奉祀"仙人叔婆"的地方是"郭仙宫"。在民众的心目中,是"仙人叔婆"保护了新铺的安全和兴旺。后来仙人叔婆又增加了财神的功能,而后,仙人叔婆的信仰圈进一步扩大为社区神。从明末至今,仙人叔婆一直受到民众的虔诚崇祀,常年香火鼎盛。

水神还有水口伯公,水口伯公坛一般位于村口,有的因位于江河溪流岸边,故行船的人特别重视,如丰顺县隍镇溪北村的村民,当新船下水时,一定要拜水

---

① 张泉清:粤东五华县华城镇庙会大观,劳格文主编:《客家传统社会》上篇,中华书局,2005年,第245页。

② 有学者认为,仙人叔婆神灵的原型是蛇。仙人叔婆信仰是南方原始图腾龙、青龙信仰的遗俗。仙人叔婆的信众初为渔民船家,功能主要是庇护渔民与航运的安全;后来信众逐渐扩大到附近村民,并增加了财神的功能。尔后,仙人叔婆的信仰圈进一步扩大变为社区神。仙人叔婆的神诞日是农历七月十三,是日民众要举行祭拜仪式。

口伯公,祈求保佑行船安全无事。其祭拜过程大致是:首先到船头焚香拜"船头爷"(或称船头伯公),摆上鸡、鱼、猪头三牲祭品,然后再上岸拜水口伯公,仪式与船头祭拜相同,在焚香烧纸、放鞭炮之后,再开船。行船人认为拜了水口伯公,放排就会顺利平安。

4. 道教佛教的俗神崇拜

明代时城隍崇拜在客家地区普及。明太祖朱元璋特别重视城隍的作用,把城隍祭典列入国家祀典,强化了城隍的监察职能,使城隍有固定的管理区域,掌管着监察地方官吏和百姓命运的大权,城隍神除了捍卫城隍保护黎民功能之外,还能防涝布雨,卫道护善,管领冥籍,司掌功名,镇邪驱魔,惩治凶顽,荐福消灾。

关帝又名"关圣帝君",又名"关公""关帝""关老爷"等。客家人比较普遍地修建关帝庙,有的村子还有将成长不顺、体弱多病的男孩契给关帝为子的习俗,将男孩带到关帝庙,向关帝许愿,让小孩认关帝为父,祈求关帝保佑孩子平安成长,并给孩子取名为"关某某",日后再来酬谢保佑之恩[1]。农历五月十三日是关圣帝君的诞辰日。

文昌,又名"文曲星"。古代神话中主宰功名禄位的神,后被道教承袭,是为"文昌帝君"崇拜。旧时读书人多拜祀文昌,以求文运亨通。客家地区历来有"文化之乡"之誉,故盛祀此神。如乾隆《嘉应州志·建置部》卷二载:"乾隆十一年(1746年)建奎文阁,塑文昌、魁星神象祀阁上。春秋二仲,儒学收铺租致祭。"著名的大埔湖寮魁星阁,阁高三层,于乾隆四十二年(1777年)建,现今成了名胜古迹。

古代传统"重农轻商",大概宋元以后,人们经商发财的意识渐浓,才出现了被人崇拜的财神。随着中原汉民的南下,财神也随之进入福建、粤东等地。粤东客家多以范蠡为文财神,以赵公明、关帝为武财神,有时五显公王也被视为财神。客家人传统祭财神的时间不仅在年初四半夜或年初五凌晨,在新年来临之际"出行"祭祀中便有开门迎接喜神、财神的仪式。如兴宁客家在年初一零时即齐备三牲、果饼、香烛敬"赵公元帅",大放鞭炮接"财神"。从年初一到年初五,每天早晨的"敬神"仪式,都要特别地祭拜财神。

三官大帝,即天官、地官、水官,亦称"三官",又称"三元"。三官大帝信仰渊源于汉族先民对天地水的自然崇拜,也是早期道教尊奉的三位天神。一说是尧

---

[1] 参见宋德剑:《梅县松源镇郊王氏宗族与龙王公王崇拜》,载谭伟伦主编:《粤东三州的地方与社会之宗族、民间信仰与民俗(下)》,国际客家学会、海外华人资料研究中心,法国远东学院出版,2002年,第341页。

舜禹,指天官、地官和水官。天官为唐尧,地官为虞舜,水官为大禹。天地水三官以农历正月十五日、七月十五日和十月十五日为神诞之日,三官的诞辰日即为三元日。从唐宋以来,三元节是道教的大庆日子,逢这三日,人们都要进庙烧香奉祀以祈福消灾。

在汉化佛教世界中,影响最广,信众最多的当推观音菩萨。隋唐以后,佛教的观音信仰广泛流传,观音渐渐由男相转变成女相,并在民间发展出了一种不同于正统佛教的新的信仰形态。[①] 观音被纳入了民间俗神的系统,具有送子和救难等功能。明清以后,观音信仰深入客家地区的千家万户,以供奉观音为主的寺、庙、庵、堂等,不可胜数。而梅州观音信仰区别其他地方的最大特点,是在专奉血缘性祖宗神灵的神圣空间的民宅宗祠内,同时专建观音坛或庙祀观音菩萨。[②] 有的人家还在自己住屋正堂安设观音神位,以方便经常叩拜。

定光古佛的来源有很多种说法,流传最普遍的说他原是唐末宋初的高僧,俗家姓郑,名自贤。11岁出家,投汀州契缘法师席下,17岁游豫章,入庐陵契悟于西峰圆净大师,得道后在汀州地区传法。曾经为莲城诸地方除蛟患,在武平县南岩隐居时收服了山中的猛虎和巨蟒,乡民非常尊敬他,建庵供他居住,他在82岁时坐逝。多年以后,汀州城遭寇贼围攻,相传他显灵退敌,使全城转危为安。于是朝廷颁赐匾额,将他住过的庵寺命名为"定光院",他被尊为"定光佛",与伏虎禅师并列为汀州二佛,成为闽西汀州的守护神之一。定光佛的信仰后来也传到粤东北之地。

(三)女神信仰

粤东客家地区的女神除了众所周知的天后、仙人叔婆、观音外,还有临水夫人、三奶夫人、九子圣母、七仙姑庙等。

临水夫人又称陈夫人、大奶夫人、顺懿夫人等。据传,临水夫人本名陈靖姑,一说宁德古田人,一说福州下渡人。传说她与林九娘、李三娘义结金兰,并一起赴闾山学法,师承许旌阳真人。三姊妹得道之后,合称三奶夫人,梅州地区有三奶娘庵祭拜她们。据说临水夫人能降妖伏魔,扶危济难,且是妇幼保护神,也被称为"救产护胎佑民女神"。在道教中她是救助妇女难产之神,因而又被称为顺天圣母。

客家人希望多子多福,因此拥有九子的女神九子圣母就受到客家人的青睐

---

① 参见李利安:《观音信仰的渊源与传播》,宗教文化出版社,2008年,第380页。
② 房学嘉、肖文评、钟晋兰:《客家梅州》,华南理工大学出版社,2009年,第144页。

和崇拜，直到今天，九子圣母庙还是梅州兴宁颇多信众光顾的地方。为了求子求福、多子安康，客家女子隔三差五总是忘不了在这烧香祈福，以获得圣母庇佑。兴宁县宁中镇宁江河堤旁的九子圣母庙颇具规模，庙中除九子圣母主神像外，还有财神、花公花母、玉皇、观音等神像，济济一堂。每年农历二月初六为"作福日"，十一月初八为"拜满圆"，逢这两日，当地及周边的信众会携带香烛贡品来此进行祭祀，以求圣母保佑。

在客家地区，以"七"打头的女神祠庙颇多，如"七仙庙""七姑庙""七圣仙娘庙""七姑婆太庙"等，似可统称为"七仙信仰"。有的地方没有庙，却有神坛。如丰顺县径门乡的一些自然村落，就设有"七圣仙娘神坛"，祀奉七圣仙娘，她们专司护佑妇女儿童之职。

（四）巫觋信仰

巫术观念和巫术活动在客家人中尤显普遍和活跃，人们很重视巫术中的吉凶祸福，在客家地区，请巫师治病是常有之事。巫师也称为"觋公"，在梅州的觋公等同于道士。"每逢俗民生病、新居落成、修建祖祠或地方发生天灾人祸等不测事故，人们都习惯请巫觋师为之请神驱鬼、祛邪、镇煞、祈保平安。"[①]客家地区常见的巫术还有：请神、招魂、问仙、扶乩、喊惊、认契娘（契娘为夫妇双全、儿女众多且身体健康的女性，或者枝繁叶茂的大树等）、卜卦、测字、看相、算命、求签、画符等。有学者认为客家人的巫术文化与北方的萨满巫术非常相似。巫术之所以能顽强地生存于客家聚居地，或许也因为古时客家人所处的山高水险的恶劣的自然环境以及其求生存求发展的强烈愿望，亦或是当地原住民崇尚巫鬼的习俗影响。

香花信仰也是梅州巫觋信仰的一种表现。关于香花信仰的起源，学界有不少研究，但并无定论性描述。不过学者大都认为梅州地区的香花产生于明代，人们常将"香花"与佛教相联系，事实上，香花信仰中的大量地方色彩与非佛教形态，如食用荤腥、不独身、不戒烟酒等，与正统佛教相较还是有区别的。它有可能是佛教与客家地区的民间信仰及当地传统巫觋文化融为一体的产物。

（五）"风水"信仰

浓郁的风水信仰可谓是客家文化的一大特点，相较于其他民系，客家人对风

---

① 房学嘉：《客家民俗》，华南理工大学出版社，2006年，第136页。

水的信仰尤其盛行。这种信仰不仅影响到客家人的阴宅与阳宅建筑及衣食住行生活的各个方面,人们对造坟、起屋的基址很是重视,他们认为坟场与房基地选择得好与坏,对自己及后代的开运、兴旺、发达直接相关。因此,一般人都很舍得出大价钱请风水先生郑重其事地勘测一番,选个"风水宝地",慎择吉日,方可动土开工。在客家民间,至今仍然流传着许多某家因选地后辈兴旺发达的传说。阳宅基地依空间、时间(年、月、日、辰)、村、山、水、田、林、路,集环境、方位、地质、建筑、美学、心理学为一体,选择"生气"的风水宝地,追求人身的小宇宙之"气"与周围环境的大自然宇宙之"气"的协调统一。

举例而言,客家人认为看风水时土地伯公是最重要的,因为土地出产万物,总是与生命相关。在客家人的围龙屋里面,大都有在土地伯公上面放一个神龛的习俗,神龛里面是祖先的牌位,土地伯公代表"地",祖先的牌位代表"人",并列土地伯公和祖先牌位前面的天井则代表"天",客家人认为围龙屋的风水最关键的是土地伯公、祖先牌位和天井的存在和位置关系。[①]

三、客家民间信仰的特征及其社会功能

多神、杂神崇拜是客家文化的重要特征之一。客家的民间信仰和其他地方的民间信仰一样,属于多神信仰,没有一教独占也没有一神主导。民间信仰的种类繁多,有自然崇拜、祖先崇拜、社稷地方神明崇拜、行业神和先贤神明崇拜,佛教道教的俗神信仰,因此客家地区的庙宇神明既多且杂。这种信仰的形成与客家人在历史上饱尝战乱饥荒、颠沛流离之苦有关。当人们感到孤独无援时,凡能祈安求福、保佑现世的诸神,统统都"来者不拒"。从而使客民社会的信仰呈多元并存之状,在同一寺庙中,即可见到佛门的菩萨、罗汉,还可见到道家的仙师、鬼神以及祖先亡魂、地方神明等。不管是哪一路的神灵均可在客家这里和平共处,共享香火。无论神灵的来源如何,神抵的性质如何,客家人统统兼收并蓄,并能适当加以改造,融合于自己的信仰生活中。

客家的民间信仰非常普遍,庙宇神坛遍布旧时山区的村村寨寨,并以村社或宗族聚落群形成大小不一的信仰圈与祭祀圈。客地各家也都置有神案佛龛,供奉家中的守护神。每逢岁时节令或神诞日,动辄倾村出动,男女老少,进庙祭拜,

---

① 参见河合洋尚:《梅州地区的风水与环境观——以围龙屋、现代住宅、坟墓为例》,嘉应学院客家研究所主编:《客家研究辑刊》2008 年第 1 期。

抬着神像沿村巡行,昼夜举行祭祀戏剧演出,娱神娱人,虔诚而隆重。这种信仰并非单纯个人行为现象,而是以家族为单位历代传袭下来的,也是以宗族为中心的村落,乃至整个区域客家民间的社会生活信念与行为形态。既体现了宗族势力,又是乡村文化的载体。比如醮会,"旧时,客家人若有重大灾祸发生,如瘟疫、大旱、大涝、虫灾等,往往要请道士或和尚设坛做法事,禳灾祈福,是为打醮"。[①]醮会乡俗称"打醮"或"建醮"。庙会一年举行一次或几次,而醮会间隔若干年才举行一次,有 3 年、5 年、10 年才举行一次的。而且醮会比庙会的活动要丰富复杂得多,庙会一般只表现某一种神的威力,而醮会则综合表现儒道释(佛)以及阴、阳配合的威力[②]。客家人打醮的规模盛大,多请道士做法事,请戏班演出。除道士念经之外,还有上刀山、过火练、咬犁头等惊险节目表演。打醮时,村民多数都要斋戒,以示虔诚。而现代的打醮往往将宗教、文化和经济活动合而为一,人山人海,热闹非凡。

粤东客家人的民间信仰在能够给人们带来精神慰藉的同时,也极大地影响了客家人的世俗生活。这种影响既体现在客家人的醮会庙会和节庆祭祀活动中,也体现在人们的行为习惯和日常生活中。正所谓:一方水土养一方人,一方人祭拜一方神,一方神灵护佑一方人。

民间信仰是一种历史传统,在现实社会中许多乡村的民间信仰场所不仅仅是拜神的地方,实际上也成了乡村基层社会和文化的公共空间,比如老人会、文化活动站、乡村图书馆等。位于梅州兴宁市永和镇鹅峰山景区的宫师祖庙,该祖庙原来就在附近的新中村,由于老庙早就破烂不堪,7 个平均年龄七十岁以上的老人发起,在鹅峰山重建老庙。现在重建的老庙已初具规模,宫师祖庙供奉的神祇以五仙祖师为主,还有其他十多位神。祖庙由老人会管理(其成员就是 7 个发起人),现在不仅是民间信仰的活动场所,也是该镇的文化体育中心和老年人的活动中心,还是该地有名的慈善中心。位于梅州大埔县湖寮镇黎家坪村的同仁广福宫也是同样的性质,广福宫供奉保生大帝,每年大型法会时都有上万名信众前来参加活动。但它也是集民间信仰活动场所、文化休闲场所和慈善中心于一身。广福宫旁有文化公园,广福宫做慈善不局限于黎家坪村,公益慈善活动包括建立敬老院、修路修桥、扶贫济困、资助大学生等。

民间信仰及其场所正在从关注个人心理诉求逐渐向凝聚社会力量,发挥社

---

① 温宪元、邓开颂、邱彬主编:《广东客家》,广西师范大学出版社,2011 年,第 300—301 页。
② 参见张泉清:《粤东五华县华城镇庙会大观》,第 257 页。

会公共职能转变，并成为建构现代公共文化生活的重要资源所在。一个村落或一个社区，居民如果有一定的信仰，这似乎有利于社会稳定。梅州客家的民间信仰既是人们的世俗生活，也是人们的精神生活的需要。换言之，庙宇或拜神之地之所以不可或缺，是因为人不可生活在没有诸神的混沌中，庙宇或拜神之地就是人们与超验世界保持联系的场域和桥梁。人们只要走进去，与不可知的诸神世界的联系，与诸神的亲密接触就成为可能。正如宗教现象学的大师伊利亚德所说："对于宗教徒而言，空间并不是均质的，宗教徒能够体验到空间的中断，并且能够走进这种中断之中。空间的某些部分与其他部分彼此间有着品质上的不同。"①这段话中的"空间的某些部分"既是庙宇或拜神之地，就是信众的神圣空间。正是"在这个神圣的围垣之内，与诸神的沟通就变成了可能"。②

民间信仰也是梅州客家人与港澳台以及世家各地的客家人之间联系的纽带与桥梁。清末民国时期，由于本地人多地少的矛盾和国际市场对廉价劳动力的需求，梅州人大规模出洋，他们将粤东客家人的民间信仰带到了海外，而家乡的侨眷祈求神明保佑，民间信仰使得客家地区与海外华人之间形成一条历史悠久的"神缘"纽带。今天，这种"神缘"依然是维系粤东客家人与港澳台同胞、海外侨胞乡亲乡情的文化纽带和桥梁。

综上所述，我们需要从以人为本的原则研究民间信仰。研究民间信仰本身不是研究神的意旨，而是研究人、研究人自身的心灵状态、人与人的关系、人与社会的关系等等。如此，我们才能了解民间，才能理解民间信仰在我们的文化和社会中的位置，也才能明白对民间信仰的"管理"应有所为、有所不为。

（原载于《经济社会史评论》2016 年第 3 期）

---

① 伊利亚德著，王建光译：《神圣与世俗》，华夏出版社，2002 年，第 1 页。
② 伊利亚德著，王建光译：《神圣与世俗》，华夏出版社，2002 年，第 45 页。

参考文献

一、著作类

1. [西汉]司马迁撰：《史记》（全十册），中华书局，1963 年。

2. [清]梁廷楠等撰：《南越五主传及其它七种》，广东人民出版社，1982 年。

3. 《孙中山全集》第 2 卷，中华书局，1982 年。

4. [清]屈大均：《广东新语》，中华书局，1985 年。

5. [元]马端临撰：《文献通考》，中华书局，1986 年。

6. 《徐闻县文物志》，1986 年油印本。

7. [清]范端安撰，汤志岳校注：《粤中见闻》，广东高等教育出版社，1988 年。

8. [清]孙希旦著，沈啸寰、王星贤点校：《礼乐集解》，中华书局，1989 年。

9. [清]张渠撰，程明点校：《粤东闻见录》，广东高等教育出版社，1990 年。

10. [清]梁绍壬撰：《两般秋雨庵随笔》，新疆人民出版社，1995 年。

11. 顾颉刚著：《顾颉刚古史论文集》第一册，中华书局，1988 年版。

12. 金泽：《中国民间信仰》，浙江教育出版社，1989 年。

13. 朱天顺主编：《妈祖研究论文集》，鹭江出版社，1989 年。

14. 刘锡诚、宋兆麟、马昌仪主编：《中华民俗文丛》，学苑出版社，1990 年。

15. 宋兆麟《巫与民间信仰》，中国华侨出版公司，1990 年。

16. 郭于华：《死的困扰与生的执著——中国民间丧葬仪礼与传统生死观》，中国人民大学出版社，1992 年。

17. 邢利：《观音信仰》，学苑出版社，1994 年。

18. 汪毅夫：《客家民间信仰》，福建教育出版社，1995 年。

19. 史宗主编，金泽等译：《20 世纪西方宗教人类学文选》，三联书店，1995 年。

20. 方志钦、蒋祖缘主编：《广东通史》古代上册，广东教育出版社，1996年。

21. 陈支平：《福建宗教史》，福建人民出版社，1996年。

22. 乌丙安：《中国民间信仰》，上海人民出版社，1996年。

23. 胡希张、莫日芬等著：《客家风华》，广东人民出版社，1997年。

24. 王铭铭：《社会人类学与宗教研究》，生活、读书、新知三联书店，1997年。

25. 广东炎黄文化研究会编：《岭峤春秋：海洋文化论集》，广东人民出版社，1997年。

26. 钟敬文：《民俗学概论》，文艺出版社，1998年。

27. 陈华文：《丧葬史》，上海文艺出版社，1999年。

28. 黄挺、马明达：《潮汕金石文征》（宋元卷），广东人民出版社，1999年。

29. 黄淑娉主编：《广东族群与区域文化研究调查报告集》，广东高等教育出版社，1999年。

30. 许地山：《扶箕迷信之研究》，商务印书馆，1999年。

31. 俞可平主编：《治理与善治》，社会科学文献出版社，2000年。

32. 王善军著：《宋代宗族和宗族制度研究》，河北教育出版社，2000年。

33. 司徒尚纪著：《岭南历史人文地理——广府、客家、福佬民系比较研究》，中山大学出版社，2001年。

34. 黄挺、陈占山：《潮汕史》，广东人民出版社，2001年。

35. 马希民、际云：《潮汕善堂大观》，汕头大学出版社，2001年。

36. 苑利主编：《二十世纪中国民俗学经典传说故事卷》，社会科学文献出版社，2002年。

37. 赵世瑜：《狂欢与日常：明清以来的庙会与民间社会》，三联书店（北京），2002年。

38. 张磊主编：《洗夫人文化与当代中国》，广东人民出版社，2002年。

39. 谭伟伦主编：《粤东三洲的地方与社会之宗族、民间信仰与民俗（下）》，国际客家学会、海外华人资料研究中心、法国远东学院出版，2002年。

40. 国家宗教事务局宗教研究中心编：《国外宗教法规汇编》，宗教文化出版社，2002年。

41. 萧放：《传统中国民众的时间生活》，中华书局，2002年。

42. 王荣国：《海洋神灵：中国海神信仰与地方经济》，江西高校出版社，2003年。

43. 叶春生、蒋明智：《悦城龙母文化》，黑龙江人民出版社，2003年。

44. 林国平：《闽台民间信仰源流》，福建人民出版社，2003年。

45. 郑振满、陈春声主编：《民间信仰与社会空间》，福建人民出版社，2003年。

46. 陈泽泓：《广东塔话》，广东人民出版社，2004年。

47. 梁景之：《清代民间宗教后羿乡土社会》，社会科学文献出版社，2004年。

48. 姜茂发，车传仁著：《中华铁冶志》，东北大学出版社，2005年。

49. 劳格文主编：《客家传统社会（上编：民俗与经济）》，中华书局，2005年。

50. 陈卓坤、王伟深著：《潮汕时节与崇拜》，（香港）公元出版有限公司，2005年。

51. 叶曙明：《其实你不懂广东人》，广东教育出版社，2005年。

52. 吴兆奇、李爵勋著：《洗夫人文化》，广东人民出版社，2006年。

53. 房学嘉：《客家民俗》，华南理工大学出版社，2006年。

54. 王元林：《国家祭祀与海上丝路遗迹：广州南海神庙研究》，中华书局，2006年。

55. 杨庆堃：《中国社会中的宗教》，上海人民出版社，2007年。

56. 沈丽华、邵一飞编：《广东神源初探》，大众文艺出版社，2007年。

57. 叶涛：《泰山石敢当》，浙江人民出版社，2007年。

58. 王建新、刘昭瑞主编：《地域社会与信仰习俗：立足田野的人类学研究》，中山大学出版社，2007年。

59. 李小云、赵旭东、叶敬忠主编：《乡村文化与新农村建设》，社会科学文献出版社，2008年。

60. 李利安：《观音信仰的渊源与传播》，宗教文化出版社，2008年。

61. 房学嘉、肖文评、钟晋兰：《客家梅州》，华南理工大学出版社，2009年。

62. 洪莹发：《战后大甲妈祖信仰的发展》，兰台出版社，2010年。

63. 吴善平主编：《客家文化学术研讨会论文集》，黑龙江人民出版社，2010年。

64. 广东客属海外联谊会组编，谭元亨主编：《广东客家史》，广东人民出版社，2010年。

65. 马新、贾艳红、李浩：《中国古代民间信仰：远古——隋唐时代》，上海人民出版社，2010年。

66. 叶春生：《岭南民俗文化》，广东高等教育出版社，2011年。

67. 肖文燕：《华侨与侨乡社会变迁——清末民国时期广东梅州个案研究》，华南理工大学出版社，2011年。

68. 温宪元、邓开颂、邱彬主编：《广东客家》，广西师范大学出版社，2011年。

69. 黄挺、陈利江著：《潮州商帮》，暨南大学出版社，2011年。

70. 贺喜：《亦神亦祖——粤西南信仰构建的社会史》，生活·读书·新知三联书店，2011年。

71. 路遥等：《中国民间信仰研究述评》，上海人民出版社，2012年。

72. 广东省立图书馆编：《旧报新闻：清末民初画报中的广东》，岭南美术出版社，2012年。

73. 陈泽泓著：《广府文化》，广东人民出版社，2012年。

74. 范丽珠、欧大年著：《中国北方农村社会的民间信仰》，上海人民出版社，2013年。

75. 吴智文、曾俊良、黄银安著：《广府平安习俗》，广东人民出版社，2013年。

76. 陈泽泓著：《岭南文化概说》，广东人民出版社，2013年。

77. 中山市人民政府南区办事处编撰：《良都风物》，南方日报出版社，2014年。

78. 顾书娟著：《明清广东民间信仰研究——以地方志为中心》，南方日报出版社，2015年。

79. 陈志坚著：《湛江：傩舞文化》，广东人民出版社，2017年。

80. 本书编写组编著：《新修订〈宗教事务条例〉释义》，宗教文化出版社，2017年。

81. ［荷兰］高延著，邵小龙、邱铁皓、欧阳楠、李春园译：《中国的宗教系统及其古代形式、变迁、历史及现状》，花城出版社，2018年。

82. ［法］葛兰言著，汪润译：《中国人的信仰》，哈尔滨出版社，2012年。

83. ［美］克里斯蒂安·乔基姆著，王平等译：《中国的宗教精神》，中国华侨出版公司，

1991 年。

84. [美]欧大年著,刘心勇等译:《中国民间宗教教派研究》,上海古籍出版社,1993 年。

85. [美]米尔恰·伊利亚德著,王建光译:《神圣与世俗》,华夏出版社,2002 年。

86. [日]子安宣邦著,董炳月译:《国家与祭祀》,生活·读书·新知三联书店,2007 年。

87. [美]杜赞奇著,王宪明等译:《从民族国家拯救历史》,江苏人民出版社,2008 年。

88. [美]约翰·杜威著,傅统先译:《确定性的寻求》,上海人民出版社,2005 年。

89. 范丽珠、James D. Whitehead and Evelyn Eaton Whitehead 著:《宗教社会学—宗教与中国》,时事出版社,2010 年。

90. [美]米尔恰·伊利亚德著,晏可佳、姚蓓琴译:《神圣的存在——比较宗教的范型》,广西师范大学出版社,2008 年。

91. [美]韩明士著,皮庆生译:《道与庶道:宋代以来的道教、民间信仰和神灵模式》,江苏人民出版社,2007 年。

92. Clammer, John. "Religious Pluralism and Chinese Beliefs in Singapore", In Cheu, Hock Tong ed. *Chinese Beliefs and Practices in Southeast Asia*, Selangor Darul Ehsan: Pelanduk Publications, 1993.

二、论文、报告类

1. 《论革除迷信鬼神之法》,《东方杂志(第 2 卷)》,1905 年第 4 期。

2. 刘志伟:《神明的正统性与地方化——关于珠江三角洲北帝崇拜的一个解释》,载《中山大学史学集刊(第二辑)》,1994 年。

3. 刘志伟:《大族阴影下民间祭祀:沙湾的北帝崇拜》,载《寺庙与民间文化》,1995 年。

4. 科大卫:《明嘉靖初年广东提学魏校毁"淫祠"之前因后果及其对珠三角洲的影响》,载《地域社会与传统社会》,1995 年。

5. 王铭铭:《中国民间宗教:国外人类学研究综述》,《世界宗教研究》1996 年第 2 期。

6. 陈春声:《正统性:地方化与文化的创制——潮州民间神信仰的象征与历史意义》,《史学月刊》2001 年第 1 期。

7. 刘晓明:《试论以巫啸、符法为中心的岭南民间信仰》,《世界宗教研究》2001 年第 9 期。

8. 陆发圆:《岭南古越人酋长称谓语源考》,《贵州民族研究》2002 年第 2 期。

9. 陈春声:《明末东南沿海社会重建与乡绅之角色——以林大春与潮州双忠公信仰的关系为中心》,《中山大学学报》2002 年第 4 期。

10. 何方耀、胡巧利:《岭南古代民间信仰初探》,《广东社会科学》2002 年第 6 期。

11. 陈春声:《官员、士绅与正统神明的地方化——潮州地区双忠公崇拜的研究》,载郑振满、陈春声主编:《民间信仰与社会空间》,2002 年。

12. 刘浦江:《宋代宗教的世俗化与平民化》,《中国史研究》2003 年第 2 期。

13. 宋德剑:《粤东三山国王信仰与两岸关系的互动及发展研究——以揭西霖田祖庙为中心

的考察》，《客家研究辑刊》2004 年第 1 期。

14. 陈志坚：《雷州石狗文化初探》，《岭南文史》2004 年第 9 期。

15. 井上彻：《魏校的捣毁淫祠令——广大民间信仰与儒教》，载唐力行主编《国家、地方、民众的互动与社会变迁》，2004 年。

16. 王健：《近年来民间信仰问题研究的回顾与思考：社会史角度的考察》，《史学月刊》2005 年第 1 期。

17. 冼剑民：《从巾帼英雄到神灵偶像—冼夫人崇拜现象的探析与思考》，《广西社会科学》2005 年第 3 期。

18. 贺璋瑢、代国庆：关于中山市民间信仰问题的调研报告，2006 年。

19. 游子安：《清末广东道教文献探研——〈粤境酢神〉》，《香港中文大学道教文化研究中心通讯》第 3 期，2006 年 7 月。

20. 贺喜：《土酋归附的传说与华南宗族社会的创造—以高州冼夫人信仰为中心的考察》，《历史人类学学刊》2008 年第 6 期。

21. 刘锡城：《非物质文化遗产的文化性之问题》，《西北民族研究》2005 年第 1 期。

22. 冼剑民：《从巾帼英雄到神灵偶像—冼夫人崇拜现象的探析与思考》，《广西社会科学》2005 年第 3 期。

23. 牟钟鉴：《宗教文化生态的中国模式》，《中国民族报》，2006 年 5 月 16 日。

24. 萧放：《春节习俗与岁时通过仪式》，《文史知识》2006 年第 6 期。

25. 金泽：《全面研究宗教在文化发展战略中的地位与作用》，《学习与研究》2006 年第 8 期。

26. 徐苑：《大峰祖师、善堂及其仪式：作为潮汕地区文化体系的善堂综述》，厦门大学，硕士论文，2006 年。

27. 申小红：《北帝崇拜的文化情结》，《中国文化报》，2007 年 8 月 23 日。

28. 高丙中：《作为非物质文化遗产研究课题的民间信仰》，《江西社会科学》2007 年第 3 期。

29. 何秋娥：《梅州客家民俗文化特点研究》，《科技咨询导报》，2007 年 4 月 21 日。

30. 黄陇章：《"三山国王"文化价值亟待挖掘》，《南方日报》，2008 年 1 月 10 日。

31. ［日］河合洋男：《梅州地区的风水与环境观——以围龙屋、现代住宅、坟墓为例》，载嘉应学院客家研究所主编：《客家研究辑刊》2008 年第 1 期。

32. 徐志伟：《一种"他者化"的话语建构与制度实践——对清季至民国反"迷信"运动的再认识》，《学术月刊》2009 年第 7 期。

33. 王焰安：《北江流域水神崇拜的考察》，《韶关学院学报》2009 年第 10 期。

34. 周志荣：《潮汕善堂与地方政府关系研究》，汕头大学硕士学位论文，2009 年。

35. 广东省民族宗教事务委员会办公室：《2009 年广东省民族宗教情况统计表》，2010 年 4 月。

36. 杨选华：《从三山国王信仰看两岸文化交流》，《衡阳师范学院学报》2010 年第 5 期。

37. 许钢伟：《巫傩的信奉与确定性的寻求——试论黔东北土家族的巫傩信仰》，《青年文学家》2010 年第 7 期。

38. 陈进国：《传统复兴与信仰自觉》，载金泽、邱永辉主编：《中国宗教报告（2010）》，2010 年。

39. 张勃：《当前语境下传统节日的困境与出路——兼及建构新兴节庆活动的一点思考》，《山东社会科学》2011 年第 3 期。

40. 雷春芳：《转型时期的民间信仰：现状与思考》，《世界宗教文化》2011 年第 6 期。

41. 李庆新、罗燚英：《广东妈祖信仰及其流变初探》，《莆田学院学报》2011 年第 12 期。

42. 刘泳斯：《潮汕善堂：播下潮汕慈善事业的种子》，《中国民族报》，2011 年 6 月 28 日，第 005 版。

43. 陈泽泓：《广东历代官方祀典及其对民间信仰的影响》，广东省民族宗教研究院编：《民族宗教研究（第 1 辑）》，2011 年。

44. 陈泽泓：《广东的原始宗教与民间信仰》，载广东省民族宗教研究院编：《民族宗教研究（第 2 辑）》，2012 年。

45. 《中山侨刊》，2012 年 8 月 1 日第 101 期。

46. 贺璋瑢：《〈礼记〉的性别意识探略》，《上海师范大学学报（哲学社会科学版）》2013 年第 1 期。

47. 王作安：《倡导"保护、管理、引导、服务"的宗教工作理念》，《求实》2013 年第 1 期。

48. 朱爱东：《民国时期的反迷信运动与民间信仰空间——以粤西地区为例》《文化遗产》2013 年第 3 期。

49. 孙健、章宁：《冼夫人信仰视阈下粤琼沿海旅游合作探析》，中国社会学年会暨第四届海洋社会学论坛论文集，2013 年。

50. 《汕头都市报》，2013 年 08 月 16 日，第 08 版。

51. 陈进国：《中华信仰板图的建构与民间信仰形态的发展》，载金泽、邱永辉主编：《中国宗教报告（2013）》，2013 年。

52. 吴孟显：《三山国王信仰与粤台关系的互动》，《韩山师范学院学报》2014 年第 10 期。

53. 鹅峰旅游景区十周年庆典专辑：《永和风采》第一期，兴宁，2014 年。

54. 《汕头日报》，2015 年 4 月 20 日，第 09 版。

55. 王作安：《积极引导宗教与社会主义社会相适应——国家宗教局局长王作安答本报记者问》，《学习时报》，2015 年 5 月 11 日。

56. 《明福善社成立 30 周年珍珠禧纪念特刊》，马来西亚槟城明福善社，2015 年。

57. 陈进国、陈静：《民间信仰事务治理模式的探索与反思——以福建省为例》，载邱永辉主编：《中国宗教报告（2014）》，2015 年。

58. 邱永辉：《中国宗教治理报告》，载邱永辉主编：《中国宗教报告（2015 年）》，2016 年。

59. 刘泳斯、张雪松：《当代中国女神崇拜现象探源——以西江龙母信仰为例》，《宗教研究》2016 年第 12 期。

60. 袁佩如、郑幼智、顾大炜：《以冼夫人为"最大公约数"打造"一带一路"文化纽带》，《南方日报》，2016 年 9 月 13 日。

61. 淦凌霞、陈华娟、钟浩怡：《高州冼太庙旅游开发问题研究》，《广东石油化工学院学报》2016 年第 2 期。

62. 段辉红：《艺术教育传承优秀传统文化的途径与方式研究——以广东民间艺术为例》，《美术教育研究》2016 年第 3 期。

63. 贺璋瑢、蔡彭冲：《广府民间信仰中的女神信仰探略》，《世界宗教研究》2016 年第 8 期。

64. 贺璋瑢：《潮汕民间信仰的历史、现状与管理探略》，《山东社会科学》2016 年第 9 期。

65. 张志刚：《中国民间信仰研究的"他山之石"——以欧大年的理论探索为例》，《世界宗教文化》2016 年第 5 期。

66. 陈韵如：《论民间信仰的规模化复兴——以广东番禺钟村镇"康公出会"为例》，中山大学，硕士学位论文，2016 年。

67. 陈晓毅、陈进国：《民间信仰的自主治理之道——以广东省为例》，载邱永辉主编：《中国宗教报告（2016）》，2017 年。

68. 李林：《依法治国与推进国家治理现代化》，《社会治理法治前沿年刊》2018 年第 1 期。

69. 陈彦：《文本以外的"锣鼓柜"——以顺德均安地区为例》，《文物鉴定与鉴赏》2018 年第 3 期。

70. 李向平：《中国当代宗教 40 年的变迁逻辑——宗教信仰方式的公私关系及其转换视角》，《福州大学学报（哲学社会科学版）》2018 年第 7 期。

71. 张翠霞：《民间信仰与乡村社会治理——从民间信仰研究的现代遭遇谈起》，《中央民族大学学报（哲学社会科学版）》2018 年第 4 期。

72. 杨培娜：《当代珠江口民间信仰发展机制的探讨——基于对广州南沙天后宫的深描》，《宗教学研究》2018 年第 4 期。

73. 梅州大埔县湖寮镇黎家坪村广福宫理事会整编：《广福宫保生大帝简介》。

74. 存心善堂大事记（1952—2013），《存心资讯》编委会：《存心堂务》。

75. 中山《侨乡大环》，内部资料，2005 年。

76. 刘志伟：《广州三重奏：认识中国"南方"的一个视角》，载《知识分子论丛（第 15 辑）——西方"政治正确"的反思》，江苏人民出版社 2018 年版。

77. 林衡道：《河婆镇三山国王庙》，《揭西文史》第 11 辑。

78. 刘还月：《1994 年台湾文化年历》。

79. ［美］欧大年：《神明、圣徒、灵媒和绕境：从中国文化观点比较地方民间信仰传统》，《台湾宗教研究》第 2 卷第 2 期。

80. 劳格文：《宗教与中国社会——研究领域的转变、启迪与中国文化》，香港中文大学崇基学院宗教与中国社会研究中心主办：《通讯》1999 年第 4 期。

81. Alan J. A. Elliott, *Chinese Spirit—Medium Cults in Sinagpore*, London：Department of Anthropology, the London School of Ecinomics and Political Science, 1955.

三、地方志文献

1. 嘉靖《广东通志》,卷四《事纪二》,嘉靖四十年刻本。

2. 道光《广东通志》,卷九二《舆地略十·风俗》,道光二年刻本。

3. 程志远、王洁玉、林子雄等撰:《乾隆嘉应州志》(上),广东省中山图书馆古籍部,1991年。

4. 王之正编纂、程志远等整理:《乾隆嘉应州志》卷1,广东省中山图书馆古籍部,1991年。

5. [清]戴肇辰:《广州府志》。

6. 《广东省海岸带管理现状及管理范围划界方法》。

四、网络资源

1. 中华文史网,http://www.qinghisto.com。

2. 《劳格文谈中国的民间信仰》,http://blog.sina.com。

3. 《广东省商务概览》,http://xxhs.mofcom.org.cn。

4. 《客家民俗文化——客家香花佛事》,https://tieba.baidu.com。

5. 《高州博物馆:高州地区洗太庙述略》,http://blog.sina.com。

6. 官景辉:《雷州文化是广东四大区域文化生态区之一》,http://bbs.southcnn.com。

7. 《雷州半岛—百度百科》,http://baike.baidu.com。

8. 《生菜、生菜包、生菜会》,http://www.xzbu.com。

9. 《论客家民间多神信仰及其文化源头》,http://blog.sina.com。

10. 《24节气民俗:惊蛰之日"打小人"驱晦气》,http://www.027art.com。

11. 《广东省梅州市采取三项措施为民间信仰活动保驾护航》,http://www.mzb.com.cn。

12. 《客家民俗文化——客家香花佛事》,https://tieba.baidu.com。

13. 《正统性、地方化与文化的创制》,http://www.xschina.com。

14. 《潮州百事通——潮州风情》,http://cz768.net/czf。

15. 《道教诸神及民间俗神》,http://www.msjldf.com。

16. 《潮汕民俗》,http://wenku.baidu.com。

17. 《2014年3月8日的潮阳棉城第四届双忠文化节》,http://bbs.tianya.cn。

18. 《大颠》,http://www.360doc.com。

19. 《中国·梅江》,http://www.meijiang.com。

20. 《潮汕人对妈祖和佛神的崇拜》,http://www.360doc.com。

21. 《南方的"兵马俑"——粤西雷州石狗》,http://culture.gansu.com。

22. 《试谈雷州文化的区域特征及保护价值》,http://news.southcnn.com。

23. 《七月十五与亡灵祭祀礼俗》,http://www.360doc.com。

24. 《潮汕中元节七月半习俗》,http://www.yjbys.com。

25. 《岭南写真:粤西茂名人过"鬼节"热情堪比清明节》,http://gocn.southcn.com。

26. 《山中野老:家乡的中元节习俗》,http://blog.sina.com。

27. 《吉日搬家相应问题》, http://www. gzbj333. com。

28. 《福缘真人:搬家应注意什么?》, http://blog. sina. com。

29. 《商朝人的宗教,该是巫教,也就是萨满教》, https://tieba. baidu. com。

30. 《2015 年广东东莞市南社斋醮民俗旅游文化节举行》, http://difang. gmw. cn。

31. 《高度仪式化:明清岭南民间信仰的创造》, http://theory. southcnn. com。

32. 《观音开库》, http://www. sc168. com。

33. 《潮汕习俗:信仰活动》, http://www. csfqw. com。

34. 《高州年例的古今现状及展望》, http://bylw. yjbys. com。

35. 《华夏文化——千年盛典龙母诞》, http://gb. chinabroad. com。

36. 《"岭南圣母"冼夫人爱国主题纪念活动在广东举行》, http://news. xinhuane. com。

37. 青龙潮州研究会:《广东潮州王伉研究会内讧青龙庙会停摆,官方责令整改》, http:// news. sina. com。

38. 《海内外专家研讨"岭南圣母"冼夫人与"一带一路"》, http://www. mzb. com. cn。

39. 《破除迷信》, http://www. chaoshanw. com. cn。

40. 《港口天后宫正式挂牌成为我市首个道教活动场所》, http://news. dayoo. com。

41. 张涛:《中国社会团体法律环境与民法法人制度立法——法人制度论序说》,中国法学网, http://www. iolaw. org. cn/showArticle. aspx? id = 1223。

后 记

　　这本书是我于 2014 年申请的国家社会科学基金的一般项目,项目名称:《华南地区民间信仰的现状、功能及管理研究》,(项目批准号:14BZJ035),该项目本计划三年时间完成,不曾想最后完成时间竟拖至 2019 年的下半年,诚如"绪论"中所言:"本想以华南地区的民间信仰作为主要的考察与研究对象。宏观意义上的'华南地区',应包括广东、广西、海南、福建及港澳等地区,但若要对这些地方做全面深入的田野考察与研究,远不是三年、四年甚至更长时间的课题规划时间与课题经费所能承担的,也远非是本人的能力所能胜任的。经过反复思考以及在田野调查中实实在在的体悟,笔者最终将研究范围限定在广东,所以加了一个副标题'以广东为例',课题结项名称因而正式定为'华南地区民间信仰的现状、功能及治理研究——以广东为例'。清楚自己的研究应该'限定'在什么地方,不是出于'聪明',而实实在在是出于'无奈'。而课题原名称的'管理'一词之所以变更为'治理',是因为'管理'从字面意义上似乎比较强调上对下的'管';而'治理'一词从字面意义上似乎更强调了多方面多层次的'协调''互动''调控'与'引导'等特征,更能有利于达成'社会和谐'的目标。在课题结项通过,即将出版之际,出于"简洁"的考虑,笔者又将书名定为《广东民间信仰及治理研究》。"

　　说实在的,当我开始为该项目展开调研之行时,心里就暗暗打鼓,为什么申请了这么一个高难度的项目;当这个项目渐渐开展之时,心中则更是一度暗自懊恼和后悔申请了这个项目,这纯属自找苦吃。自己辛苦不说,还带着几个学生陪我辛苦。我本是研究历史出身的人,在书斋里翻翻故纸堆虽然也辛苦,但至少轻车熟路,也不用到处跑。我又没有"人类学"和"社会学"出身的人做田野调研的理论和经验,一切都要自己去摸索,在"跑"的过程中还要和不同的人打交道:不同层级的官员,不同年龄、不同性别的村民,不同身份、籍贯与职业的人。每去到一个地方,既要了解当地的历史,还要了解现状,忙着口录笔录摄影,甚至还"死乞白赖"地找人要各种只要能沾上边的文字资料。有时还要考虑如何出行、住哪里更省钱……这当中的辛苦除了自己知道,当然还有我的学生们知道。

不过,当项目完成、通过并出书在即时,心中还是挺欣慰的,就像一个产妇,经过十月怀胎,产前的阵痛,生下自己的孩子,觉得之前所有的付出都是值得的。作为一个外乡人和新移民,我对广东这片土地,对于生活在这片土地上的人们的身体里有着怎样的基因,他们是怎样从过去走到今天的,他们的信仰世界和世俗生活又是怎样结合的,他们是如何既传统又现代,既"入俗"又"超脱",既"迷信"又"迷而不全信、不全而不信"等有了新的认识和理解。而这种"新的认识和理解"不是语言所能完全概括得了的。

项目得以完成,想感谢的人有很多,可以列一个长长的清单,首先得感谢原中山市民宗局的局长王小曼,是她早在 2006 年就邀请我去中山市做民间信仰的调研,从此我与中山,乃至广东的民间信仰研究结缘。在我做这个国家项目的几年中,得到了广东省、市、县、区、镇,乃至村委会许多相关部门的大力帮助与支持,在此深深感谢广东省民宗委、广州市民宗局、珠海市民宗局、江门市民宗局、梅州市民宗局、揭阳市民宗局、汕头市民宗局、湛江市民宗局等以及许多这些市所辖的县、区、镇,乃至村委会给我的调研提供的协助与方便。尤其要感谢广东省民宗委三处的原处长王丹和张全会,曾亲自陪我去到很多现场做调研。感谢我的同行,中国社科院世界宗教研究所的陈进国先生给我的许多指点和忠告,感谢研究广东省地方史志的首屈一指的专家陈泽泓先生给我的许多提点和建议,并送了许多有关书籍给我。感谢四川大学的邱永辉教授、中山大学的吴重庆教授给我的鼓励和关心,感谢我的同事代国庆、段雪玉参与到我的调研中来,他们不仅参与调研,还参与了相关调研报告的撰写。感谢我的研究生陈丽君、曾波、蔡彭冲、陶美云、曹寅、陈隆岸、梁晋佳等不辞辛苦、毫无怨言地陪我四处奔波并整理各种数据与材料等,帮助整理数据与材料的还有方倩华、张芳芳,感谢我的研究生钟德志、许咏诗等帮我认真细致地校对文稿。还要感谢我的责任编辑殷亚平女士,这已经是她第三次担任我的责任编辑了,她对我作品的赏识与对编辑工作的敬业,令我深深敬重与感激。

本人对上述诸位的感谢是发自内心的真诚,上述诸位的帮助与支持本人铭记在心……

图书在版编目(CIP)数据

广东民间信仰及治理研究/贺璋瑢著. —上海:上海三联书
店,2022.10
ISBN 978 - 7 - 5426 - 7848 - 5

Ⅰ.①广… Ⅱ.①贺… Ⅲ.①信仰-研究-广东
Ⅳ.①B933

中国版本图书馆 CIP 数据核字(2022)第 159549 号

广东民间信仰及治理研究

著　者 / 贺璋瑢

责任编辑 / 殷亚平　张静乔
装帧设计 / 徐　徐
监　制 / 姚　军
责任校对 / 张大伟　王凌霄

出版发行 / 上海三联书店
　　　　(200030)中国上海市漕溪北路 331 号 A 座 6 楼
邮　箱 / sdxsanlian@sina.com
邮购电话 / 021 - 22895540
印　刷 / 上海惠敦印务科技有限公司

版　次 / 2022 年 10 月第 1 版
印　次 / 2022 年 10 月第 1 次印刷
开　本 / 710mm×1000mm　1/16
字　数 / 380 千字
印　张 / 22.5
书　号 / ISBN 978 - 7 - 5426 - 7848 - 5/B·796
定　价 / 88.00 元

敬启读者,如发现本书有印装质量问题,请与印刷厂联系 021 - 63779028